首席作者简介

刘大洪,中南财经政法大学法学博士,中国政法大学法学博士后,国务院政府特殊津贴专家,全国科技进步工作先进个人。1994年破格晋升为副教授,1998年破格晋升为教授,2011年受聘为改革开放后湖北省首批国家二级教授(我国目前人文社会科学类最高级别的专业技术岗位)。现任湖北经济学院校党委副书记、校学术委员会主任;中南财经政法大学法学院经济法学博士生导师、博士生导师组组长,经济学院法经济学博士生导师。

长期从事经济法教学与研究,作为中宣部、教育部遴选的全国七名经济法专家之一,参与编写中央"马克思主义理论研究与建设工程"(马工程)重点教材《经济法学》。在《中国法学》《法学家》《法学》《法商研究》等法学权威核心刊物及其他法学类、经济类、综合类刊物上公开发表学术论文116余篇,文章多次被《新华文摘》《人大报刊复印资料》《高等学校文科学术文摘》摘登或全文转摘。主持全国教育科学规划领导小组重点课题"教育领域的公权和私权关系研究"【国家社科基金(教育学专项)】、中共湖北省委政法委重大课题"互联网经济的市场规制法律制度创新研究"、重点课题"中国反垄断制度改进的路径选择与实践展开"等20余项国家级、省部级课题的研究。获国家级、省部级优秀科研成果奖 15 项，出版著作、教材、工具书（个人专著、合著、主编）等 51 部。被著名经济法学家李昌麒教授评价为"为中国经济法理论的发展添上一笔笔浓墨重彩"中青年学者之一。科研成果被国务院法制办、湖北省人民政府、中共湖北省委政法委、湖北省人大财经委员会等中央和地方党政机关采用。

兼任中国经济法学研究会学术委员会副主任、湖北省法学会经济法学研究会会长、湖北省法学会法经济学研究会会长、湖北省行为法学会名誉会长。受聘为湖北省委首聘法律顾问、政协湖北省委法律顾问、武汉市人民政府法律顾问、湖北省法官检察官专家遴选委员会委员、湖北省法治环境监督员。先后担任西南政法大学、中南大学、山东财经大学、贵州大学兼职教授。应邀赴美国、欧洲、东南亚、我国台湾地区、香港及澳门特别行政区等国家和地区作学术交流。被《中国百科学者传略》及《湖北省社会科学界名人》（第 3 卷）作为名人收录。

互联网经济的市场规制：
理论创新与法制回应

刘大洪　等著

中国财经出版传媒集团
中国财政经济出版社

图书在版编目（CIP）数据

互联网经济的市场规制：理论创新与法制回应 / 刘大洪等著. －－北京：中国财政经济出版社，2021.6

ISBN 978－7－5223－0540－0

Ⅰ.①互… Ⅱ.①刘… Ⅲ.①网络经济－经济法－研究－中国 Ⅳ.①D922.294

中国版本图书馆 CIP 数据核字（2021）第 086988 号

责任编辑：田明晖　　　　　责任校对：胡永立
封面设计：陈宇琰　　　　　责任印制：史大鹏

互联网经济的市场规制：理论创新与法制回应
HULIANWANG JINGJI DE SHICHANG GUIZHI：
LILUN CHUANGXIN YU FAZHI HUIYING

中国财政经济出版社 出版

URL：http://www.cfeph.cn

E－mail：cfeph@cfeph.cn

（版权所有　翻印必究）

社址：北京市海淀区阜成路甲 28 号　邮政编码：100142
营销中心电话：010－88191522　编辑部门电话：010－88190670
天猫网店：中国财政经济出版社旗舰店
网址：https://zgczjjcbs.tmall.com
北京财经印刷厂印刷　各地新华书店经销
成品尺寸：170mm×240mm　16 开　22.75 印张　375 000 字
2021 年 6 月第 1 版　2021 年 6 月北京第 1 次印刷
定价：88.00 元
ISBN 978－7－5223－0540－0
（图书出现印装问题，本社负责调换，电话：010－88190548）
本社质量投诉电话：010－88190744
打击盗版举报热线：010－88191661　QQ：2242791300

序 言

互联网是当今经济发展的一大关键词,在互联网背景下,市场经营状况发生了明显的变化,既为未来的经济发展塑造了新的机遇,同时又产生了新的挑战。互联网这一新兴交易环境产生了一系列新的市场失灵现象,这是传统经济模式所未曾遭遇和面对的新形势。尤其是在近些年来,伴随着移动端数字经济和大数据、人工智能等技术的发展,互联网经济所带来的法治挑战日臻艰巨,市场规制法理论与制度必须改革、创新,以适应时代发展的脚步。

2020年新冠疫情爆发后,在防控政策要求下,若干与线上办公、互联网教学、健康码、居家线上娱乐、互联网物流消费等有关的服务再次得到蓬勃发展的契机。与此同时,互联网经济也日渐产生一系列备受关注的风险问题,如平台垄断、侵害隐私、侵犯消费者权益等。2020年底,中央经济工作会议强调2021年经济工作重点任务包括"强化反垄断和防止资本无序扩张",2021年3月5日李克强总理在第十三届全国人大第四次会议中再次强调了这一点。实质上,当前阶段的反垄断与防止资本无序扩张主要是针对互联网经济、平台经济领域而言。2021年2月,国务院反垄断委员会出台的《关于平台经济领域的反垄断指南》对我国互联网经济领域中的垄断行为做出了更具针对性的规制。这些社会事件均昭示着,未来我国的互联网经济将向更为规范、健全的方向运行和发展。

在市场规制法的体系结构中,由反不正当竞争法和反垄断法组成的竞争法律制度通常被视为核心,乃至有"经济宪法"或"市场规制基本法"的称号。互联网经济所带来的法制挑战,也首要体现于反不正当竞争法、反垄断法的制度变革领域。除此之外,针对各类异质化的互联网经济服务,如网约车、搜索引擎、网络游戏等,亦有必要从行业规制的角度,探寻单独适用于该领域的特别市场规制法律制度。因此，基于上述考虑，本书对互联网经济市场规制法律问题的研究设置为四篇内容：第一篇探讨互联网经济背景下市场规制法的理论创新问题；第二篇、第三篇分别探讨互联网经济的反不正当竞争法与反垄断法规制问题；第四篇则专注于若干典型互联网服务的特殊法律规制问题。由于互联网经济的发展十分迅捷、多变，我国与互联网市场规制有关的法律制度也一直处于不断变动、调整的进程中，本书的研究成果不得不历经多次较大幅度的修改、校订，直至2021年初方才较为成熟，最终选择出版付梓。

本书是一部合作作品，是多位高校教师、青年博士、律师等科研工作者和法律实务者集体劳动的成果。湖北经济学院法学院教授，中南财经政法大学法学院教授、博士生导师刘大洪拟定研究写作大纲、制定写作计划。负责各章写作的有湖北经济学院法学院教授、中南财经政法大学法学院教授博士生导师刘大洪，中南财经政法大学法学院副教授王永强，中国地质大学（武汉）公共管理学院副教授廖建求，华南理工大学法学院副教授殷继国，湖北经济学院法学院副教授段宏磊，湖北经济学院新闻与传播学院讲师邱隽思，华中师范大学法学院讲师沈斌，西南科技大学法学院助教李苗青，广东华商律师事务所律师陈锦涛，中南财经政法大学法学院博士研究生尚正茂、彭舒月、蒋博涵（具体分工详见各章首页脚注）。

湖北经济学院法学院副教授段宏磊博士组织中南财经政法大学博士研究生杨子谊，硕士研究生郑卓、黄烁、高严对本书初稿进行了校对、文字修订工作，段宏磊、尚正茂、蒋博涵对书稿进行了二稿修改、审校工作；中南财经政法大学硕士研究生张婷负责作者联络、沟通工作。段宏磊博士协助刘大洪教授参与本书的修改审校统稿等全部工作。

修改审校统稿工作结束后，由刘大洪教授撰写了本书的序言、后记部分，完成书稿的最终审校和定稿，最终出版付梓。

目　　录

第一篇　互联网经济的市场规制法律基础

第一章　互联网经济背景下市场规制主体的新发展 …………（3）
 第一节　市场进化与市场规制主体的发展 ………………（5）
 第二节　网络平台的市场规制权 …………………………（10）
 第三节　网络平台对市场规制法主体理论的挑战与迷思 ………（19）

第二章　互联网经济背景下市场规制模式的新路径 …………（24）
 第一节　互联网经济背景下传统规制模式的弊端 ………（24）
 第二节　构建创新友好型规制模式的理性逻辑 …………（29）
 第三节　创新友好型规制模式的基本框架 ………………（34）
 第四节　构建创新友好型规制模式的具体建议 …………（43）

第三章　互联网营商环境优化与公平竞争审查制度的实施改进 ……（55）
 第一节　优化营商环境与公平竞争审查制度的关系 ……（55）
 第二节　我国公平竞争审查制度存在的问题 ……………（62）
 第三节　我国公平竞争审查制度的实施改进 ……………（72）

第二篇　互联网经济的反不正当竞争法规制

第四章　互联网经济领域竞争关系的司法界定 ………………（85）
 第一节　"竞争关系"司法界定的模式 …………………（87）

第二节 "竞争关系"司法界定的路径 …………………………（89）
第三节 "竞争关系"司法界定的特征 …………………………（93）
第四节 "竞争关系"司法界定的若干问题澄清 ………………（99）

第五章 互联网平台企业不正当竞争行为的司法认定 …………（107）
第一节 互联网平台企业担责之基石：双边市场的公共性 ……（108）
第二节 互联网平台企业不正当竞争行为的司法认定 …………（110）
第三节 《反不正当竞争法》相关条款的完善 …………………（118）

第六章 网络干扰行为的反不正当竞争法规制 …………………（122）
第一节 网络干扰行为的实证研究 ………………………………（123）
第二节 《反不正当竞争法》第十二条的理解与适用 …………（132）
第三节 网络不当干扰行为的认定标准：学理与裁判的双重视角 ……………………………………………………………（138）

第三篇 互联网经济的反垄断法规制

第七章 算法共谋型垄断协议的反垄断法规制 …………………（157）
第一节 算法共谋的内涵阐释及类型化 …………………………（158）
第二节 算法对传统垄断协议形成机制的影响 …………………（169）
第三节 算法共谋型垄断协议的规制困境 ………………………（177）
第四节 算法共谋型垄断协议的规制进路 ………………………（183）

第八章 互联网必要设施的判定及其法律规制框架 ……………（191）
第一节 必要设施理论的国内外反垄断实践重述 ………………（192）
第二节 数据竞争环境下的中国互联网反垄断与必要设施问题
……………………………………………………………（198）
第三节 互联网必要设施的反垄断法规制框架构想 ……………（205）

第九章　大数据经营者滥用市场支配地位的法律规制……………（212）
  第一节　大数据市场反垄断规制的理论透视………………………（214）
  第二节　大数据经营者滥用市场支配地位的制度因应……………（229）

第十章　互联网领域经营者集中的反垄断审查研究……………（252）
  第一节　互联网领域经营者集中反垄断审查的现状………………（252）
  第二节　互联网领域经营者集中的特征……………………………（255）
  第三节　互联网领域经营者集中的相关市场界定…………………（260）
  第四节　互联网领域经营者集中限制竞争效果分析………………（269）
  第五节　互联网领域经营者集中的救济适用………………………（276）

第四篇　典型互联网服务的法律规制

第十一章　网约顺风车服务的经济法规制………………………（285）
  第一节　网约顺风车的发展脉络与法律性质辨析…………………（285）
  第二节　网约顺风车服务规制的目标导向与理念塑造……………（291）
  第三节　我国网约顺风车经济法规制的具体制度设计……………（302）

第十二章　人工智能搜索服务的法律规制………………………（308）
  第一节　人工智能搜索服务的演化及其风险………………………（308）
  第二节　人工智能搜索服务法律规制的重构………………………（316）

第十三章　互联网游戏平台服务的法律规制……………………（324）
  第一节　互联网游戏平台服务规制的主要问题与思路……………（324）
  第二节　《体育法》视野下电子竞技的法律规制…………………（327）
  第三节　《中华人民共和国著作权法》视野下互联网游戏直播
　　　　　平台的法律规制……………………………………………（341）

后记………………………………………………………………………（350）

第一篇
互联网经济的市场规制法律基础

第一章

互联网经济背景下市场规制主体的新发展[①]

许多经济现象很难用传统经济学理论来描述和解释,当一个理论不能解释我们所观察到的现象时,这个理论就应该按一定的原则或标准进行修正甚至被摒弃。[②] 随着经济的快速发展变化,经济法基础理论及其调适规则也应该处于快速变动之中。[③] 近十年计算机与互联网技术的高速发展,像旋风般将我们甩入了"网络时代"——生活、学习、工作均高度网络化,生活环境进入"互联网社会",经济形态迭新为"互联网经济"。那么,互联网经济的发展是否带给经济法新的现象与问题?传统的经济法规范路径与研究范式能够与网络经济无缝对接吗?经济法的理论与规则是否应该予以一定的修正?当然,从传统工业时代过渡到"信息时代"或者"互联网时代"的时代转变的角度来看,语境显然过于宏大。因此,本章选择经济法主体在互联网环境中的变化作为主题,试图窥斑见豹,求教于大方。

淘宝网电商平台为考察互联网环境中经济法主体的变化提供了极好的素材。据阿里巴巴集团官网发布的《2021财政年度中期报告》显示,[④] 仅2020年9月,淘宝月活跃用户就高达8.81亿,在2020年"双十

[①] 本章由王永强撰写,本章内容参见如下研究成果:王永强:《网络平台:市场规制主体新成员——以淘宝网电商平台为例的阐述》,《经济法论丛》2014年第2期。收录至本书时内容进行了修改和完善。

[②] 林毅夫:《关于经济学方法论的对话》,《东岳论丛》2004年第5期。

[③] 李长健、李曦:《论经济法的主体类型——基于法律之权威性的理解》,《经济法研究》2018年第2期。

[④] 整理自阿里巴巴集团官网,https://www.alibabagroup.com/cn/ir/reports,2021-1-12。

一"期间，淘宝也创下了新的纪录，订单创建峰值高达每秒58.3万笔，最终总交易额高达4982亿元，① 成为中国最大的移动商业平台及消费者平台。随着淘宝网规模的扩大和用户数量的增加，淘宝也从单一的C2C网络集市变成了包括C2C、团购、分销、拍卖②等多种电子商务模式在内的综合性零售商圈，目前已经成为世界范围的电子商务交易平台之一。③ 淘宝网电商平台对于经济法主体的影响，显然不仅仅在于其经济上的成功，更在于其规则的制定与执行。④ 或者说，正是由于淘宝网电商平台在"网规"的制定与执行方面的开创性行为，使得网络平台得以进入经济法的视野，成为市场规制主体重要的新成员。互联网平台的市场规制，又被称之为"平台化治理"。⑤ 本章的意图在于联系市场规制法的相关知识，探讨互联网平台作为市场规制主体的理论依据与实践演变，并在此基础上进一步探讨互联网经济下市场规制主体的新发展。

---

① 南京电子商务协会，2020双十一成绩单：成交额高达4982亿元，https：//m. k. sohu. com/d/496001314，2021－1－12。

② C2C以淘宝为主，团购以聚划算为主，分销和拍卖以天猫为主。

③ 淘宝目前拥有近5亿的注册用户数，每天有超过6000万的固定访客，每天在线商品数已超过8亿件。https：//huodong. taobao. com/wow/tbhome/act/about－taobao？spm＝a21bo. 9614792. 102. 2. 766458c7XNJ18p&wh_biz＝tm，2021－1－12。

④ 淘宝网专门设立了"淘宝规则"网站，通过规则词典以便于查询其制定的相关规则，其制定的规则在淘宝网电商平台内部（包括淘宝网、入驻商家、网络用户等）基本得到了严格的执行。

⑤ "平台化治理"理念是在2011年5月9日在"完善网络诚信体系，探索新型治理模式"的专家研讨会上由来自中国互联网协会、中国社科院、北京大学、北京邮电大学的专家们所首次提出的。随后在2011年6月1日，网规研究中心发布了《平台化治理——2011网规发展研究报告》，该报告分别从平台与信息社会、平台责任与平台化治理、平台化治理、平台化治理与信息社会治理四个层面展开从实践到理论的探讨，概括了平台化治理具有的九大特点：个性化、人性化、生态化、基于诚信、开放式、信息化、动态化、综合化和创新驱动。该报告认为"通过电子商务交易平台多年的实践和探索，已经积累了大量的有价值的案例，在自治的层面很好地解决了发展与规范统一协调的问题，成为网规及新商业文明治理的核心，在电子商务的高速发展中起着重要的作用。""平台化治理"理念的提出，是我国法律与经济界人士对网络经济规制的深层次规律认识的结果。

第一节　市场进化与市场规制主体的发展

一、市场的外部规制与传统市场规制主体

符合行为的主体要件是赋予行为法律意涵的前提，探寻互联网经济下市场规制主体的变化，首先需要厘清主体的构成要件。美国心理学家华生提出的"行为主义理论"为理解互联网经济下市场规制主体的发展提供了有益路径，该理论主张心理学研究应抛开意识，专注于行为，从客观行为中捕获问题。借鉴该研究思路，对互联网经济下市场规制主体结构与发展前景的探究，不如以主体形式为观察视角，以规制行为类型、法理依据及现实效果为切入点。①

作为市场主体的经营者在传统经济学中向来被视为是"理性经济人"，以追求自身利益最大化为己任。但是，个体的逐利性与社会公共利益之间存在冲突。在没有规制的环境中，个体的逐利性将占尽先机，因而"公地悲剧"在各个地方不断上演。垄断、欺诈、"傍名牌"、虚假宣传等等，无不是经济领域中"公地悲剧"的翻版。"公地悲剧"的本质就是"市场失灵"。基于交易成本理论的分析，传统市场失灵的表现形式既涉及生产环节的外部性与不确定性问题，又涵摄交易环节的垄断风险。② 互联网市场演变的内在逻辑清晰地展现了市场失灵形态的变化轨迹，从混淆、商业贿赂、虚假宣传等传统不正当竞争形态，到利用平台优势地位和商户粘性强制推行平台"二选一"、APP后台无授权安装等新型不正当竞争行为，市场失灵的表现形式愈加多元，评价标准与甄别要件等要素指标不断迭新，对竞争秩序的损害强度亦随之增加。

在"市场失灵"的理论支撑下，诞生了"政府干预"理论。传统经济

---

① 黄真真：《互联网软件搭售事实判断之认定》，《经济法论丛》2019年第1期。
② 张昂、王一鸣：《农村市场失灵及其演变——基于交易成本理论的分析》，《农村经济》2019年第11期。

法理论认为市场失灵是市场本身带来的，但是依靠市场自身无法解决，且具有重大经济危害性的现象与问题。① 要解决市场失灵导致的各式问题，需要外力干预与纠正，而最为合适去承担这个外力的，显然是政府。所以，政府及其经济机关是名正言顺的传统市场规制主体。作为市场失灵最重要的矫正机关和规制主体，政府市场规制主体地位的确定有其深刻的内在逻辑与理论根源。从政治经济学原理出发，政府在市场竞争中担任"仲裁人"角色，对违反正当竞争规则、破坏市场竞争秩序的市场失灵行为予以规范与调适，系政府经济管理职能的本然体现，此亦为"国家干预理论"的逻辑起点。从介入手段与干预措施的实效性出发，政府享有的经济治理权力具有绝对排他性，其干预行为以国家强制力为后盾，故而对不当经营主体具有相当的威慑，能够高效地纠正经济系统的失序状态。②

在早期的"国家（政府）——市场"二元社会下，政府的力量强大，无所约束。政府亦是自身利益最大化者，在追求自身利益时，无所约束的权力转变为无所顾忌的掠夺行为。市场从长远来看，对于专权的政府可以采取报复行为，但是短时期来看，往往为政府所控制或者压制，而当市场终于报复的时候，也并不意味着市场能够战胜政府，反而可能导致经济走向进一步崩溃。这就是所谓的"双重失败（灵）"③。为了解决市场失灵与政府失败此消彼长，西方国家率先兴起了"社团革命"的潮流。大批社团涌现，一方面对政府行为予以监督，一方面对市场进行规制，在政府与市场之间搭建了桥梁。因此，社会团体成为市场规制的"第三部门"，④ 成为市场规制中越来越重要的主体。作为社会团体的典型代表，行业协会在对市场服务提供者的规制过程中发挥了重要作用，一方面，行业协会受制于政府职能机构管制，服务于政府的经济管理决策和行政命令，为政府制定产业政策提供切实参考，系政府规制模式的重要协助者；⑤ 另一方面，

---

① 文贯中：《市场机制、政府定位和法治——对市场失灵和政府失灵的匡正之法的回顾与展望》，《经济社会体制比较》2002年第1期。
② 刘凯：《经济法学科学化的法教义学路径》，《政法论坛》2020年第1期。
③ 尤晓娜：《论经济法的社会公共利益本位——基于经济法的"双重失灵"二元逻辑基础》，《河北青年管理干部学院学报》2008年第1期。
④ 刘大洪、李华振：《政府失灵语境下的第三部门研究》，《法学评论》2005年第6期。
⑤ 朱新力、魏小雨：《网络服务提供者的规制模式》，《浙江大学学报（人文社会科学版）》2014年第6期。

行业协会具备制定与实施行规行约、行业惯例、市场标准的组织职能，是开展行业统计、进行行业监督的最适恰主体。然而，由于行业协会的组成者与参与者本身亦为市场服务的提供者，因此行业协会规制模式附有浓烈的自我规制色彩，这就使得行业协会"参与规制的影响力和权威性不足"。①

综上所述，不管是作为社会管理机构的政府还是社会团体，均是作为市场之外的力量，为了弥补市场失灵或者市场不足而"担当重任"。因此，传统的市场规制，是一种市场的外部规制，政府与社会团体均属于市场的外部规制主体。外部规制并非没有问题。第一，不管是政府，还是社会团体，都存在自身隐形利益，存在规制权滥用的情形，对于政府这一规制主体而言，由于其行政权力强大，且在规制结构中占据绝对支配地位，其规制手段具有高度的排他性。若其规制模式缺乏相应监督，市场服务提供者恐难以与其抗衡，易诱发市场治理失衡、损害行业信心。对于社会团体规制主体而言，狭窄的活动空间与较低的权威性，不仅可能降低规制手段的威慑力度，损害规制决策的应然实效，更可能因成员选择指向而沦为寡头垄断之工具，损害行业公平性。第二，规制主体与受制主体之间存在严重的信息不对称，规制主体的规制措施缺乏针对性，政府规制受制于决策与执行程序的冗繁，恐难触及市场失灵的关键症结，社会团体规制囿于影响力的受限，难以对市场服务提供者的不正当竞争行为进行实质性干预，受制主体也易于逃避与抗拒规制决策，最终造成规制效果欠佳。第三，外部规制一般为"外行"规制"内行"，规制主体欠缺专业性，缺乏对市场的直观考察与深入研究，规制决策难以切中市场失灵痼疾，规制范式与手段滞后，规制管理成本巨大，规制失当造成的社会成本可能更加高昂。因此，外部规制应坚持谨慎原则，即，规制是必须的，别无选择，即规制有据；规制是高效的，利大于弊，即规制有效。②

---

① 朱新力、魏小雨：《网络服务提供者的规制模式》，《浙江大学学报（人文社会科学版）》2014年第6期。

② 李昌麒：《论经济法语境中的国家干预》，《重庆大学学报》（社会科学版）2008年第4期。

二、市场的内部规制与网络平台

传统商业社会的事实证明，外部规制的效率或者说效果往往并非良好。市场失灵现象的层叠泛新，使得外部规制成为理所当然的选择，因为规制是必须的，且找不到替代的规制主体与规制措施。社会团体的崛起并成长为市场规制主体，来源于对政府规制专制与低效的不满。但是由于社会政治、经济发展条件及社会团体自身组织结构及职能范畴的约束，社会团体的规制效应亦难以得到充分发挥，寡头垄断之嫌更可能使得本该扮演中立监管者角色的社会团体成为市场失灵的另一表现。[1]

随着网络技术的发展与普及，开辟了新的市场结构。一方面，互联网软件技术的融合重叠使得市场边界模糊化、交叉化，消费者锁定效应、产品边际效应的发挥亦使得市场失灵的行为特征愈加复杂，难以辨识；另一方面，传统市场失灵认定要件中的结构基准标准、市场集中度等推定范式无法揭示失序竞争的决定因素，更难以满足不断涌现的市场失灵行为的认定适用需求。[2] 网络在使市场的时空界限模糊、淡化甚至消失的同时，也使得市场、企业无边界化。[3] 在内外因素的交叉影响下，内部市场逐渐形成，并因为充分开放而呈现出无边界的发展趋向。[4] 尤其重要的是，互联网技术的迅猛迭新使得资讯的收集、传递更为便利与低成本。加之电子商务证据的留存主要依赖于存储介质，大数据技术分析的优化使得数据痕迹的提取难度不断降低、服务器保存证据时效不断延长、电子商务证据向用户开放程度不断加深，更加便于市场行为事实的调查和认定，市场本身的规制能力和意愿大幅提升。就淘宝网而言，据不完全统计，迄今为止已经入驻的店铺接近千万，产品已经包含从飞机到螺丝钉，从食品、服饰到纳米材料，几乎囊括了所有国家许可销售的商品。阿里巴巴集团宣布，仅2020年"双十一"期间，天猫成交额就高达4982亿元，500多万商家、8

---

[1] 段礼乐：《市场规制法的体系生成与制度实践：以市场规制工具为中心》，《经济法学评论》2016年第2期。

[2] 黄真真：《互联网软件搭售事实判断之认定》，《经济法论丛》2019年第1期。

[3] 李海舰、原磊：《论无边界企业》，《中国工业经济》2005年第4期。

[4] 淘宝平台就是一个开放的平台，所有符合入驻条件的店家均许可进入，所有法律许可的用户均可以注册，从这个角度而言，淘宝平台没有边界。

亿消费者、400 多万中小品牌、2000 多个产业带参与其中,物流订单总量高达 23.21 亿元。① 不难预测,随着物流网络线路与结构的快速发展与民众消费需求的持续上升,淘宝平台这一容纳了几乎无限量市场服务提供者、无限量用户社群以及无限量交易次数与交易金额的交易网站,将继续问鼎中国最大的商业平台宝座,成为互联网市场秩序规则的重要缔造者与见证人。

在电子商务的市场结构中,淘宝平台的身份为市场服务之提供者,而在淘宝平台内部,又存在着一个巨大的生态市场,需要厘清各方主体的行为规范与权利义务规则,以维持系统的平衡运转。② 此时,淘宝作为平台内部竞争规则的制定者,又扮演了中立的监管角色。相比传统的规制而言,淘宝的规制无疑是高效、专业、低成本的,这是一种明显有别于政府与社会团体规制的市场内部的规制模式。首先,面对平台的众多经济个体,淘宝的内部规制具有显著的公共性,是协调和整合平台各方利益、引导淘宝商业生态有序发展的重要工具;其次,作为以经营为目的的市场主体,淘宝推行的内部规制模式必然服务于平台自身的发展规划,在此条件下,平台内部规制如何超越自身利益考量的羁绊,达致系统公共治理的公正与高效,仍值得思索。

淘宝规制的成功,是市场内部规制的成功,体现了市场内部规制的优越性。因此,"网规的出现意味着作为信息基础设施的第三方电子商务平台承担越来越重要的责任。在整个新商业生态中,它扮演了权利回归社会过程中的主体。从千万网商的自发实践到全世界第一部成文的网规——《淘宝网用户行为管理规则》的问世,从先行赔付的承诺到网商信用的评定,都在对这一带有公用计算平台性质的企业作出新的评价与要求。毫无疑问,第三方电子商务平台必将成为实施有效网络治理的重要参与者。"③

---

① 赵小燕:2020 天猫双 11 再创新纪录:总成交额 4982 亿元,中新网 https://www.chinanews.com/cj/2020/11-12/9336388.shtml,2021-1-12。

② 张永忠、梅树林:《经济法的主体塑造:框架、工具与策略》,《华南师范大学学报(社会科学版)》2014 年第 2 期。

③ 网规研究中心:《新商业文明的治理规则——2010 年网规发展研究报告》。

第二节 网络平台的市场规制权

一、网络平台的市场规制"立法权"

经济规制秩序的有序形成，倚赖于各规制主体的良性发展。从经济规制行为的主体构成来看，政府规制机构具有天然的权力优势地位，其可以通过权力机关的授权而享有一定的规制"立法权"，藉以推行规制政策，防范经济公害行为。① 社会团体也往往通过发布协会公约或者社团章程对社团成员进行规制，以发挥其对不当经济行为的调适作用。市场规制主体亦然，市场规制主体所享有的"立法权"，本质应为"规则制定权"。诚然，作为互联网市场服务的提供者，市场规制主体对经济秩序的规范行为之公信力与影响力难以与行政机关的直接干预相媲美，但由于市场规制主体为经济活动直接参与者，且具有经济联系的各市场成员之间亦互为直接利害关系人，因此市场规制主体所制定的规制规则亦成为调整经济秩序、规范经济个体行为的重要工具。

市场规制主体通过规则的制定、发布与执行，对相关市场主体的行为予以引导、规范与惩戒。在此类情形中，网络平台利用其技术的便利，在规则的制定与发布过程中享有先天优势。一方面，淘宝网为广大商户与全球消费者提供交易信息展播渠道，能够直观了解平台经济参与者诸项利益诉求；另一方面，为维护系统的持续有序运转，淘宝网又具有平衡和协调交易各方冲突与矛盾的内在动力，这就要求其秉持一定的公共性原则，以市场内部监管者的中立角色参与平台运营活动，规则的制定、发布与执行即为其典型体现。

众所周知，淘宝网专门建设了"淘宝网规则"的网站用以展示其规制淘宝平台各式活动的规则构成。总体而言，淘宝构建起了以《淘宝平台规

---

① 刘水林：《共同体理念下的经济法基本范畴研究》，《经济法论坛》2019 年第 1 期。

则总则》（以下简称《总则》）、具体规则规范以及进一步细化的实施细则、临时公告等共同组成的平台内部规则体系，其适用规则如下：《总则》中已有规定的，从其规定；规则规范或临时公告有特别规定的，从特别规定。淘宝平台规则尚无规定的，淘宝根据法律规定或者相关协议处理。①

淘宝网在这方面取得的创造性成果见表1-1：

表1-1　　　　　　　淘宝系电商平台制定的规则②

序号	规则类型	规则数量	规则示例
1	总则	1	淘宝平台规则总则，共有六章三十一条，分别为概述、会员一般规定、卖家规定、其他角色规定、市场管理与违规处理及附则，最后还有附录定义，用于解释总则中一些专业名词。总则中的内容指向了21个具体的规则规范，如在"会员的一般规定"一章第十三条规定"会员应合理使用淘宝平台评价工具，其中使用淘宝网评价工具的须遵守《淘宝网评价规范》等相关规定，使用淘宝平台其他评价工具的须遵守相关规则规定"。
2	规则规范	≥160	规则共分为九类，分别是市场管理与违规处理（7）、消保及争议处理（3）、信用及经营保障（1）、行业管理规范（38）、特色市场规范（15）、营销活动规范（1）、内容市场规则（15）、生态角色规则（10）、飞猪旅行集市（70）。在这些规则类别下包含着若干的具体规则和标准，如《淘宝平台交互风险信息管理规则》《淘宝价格发布规范》《淘宝网商品品质抽检规范》《淘宝网七天无理由退货规范》《淘信用与经营保障服务规范》《淘宝网笔记本电脑行业管理规范》《淘宝网特色市场管理规范》《淘宝网营销活动规范》《淘宝网平台直播交易争议处理规则》《淘小铺平台赏金活动供货商规则》等。

---

① 淘宝网：《淘宝平台规则总则》，https://rule.tmall.com/detail-10000210.htm?spm=a2177.7231193.0.0.567d17eaqETwyD&tag=self，2021-1-10。

② 根据"淘宝规则"整理，http://rule.taobao.com，2021-1-12。

续表

序号	规则类型	规则数量	规则示例
3	临时公告	≥60	《疫情期间淘宝卖家物流相关经营指标调整公告》《配合监管合规要求针对"西湖龙井"地理标识使用管理的通知》《关于发布违禁信息部分违规商品或信息管理公告》《关于加强淘宝网口罩类商品发布管理公告》《淘宝网关于配合监管要求处理电子烟类商品的相关公告》《关于金融及侵犯个人隐私类违规商品或信息管理公告》《淘宝平台短视频禁止推广商品的公告》《淘宝网2020年春节期间特殊类目退款超时调整公告》《关于淘宝网存储设备商品发布规范的公告》《淘宝网关于证明文件相关治理公告》《淘宝网关于商品品牌不一致治理公告》《关于淘宝网主动排查虚假海外发货商品违规处罚的公告》《淘宝网关于商品品牌不一致治理公告》《关于进一步加强内部资料性出版物禁售管理的公告》《关于境外输华食品准入管理规范的公告》等。
4	实施细则	≥234	《关于主播推广假冒商品的实施细则》《关于主播账号或直播间信息发布要求的实施细则》《关于内容创作者商品基础要求的实施细则》《特定服务项目赠送保险的实施细则》《关于内容创作者准入要求的实施细则》《门票虚假发货的规则与实施细则》《淘宝网关于违背承诺实施细则》《商品性质不适宜退货的实施细则》《淘宝平台争议处理规则适用范围的实施细则》《淘宝网抽检标准》《发货时间认定的实施细则》《支付宝账户管控措施实施细则》《商品召回实施细则》《淘宝网关于滥发信息实施细则》《淘宝网关于违背承诺实施细则》《卖家无合同履行意图的实施细则》《三包定义的实施细则》《关于禁止或限制进出口的商品及服务的规则与实施细则》等。

除以上规则规范之外,"淘宝网规则"网站还设有"规则众议院"和"协议专区"。"规则众议院"用于对相关规定进行公开的意见征集,发布意见征集的结果反馈以及变更后规则的公示通知整理放置于规则动态中。"协议专区"包括协议声明、协议公示以及法律知识,具体包括《淘宝平台服务协议》《法律声明及隐私政策》等,是《淘宝平台规则总则》的规范基础。

二、网络平台的市场规制"执法权"

毋庸置疑，经济秩序价值目标的实现不仅需要完备的顶层设计和规范体系，亦需要强有力的执法机制以使规制措施得到切实贯彻与落实。从网络平台的市场规制"执法权"之权源属性来看，淘宝平台作为独立的经济活动主体，已被赋予法律意义上的拟制人格，在系统的私域范围内，企业享有自主决策、独立经营的法定权利，从平台层面对系统内部各式经济活动加以治理和规范，反映了淘宝作为独立经营个体的主体需求和独立人格，亦是民法规范企业经营自主权的现实映照。从网络平台的市场规制"执法权"之价值目标来看，网络平台既为盈利性经济组织，则其必然以扩大市场规模、增加经营利润为发展目标，然而，活跃于平台的众多市场服务提供者与消费者亦秉持同样的自利需求，在各异的利益基础背景下，系统内的各方博弈趋向激烈，网络平台为平衡诸方利益冲突、实现系统的持续稳定发展，有必要从中立的监管角色出发，引导、促进系统公共治理，规范商户与消费者的失当行为，维护平台这一有形组织的整体利益，这就要求网络平台的规制目标应具备显著的"公共性"，以期改善系统生态、维系平台的持续有序运转。从网络平台的市场规制"执法权"之现实效果来看，作为直接参与系统经营的经济主体，网络平台与商户和消费者具有天然的密切联系，因而对系统内部的情势变化享有更高的敏感度，由平台推行内部规制，调适群体内的各方利益诉求，更有利于切中系统的风险症结，防范不正当竞争行为所致之现实危害，可以认为，网络平台内部治理显著的针对性与高效性，是其获得市场规制主体地位与资格的现实诱因。①

市场规制规则要得到切实的实施，必须要靠相关部门的执法。因此，市场规制主体应该享有相应的"执法权"，即规则执行权。淘宝电商平台设立了多个部门对规则进行监督执行。淘宝网于 2011 年建立商品抽检制度并制定相应的处罚明细，借此构建对商品进行预防性主动监控的机制。截止到 2020 年 12 月，淘宝网的抽检商品涉及服饰类、床品、母婴类、居家类、化妆品类、食品类、电器类、饰品类、家装家居类、珠宝类等 19 个行

---

① 张永忠、梅树林：《经济法的主体塑造：框架、工具与策略》，《华南师范大学学报（社会科学版）》2014 年第 2 期。

业领域。淘宝还专门成立了"打假特战队"进行用户投诉调查以及商品抽检鉴定等,依托大数据确定淘宝网上可能存在造假的商品,主动隐名购买后交由品牌方或者第三方鉴定机构进行鉴定,经抽检被认为假货的淘宝将主动进行下架、清退等处理。① 2015年9月到2016年8月的12个月中,在这支规模浩大的"打假队"及数千名志愿者的帮助下,阿里巴巴集团的各电商平台上共3.8亿个商品页面、18万间违规店铺和675家运营机构被关闭,而各地执法部门也关闭了675家假货生产、库存和销售点。② 经过十几年的努力,淘宝的假货治理初见成效,2019年,根据淘宝公布的数据,消费者因怀疑买到侵权商品而发起的退款比例为0.0103%,即每一万笔订单中只有1.03笔被消费者怀疑为假货。③

三、网络平台的市场规制"司法权"

市场规制机构除了执行规则,还需要对违法行为进行裁决,并在一定程度上处理纷争,因此具有一定的"司法权",即依据规则处理纷争的权利。网络平台市场规制"司法权"的产生具有相当的理论基础与现实根据,从网络平台市场规制"司法权"的表现形态出发,淘宝平台对商家违规行为的处理措施涵盖"店铺屏蔽""限制发布商品""限制发送站内信""限制社区功能""限制买家行为"等多种类型,同时还设立了"对会员所发布的假冒商品或信息进行删除""对会员所发布的未报关进口商品或信息进行删除""收回被盗账户并使原所有人可以通过账户申诉流程重新取回账户"等违规行为纠正措施,以规范市场参与者行为,引导行业自律。从网络平台市场规制"司法权"的文明向度出发,依据规则处置商户与消费者之间、商户之间的纷争,对利益受损方施以救济,仅是平台内部规制行为的形式表征,通过平息纠纷来规范市场行为、平衡利益诉求、优化系统生态,方为规制的价值内核,基于此宗旨理念,网络平台市场规制

---

① 滑明飞、王峰:《阿里自称拥有全世界最大的、超5000人的"打假"团队,每年用于购买和鉴定假货费用超亿元》,虎嗅网,https://www.huxiu.com/article/107895.html,2021-1-12。
② 王元元:《揭秘中国民间最大打假队》,《瞭望东方》周刊,https://www.sohu.com/a/129458802_118927,2021-1-12。
③ 桑雪骐:《电商消费维权指数2019年度报告》,中国消费网,http://www.ccn.com.cn/content/2020/07-29/1627593345.html,2021-1-12。

"司法权"的文明向度往往呈现"公正性""公共性"等整体性意义。从网络平台市场规制"司法权"的发展趋向出发，随着人工智能技术的迅猛发展，平台内部的规则体系与规制结构亦相应变化，平台违规信息收集核实和分析处理制度趋向严格，规制方式亦呈现智能化、科学化的变化特征。①

网络平台在这方面同样具有优势。2016年淘宝出台恶意骚扰专项规定：消费者投诉遭遇骚扰时，即便消费者无法举证，淘宝也会主动联系过往消费者进行取证，最终根据卖家前科作出判定。2017年5月4日，淘宝开出史上最严"商家恶意骚扰处罚名单"，直接关店清退18家店铺——这些店铺年成交累计近3亿元人民币，有16家还是皇冠店铺。②

四、网络平台具体市场规制措施的实证考察

传统的政府规制措施常用的主要有禁止、特许、价格限制、费率限制、数量限制、产品标准、技术标准、绩效标准、补贴等。③ 社会团体的规制由于缺少强制性，更多停留在通报批评、开除会籍、没收保证金等层面。网络平台作为市场内部规制主体，则具有更多的规制手段，规制的程度更细、范围更广。④ 淘宝规则中对规制类型与规制措施做了非常详细的规定。

淘宝网首先对违规行为进行了类型化处理，如不当获取使用信息的行为、扰乱市场秩序的行为、不正当牟利的行为等。再将不同类型的违规行为按照严重程度分成A、B、C三个等级，A类最轻，属于一般违规行为；B类属于严重违规行为；C类则专门指出售假冒商品行为，三者独立扣分，分别累计，分别执行。如上文的扰乱市场秩序行为的违规行为就属于严重违规行为（B类）。其后根据不同的违规等级，适用不同程度的规制措施，对同一类型的行为可能适用一个或者多个的规制措施。因此，淘宝的规制条文大体格式为：定义、违规行为纠正、违规类型以及违规扣分与违规处理措施。在淘宝网中还有一个比较特色的制度，淘宝网对其用户实施积分

---

① 章安邦：《人工智能时代的司法权嬗变》，《浙江工商大学学报》2020年第4期。
② 《为买家撑腰，期待淘宝"执法"更有力》，http：//news.eastday.com/eastday/13news/auto/news/china/20170514/u7ai6770221.html，2021－1－10。
③ 陈福良：《放松规制与强化规制》，上海三联书店2011年版，第18页。
④ 由于网规的发展时间短，其规制体系、规制类型化、内容、表述等均不成熟，显得稚嫩与逻辑不清。但是这并不妨碍网规释放的正面而浓厚的市场规制色彩。

制度,我们常见的几星几钻的卖家都是通过这样的积分制度来确定的。积分对于淘宝用户非常重要,淘宝也延伸出了一种累积式的惩处模式。根据上文所述,当会员有 A、B、C 类的违规行为时,淘宝会直接按照该类的标准进行扣分,当扣除的分数达到一定的节点时,淘宝会对会员采取相应的节点处理措施。累计达到淘宝规定的最高分时就会对其处以最严格的惩罚措施,如 B 类违规扣分累计达 48 分的就直接查封账户;对于 C 类更是适用"三振出局"制度,"三振"之后就会被淘宝网查封账户。淘宝网的扣分每年 12 月 31 日 23 时 59 分 59 秒会清零,特殊情况除外。淘宝以上的改制规则一定程度上体现了"错误与责任相当"的法律思想。同时淘宝网还规定了减免、从轻等替代措施,以及累犯从重、加重处罚的原则。对于淘宝的违规处理,会员亦可进行申诉来捍卫自己的合法权益。①

淘宝规制类型与措施见表 1-2:

表 1-2　　　　　　淘宝规则中的规制类型与规制措施②

规制类型	规制措施
市场管理措施	(一)警告;(二)商品下架;(三)单个商品搜索降权;(四)全店商品搜索降权;(五)单个商品搜索屏蔽;(六)单个商品单一维度搜索默认不展示;(七)全店商品单一维度搜索默认不展示;(八)对店铺以及其关联店铺实施限制参加营销活动的措施;(九)单个商品监管;(十)店铺监管;(十一)支付违约金;(十二)对卖家绑定的支付宝收款账户的强制措施;(十三)阻断访问链接。
市场管理情形	(一)鼓励或扶持的措施;(二)交易安全保护措施:支付宝账户强制措施、关闭店铺、店铺监管、限制发货、限制网站登录、限制使用阿里旺旺、限制发送站内信、限制使用交互平台功能、延长交易超时、关闭订单、限制买家行为、全店商品屏蔽及全店商品搜索降权、限制解冻保证金等;(三)对于会员在线上发布的相关商品信息进行临时性下架或删除;(四)营销活动降档或者清退;(五)评分不累计、销量不累计。

---

① 整理自淘宝网市场管理与违规处理规范,https://rule.taobao.com/detail-14.htm?spm=a2177.7231193.0.0.1c8e17eaVNkpUE&tag=self,2021-1-10。
② 根据"淘宝规则"整理,http://rule.taobao.com,2021-1-10。

续表

规制类型	规制措施
违规处理措施	（一）店铺屏蔽；（二）限制发布商品；（三）限制发送站内信；（四）限制社区功能；（五）限制买家行为；（六）限制发货；（七）限制使用阿里旺旺；（八）限制网站登录；（九）关闭店铺；（十）公示警告；（十一）查封账户；（十二）限制创建店铺；（十三）实施不正当牟利的，不论是否获得利益，淘宝网永久不向其提供或接受其提供的任何产品或服务，同时，会员的关联店铺6个月内限制参加营销活动；（十四）实施不正当牟利行为的运营服务商，淘宝网将终止既有合作且永久不向其提供或接受其提供的任何产品或服务。由该运营服务商代运营的其他店铺亦应在收到淘宝网通知之日起3个月内自营或更换运营服务商。逾期淘宝网将监管账户。
对会员违规行为的纠正措施	（一）对会员所发布的违禁商品或信息及因此产生的交易评价进行删除；（二）对会员所发布的假冒商品或信息进行删除；（三）对会员所发布的未报关进口商品或信息进行删除；（四）对会员所发布的非约定商品或信息进行删除；（五）收回被盗账户并使原所有人可以通过账户申诉流程重新取回账户；（六）对会员所泄露的他人隐私资料的信息进行删除或要求会员消除影响；（七）对用以骗取他人财物的商品或信息及因此产生的交易评价进行删除；（八）删除会员所滥发的商品或信息，或对出售同样商品的两家以上店铺中信用积分较低的副店进行关闭；（九）删除会员虚假交易产生的店铺评分、信用积分以及其两倍数量的其他信用积分，并下架店铺内所有商品；虚假交易中通过不正当方式提高商品销量的，淘宝删除商品及虚假交易产生的店铺评分；（十）删除描述不符的商品或下架描述不符的商品；（十一）履行如实描述义务或消费者保障服务规定的赔付、退货、换货、维修服务；或卖家须按实际交易价款向买家或淘宝提供发票；或卖家须向买家支付因未按约定时间发货（延迟发货）而产生的违约金；（十二）删除违规评价，屏蔽评论内容；（十三）对使用软件、程序方式大批量注册而成的账户进行查封；并对滥用权利导致的订单予以关闭；（十四）卖家公开或更新其营业执照信息；（十五）对会员所发布的不当使用他人权利的商品或信息进行删除；（十六）对会员所发布的假冒材质成分的商品进行删除；（十七）处理对应拍品的保证金；（十八）对滥用会员权益的取消或收回会员获得、适用的不当利益；（十九）淘宝网可收回或追缴会员通过提供虚假凭证获得的不当利益。

网络平台的规制措施具有某些传统规制同样的特征，但亦有不同之处。

第一，效力的强制性。规制措施一旦发布，对参与网络平台内部市场运行的所有成员，包括平台本身、经营者、消费者就具有类似于法律的普适性与强制性效力，系统成员甚或平台管理主体均须受其约束，不得依自身意愿排除规则的适用。任何一方违反，将依照规定承担相应责任，甚至承担惩罚性后果，其惩戒措施轻则包括限制商户发布商品、限制发送站内信等，重则可以依规屏蔽、关闭店铺，甚至永久不向其提供或接受其提供的任何产品或服务。观察上文曾述及之网络平台规制的措施类型，可以显著发现，平台内部的管理规则虽多以"管理规范""服务规范"等名目出现，展现出行为规范的外观特征，① 但其对于成员失序行为的惩戒力度与制裁类型已然决定了其强制性规定的实质。此外，平台内部规制措施的强制性效力亦与其规范功能相吻合，作为以盈利为目的的经济个体，网络平台的规制功能必然服务于企业持续快速发展的经营目标，规制效力的强制性有利于统一系统内部秩序，规范平台参与者的不当行为，为企业在激烈的市场竞争中占据优势地位创设有序环境。

第二，制定的协商性。"网规的治理方式是协商和自治的，这是人类新商业文明的新表征。"② 作为政府机关的规制性法律法规，一般无需与受制主体协商，但这也是政府规制僵化、滞后甚至失灵的根源所在。社会团体的规制，体现了行业治理的自律特性，但是成员间的协商更侧重于体现平等的规制思路，常常存在责任承担缺位、规范力度不及等弊端。而网络平台作为系统管理主体，深度掌握平台运营内情与风险变化趋向，借助大数据技术分析的高度优化，可以更低的规制成本，将规则制定的协商性予以彻底贯彻。③ 同时，对平台内部的管理规则进行逻辑反思，可以发现，平台行为规范与强制性规定的外观背后仍映射了协商自治的私法实质，因为规则的形成往往是对交易实践的提炼梳理与总结，而交易的发生正是来源于平台各类成员的深度互动，这种交互行为本身亦体现了协商特性。

第三，内容的专业性。由于市场内部规制规则的制定与实施主体为平台管理者，其在网络平台系统的日常运营中，深度参与受制主体的各类交

---

① 李超、谭佳珍：《论电子商务平台的经济管理主体地位》，《电子科技大学学报（社科版）》2020年第6期。
② 网规研究中心：《新商业文明的治理规则——2010年网规发展研究报告》。
③ 当然，这种协商性只是理论上的，或者技术可行的，但是在事实层面，由于种种原因，网络平台作为规制者依然在规则的制定中占有主导的地位。

易活动,因此网络平台的规则在内容方面更契合平台交易情境,更具专业性。同时,网络平台内部规制的重要特点是,规定细致,针对性强,具有更强的适用性。

第四,修改的能动性。法律法规的制定具有严格的程序限制,但是网络平台内部规制规则的制定与修改,在私法自治的视阈下,规则的修订过程可充分体现市场环境的变化以及规制主体的自我意志,因此一旦发现规则难以适应平台经营现状,可以随时修改发布,程序简单,迅捷便利。同时,由于规则的制定具有较强的协商性,因此受制主体也能够在其中发挥更加充分的作用。

第三节　网络平台对市场规制法主体理论的挑战与迷思

一、网络平台与市场规制主体圈

市场规制主体之间是否完全平等?是否具有层级性?这个问题在先前的研究中少有涉及。随着社会结构的变革与经济法基础理论研究的深入,学者们认为经济法主体范畴应由二元扩展至三元,即由"政府——市场"这一调控(规制)主体和受控(受制)主体组成的二元社会结构发展到"政府——社会——市场"的三元组织结构。[①] 但是政府、社会与市场这三类经济法主体之间到底是什么关系?其主体与资格能力分别源自何处?在传统的经济法理论中,一般认为政府是当然的规制主体,其规制主体资格源于民众契约赋予的权力加持;社会团体是经济规制主体的重要类型,其规制能力并非来源于登记所赋予的抽象法律人格,[②] 而是来自于组织成员的自我服从,但由于发挥社会治理功能的特殊社团法人往往缺乏强制性规

[①] 邓伟:《经济法主体何以成立?——以经济法权利能力为中心》,《华东政法大学学报》2020年第1期。

[②] 同上注,邓伟文。

制手段,① 而在调整行业经济关系的过程中,部分民间社会组织由于与成员密切的商业往来,仍具有强烈的盈利冲动,因此难以充分发挥"公共性"规制效用,应该受到一定的约束;市场主体在传统经济法理论中为典型的受制主体,但随着经济结构模式的迅速迭新,以网络平台为代表的市场主体亦承担起调整平台内经济关系的市场规制责任,此时,传统经济规制理论的逻辑闭环就被打破了。市场主体已经不再是纯粹的受制主体,同时也可能扮演市场规制主体的重要角色。

市场规制主体之间并非是完全平等的,根据其在规制程序中扮演的角色的不同,以及距离市场抽象法律关系的远近,不同的规制主体应该处于不同的规制层级,采取不同的规制措施,发挥不同的规制职能。如果我们将市场规制理解为一个生态圈,作为纯粹受制主体的市场主体则位于圆圈的中心,规制主体不仅对其进行规制,而且意味着规制的出发点与落脚点都应围绕受制主体这一中心而进行。网络平台则既是受制主体,同时也具备规制主体的市场主体身份,处于中心的外围,在市场规制主体生态圈中处于中间层。再往外则为社会团体,如上所述社会团体既是规制主体,同时也受到一定的规制限制。而最外围,则是作为纯粹规制主体的政府规制机关。市场规制主体生态圈如图1-1所示:

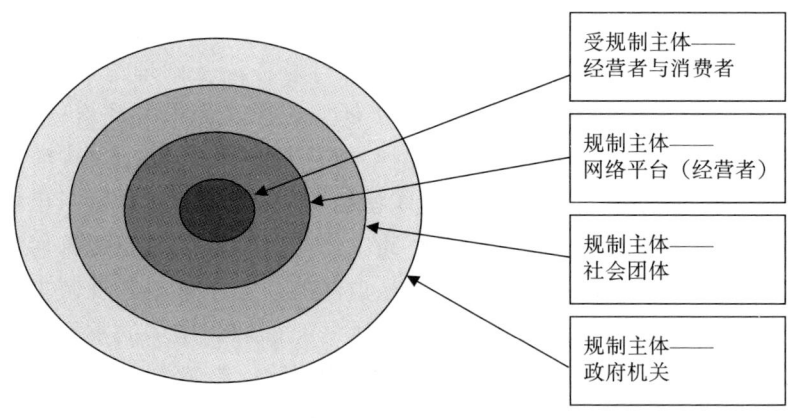

图1-1 市场规制主体圈

根据图1-1,可以发现,生态圈从里到外的形态辐射呈现了独特的结

---

① 张林江:《社会组织的营利冲动及其规制》,《中央社会主义学院学报》2012年第5期。

构规律：即越是处于外围，则离市场越远。从市场规制的有效性与针对性角度来看，从里到外规制的现实效用应该呈现递减趋势。从行业自治和市场自律的角度而言，则从外到里，自治的能力应该越来越强，自治的空间应该越来越大。网络平台规制体系的迅速发展，促使观者进一步思考政府与市场在私法秩序的保护与监管中的关系，进一步反思政府的职能转变。

二、网络平台规制与市场规制法的本质

对市场规制法本质的认识，① 业界已近趋一致，即市场规制法应为政府干预之法，政府对市场加以规制的理论基础为"市场失灵"，即市场固有的缺陷与市场障碍，② 包括垄断、不正当竞争、信息不对称等各式问题，其规制手段主要表现为公法的制裁。政府干预之法的概括，毫无疑问体现了前人对市场规制法本质的深刻领悟，具有较强的解释力。但是作为社会经济结构的映照，法律调整应当应时而变，对市场规制法本质和评价效果的理解随着经济模式的变迁，也应该不断修正，甚至应当适时呈现"谦抑性"的规制趋向。③ 过度强调政府干预之法的提法，从现在来看不管对经济法学科理论本身的优化，还是对国家、社会经济的发展，都存在一定的危害。第一，政府干预之法的提法，让人们自然而然地认为市场规制法的主体就只有政府，政府是市场的唯一规制主体，从而排除其他干预或者规制主体的存在，这种误认通常建立在对市场风险的片面甚至夸大理解之上，一方面对市场平稳运行的管理期望可能导致政府形成过于严格的风险防控认知，进而诱发政府对市场过度的监管与规制，打击企业创新的积极性，使经营者毫无"喘息之机"；另一方面政府监管的僵化、滞后等固有弊端可能造成部分私法领域的规制缺失，对市场灵活调整需求的回应性不足，最终造成政府规制与市场调节的双重失灵。第二，政府干预之法的提法，限制了人们对市场规制法本质的进一步思考，切断了其他市场主体承担规制职能的可能，拘束了人们探究市场规制法本质的想象力，使多元市场规制体系的形成与发展沦为浮影。第三，政府干预之法的提法，使得依

---

① 鉴于本章不讨论经济法的本质，因而将观点限于市场规制法的范畴。
② 漆多俊：《论市场经济发展三阶段及其法律保护体系》，《法律科学》1999年第2期。
③ 刘大洪、段宏磊：《谦抑性视野中经济法理论体系的重构》，《法商研究》2014年第6期。

其构建的传统市场规制调整框架在现代经济法理论面前难以自圆其说，为适应网络经济的发展需求，现代经济法理论的发展已然涵纳社会团体与网络平台作为市场规制主体的相关学说。固守政府干预之法的认知，可能导致理论与实践"两张皮"的现象严重，对于经济法基础理论的研究与发展具有不良影响。第四，政府干预之法的提法，为政府过分干预市场找到了"理论支撑"，可能诱发政府对市场活动的过度限制，造成公权力的无序扩张。第五，政府干预之法的提法，可能对我国的立法、执法与司法有序发展造成误导，使得立法机构大力赋权于政府部门，司法趋向缩减私力救济的途径与方式，最终造成对经济秩序的实质损害。①

当人们意识到社会团体作为第三部门崛起，成为市场规制重要主体的时候，政府干预之法的观点就遇到了强有力的挑战。然而人们依旧习惯于传统的观点与思维，妥协于政府规制的命令与引导。但是当网络平台在市场规制中的规范功能越来越显著，规制的评价效果逐渐趋向良性的时候，就昭示着决策层对市场规制法本质的认识已行进至反思和修正的时刻。至于如何修正，显然不是本章内容所能够承载的，或者也需要全体经济法学者们继续不懈地努力，但是我们至少应该认识到，政府干预的认识与提法已经远远落后于网络经济与数字社会的发展需求。而以淘宝网电商平台为代表的"平台化治理"模式，不仅已经逐渐成为社会经济治理的当然事实，而且随着大数据、区块链等信息技术的迅猛发展，将极有可能成为开启新市场规制时代的"秘钥"。

三、网络平台规制与网络平台的角色认知

经济法学基础理论认为，传统市场规制主体应当包含政府、社会团体与市场主体三种对经济运行产生重要影响的力量。在此基础上，有学者进一步明确指出："从现代市场经济运行看，具备这种影响力量的主体包括：经营者、社会经济组织（如行业协会）和政府干预机关"。②

随着互联网信息技术的发展，网络平台聚集碎片化资源，通过制定、发布与执行规则，成为重要的市场规制主体。网络平台具有了类似于其他

---

① 我国《反垄断法》私人执行难以进行就是典型例证。
② 刘水林：《共同体理念下的经济法基本范畴研究》，《经济法论坛》2019 年第 1 期。

市场规制主体的"立法权""执法权"与"司法权",并创制了各种新型的规制措施。① 网络平台的规制,是市场结构进化的结果,属于市场内部的规制,具有更加便利、专业、高效的特征。可以认为,网络平台的迅猛发展,改变了原有的市场规制主体结构,形成新的市场规制主体圈,将开启"平台化治理"的新的市场规制时代。

　　经济法主体制度并非在于创造一种新的法律主体,而是基于经济法的目的和任务,赋予法律主体不同的法律人格或者法律角色,从而体现其国家干预、社会利益本位、可持续发展的本质,满足其维护社会公共秩序的功能。② 同样,网络平台作为网络碎片化资源的聚合器,其实质为网络服务经营者,因此难以摆脱自身利益最大化的盈利趋向。但是由于网络技术发达,在追求自身利益最大化的过程中,网络平台制定、发布和执行着大量针对内部市场的规则,无形中成为市场规制的重要主体。网络平台作为新的市场规制主体,证明"政府干预之法"的提法与观点应予以修正,但其在给传统经济法理论带来冲击的同时,也将开启经济法研究新的领域,诞生新的思想与理念。更为重要的时候,网络平台内部规制机制的发展赋予了市场规制制度新的创新点,形成了对政府规制职能更为深刻的认识。理解网络平台的市场规制地位,有利于更为准确的把握各种市场规制主体之间的层级关系。因此,网络平台作为市场规制新主体的意义,也许远远不止对新市场规制主体产生的昭示,更标志着一个新的市场规制时代——"平台化治理"时代的横空出世。从此维度出发,网络平台对市场规制体系与结构的具体优化进路仍待进一步探究。

---

① 焦海涛:《经济法主体制度重构:一个常识主义视角》,《现代法学》2016年第3期。
② 吕忠梅、陈虹:《经济法原论》,法律出版社2007年版,第161页。

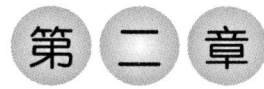

互联网经济背景下市场规制模式的新路径[①]

近年来,党中央、国务院高度重视创新驱动发展战略,推进"大众创业、万众创新"的政策措施陆续出台。无论是技术创新,还是产品创新,抑或是商业模式创新,都对现有的法律制度和规制模式构成了巨大的挑战。传统的命令控制型、被动回应型和风险厌恶型规制模式不太适合对新技术、新产品、新模式、新业态等创新领域的规制。对市场规制制定者而言,如何针对互联网经济发展需求设计出符合互联网经济发展特点的新型规制模式,并确保市场规制的适应性、谦抑性与及时性,是一道需要深入思考和不断尝试的难题。

第一节 互联网经济背景下传统规制模式的弊端

随着互联网的深入发展,互联网经济、数字经济和智能经济等概念先后出现。互联网经济是强调依托互联网基础设施而产生的经济形态,在当今发展阶段主要包括电子商务、互联网金融、即时通讯、搜索引擎和网络游戏五大类型。数字经济是互联网经济发展的高级阶段,强调数据资源的

---

① 本章由殷继国撰写。本章第一节至第三节参见以下研究成果:殷继国:《创新友好型规制模式的逻辑意蕴与路径选择》,《华南师范大学学报(社会科学版)》2019年第2期。收录至本书时内容进行了修改和完善。

配置和高效利用；智能经济是数字经济发展的高级阶段，突出强调经济发展的自动化、智能化和技术化发展方向。数字经济和智能经济尚未超出互联网经济的基本范畴，无论是互联网经济，还是数字经济和智能经济，都围绕"创新"这个核心词汇展开，三者都是经营者开展技术创新、商业模式创新等创新活动的结果。然而，传统的市场规制模式无论在规制理念，还是规制手段上，均与互联网经济下对创新的需求存在一定的距离。

传统是相对现代而言，其与现代的划分标准主要基于时间。而传统市场规制模式与现代市场规制模式的划分，除了时间标准外，还包括规制模式与规制对象的契合度标准。虽然传统市场规制模式的内容广泛，但根据上述两个标准，传统市场规制模式主要表现为命令控制型市场规制和风险厌恶型市场规制两种类型。

一、命令控制型市场规制

命令控制型市场规制模式是指市场规制机构主要采用命令和控制手段，以规制机构的行政权力作为保障，对市场主体的经营活动实施高强度的规制，对扰乱市场秩序的经营者通常施加如禁止特定行为、限制营业活动、资格准入、检查和认证等措施，市场主体只能被动接受规制机构的规制。受计划经济体制下政府指令干预一切以及改革开放初期市场机制不完善、市场主体意识不强、市场规制手段单一等因素影响，命令控制型市场规制模式成为市场规制的主导模式。命令控制型市场规制模式具有直接性、高度明确性、可强制执行性以及高效率性等优势，在特定的历史时期和经济环境中，该模式对市场秩序的保障、市场机制的建立健全以及国家经济的快速发展起到了重要作用。但是，命令控制型市场规制模式过于强调规制机构的权威性和规制能力，在规制机构与规制对象之间人为地制造一种对抗氛围，忽视了规制对象的主体性和能动性，导致市场规制出现了失灵。尤其是在创新已成为时代主流以及互联网与创新的有机结合形成"互联网+"的背景下，命令控制型市场规制模式不利于培植经营者创新的土壤，限制了经营者进行创新的空间，无法及时回应经营者的创新需求；基于经济社会问题日益繁杂且急剧发展的特点，命令控制型市场规制模式所具有的强制性和规制僵化的缺点越来越不能满足创新市场的发展，导致互联网经济下的市场规制出现了"水土不服"的现象,进而引发了"规制失灵"问题。

在网约车市场规制中,命令控制型市场规制模式的弊端尽显。国家层面对网约车这种新兴业态采取较为宽松的规制态度。截至2019年2月,国家针对网约车共出台了十个文件,这些文件具有包容性和创新精神,赋予了网约车合法身份。但地方政府在网约车市场规制上依然采取传统的命令控制型规制模式,对网约车规定了非常严格甚至不合理的市场准入条件。例如,据媒体报道,兰州市在出台的网约车落地新政初步方案中,将全市网约车数量控制在3000辆左右,通过摇号方式分配车辆,并对网约车的运价进行政府管控;①《佛山市网络预约出租汽车经营服务管理办法》对网约车辆和司机规定了诸多不合理的准入条件,例如要求车辆必须是新能源汽车且车辆轴距不小于2650毫米,司机要熟悉佛山的人文地理等;《广州市网络预约出租汽车经营服务管理暂行办法》则对网约车辆的长度、宽度、高度、轴距以及排量做了严格限制。地方政府在网约车市场规制领域出台的规制措施招致了不少专家学者和社会公众的质疑,究其原因,命令控制型的规制措施往往缺乏灵活性和适应性,其在市场准入上制定的不合理的规制措施不利于网约车这类新业态的健康发展。

二、风险厌恶型市场规制

近年来,随着共享经济等经济新业态以及"互联网+"、大数据等技术的兴起,创新所带来的风险也开始凸显。在网约车市场,滴滴司机伤害或奸杀女乘客的事件频发,私人风险已经演变为公共风险,政府和滴滴平台开始采用公私合作规制的方式予以应对。在互联网金融市场,互联网金融平台倒闭和老板卷款跑路的事件频繁发生,互联网金融乱象引发了信息安全风险和金融稳定风险。在大数据领域,经营者利用大数据实施的价格歧视损害了消费者的利益;此外,经营者还可能利用大数据实施基于种族、肤色、宗教信仰、收入状况、性别等敏感特征的算法歧视行为。

创新与风险如一枚硬币的两面,有创新就一定会有风险。目前对风险

---

① 嵇石:《视同出租车管理,摇号分配车辆:兰州网约车落地措施"缩水" 专家称与交通部规定冲突》,《南方都市报》2016年8月19日,第AA01版。

较为通行的界定是,"在确定时段或因特定挑战出现特定不利后果的盖然性"。① 学术界对风险的分类大多采用美国学者彼得·休伯的进路,把现代社会中的风险分为公共风险和私人风险。② 法学界所研究的公共风险,并不是指称经济、文化和政治风险等泛化的社会风险,而是特指较为具体的环境、健康和安全等风险。③ 企业在创新过程中,可能会因为宏观经济和政策环境的不确定性、市场需求的变动性、技术的不确定性、企业自身能力和资金实力的有限性等因素,产生环境、健康、安全等公共风险以及给创新者和受害者带来私人风险。

根据社会契约论,在订立社会契约的过程中,每一个个体让渡部分自然权利给国家,由国家组建政府和政府部门,授权政府保护每个个体的剩余权利。当技术创新的风险影响到个体权益的实现时,政府对创新风险的规制就获得了正当性依据。德国学者对风险规制的正当性也进行了研究,认为"在现代国家所依赖的正当性基础中,有少数几个当属确定无疑、毫无争议,保护其成员的外部和内部安全这一根本目的就属于其中之一"。④ 此外,从政府的职能演进看,随着社会的发展,政府职能的重心开始转向经济职能和社会职能,政府对创新风险的规制是同时履行经济职能和社会职能的结果。政府对创新市场和企业创新行为的规制,一方面可以为企业创新提供良好的外部环境,降低创新成本,提高企业创新积极性;另一方面可以降低企业创新带来的私人风险和公共风险,实现创新风险内部化。

然而,创新者和规制机构在对待创新的态度上存在一定的区别。对于创新者而言,他们寄希望于通过创新成功在竞争激烈的市场中站稳脚跟,或者获得更大的市场份额,实现自身利益的最大化,即创新主观上是一种利己行为。对于规制机构而言,扶持企业创新主要是一种利他行为,即使政府官员能从中受益,也是一种较为长期的利益。尤其在当今社会强化规制机构风险规制责任的背景下,地方规制机构及其官员更关注眼前的风险规制利益;当创新可能引发环境、健康、安全等公共风险时,规制机构会

---

① 宋华琳:《迈向理性的风险规制——译者的话》,载[美]史蒂芬·布雷耶:《打破恶性循环:政府如何有效规制风险》,宋华琳译,法律出版社2009年版,第4页。
② 傅蔚冈:《对公共风险的政府规制——阐释与评述》,《环球法律评论》2012年第2期。
③ 宋亚辉:《风险控制的部门法思路及其超越》,《中国社会科学》2017年第10期。
④ [德]乌尔里希·K. 普罗伊斯:《风险预防作为国家任务——安全的认知前提》,刘刚译,载刘刚编:《风险规制:德国的理论与实践》,法律出版社2012年版,第134页。

对企业创新采取较为保守的态度。也就是说，规制机构及其官员往往是风险厌恶者而非风险偏好者。例如，尽管《网络预约出租汽车经营服务管理暂行办法》已经赋予了网约车合法地位，但是大多数地方规制机构为了降低网约车的风险和规避风险规制责任，基本上都将网约车纳入了传统出租车的规制框架，所出台的规制措施在很大程度了抑制了网约车市场的进一步发展，多数地方规制机构对网约车的规制属于风险厌恶型规制。风险厌恶型市场规制是指规制机构基于对规制风险的厌恶而选择保守的规制态度，担心新技术、新模式、新业态等新事物可能带来各种风险而采取各种限制性规制措施，抑制了经营者创新的积极性。

创新尤其是颠覆性创新的出现，往往意味着打破现有的利益格局，给规制机构带来风险。首先，根据路径依赖理论，规制机构在新事物面前通常会坚持原有的规制理念、规制思路和规制措施，因为"后人跟随前人的脚步是最保险、最安全的，不需要承担责任，也规避了走新路可能遭遇的风险"。[①] 基于对规制改革风险的厌恶以及规制路径的依赖，规制机构会采取风险厌恶型规制模式，对创新进行严格规制。其次，相对于创新者，规制机构在对创新的理解、知识储备、信息获取等方面存在明显短板。在此前提下，规制机构有两种选择：一是对新事物保持学习和谨慎的态度，避免抑制创新，但需要规制机构承担"规制不足"的风险；二是为了避免出现因规制知识和经验欠缺导致"规制不足"的风险，采用简单粗暴的方式直接套用传统的规制框架，由此会导致"规制过度"而抑制甚至扼杀了创新。现实中，规制机构基于对风险的厌恶，"通常侧重于新技术带来的风险，进而延迟了创新进程，并将规制延误可能会造成损失的机会抛在脑后"。[②] 这在创新者和社会大众看来并不理性，但对规制机构而言却是一个理性的选择。

---

① 厉以宁：《旧模式不会自动退出，要靠新模式挤出去》，《企业家日报》2017 年 12 月 29 日，第 W01 版。

② S. Ranchordás, Innovation – Friendly Regulation: The Sunset of Regulation, the Sunrise of Innovation, 55 Jurimetrics, 201（2015）.

第二节　构建创新友好型规制模式的理性逻辑

"规制",本意是依照规定进行管理或限制,随着规制经济学的不断发展,"规制"一词的含义有所扩展。广义上的"规制",既包括政府对市场主体的行为进行积极地鼓励和促进,也包括消极地限制或禁止。例如,享誉全球的规制与治理学者斯科特教授认为:"规制作为一种当代政策工具,其核心含义在于指导或调整行为活动,以实现既定的公共政策目标。"[①] 狭义上的"规制"指的是消极地限制或禁止,本节采用广义上的规制概念。根据公共利益理论,规制的正当性基础在于发现市场运作中的缺陷并予以纠正。[②] 在企业创新过程中,市场失灵、政府失灵以及私法失灵问题为创新市场的法律规制提供了正当性基础。

一、创新及其法律规制的正当性

在这个标榜"创新至上"的社会环境中,创新热潮风起云涌,新理念、新技术、新产品、新产业、新业态、新模式等不断涌现,创新让消费者、企业和政府甚至利益相关者实现了共赢。政府在促进创新方面也雄心勃勃,深圳、北京、广州等城市都明确提出要建设创新型城市,作为中国创新之都的深圳更是提出要在2050年成为全球竞争力、影响力卓著的创新引领型城市。同时,中央和地方政府纷纷出台有关创新的法律法规和政策措施,力图在促进社会创新方面有所作为。

关于创新规制的正当性,理论界存在一定的争论。有一种观点认为,人类状况的改善往往是技术创新的结果,而不是立法或监管干预的结果。[③]

[①] [英]科林·斯科特著:《规制、治理与法律:前沿问题研究》,安永康译,清华大学出版社2018年版,第3页。

[②] [英]安东尼·奥格斯著:《规制:法律形式与经济学理论》,骆梅英译,中国人民大学出版社2008年版,第15页。

[③] Matt Ridley, 'We've Never Had it so Good—and it's All Thanks to Science' Guardian Life, 3 April 2003, 8. Quoted in: Roger Brownsword & Han Somsen (2009) Law, Innovation and Technology: Before We Fast Forward—A Forum for Debate, Law, Innovation and Technology, 1:1, 1.

现代创新理论的奠基人熊彼特认为，只有支配地位企业具有适当的创新激励，因而垄断促进创新，竞争阻碍创新。① 言下之意，反垄断规制不仅不会促进创新，反而阻碍了创新。我国经济学家张维迎教授虽然不完全反对创新市场的政府规制，但一直在批评我国的政府规制和创新政策，认为"从古到今，政府监管一直是阻碍人类创新的重要因素。"② 我们认为，创新确实有意想不到的来源，对在位企业来说，因为担心下一个竞争威胁，需要通过不断创新来维持甚至强化其市场优势；对潜在进入者和新进入者而言，只有实施更大的创新才能获得与在位企业竞争的资格。可以说，创新是企业的本能，企业基于利益最大化目标，只有通过不断地创新，才能在竞争激烈的市场中获胜。

企业虽有创新的内生动力和外部压力，但是企业创新的积极性和创新效果与外部环境因素密切相关。一旦外部环境发生变化，企业创新的意愿和能力可能就会受到限制，从而导致创新失败。企业创新所依赖的外部环境主要包括：

第一，创新的信息环境。无论是颠覆性创新还是渐进式创新，市场行情信息、产品需求信息、消费者偏好信息、技术信息等各种信息是企业创新成功的关键。在大数据时代，互联网企业通过为用户提供免费服务的方式获取了大量用户的个人数据，通过从数据中提取的信息为互联网企业改进产品和服务质量、实施创新奠定了良好的基础。但是，根据信息经济学的研究，尽管企业可以通过多种途径搜集所需要的信息，但是企业之间、企业与消费者、企业与政府之间的信息依然是不对称的。信息不充分、信息不对称以及信息不准确都会影响企业创新策略的选择以及创新的成败。因此，促进更完整市场信息传递的政府规制能够促进创新，例如通过减少消费者与经营者之间的信息不对称能够提高经营者创新解决方案的准确性。③

---

① Joseph A. Schumpeter, Capitalism, Socialism and Democracy, 101 – 106（1942）. 转引自［美］克里斯蒂娜·博翰楠、赫伯特·霍温坎普著：《创造无羁限：促进创新中的自由与竞争》，兰磊译，法律出版社2016年版，第9页。
② 张维迎：《中国有五大阻碍创新的法律和政策》，和讯网：http：//news. hexun. com/2017 - 06 - 07/189536977. html，2021年1月10日访问。
③ Knut Blind, The Impact of Regulation on Innovation, Nesta Working Paper No. 12/02, January 2012, p. 25.

第二，创新的法律政策环境。当前，各个国家为了鼓励企业进行创新，均出台了若干法律和政策。例如，美国相继出台了《国家科学基金法》《联邦技术转移法》《小企业创新发展法》《国家创新法案》等一系列法律，建立起了一套完整的科技创新法律体系；我国出台了《中华人民共和国科学技术进步法》（以下简称《科技进步法》）《中华人民共和国专利法》（以下简称《专利法》）《中华人民共和国商标法》《中华人民共和国反不正当竞争法》（以下简称《反不正当竞争法》）等若干法律以及通过财政政策、税收政策、金融政策、产业政策等政策手段营造良好的法律政策环境。但是，各个国家的立法重点依然是技术创新，对于商业模式的创新、业态的创新依然不够重视，法律和政策的滞后性比较明显。首先，我国知识产权法的规制重点是创新成果，对于创新模式和创新行为的规制不足，因而我国的创新规制具有较为显著的保守性。例如，我国近年来在网约车市场的规制上，采用传统出租车的规制思路来规制共享经济这一经济新业态，规制政策的滞后性和保守性不言而喻。其次，我国的创新法律和政策以及政府规制存在较大的不确定性问题。政府规制的不确定性对企业创新的影响是非常复杂的，通常情况下，企业会赶在不确定性规制政策变得确定之前进行大量的创新。但若不确定性状态持续时间较长，企业风险和合规成本就会增大，就会影响企业创新的积极性。最后，我国的创新法律和政策的独立性与辨识程度较低，往往以产业政策代替创新政策，在手段上不外乎"老三样"，即财政补贴、税收优惠以及金融扶持，难以满足创新市场的政府规制需求。

第三，适当的市场竞争环境。从总体上看，企业创新的动力源于市场竞争带来的压力，良好的市场竞争环境有利于企业创新。但是，也有一种观点认为，如果竞争压力过大，"企业的模仿活动比创新活动更具吸引力，因为创新者的租金会显著降低"，[①] "竞争对创新的正面影响就会变成负面影响，创新与竞争强度呈倒'U'型关系。"[②] 创新与竞争强度的倒"U"型关系为市场竞争规制提供了很好的契机。首先，反垄断规制可以降低市场准入壁垒，提高市场竞争的强度，企业有了竞争压力，才会不断进行创

[①] Scotchmer, S., Innovation and Incentives, MIT Press, 2004.
[②] Aghion, P., Bloom, N., Blundell, R., Griffith, R., Howitt, P., Competition and Innovation: An Inverted – U Relationship, 120 Quaterly Journal of Economics, 701 (2005).

新。有学者担心"反垄断规制可能危及新产品和服务的创新",① 本章节并不认同这一观点,因为垄断的长期后果是通过阻碍破坏性创新者或者颠覆性创新者的出现,进而抑制了整个行业甚至整个社会的创新;只有当竞争非常充分时,潜在经营者的进入、在位经营者的扩张甚至随机事件都有可能促进重大的创新。正如贝克教授所指出的,"垄断促进创新激励的主张忽视了更充分的竞争是提高创新激励的重要途径。"② 此外,反垄断法通过对合法垄断(创新性垄断)的保护,以此来激励创新。③ 其次,反不正当竞争规制通过限制企业无价值或不正当的模仿行为,④ 禁止企业侵犯创新企业的创新成果和阻挠创新企业实施创新行为,提高企业创新的租金,促使企业从模仿创新转向真正的创新。因此,市场竞争规制是确保市场自由和公平竞争、提高企业创新动力的重要途径。

二、构建创新友好型规制模式的必要性

当今社会,是一个创新与风险并存的社会。对规制机构而言,其承担着双重任务:一方面需要采取积极的措施扶持创新企业,促进创新驱动型经济的发展,另一方面规制机构需要回应社会大众对风险防控的需求,因而需要在创新与风险之间寻求最佳的平衡点。在共享经济的规制中,规制机构同样面临着两难抉择,"规制机构正处于一个十字路口:一方面,共享经济中的创新行为不应该被过多和过时的规制所扼杀;另一方面,亟需保护共享经济服务的使用者免遭欺诈、承受额外负担以及遭到没有经过专

---

① Maureen K. Ohlhausen, Alexander P. Okuliar, Competition, Consumer Protection, and The Right [Approach] to Privacy, 80 Antitrust Law Journal, 121 (2015).

② Jonathan B. Baker, Taking the Error Out of "Error Cost" Analysis, 80 Antitrust Law Journal, 1 (2015).

③ 高富平:《竞争法视野下创新和竞争行为调整的体系化思考》,《法商研究》2015年第3期。

④ 我们认同孔祥俊教授和高富平教授所提及的"竞争过程本质上是一种模仿过程""模仿自由是自由竞争的应有之义"的观点。参见孔祥俊:《反不正当竞争法新论》,人民法院出版社2001年版,第118页;高富平:《竞争法视野下创新和竞争行为调整的体系化思考》,《法商研究》2015年第3期。虽然模仿创新往往是真正创新的基础,但是我们主张要限制企业无价值或不正当的模仿行为,以鼓励企业能够转向真正的、高质量和高价值的创新。

业训练的服务提供者的伤害。"① 在大数据、算法与人工智能、区块链以及移动支付、无人驾驶等新兴领域，规制机构面临的抉择莫不如此。风险厌恶型规制模式将风险防控置于创新规制的重心，抑制甚至扼杀了整个社会的创新，这种注重眼前风险防控的规制模式反而会让整个社会置于更大的危险之中，这种危险可能表现为创新延迟、社会总福利减少、个人生命和财产安全风险、经济和社会发展停滞甚至影响人类社会进步等。英国著名的风险研究专家亚当·伯吉斯（Adam Burgess）指出："在建立一个无风险社会的难以捉摸的探索中，我们的自主性、智慧以及改变和教导的能力将处在被削弱的危险之中。"② 根据公共利益规制理论以及"双重失灵"理论，市场的盲目性和滞后性等缺陷必然导致创新市场存在失灵现象，若缺乏有效规制，模仿式创新、无用性创新或低价值创新、违背人性的创新等伪创新行为充斥市场，甚至会引发逆向选择效应，导致真正的和高价值创新被排挤出市场。风险厌恶型规制模式会进一步抑制或扼杀创新，导致政府规制失灵，而创新友好型规制模式以促进社会创新为宗旨，可以解决风险厌恶型规制模式下可能出现的失灵问题，同时也可以鼓励企业进行真正的创新和有价值的创新。可见，创新友好型规制模式可以让企业、消费者和政府实现共赢，有助于我国实现创新驱动发展战略。

因此，对规制机构而言，面对新兴的规制领域和规制对象，应该放弃风险厌恶型的规制模式，转而采用创新友好型的规制模式，积极拥抱创新、促进创新，创新政府规制理念、规制框架和规制方法。但创新友好型规制模式不是风险偏好型规制，规制机构及其官员要以风险中性的态度看待创新及其风险，也并不意味着不需要对风险进行规制，只是应促进创新作为规制的宗旨，"在激励创新、减轻规制部门责任、降低社会风险三者之间取得平衡"，③ 形成万众创新的良好氛围，实现创新驱动发展战略，促进创新驱动型经济的发展。

当前，不少国家和地区都认识到创新友好型规制的重要性，纷纷出台

---

① Sofia Ranchordás, Does Sharing Mean Caring? Regulating Innovation in the Sharing Economy, 16 Minnesota Journal of Law, Science & Technology, 1 (2015).

② Adam Burgess, Cellular Phones, Public Fears and a Culture of Precaution, Cambridge University Press, 2004, p. 281.

③ 戴建军、田杰棠著：《互联网新兴业态规制研究》，中国发展出版社2017年版，第65页。

法律法规和政策要求构建或强化创新友好型规制。美国针对无人驾驶、车联网等新兴技术，相关政府部门制定了"创新友好型"的政策法规；① 德国联邦经济部 2017 年发布《创新政策重点》提出要开展创新友好型监管，将对所有新出台的法律法规进行"创新审查"，改变其中阻碍创新的规定。② 欧盟委员会于 2018 年 2 月发布的《2018 年欧盟科学、研究与创新绩效报告》也提出了要制定创新友好型规制政策来支持变革性创新以及创新的扩散。在共享经济领域，法国、荷兰及其他欧盟成员国都纷纷采取了促进创新的规制措施。

综上所述，我国经济已经进入新常态，且进入了一个非常关键的转型升级时期，创新是企业生存和发展的唯一路径，也是实现中国经济转型升级、实现创新驱动发展战略以及构建创新型社会和创新型国家的唯一路径。以促进创新为目的的创新友好型规制模式是我国当前社会经济环境下集体理性的选择，也应是今后我国政府规制改革的方向。

第三节 创新友好型规制模式的基本框架

"鼓励创新、包容审慎"成为我国制度创新的基本政策取向，而在这一政策理念的指导下，需要采用创新友好型法律规制模式，为商业创新营造良好的外部环境。目前，国内学术界鲜有学者研究创新友好型规制模式，对于该模式的概念、属性、原则等基本内容缺乏清晰的认识。

一、创新友好型规制模式的内涵

近年来，关于创新友好型规制模式，国内外学术界已有一些学者提及，但对于"创新友好型规制模式"的内涵，学术界鲜有论及。Ranchordás 提出了"创新友好型规制"和"创新友好型法律"的概念，并

---

① 乔健：《美国推动物联网发展的相关政策研究》，《全球科技经济瞭望》2017 年第 6 期。
② 刘润生：《未来创新政策引领德国发展航向》，《光明日报》2017 年 12 月 6 日，第 14 版。

指出真正创新友好型的规制框架应该以灵活和开放的规制手段为特征；①美国大企业家本迪斯（Bendis）和宾夕法尼亚生物技术中心协调专员拜勒（Byler）初步提出了以公私合作作为核心要素的"国家创新框架"的理论；②蒋大兴教授主张，共享经济的规制应彰显鼓励创新的理念，贯彻激励性规制、创新规制等规制原则；③傅蔚冈教授认为，面对"互联网＋"的大潮，创新友好型规制是规制部门可供采取的策略；④张帆博士针对互联网金融存在的问题提出了创新友好型监管模式。⑤

创新友好型规制模式是与风险厌恶型规制模式相对应的概念，主要是从规制偏好和目的的角度所做的划分，即以鼓励创新、促进创新作为政府规制的偏好和目的；创新友好型规制与当前国内学者提出的混合规制模式、合作规制模式等概念并不矛盾和冲突，⑥后两个概念主要是从规制主体和规制手段出发所提出的概念。

创新友好型规制模式是以促进社会创新为目的的政府规制模式，其核心是政府规制应以鼓励创新、促进创新、保护创新为目的，通过制定和实施一整套有利于创新的规制法律和政策，建立人人愿意创新、人人能够创新的创新友好型社会，促进创新驱动型经济的发展。创新友好型规制要解决风险厌恶型规制模式下规制政策的滞后性、保守性以及规制僵化等问题，实现政府规制从抑制创新到促进创新的转变。在创新友好型规制模式下，政府规制应当具备"三性"：

第一，政府规制应当具有适应性。在当今社会，市场瞬息万变，技术更新速度越来越快，创新过程具有动态性特征。政府规制要实现服务创

---

① Sofia Ranchordás, Innovation – Friendly Regulation：The Sunset of Regulation, the Sunrise of Innovation, 55 Jurimetrics, 201 (2015).

② R Bendis, E Byler, Creating a National Innovation Framework：Building a Public – Private Support System to Encourage Innovation, 24 Acta Ophthalmologica, 1 (2009).

③ 蒋大兴、王首杰：《共享经济的法律规制》，《中国社会科学》2017年第9期。

④ 傅蔚冈：《"互联网＋"与政府规制策略选择》，《中国法律评论》2015年第2期。

⑤ 张帆：《创新友好型监管下P2P平台与网络小贷的法治化建构》，《互联网金融法律评论》2017年第4期。

⑥ 在共享经济的规制上，唐清利教授提出"合作监管＋自律监管"相结合的混合规制模式，参见唐清利：《"专车类"共享经济的规制路径》，《中国法学》2015年第4期；刘绍宇博士提出合作规制模式，参见刘绍宇：《论互联网分享经济的合作规制模式》，《华东政法大学学报》2018年第3期。

新、促进创新的目的,就要求政府规制法律和政策能够适应不断发展的技术条件和社会环境,即政府规制应具有适应性。适应性规制是规制的灵活性、确定性与可预测性的有机统一,规制机构应成为"适应性主体",不断调整规制措施,在规制确定性和灵活性之间需求最佳的平衡点。因为规制太过灵活,就会让创新者产生不确定性预期,有可能在创新领域减少投资;规制法律太过确定,就无法适应创新过程的动态性特征,滞后、保守的政府规制同样也会抑制创新甚至扼杀创新。

第二,政府规制应当具有谦抑性。任何一项创新,总是机遇与风险并存。在对创新及其风险进行规制时,要保持必要的谦恭、谨慎与适度,杜绝"泛规制主义"倾向,避免贸然规制下可能出现"规制过度"和"规制失灵"的局面。政府规制的谦抑性是确保企业拥有足够创新空间的前提条件,是创新友好型规制模式的重要特征。谦抑性要求规制机构充分识别和权衡创新与风险的影响,提高自身的风险可接受水平和规制能力,尽量缩减政府规制的范围,降低政府规制的强度,减少政府规制对创新可能产生的不利影响,在风险可控的前提下促进创新。

第三,政府规制应当具有及时性。规制及时性可以避免政府规制长期处于不确定性状态,而规制的适度确定性是企业创新的重要前提条件。政府规制的及时性要求规制机构与创新者在思维观念、信息获取以及知识储备上保持同步或基本同步,才能跟上技术创新和社会发展的步伐,提高对创新变化做出快速反应的能力。

适应性、谦抑性和及时性是创新友好型规制模式的关键特性,三者有机统一、缺一不可。规制机构的工作人员要有充分的信息、前瞻性思维和专业性知识,规制机构还应当建立容错试错的机制,才能确保规制的适应性、谦抑性和及时性,才能实现促进创新的目的。

二、构建创新友好型规制的前提条件

创新友好型规制相对于传统的政府规制模式而言,是以鼓励创新、扶持创新作为主要目的的政府规制模式。作为一种新型的政府规制模式,其对规制机构及其工作人员提出了较高的要求,我们认为,规制机构及其规制人员应当具备充分的信息、前瞻性思维、专业性知识和试错纠错的机制,才能实现鼓励创新、扶持创新的目的。

第一,充分的信息。创新,无论是对创新者而言,还是对规制机构而言,都是一项全新的事务。由于信息不完全以及信息不对称,规制机构对创新事务及其风险的认识往往不够全面,无法做出科学的规制决策。规制机构面临的信息不对称和信息不完全主要来自两个方面:一是规制机构所拥有的信息与创新者之间的信息差距造成的信息不对称,二是规制机构未能全面掌握对于创新产品或服务潜在影响的信息。由于专业的知识、经验、全面的信息是规制机构了解创新技术特征的必要途径,而规制机构因为信息不完全或信息不对称无法真正理解和掌握创新的优势和风险,风险厌恶的偏好使其无法掌握拥抱创新,因而可能采取命令控制型或风险厌恶型的规制模式。因此,规制机构掌握充分的信息,是开展创新友好型规制的前提条件。

第二,前瞻性思维。前瞻性思维是指政府规制不仅要解决现实中已经出现或发生的风险,同时需要关注和预判可能发生的社会风险,未雨绸缪,充分运用现代技术手段,预判创新社会中潜在的危机,合理规划风险规制与及时预警,努力将风险扼杀在摇篮之中,降低社会创新过程中的风险成本。① 这要求规制机构由被动走向主动,具备反思性的风险意识,对传统的社会创新进行反思与批判,对已出现的问题及时汲取经验,积极主动地回应公众及科技进步的需求,提高政府自身的风险治理意识与前瞻思维,避免决策短视,增强抗风险能力。同时要借助先进科学技术手段获取规制信息,预判创新领域的风险或危机,及时制定规制措施及修正偏差。

第三,专业性知识。进入21世纪以来,社会经济发展越来越迅速,社会分工越来越细化和专业化,这对政府规制机构提出了更高的要求。在制定规制政策过程中,规制机构通常面临几道难题:一是如何解决信息不对称和信息不完全的问题;二是对规制政策如何影响创新的预测;三是如何制定科学有效的规制政策。要解决这几道难题,规制机构的工作人员应当具备理解创新事物的专业知识,掌握制定科学规制政策的专业能力。

第四,试错纠错的机制。从认知规律看,人们对于创新事物的了解、规制者对于创新规制的认识,也会是一个无限渐进的过程。因此,建立在

---

① 刘粤雅:《创新友好型法律规制模式研究》,硕士学位论文,华南理工大学,2019年。

哲学认识论基础上的试错纠错机制具有其科学性。党的十九大报告提出要建立容错纠错机制，营造鼓励创新、宽容失败的浓郁氛围，需要做到明确划清容错纠错界限，建立科学有效的评估机制，建立健全容错纠错机制的出发点和根本目的在于全面推动改革创新。2018年5月20日，中共中央办公厅发布了《关于进一步激励广大干部新时代新担当新作为的意见》，就建立激励机制和容错纠错机制，进一步激励广大干部新时代新担当新作为提出了七点意见。理论和实践表明，要推动创新的发展，必须要有试错纠错机制；对创新领域的规制，迫切需要建立政府规制领域的试错纠错机制。试错纠错机制，又称为容错纠错机制，是近年来政治领域新生的话语体系，是指党政机关及其工作人员在改革创新过程中未能实现预期目标或出现偏差失误，但符合法律法规和政策，未谋取私利，无主观故意，且能及时纠错改正，可免除相关责任或从轻、减轻处理的一种机制。① 根据这一定义，在政府规制机构面对新技术、新产品、新商业模式、新业态等新生事物时，避免规制机构及其人员为规避风险实施风险厌恶型规制而抑制创新，允许规制机构为鼓励创新为目的出现的规制偏差。但是，试错纠错机制并不等于放纵错误，试错纠错机制的实施，需要符合以下条件：一是主观上非故意，规制机构及其规制人员是因为客观条件或环境的原因对规制对象不熟悉导致出现规制失灵，而不是为了谋取私利或重大过失导致；二是必须主动及时纠正错误，试错纠错机制，虽允许规制机构及其规制人员基于主观非故意目的的出错，但为了减少错误的成本，还要求必须及时纠正错误，通过不断试错和纠错，提高规制决策的科学性；三是试错纠错的成本不能过高或后果不能严重，否则试错纠错机制也会因为（社会）成本太高而变得不经济。

三、创新友好型规制的基本原则

无论是新技术、新产业，还是新商业模式的发展，往往都是收益与风险并存、机遇与挑战并存，规制机构应当在防控风险的前提下最大程度地鼓励创新和服务创新。为此，规制机构在对这些新生事物进行规制时，需

---

① 薛瑞汉：《建立健全干部改革创新工作中的容错纠错机制》，《中州学刊》2017年第2期。

要遵循包容审慎规制、精准规制和激励性规制三项原则。

（一）包容审慎规制原则

对创新市场和创新行为的法律规制，我国正在积极探索一条具有中国特色的法律规制道路。2017年1月12日，国务院印发的《"十三五"市场监管规划》提出，为适应新技术、新产业、新业态、新模式蓬勃发展的趋势，应坚持依法法规监管、简约监管、审慎监管、智慧监管和协同监管五大原则；对于共享经济的法律规制，2017年7月3日国家发改委等八部委联合发布的《关于促进分享经济发展的指导性意见》提出政府规制要按照"鼓励创新、包容审慎"的原则……加强分类指导，创新监管模式，推进协同治理。

从创新与风险的关系来看，创新与风险是孪生兄妹，若要杜绝创新中的风险，也不会有真正的创新。而创新友好型规制，既要鼓励创新，又要包容创新风险。包容审慎规制要求规制机构要秉持风险中性的立场，大胆鼓励创新，对新生事物的规制要周密慎重，避免出现"规制失灵"的局面。在规制过程中，即使出现种种"失范"现象，也应当是创新所必须支付的容错成本。[①] 从内容上看，包容审慎规制包括包容规制、审慎规制、适度规制三个方面。

第一，所谓"包容"，有容纳、宽容大度之意，包容规制强调政府规制对创新过程中可能出现风险，只要在风险可控的范围内，规制机构应提高风险容忍度，对可控的风险予以包容，减少对创新的规制。刘宪权教授针对互联网金融领域的创新规制也提出建议，"对于创新活动可能带来的问题，也应该多一点宽容甚至容忍的态度，而不应让法律特别是刑法成为创新改革的拦路虎。"[②] 包容规制所隐含的原理与经济法中的平衡协调原则是一致的，在包容规制中，规制机构需要对创新利益和风险成本进行定量分析和利益衡量，当创新利益大于风险成本时，规制机构应当包容风险；反之，应当规制风险。而且，公共风险的成本要远远大于私人风险的成本，意味着公共风险的规制可能性要远远高于私人风险的规制可能性。

第二，所谓"审慎"，有周密慎重之意，审慎规制强调规制机构在面

[①] 罗培新：《创新容错呼唤轻柔的法律》，《解放日报》2015年7月29日，第6版。
[②] 刘宪权：《论互联网金融刑法规制的"两面性"》，《法学家》2014年第5期。

对新事物或科学上的不确定性问题时不宜贸然规制,只有在对新事物有了全面了解或获得科学上的确定性结论时才决定是否规制。如果规制机构不能得出需要规制的确定性结论时,首先应当假定不需要规制,这也是政府规制谦抑性的必然要求。在转基因食品的规制上,美国和欧盟也有"挺转"和"反转"的激烈争论,但美国着重考虑的是规制成本而不是预防风险,这体现了规制的包容性;而欧盟及大多数成员国对于科学上尚未有确定结论的转基因食品采取了谨慎预防的措施。①

第三,适度规制主要强调规制范围、规制程度、规制手段等应当兼顾规制的必要性、可能性以及权衡各方的利益,避免出现"规制过度"和"规制不足"。近一百年来,西方国家的政府规制经历了"规制—放松规制—重新规制"螺旋式上升的过程,其实质是这些国家的规制机构在追求适度规制的过程中不断调整政府规制的范围和程度。就当前我国的创新规制来说,适度规制主要强调限缩性规制,以更好的发挥市场的决定性作用,政府规制的主要作用是给企业提供更好的创新平台和创新空间。

(二) 精准规制原则

传统的压制型规制模式往往是粗放式规制和运动式规制,对创新市场和创新行为的复杂性、多样性等特征把握不够精准,导致政府规制效果不够理想。而创新友好型规制模式的构建,必然要以压制型规制模式的弊端为镜鉴,实行精准规制。"精准规制是市场规制的高级形态,是弥补传统市场规制不足的必然结果,是大数据时代市场规制发展的必然要求。"② 精准规制原则要求规制机构对规制对象进行科学分类,运用技术性驱动型的规制方法对创新行为及其风险进行科学分析,并根据创新市场的发展变化动态调整规制措施,以提高政府规制的效果。从内容上看,精准规制主要包括差异化规制、技术性规制和动态规制三个方面。

第一,规制对象的广泛性、复杂性决定了差异化规制的必要性。差异化规制强调"不同情况不同对待",即对不同的规制对象采取不同的规制策略和规制措施,杜绝"一刀切"式的规制思维,提高规制的精准度。分

---

① 孙娟娟:《转基因食品规制争议:放松规制与审慎规制》,《科技与法律》2017 年第 5 期。
② 王永强、管金平:《精准规制:大数据时代市场规制法的新发展——兼论〈中华人民共和国食品安全法(修订草案)〉的完善》,《法商研究》2014 年第 6 期。

类标准可以多样，规制机构可以根据创新风险的类别分为个人风险和公共风险，根据风险等级可以分为高风险、中风险以及低风险。公共风险规制和高风险规制具有优先性，规制强度、规制措施也应不同于其他类型的风险，对于低风险可以暂时不予规制。在网约车市场，则可以根据规制对象的不同分为顺风车规制、快车规制、专车规制以及代驾规制等，分别就不同的规制对象制定差异化的规制措施。我国的《网络预约出租汽车经营管理暂行办法》基本上确立了差异化规制的基本框架，但是不少地方政府依然跳不出以传统出租车为蓝本的规制思路，明显违反了差异化规制原则。

第二，创新市场具有高度的变动性，企业的创新行为具有高度的专业性、复杂性，意味着规制机构需要改革现有的规制模式，采取创新性尤其是技术性驱动型的规制方法，以技术规制技术。例如，在算法领域，反垄断规制机构很难以运用传统的规制方法对算法共谋尤其是自学习算法共谋进行规制，垄断协议与反竞争意图的缺失给原告的举证带来了极大的困难；即便通过了违法性认定这一关，在责任追究方面也面临极大难题。在无人驾驶领域，无人驾驶汽车能否合法上路以及发生交通事故后如何追究责任，都对现有的法律构成了挑战。事实上，"风险的产生、界定与分配总是与技术相伴始终"。① 因此，规制机构需要对规制对象进行量化分析，运用大数据、云计算、人工智能以及更为先进的技术，实现政府规制的信息化、技术化和智能化。我国在食品安全规制领域，已经开始运用技术性的规制方法，使用"一品一码"等方式实现信息化全程追溯。

第三，动态规制源于市场瞬息万变以及创新技术日新月异的特点，规制机构对创新及其风险应有客观的评价，对创新市场的发展趋势应有准确的预测，同时应采用"落日条款"、实验性规制等灵活的规制方法，以便能够根据规制对象的发展情况及时调整规制措施。动态规制要杜绝"墨守成规"的规制习惯和"懒政怠政"的陋习，对规制机构及其工作人员的知识储备、信息获取、分析能力等规制能力都提出了极高的要求。正如彭岳教授针对网约车市场规制所提的建议，"规制机构应考虑市场创新的特点，采取回应型的规制策略……引入渐进、实验和灵活的规制技术和方法，在创新与规制之间寻求动态平衡。"② 需要注意的是，规制的动态性不等于规

---

① 刘铁光：《风险社会中技术规制基础的范式转换》，《现代法学》2011 年第 4 期。
② 彭岳：《共享经济的法律规制问题——以互联网专车为例》，《行政法学研究》2016 年第 1 期。

制的随意性,强调规制的动态性,同时也要强调规制法律和政策的确定性、规制过程的透明性以及规制机构自由裁量行为的规范性,以增强创新企业的可预期性,降低动态规制给创新企业带来的风险。

(三) 激励性规制原则

传统的政府规制主要采用"命令—控制型"强制规制的方式,这种方式过于强调政府的干预权威和干预能力,在规制机构和被规制对象之间人为地制造一种对抗的范围,完全忽视了规制对象的主体性和能动性,导致政府规制出现了失灵。① 基于创新市场和创新行为的变动性、复杂性和专业性,规制机构与企业之间的思维不一致、知识不对等、信息不对称等差异性带来规制能力的不足,坚持激励性规制的原则显得尤为必要。激励性规制产生于 20 世纪 70 年代末 80 年代初,主要用来解决规制机构与被规制对象因信息不对称带来的逆向选择和道德风险问题。在创新市场和创新行为的规制中,规制机构需要回应并激发企业参与规制过程,弥补规制机构能力不足这一缺陷。例如,在网约车市场的规制中,网约车平台无论是在规制意愿、规制技术等方面都胜过规制机构,因此各个地方政府基本都采取了"政府管平台、平台管司机(车辆)"的规制路径,这是激励性规制的体现。

激励性规制的常见形态除了财政补贴、税收优惠等直接的金钱给付方式以及减轻或免除市场主体的金钱负担等金钱激励外,② 还应包括自我规制、合作规制、柔性规制等市场化的规制手段。尽管学术界对自我规制的优缺点都进行了较为详细的分析,③ 但对于创新市场和创新行为的规制,自我规制确实具备独特的优势,企业拥有的信息更充分、对问题把握更准确、专业水平更高以及机制更为灵活,可以成为政府规制的重要补充。合作规制又称为公私合作规制,是"在'命令—控制式'政府规制与纯粹的

---

① 殷继国:《反垄断执法和解制度:国家干预契约化之滥觞》,中国法制出版社 2013 年版,第 2-3 页。
② 王首杰:《激励性规制:市场准入的策略?——对"专车"规制的一种理论回应》,《法学评论》2017 年第 3 期。
③ 李洪雷研究员总结出自我规制的五大优势以及六处弊端,参见李洪雷:《论互联网的规制体制——在政府规制与自我规制之间》,《环球法律评论》2014 年第 1 期。

自我规制之间，政府与私法主体在不同程度上进行合作时表现出规制形态。"① 合作规制同样可以发挥企业在信息、资金、技术等方面的优势，规制机构和企业在信息共享、风险识别、法规和政策制定、实验性规制、规制影响评估等事项上进行合作，发挥双方各自的优势，共同促进整个社会的创新。柔性规制是与刚性规制相对应的概念，主要强调通过协商、和解、指导、合同等非强制性的规制手段实现规制目的，有利于缓和规制机构与规制对象的二元对立关系，规制对象也愿意在创新市场的规制中实施自我规制或与规制机构合作进行规制。

第四节 构建创新友好型规制模式的具体建议

当前，学术界对创新法的研究还处于早期阶段，该领域的研究试图理解创新及其多面性，以及不同的法律工具的使用是如何规制和促进创新的。规制机构容易被新兴技术的进程以及复杂性所覆没：这些技术发展迅速，而且在新的社交、伦理与隐私风险的方向上急速向前。新兴技术的世界之外，规制机构常常面临着创新对现存规制范式的挑战，这些规制机构对其所知甚少，既可能成为消费者获得更多产品机会的来源，也可能是多元化风险的来源。规制机构常常面临着信息不对称的问题，这不仅仅是在他们与创新者之间的知识差距意义上的，还在于缺乏创新产品与服务的潜在影响。因此，规制机构本身受到程序和监管依据的限制，面临不同领域复杂的新兴技术，由于现有监管方式的限制，规制机构很可能没办法及时采取适当措施对创新进行规制。这就决定了创新友好型规制在手段上不能重复传统规制手段，必须采取契合创新市场的规制手段。

一、建立健全创新友好型法律体系

我国当前的创新法律体系，主要包括《科技进步法》《专利法》等主

---

① 刘绍宇：《论互联网分享经济的合作规制模式》，《华东政法大学学报》2018年第3期。

要法律以及《反不正当竞争法》《中华人民共和国反垄断法》（以下简称《反垄断法》）等相关法律，从内容上看，主要包含科学技术研发、科技技术成果转化和保护，其仅涉及了创新中的部分内容。为此，需要拓宽创新法律法规体系，建立以《创新法》为核心、知识产权法和科技进步法为两翼、竞争法为配套的创新友好型法律体系。

（一）制定《创新法》并以此作为创新友好型法律体系的核心

当前我国涉及创新的法律主要有：一是《科技进步法》，是为了促进科学技术进步、发挥科学技术第一生产力的作用、促进科学技术成果向现实生产力转化、推动科学技术为经济建设和社会发展服务为目的制定的法律，重点是促进科学技术研发、实现对科技研发机构及研发人员的全力保护；二是以《专利法》为主体的知识产权法律体系，《专利法》侧重对科技研发成果——专利技术的保护；三是包括《反不正当竞争法》《反垄断法》等配套法律，重点是为科技市场营造公平、自由竞争的环境。从内容上看，这三类法律仅围绕科学技术尤其是工业技术展开的，均未上升到创新层面。

创新是一个内涵丰富的概念，创新可以是指任何人类的想法，只要它在已有成果的基础上增加了一些重要内容；创新也可以是某种物品、方法或表达。①从创新的表现形式来看，创新可以是一种新思想、一项新技术、一种新产品、一种新颖的商业模式或者一种新经济业态；同时，创新还是一项行为，也可以表现为一项创新自由或创新权利。科学技术，只是创新的表现形式之一。围绕科学技术建立起来的法律法规体系并不能对整个创新进行完整的保护，不利于我国"大众创业、万众创新"战略的实施。

为此，建议制定《创新法》，在内容上可以借鉴美国的《国家创新法案》及其相关创新战略的内容。2005年12月15日，美国出台了新的《国家创新法案》。这项法案提出了这样几个目标：成立总统创新委员会，促进公共和私营部门的创新；设立促进创新资助计划，增加联邦机构对科技部门的研发资助；增加国家对基础研究的投入，到2011财年，对国家科学基金会的资助要增加近1倍；促进技术创新区域集群的增长和发展等。总

---

① ［美］克里斯蒂娜·博翰楠、赫伯特·霍温坎普：《创造无羁限：促进创新中的自由与竞争》，兰磊译，法律出版社2016年版，前言，第1—2页。

统创新委员会的重点任务就是在与管理和预算局协商的前提下,提出一套测度体系,用来评估现有的影响创新的法律所产生的效果。另外,委员会还要协调联邦各部门支持创新活动,并评估各联邦部门支持创新的联邦计划的绩效。①

我国的《创新法》应当在以下几个方面进行重点立法:一是应构建创新友好型生态系统。要加强鼓励创新、保护创新的顶层制度设计,创新友好型生态系统建设和创新友好型环境建设是关键。二是要创新公私合作机制,要更加重视创新主体(企业、客户、供应商、合作伙伴、高校、科研院所)、创新支持机构(政府、金融机构、创新投资机构、行业协会、中介机构)以及创新环境(资源、文化、政策制度)的协作机制的建设。三是要扩展创新保护问题。从美国创新法案和创新战略的发展演变来看,创新保护的范围逐渐由传统的科学技术向整个创新领域扩展。因此,建议我国在《创新法》保护的范围上,除了要将传统的科学技术纳入保护范围外,还需要将科学新发现、新商业模式、新经济业态等创新表现形式纳入保护范围。

(二) 增强《科技进步法》对创新的保护力度

除了《创新法》作为我国创新友好型法律体系的核心外,《科技进步法》在该体系中也占据重要地位。我国 2007 年修订的《科技进步法》,重点是促进科学技术研发、对科技研发机构及研发人员进行保护。然而《科技进步法》是一种压制型立法,首要目的是维护公共安宁,重点关注社会秩序,对地方立法权约束力过强,外部意见未能充分流入行政机关,政府裁量权缺乏有效约束,政府在实体层面垄断最终决定权。② 因此,有必要对《科技进步法》的上述问题进行完善。

我国政府近年来大力推动科技管理机构的改革,减少政出多头,也是科技政策法律统一的体现。我国目前科技政策法律数量繁多,俨然一个科技规则的森林,据不完全统计,我国 2016 - 2017 年间各部委和各省市发布的关于科技创新发展的相关政策多达 109 项。有学者认为,我国政府在规

---

① 黄军英:《〈国家创新法案〉:全方位的国家创新计划》,《上海教育》2007 年第 08A 期。
② 胡若溟:《迈向回应型法:我国科学技术决策立法的反思与完善》,《科技进步与对策》2018 年第 15 期。

制科技创新时,要理顺科技法律政策和体制机制,从战略到法律到政策,要形成统一、协调的政策科技法律体系,理清当前不成体系、没有可操作性甚至互相冲突的政策法规。①

目前《科技进步法》对何为商业模式及是否需要保护创新商业模式都无规定,《科技进步法》自身定位于指引科学技术的进步发展,因此更合适在《科技进步法》中界定商业模式的定义,让知识产权法或竞争法等法律能对商业模式保护提供指引。强化《科技进步法》对科学技术研发和应用的顶层制度设计,增强制度的前瞻性和灵活性。

(三) 强化竞争法对创新的促进和保障作用

竞争法作为创新规制的配套法律依据,在维护创新市场的竞争秩序、对非工业产权技术、新商业模式进行兜底保护上能够发挥重要作用。因此,需要强化竞争法对创新的促进和保障作用。

第一,继续完善《反不正当竞争法》。2019年修订的《反不正当竞争法》对商业秘密保护作出了修改,但对于数字经济、智能经济下商业秘密的保护并没有做出明确规定,建议进一步完善关于商业秘密保护的规定;在《反不正当竞争法》中增加对商业模式的保护条款,避免经营者在商业模式上进行不正当竞争,当然在对商业模式进行保护上,要设定一定的限度,因为商业模式并非不可模仿,而是要明确反对侵害经营者正当商业模式背后的经济利益;在《反不正当竞争法》总则中增加鼓励创新、促进创新、保护创新的规定,为创新保护提供直接的法律依据。

第二,强化公平竞争审查制度在创新政策制定过程中的作用。② 目前,全国上下高度重视创新创业政策的制定,善于采用财政政策、税收政策、金融政策等扶持手段鼓励、促进企业的创新行为。但与此同时,政府制定的创新扶持措施往往不能遵循公平、合理和无歧视原则,往往会对特定企业和本地企业进行财税补贴,对外地企业不予补贴或给予较低补贴。这种

---

① 戈峻、刘维著:《创新与规制的边界:科技创新的政策法律调控之道》,法律出版社2018年版,第181页。

② 尽管《反垄断法》尚在修订过程中,但公平竞争审查制度纳入《反垄断法》无任何悬念。由于公平竞争审查制度是一项事前规制制度,《反垄断法》对垄断协议、滥用市场支配地位以及行政垄断的规制都属于事前规制,有鉴于此,本书将公平竞争审查制度单列而非放在《反垄断法》中进行论述。

扶持特定企业和本地企业创新的政策措施违反了公平竞争审查标准，会减弱相关市场的竞争，因缺乏竞争压力，会进一步降低特定企业和本地企业创新动力。因此，需要强化对此类政策措施的公平竞争审查。

第三，充分发挥反垄断法的作用。反垄断法作为强有力的事后监督机制和防火墙，对监督政府影响市场公平规制的行为具有较好的效果。创新与垄断可以说是"相爱相杀"，垄断往往会扼杀创新，而创新是打破垄断的最主要的方式，创新者在获得成功后很有可能实施违法垄断行为。例如，著名的"摩尔定律"是计算机行业的第一定律，其倡导"更快、更小、更便宜"的创新理念，以技术创新本身为中心，使计算机业内竞争异常充分，该定律成就了英特尔公司的辉煌。但英特尔多年固守该定律本身，忽视市场的变化及客户需求，导致英特尔公司丧失产业主导力。为保持市场竞争力，英特尔采取"捆绑"等策略"掠夺"他人的创新资源，此时便需要反垄断法规制来保护公平、自由的市场竞争环境。从对促进商业模式创新的另一个角度而言，反垄断法保留了对创新者规制的权力。而当下共享经济虽处于发展初期，但已存在涉嫌垄断的违法行为，因此时刻需要反垄断法的监督之眼，保障公平竞争的市场环境。因此，建议在《反垄断法》总则中对创新规制作出原则性规定，分则的规定也应体现鼓励创新、保护创新的立法目的。① 此外，反垄断需要根据创新市场的发展特点做出相应的调整，以便能够将创新市场纳入规制范围。例如，在滴滴收购优步中国一案中，滴滴和商务部就收购一案是否需要向商务部提出经营者集中申报，双方存在较大争议。产生争议的主要原因是现行反垄断法关于经营者集中申报标准采取的是"销售额"标准，滴滴公司认为其自创立以来一致亏损，此次收购没有达到法律规定的申报标准。此案反映出了现行反垄断法并未能够及时跟上数字经济的发展，故建议在修订我国反垄断法时，借鉴德国的做法，应该根据数字市场的发展现状做出修改。2017年6月9日，德国在新修订的《反限制竞争法》关于经营者集中的申报标准中，在原"销售额"标准之外新增了"交易额"标准，使德国成为世界上

---

① 2020年1月2日，国家市场监管总局发布的《〈反垄断法〉修订草案（公开征求意见稿）》在立法目的中明确增加了"鼓励创新"内容。参见国家市场监管总局：市场监管总局就《〈反垄断法〉修订草案（公开征求意见稿）》公开征求意见的公告，国家市场监管总局门户网站：http://www.samr.gov.cn/hd/zjdc/202001/t20200102_310120.html，2021-1-10。

第一个明文规定"数字市场反垄断法"的国家。①

二、运用日落条款和试验性立法等临时立法手段

创新友好型规制的前提条件是政府规制所依据的法律必须是创新友好型法律，而创新友好型法律的制定，必须采取回应型规制路径，考虑规制对象的特殊性。以网约车为代表的共享经济领域中的创新规制尤为复杂，因为现行的法律框架是否适合共享经济是不清楚的，以及共享经济实践应当保留多大不受监管的范围或者共享经济是否受益于较少需求的监管，也是不清楚的。这种犹豫不决带来了不确定性。与此同时，规制对象的不确定性容易引发规制风险，规制机构为了规避风险往往可能采取传统的规制措施，导致规制措施存在较大的滞后性，也因为缺乏一定的灵活性容易陷入"一管就死、一放就乱"的怪圈。基于这种不确定性、滞后性和灵活性的缺乏，在制定政府规制的法律法规依据时，建议采取日落条款和试验性立法等临时立法手段，确保政府规制确定性的同时保持适度的灵活性。

（一）运用日落条款

日落条款，又称落日条款，指的是法律专门规定某一法律规范的有效期间，在有效期届满之前要对其进行审查并重新确认其效力，否则该法律规范在有效期届满时即如"日落西沉"般失效的条款。② 1976年，美国科罗拉多州通过了第一个"日落法"，该法律对一项计划或一个规章规定一个日期，到了这个日期，该计划或规章除非再次得到批准，否则就此失效，从而迫使政府部门定期对其活动和规章的结果进行评价。根据OECD的调查报告，OECD大多数成员国都宣称自己在某些监管领域采用了日落条款。目前，我国在法律法规和政策制定中都纷纷引入了"落日条款"，在法律法规名称中通常会加上"试行"或"暂行"字样，通常也会在附则中规定法律法规或政策的施行期限。日落条款是多功能的手段：它们可以用于通过提供同样临时的解决方案来应对临时问题；降低经营者面临的规

---

① 周万里：《〈德国反限制竞争法〉的第九次修订》，《德国研究》2018年第4期。
② 黄锡生、谢玲：《论环境标准制度中"落日条款"的设置》，《重庆大学学报（社会科学版）》2016年第1期。

制压力,确保一旦实现目标,不必要的负担得以终止;提高公共管理的效力和立法质量;并作为避免政治骚乱以协商一致的工具。

日落条款为创新提供了临时性和灵活性的解决方案。临时性规定要求规制机构以鼓励创新、促进创新和保护创新为目标,通过定期审查现行的创新政策和法规,对政策和法规的实施效果进行评估,并修改或废止不再反映现实和抑制创新的规定,以持续性地鼓励和促进创新。因此,日落条款具有临时性质,允许规制机构协调法规和政策的生命周期,并消除由于技术更新迭代、创新环境变化而变得不合时宜的规则。

日落条款可以直接或间接的建立一个创新友好型的社会环境:一方面,日落条款可以消除那些阻碍社会创新的规则,建立创新友好型的规制体系,进而创造有利于促进社会创新的社会环境;另一方面,日落条款通过持续性的规则修订,放松或取消增加创新者成本的规制措施,减少了创新者的规制负担,从而使其能够将遵守已落后的法规的压力转变为投资与研发的动力,有利于创造人人热爱创新并能够实现创新的社会氛围。

(二) 大力推行试验性立法

"试验性立法"是我国试点改革中的创新之举,该创新之举通过我国《立法法》第 13 条的修订而得以正式确立。试验性立法缓解了我国长期以来改革与法治间的对立紧张关系,赋予了地方试点改革以合法性和正当性,展现了立法者运用"法治思维与法治方式,让改革在法律的轨道上运行"的立法智慧。[①] 试验性立法是一个学理概念,目前学术界的理解并不一致。从对"实验"的字面理解来看,试验性立法就是由立法者通过不断地尝试、试错和纠错,最终探索出最科学合理的法律法规。由于立法中无法准确预测未来的社会经济环境以及法律法规对经济社会的影响,所有的立法其实都是试验性的,试验性立法将立法转变为动态学习的过程。

试验性立法的进程大致有以下几个阶段:一是确定立法事项,试验性立法的对象通常是正在发展进程中尚未完全定型的事项,且没有可资借鉴的立法经验,属于需要"摸着石头过河"的事项类型;二是制定初步的法律法规并施行,根据事先确定的立法目标,经过立法前调研、制定法律草

---

① 黎娟:《"试验性立法"的理论建构与实证分析——以我国〈立法法〉第 13 条为中心》,《政治与法律》2017 年第 7 期。

案、征求意见等立法程序，最终确定法律法规并予以施行；三是反馈评估和修订阶段，在施行一定期限后对法律法规的实施效果进行评估，对于社会需求不相适应的内容或者实施效益较低的内容进行修订；四是实施修订后的法律法规并进行反馈评估，最终确定最佳的法律法规内容。当然，基于社会现实的复杂性，法律法规的反馈评估和修订可能需要经过多次，才能形成最终的、正式的法律规则。

从我国当前试验性立法实践看，试验性立法的类型主要分为授权行政机关暂行立法、授权司法机关试点探索立法、地方先行先试立法三类。[①] 狭义上的试验性立法主要是指授权行政机关暂行立法和地方先行先试立法，授权行政机关暂行立法是指授权行政机关通过制定行政法规、部门规章以及地方政府规章等形式，等积累一定经验和时机成熟后再制定法律；地方先行先试是授权地方人大就特定事项先行制定地方性法规，等条件成熟后再向全国推广。无论采取哪一种试验性立法，都必须确保不能越权立法。

试验性立法具有暂时性、灵活性和适应性强的特点。试验性立法将创新中固有的不确定性与有限的立法、规制的不确定性相结合，将其转化为临时性或试验性规则。创新者可以容忍这种规则的不确定性，因为这是一种临时性的法律或政策，创新者可将其视为获得更快、更好、更连贯的规制决策的机会。对规制机构而言，临时性立法也是使其有更多时间收集新信息、评估创新效果和改进现有规制框架的工具。试验性立法与日落条款作为制定创新规则体系的两个手段，都是更具有创新友好型规制方法的一部分。试验性立法和日落条款规定了法律制度所要求的稳定性与保障社会秩序所需变更二者之间的上述的平衡。日落条款限制了规制的时间范围，而试验性立法同时限制了时间与空间范围以及规制对象。试验性法规尤其有助于小规模地对新规定进行检验，收集更多市场对创新产品的反馈信息，并且随着更多可用信息从而改进规制。两者最大区别在于是否强调正式规则的最终形成，试验性立法旨在将暂时性规范发展为正式甚至是永久性的法律规范，而日落条款或法案往往随着预先设定期限的到来而最终"陨落"。[②]

---

① 李丹阳：《试验性立法的中国实践》，《学习与探索》2016 年第 2 期。
② Sofia Ranchordás, Constitutional Sunsets and Experimental Legislation: A Comparative Perspective, Edward Elgar Publishing, 2014, p. 31–42.

当然，也没有经验证据表明，日落条款必然会导致创新的日出，试验性立法也并不必然会建立创新友好型法律规则体系，因为法律法规虽然是促进创新的一个重要因素，但不是唯一的要素。我们不得不承认，一成不变的立法、不具有灵活性和及时性的立法必然会抑制创新。社会本身是不断发展变化的，创新友好型法律也需要"与时俱进"，才能营造创新友好型的法治环境。规制政策的制定也可以运用日落条款和试验性立法的方法，才能构建创新友好型规制体系。

三、强化创新规制影响评估与创新风险预警机制

在现实中，大量的政府规制都是依据相关政策做出的，规制政策的好坏直接关系到创新友好型生态系统能否构建。因此，无论是创新规制的法律法规，还是创新政策的政策措施，在实施一段时间后，都需要进行创新影响评估。同时，风险总是与创新如影相随，创新可能产生各种风险，创新友好型规制并不是不要关注风险而一味地促进创新，而是强调在防范风险的前提下促进创新，因而创新风险预警机制也是构建创新友好型环境的重要制度。

（一）创新规制影响评估

规制影响评估于20世纪70年代在美国最先建立，美国规定联邦政府机关在拟定重要的规制政策时必须进行规制影响评估。OECD理事会于1995年、欧盟委员会于2003年分别规定了规制影响评估，要求所有的立法、条例、规章和指令等都要进行规制影响评估，以提高规制的有效性。

根据OECD于1995年公布的规制影响评估指导方针，各国在制定规制决策时，需要考虑以下10项内容：①对需要规制的问题是否正确定义；②政府的规制行为是否正当；③规制是否为政府干预的最佳形式；④规制是否有法律依据；⑤规制的管理权限应如何设置；⑥规制的收益是否大于成本；⑦规制的利益分配与成本分担是否透明；⑧规制的内容是否清楚、一致和易懂；⑨受规制影响的各方是否有机会表达意见；⑩规制的目标将

如何达成。① 这 10 项内容形成了规制影响评估的基本分析框架，目前也成为各国进行规制影响评估的重要标准。

规制影响评估的基本要素包括评估主体、评估客体、评估标准、评估方法等方面。评估主体可以分为内部评估主体和外部评估主体，内部评估主体主要是政府内部的评估主体，包括政策制定部门、政策执行部门、政策监督部门以及绩效考核部门等；外部评估主体又称为第三方评估主体，是高等院校、科研院所、社会团体等具备专业评估能力的组织。评估客体就是评估对象，评估标准可以参考 OECD 提出的 10 项标准，评估方法则分为定性评估方法和定量评估方法，后者主要包括成本－收益分析方法、时间序列分析方法、资源配置效率评价法等。

在创新规制中，除了日落条款和实验性立法有助于实现政府规制的灵活性和及时性外，规制影响评估的作用与日落条款和实验性立法基本相同。规制机构在实施某项与创新有关的规制政策后，可以自己或者委托专业的评估机构对规制政策的实施效果进行定期评估，主要对规制政策内容是否清楚确定、规制成本和收益的比较、规制政策的合法性与合理性、规制行为的正当性、规制政策实施效果（促进创新还是抑制创新）等方面进行综合评估，重点要评估规制政策对创新的影响，经过评估若发现存在上述问题，则需要修订现有的规制政策。

（二）创新风险预警机制

尽管为了促进创新和鼓励创新，政府在规制时要尽可能地减少事前规制措施，但是风险与创新如影随形，创新的风险往往非常大，一旦创新失败不仅可能会血本无归，甚至还可能导致创新者破产倒闭。为此，规制机构应当建立健全创新风险预警机制，为创新者的创新活动提供必要的预警服务，提高创新者成功的几率。

创新是一项高风险的活动，创新风险来源于以下几个方面：第一，创新的不确定性。在创新过程中的不确定性来源于多个方面，例如技术可行性的不确定性、商业应用上的不确定性、与创新相关的技术的不确定性、

---

① 王蕾著：《政府监管政策绩效评估研究》，首都经贸大学出版社 2012 年版，第 16－17 页。

制度和文化的不确定性等等。① 上述不确定性的任何一个方面，都可能引发创新风险。第二，创新过程的复杂性。创新是一项耗时长、技术原理复杂、过程反复多次的智力活动。创新过程中的任何一个技术性障碍都有可能导致创新失败，引发投入无法收回的风险；除此之外，因市场本身是瞬息万变的，创新讲究时效性，若创新持续很长时间依然没有达到预期效果，创新的必要性都可能需要打一个问号。第三，创新活动的高投入。创新是一项综合性的智力活动，需要投入比一般的经济活动更多的人力、物力、财力，高投入面对不确定性的结果意味着高风险，这对一般的企业和个人是无法承受的。第四，创新者的有限理性。根据经济学上的人性假设理论，创新者是有限理性的经济人，意味着创新者面对不完全和不对称的信息、自身的知识储备和经验的限制、市场环境的变化等因素，有可能在创新的必要性、技术原理的理解、创新的程度等方面无法做出完全正确的决策，这就可能导致创新失败或者创新达不到预期的效果。

根据前述关于创新风险来源的分析，我们可以将创新风险的类型归纳为技术风险、市场风险、财务风险、法律政策风险等方面。第一，技术风险是创新过程中的最大风险，创新者可能因为自身知识限制或者人类认识水平所限以及技术壁垒的存在导致无法获得所需要的技术知识，或者因为创新技术难度大导致关键技术一直无法突破。第二，市场风险。创新的市场风险是指创新产品或服务可能会因为市场定位不准确、质量不达标、价格较高等原因导致难以被市场所接受而产生的风险。除了上述三个原因之外，市场风险可能还来源于市场开拓难度较大、营销策略失误、产品或服务寿命时间短等因素。第三，财务风险，主要是指资金风险，创新者可能会因自身资金不足或者融资困难等原因导致创新活动在资金上难以为继。第四，法律政策风险，是指创新产品或服务可能不符合国家法律规定或者政策方向而面临被要求强行退出市场的风险。尤其是新经济业态、新商业模式或者一项全新的产品或服务，现行的法律可能会是一项空白，这个时候可能会面临一些不确定性。即使法律最终承认了新业态、新商业模式、新技术、新产品的合法性，但还会产生一些重大的法律争议或者需要承担较重的法律责任。例如，自动驾驶技术作为一项新技术，近年来风靡全

---

① 张维迎：《从创新的不确定性看产业政策面临的挑战》，北京大学国家发展研究院主页：https：//www.nsd.pku.edu.cn/sylm/gd/272409.htm，2021-1-10。

球。各国在对自动驾驶技术进行规范的同时都会许可自动驾驶汽车上路，也就意味着自动驾驶汽车上路已经合法化，但并不意味着没有任何法律障碍，比如在自动驾驶汽车发生交通事故后如何分配责任，是一个较具争议的话题，这也是自动驾驶技术面临的一个法律风险。同样，当前人工智能技术也紧锣密鼓地推进，但法律对于人工智能的法律地位、人工智能的法律责任等问题的认识上都没有取得一致。尽管从社会的发展趋势来看，人工智能最终会被国家和社会所认可，但在发展初期，确实会面临一些法律和政策风险。

由于风险无处不在，各国学者都致力于对风险规制的研究，并取得了良好的效果。20世纪60年代，美国、日本、法国等西方国家就建立了经济层面的警报指标，以监测经济的运行，如美国的"哈佛景气动向指数""富兰德指数"与"痛苦指数"，西方七国于1986年建立的"经济指标相互监测"指标体系，等等。① 对于创新风险规制，目前学术界尚未有专门的研究。在对网约车市场的规制中，政府建立了全国网约车监管信息交互平台，要求网约车平台数据库接入该监管平台，然而，该系统实质上不具备风险预警的作用。因此，为保障政府的创新规制充分发挥效用，需要构建风险预警机制。我们认为，随着规制水平的提高，以及规制方式对创新的重要性日益提高，无效和过时的法律和政策显然会阻碍创新，错误的法律或政策与技术和社会的生命周期不协调。为了克服这一问题，使规制适应相关领域的特性，规制者应考虑法律的期限，并经常进行规制审查以确保规制灵活性，加强风险预警机制。规制者应当加强对创新者，尤其是平台的风险监测和预警机制，通过梳理创新风险的来源以及创新风险的类型确定相关评估指标，利用网络系统和大数据，建立风险预警体系，从而便于规制者及时获取相关信息，监测创新过程的风险问题。

---

① 邓伟志：《关于社会风险预警机制问题的思考》，《社会科学》2003年第7期。

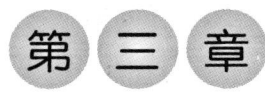

互联网营商环境优化与公平竞争审查制度的实施改进[①]

为了遏制行政垄断行为，2007年8月30日我国出台的《反垄断法》对行政垄断做了专章规定。在实践中，囿于我国《反垄断法》在行政垄断规制上的弱强制性和事后规制的特点，规制效果不甚理想，行政垄断尤其是抽象行政垄断行为依然是阻碍全国统一大市场形成和市场主体公平竞争的重要因素。为了有效规制抽象行政垄断行为，国务院于2016年6月1日发布了《国务院关于在市场体系建设中建立公平竞争审查制度的意见》（国发〔2016〕34号）（以下简称《意见》），标志着我国公平竞争审查制度正式建立。公平竞争审查制度的建立，意味着我国确立竞争政策基础地位迈出了关键一步；针对行政垄断行为，我国建立起了事前审查与事后规制相结合的规制框架。

第一节 优化营商环境与公平竞争审查制度的关系

近年来，我国中央和地方各级政府高度重视营商环境的优化，并出台

[①] 本章由刘大洪、殷继国、邱隽思合作撰写。本章第二节、第三节参见以下研究成果：刘大洪、邱隽思：《推动民营经济发展背景下的公平竞争审查制度改进研究》，《法学论坛》2019年第2期；殷继国：《我国公平竞争审查模式的反思及其重构》，《政治与法律》2020年第7期。收录至本书时内容进行了修改和完善。

法律法规保障营商环境的建设。继国务院出台《优化营商环境条例》后，各地陆续出台了优化营商环境的地方性法规。而公平竞争审查制度作为优化营商环境的重要抓手，在维护市场公平竞争环境、优化营商环境上发挥了重要作用。

一、公平竞争审查制度的基本内容

除了《意见》外，国家发展改革委、工商总局等五部门于2017年10月23日印发《公平竞争审查制度实施细则（暂行）》（发改价监〔2017〕1849号）（以下简称《细则》），对《意见》的内容进行了细化。为了提高审查质量，鼓励支持政策制定机关在公平竞争审查工作中引入第三方评估，国家市场监管总局于2019年2月13日发布《公平竞争审查第三方评估实施指南》（以下简称《指南》），建立了公平竞争审查第三方评估制度。2019年10月22日，《优化营商环境条例》公布，第六十三条对公平竞争审查制度进行了立法确认，至此，公平竞争审查制度被纳入了法治化轨道。2020年5月12日，《市场监管总局等四部门关于进一步推进公平竞争审查工作的通知》（以下简称《通知》）建立了政策措施抽查制度、举报处理和回应制度。截至目前，我国通过一个行政法规以及《意见》《细则》《指南》和《通知》四个文件，建立了较为全面的公平竞争审查制度体系。我国的公平竞争审查制度主要包括审查对象、审查模式、审查标准、例外规定、第三方评估、社会监督和责任追究等内容。此外，正在修订中的《中华人民共和国反垄断法》（以下简称《反垄断法》）也拟将公平竞争审查制度纳入其中，公平竞争审查制度的法律效力层级也将由行政法规上升为法律。

（一）审查对象

根据《意见》和《细则》的规定，公平竞争审查的对象包括涉及市场主体经济活动的行政法规、地方性法规、政府规章、规范性文件和其他政策措施（简称"政策措施"）。所谓涉及市场主体经济活动，需要从两个方面来理解。一是政策措施与市场主体相关，而市场主体可大致等同于《反垄断法》中的经营者，即从事商品经营和提供服务的自然人、法人和非法人组织；二是涉及经济活动，而经济活动是指市场主体从事生产、分配、交换、消费相关的活动。从类型看，除宪法和法律之外，行政法规、地方性法规、政府规章、规范性文件和其他政策措施都需要进行公平竞争审查。行政规范性文件是除国务院的行政法规、决定、命令以及部门规章和地方政府规章外，由政策制定机关依照法定权限、程序制定并公开发布，涉及公民、法人和其他组织权利义务，具有普遍约束力，在一定期限内反复适用的公文。其他政策措施，是指除规章、规范性文件之外的其他政策性文件以及"一事一议"形式的具体政策措施，会议纪要、政府采购合同、招投标文件等均属于"一事一议"形式的具体政策措施。

从实质内容上看：一是规定的事项一般为经济管理类事项；二是具有对外效力，可以直接或者间接影响市场主体的权利义务；三是涉及市场准入、产业发展、招商引资、招标投标、政府采购、经营行为规范、资质标准等方面的政策措施需要重点审查。结合审查实践，以下四类文件一般情况下不需要审查：一是内部管理性文件，如涉及人事、机构、编制、财务、外事、保卫、保密、内部工作制度、程序性规则等。二是一般事务性文件，如工作报告、工作总结、职责分工、会议通知、领导讲话、情况通报等。三是过程性文件，如不涉及出台具体政策措施的请示、征求意见函、回复意见函等。四是常规性的具体行政行为，如依法做出的行政处罚、行政许可，常规性的项目核准、批复、备案等。①

（二）审查模式

我国公平竞争审查采取自我审查模式，自我审查模式的核心原则是"谁起草、谁审查、谁负责"，依据这一原则，政策制定机关是公平竞争审查的主体。根据《细则》第五条的规定，自我审查主体可以分为三类：一是由政策制定机关的具体业务机构负责；二是由政策制定机关指定的特定机构统一负责；三是采取其他方式实施。在实践中，政策制定机关指定的特定机构通常是指定负责法制工作的内设机构或下属事业单位等机构，指定的特定机构不属于第三方评估机构；采取其他方式实施公平竞争审查则较为灵活，比如可以委托法律顾问单位、专家学者以及第三方评估机构等

---

① 国家市场监管总局价格监督检查和反不正当竞争处编著：《公平竞争审查制度学习读本》，中国工商出版社2019年版，第87-88页。

主体协助进行公平竞争审查。

(三) 审查标准

《意见》和《细则》从维护全国统一大市场和公平竞争两个维度，明确了市场准入和退出、商品要素自由流动、影响生产经营成本、影响生产经营行为等四个方面共18项禁止性标准（加上2项兜底标准，实为20项禁止性标准），主要包括：一是市场准入和退出标准，旨在保障所有市场主体在市场准入和退出方面得到公平对待；二是商品要素自由流动标准，旨在保障商品和服务在全国范围内自由流动，促进全国统一大市场形成；三是影响生产经营成本标准，旨在防止政策措施不当增加或者减少经营者的生产经营成本，破坏经营者之间的公平竞争；四是影响生产经营行为标准，旨在保障经营者的自主经营权，防止不当干预经营者的生产经营活动。违反这些标准的政策措施，原则上不能出台。此外，《意见》和《细则》还明确了两项兜底条款，即没有法律法规依据，不得制定减损市场主体合法权益或增加其义务的政策措施；不得违反《反垄断法》制定含有排除、限制竞争的政策措施。四个方面共18项标准和2项兜底条款，为公平竞争审查提供了基本遵循，也为行政行为列出了"负面清单"。①

(四) 例外规定

《意见》对违反公平竞争审查标准的政策措施采取原则禁止的态度，同时基于某些经济现实的复杂性，为了实现更大的公共利益或者经济效率，对某些特殊政策措施做出了例外规定。为此，《细则》第十八条对例外规定的适用做出了细化规定，明确了适用例外规定的情形以及适用条件两项内容。

判断政策措施是否属于公平竞争审查的例外情形应当准确把握政策措施的实施目的。不能想当然地认为，凡是有利于实现国家安全、社会保障和公共利益的政策措施都属于例外规定的范围，而应当以政策措施的实施目的为依据，以直接性、针对性和关键性为标准。为了避免例外规定的滥用，《细则》还规定了适用例外规定的四项条件。第一，违反了公平竞争

---

① 国家市场监管总局价格监督检查和反不正当竞争处编著：《公平竞争审查制度学习读本》，中国工商出版社2019年版，第90-91页。

审查标准且具有一定限制竞争的效果。即通过公平竞争审查，发现政策措施违反了公平竞争审查标准中的一项或一项以上，并且该政策措施不会严重排除、限制市场竞争。第二，必要性条件。对实现政策目的不可或缺，即为实现相关目标必须实施此项政策措施。如果对实现国家安全、社会保障和社会公共利益并不是必不可少的政策措施，也就意味着有其他可替代的政策措施，则应选择其他的政策措施。第三，实施最小侵害条件（即比例原则）。因为政策措施在一定程度上限制了市场竞争，为了降低政策措施带来的不利影响，《细则》规定了比例原则。第四，期限条件。即要求在政策措施中明确实施期限。要求政策措施必须有期限规定，是为了降低损害后果，将损害后果控制在一定的时限范围内。同时，给市场主体明确预期，不能无限期执行下去。

（五）第三方评估

鉴于自我审查模式下存在审查机构能力不足的问题，市场监管总局在《第三方评估指南》中鼓励政策制定机关在公平竞争审查中引入第三方评估。自 2019 年以来，全国各地政策制定机关积极引入第三方评估机构开展公平竞争审查第三方评估。由于公平竞争审查兼具合法性审查与合理性审查双重功能，而合理性审查主要是在社会公共利益的框架下进行竞争影响评估，这就要求第三方评估机构要拥有公共政策、经济学和法学等领域的专门人才。从目前的来看，政策制定机关引入的第三方评估机构主要包括高等院校、律师事务所、专业的咨询评估公司三大类型。第三方评估机构除了接受委托开展增量审查和存量清理外，还会为政策制定机关提供政策咨询、业务培训、市场竞争调研等服务。尽管各地都开始开展第三方评估，但依然没有改变自我审查模式，第三方评估机构处于辅助审查的角色，是否接受第三方评估意见取决于政策制定机关的意图。

（六）监督和责任追究

《意见》和《细则》明确了监督和责任追究制度。监督包括上级部门监督和社会监督，上级部门监督的方式主要包括抽查、专项督查等，监督主体有公平竞争审查联席会议以及上级市场监管部门。公平竞争审查抽查机制是指抽查主体每年牵头组织一次政策措施抽查，检查有关政策措施是否履行审查程序、审查流程是否规范、审查结论是否准确等。对市场主体反映比较强烈、问题比较集中、行政性垄断问题多发的行业和地区,要进行重点抽查。抽查结果要及时反馈被抽查单位,并以适当方式向社会公开。对抽查发现的排除、限制竞争问题,被抽查单位要及时认真整改。社会监督包括两个方面的内容:一是对涉嫌违反公平竞争审查标准的政策措施,任何单位和个人有权举报,有关部门要及时予以处理;二是政策制定机关涉嫌未进行公平竞争审查或者违反审查标准出台政策措施的,任何单位和个人可以向政策制定机关反映,政策制定机关应当核实有关情况。《通知》在《意见》和《细则》的基础上对社会监督制度进行了细化,健全举报处理和回应机制。

在责任追究上,针对政策制定机关及其工作人员,公平竞争审查制度规定了责令改正、行政处分等责任形式;针对第三方评估机构,公平竞争审查制度规定了信用责任,即对存在失信行为的,推送至全国信用信息共享平台,记入其信用档案。但截至目前,尚未有关于政策制定机关及其工作人员以及第三方评估机构被追究法律责任的报道。

二、公平竞争审查制度与优化营商环境的关系

与全国上下在思想上、行动上高度重视营商环境建设不同,部分地方政府及其工作人员对公平竞争环境和公平竞争审查制度的认识还不够全面和准确。事实上,促进公平竞争是优化营商环境的基础,公平竞争审查制度是优化营商环境建设的重要保障。

(一) 促进公平竞争是优化营商环境的基础

营商环境,是近几年各类文件、会议、报道中的高频热词,从中央到地方对营商环境的关注度都在不断升温。营商环境,是指企业等市场主体在市场经济活动中所涉及的体制机制性因素和条件。根据世界银行建立的营商环境指标体系,营商环境指标包括:开办企业(4个维度)、办理施工许可(4个维度)、获得电力(4个维度)、登记财产(4个维度)、获得信贷(4个维度)、投资者保护(4个维度)、纳税(6个维度)、跨境贸易(3个维度)、合同执行(3个维度)、办理破产(3个维度)10个指标39

个维度。

尽管世界银行的营商环境指标并未提及公平竞争环境,但上述10个评价指标基本都涉及企业之间的公平竞争,尤其是开办企业、财产登记、获得信贷、纳税、跨境贸易这5个指标,与公平竞争联系更为密切(见表3-1)。我国近年来高度重视营商环境建设,不仅国务院出台了《优化营商环境条例》,各省市也正在出台或已经出台了优化营商环境的地方性立法。在优化营商环境的政策措施上,各地各显神通,优化营商环境的改革体现在方方面面,便利企业登记、缩短审批时间、混合所有制改革以及"营改增"、积极财政政策、稳健货币政策和"放管服"等改革措施不断涌现。不过,无论税收政策、货币工具还是融资环境,不同性质企业或不同地区的企业享受到的政策待遇可能会有所不同。这种差别待遇让部分企业(如外资企业、外地企业、私营企业等)在市场竞争中遭受不公平政策对待。目前,我国各级政府都重视营商环境建设,都将其视为政府"一号工程",但往往忽视了营商环境建设政策措施中的公平竞争因素,导致优化营商环境的政策措施效果大打折扣。因此,自由、公平的市场竞争秩序必然成为营商环境的重要内容,是营商环境评价指标体系中隐含的一个指标,公平竞争考量应当贯穿于优化营商环境的各个方面。正如有学者指出的:"促进公平竞争是优化营商环境的基础"。[1]

表3-1　　优化营商环境与公平竞争审查的评价标准对照表[2]

优化营商环境		公平竞争审查	
启动阶段	开办企业	不得设置没有法律依据的审批或事前备案程序	市场准入和退出标准
选址阶段	财产登记	不得对不同所有制的经营者实施差别化待遇,不得违法设定登记的条件、程序	
融资阶段	获得信贷	不得违法给予特定经营者优惠政策	影响生产经营成本标准
日常运营阶段	纳税	不得违法减免特定经营者应缴纳的税款	
	跨境贸易	不得阻碍进口商品进出本地市场	商品和要素自由流动标准

---

[1] 盘和林:《促进公平竞争是优化营商环境的基础》,《中国青年报》2019年4月2日,第02版。

[2] 万欣:《论公平竞争审查与优化营商环境的内在统一性》,《中国物价》2020年第4期。

(二) 公平竞争审查制度是优化营商环境建设的重要保障

为营造自由、公平的市场竞争秩序，除了需要强化反垄断执法和反不正当竞争执法，有效预防和制止市场主体的不正当竞争行为和违法垄断行为，更关键的是要对政府优化营商环境的政策措施进行审查，对政府干预经济的行为进行适当的限制，这一限制手段就是公平竞争审查。建立公平竞争审查制度，最主要的目的是要防止政府过度干预和不当干预市场调节机制，有利于实现资源配置效率的最大化。可以说，公平竞争审查是维护市场公平竞争环境的关键措施，是保障优化营商环境建设成果的重要手段。

公平竞争审查制度促进和保障营商环境优化的效果是非常显著的。自2016年我国建立公平竞争审查制度以来，我国营商环境在全球的排名出现明显提升。从2014年到2019年期间，中国在世界银行营商环境全球190个经济体中的排名从第96名升至第31名，位列东亚太平洋地区第7位，仅次于日本，并且连续两年跻身全球营商环境改善最大的经济体排名前十。

当然，营商环境建设与公平竞争审查之间的关系并不只是单向的，两者之间相辅相成、相互促进。一方面，通过对法规、规章和规范性文件等政策措施开展多层次、全覆盖、高标准的公平竞争审查，对各类所有制主体一视同仁，依法平等保护各类市场主体的公平竞争权，打造竞争中性的制度环境和法治化、便利化的营商环境；另一方面，以企业对营商环境改善的需求，倒逼政府转变职能和完善公平竞争审查制度，改变以行政权力直接配置市场资源和生产要素的惯常做法，减少地方政府和有关部门对特定产业和企业的专项补贴与扶持，强化公平竞争市场环境的建设。①

第二节 我国公平竞争审查制度存在的问题

在制度设计者看来，作为事前规制的公平竞争审查与作为事后规制的

---

① 万欣：《论公平竞争审查与优化营商环境的内在统一性》，《中国物价》2020年第4期。

反垄断法规制的有机结合,加之行政法对行政权力运行的事中规制,能够构建一套规制行政权力滥用的全方位、立体化规制体系,理应能够解决行政垄断规制难题。然而,"理想的丰满抵挡不住现实的骨感",公平竞争审查制度在实施中呈现出自我审查流于形式、程序"空转"问题较严重、审查质量堪忧等现象。除了自我审查流于形式外,我国的公平竞争审查制度还存在审查标准难把握、审查方法较单一、例外规定难适用、审查程序不规范、责任追究偏软弱、长效机制不健全等诸多问题。因此,除了要对作为公平竞争审查制度核心的审查模式进行反思和重构外,对公平竞争审查制度中存在的其他问题,也需要理论界和实务界进行深入反思和积极探索,不断完善我国的公平竞争审查制度。

一、自我审查模式容易导致"程序形式化"

我国公平竞争审查采取自我审查模式主要基于以下四点考虑:一是与《反垄断法》对行政垄断规定的精神相衔接,二是政策制定机关对制定政策的背景、目的、内容更为了解,三是自我审查有助于政策制定机关增强公平竞争意识,四是借鉴了国际经验。[①] 尽管采取自我审查模式的理由看似充足,但即使是设计再完美的制度,也要经得起实践检验。据市场监管总局的数据,截至 2019 年 2 月底,全国共审查新出台文件 43 万份,对其中 2300 多份文件进行了修改和完善;[②] 2018 年 6 月至 10 月,市场监管总局会同有关部门随机选择辽宁、黑龙江、广东、广西、新疆开展重点督察,抽查的 175 份经自我审查的文件中,有 30 份存在违反公平竞争审查标准或程序问题。[③] 可见,经自我审查发现问题的比例只有 0.53% 左右,而经督查发现问题的比例高达 17%,比例上的差异暴露出了自我审查质量存在重大问题。

[①] 《国务院新闻办新闻发布会实录——胡祖才副主任就建立和实施公平竞争审查制度有关情况答记者问》,《中国价格监管与反垄断》2016 年第 7 期。

[②] 《公平竞争审查制度已经在全国基本建立》,中国政府网:http://www.gov.cn/xinwen/2019-04/09/content_5380773.htm,2021-1-10。

[③] 《2018 年市场监管总局公平竞争审查重点督察发现典型问题通报》,《中国市场监管报》2019 年 1 月 30 日,第 003 版。

（一）自我审查模式的运行机制解构

公平竞争审查模式是指公平竞争的审查主体及其与相关主体之间的关系。我国的公平竞争审查是以政策制定机关的自我审查为核心，其他相关机构协助和监督的较为庞杂的体系。自我审查模式的主体类型包括审查主体、协助审查主体和监督主体三类，审查主体是政策制定机关，协助审查主体包括咨询机构、协调机构、决定机构以及第三方评估机构，监督主体包括上级机关、利害关系人和社会公众。

自我审查模式的核心原则是"谁起草、谁审查、谁负责"，依据这一原则，政策制定机关是公平竞争审查的主体。根据《实施细则》第五条的规定，自我审查主体可以分为三类：一是由政策制定机关的具体业务机构负责；二是由政策制定机关指定的特定机构统一负责；三是采取其他方式实施。在实践中，政策制定机关指定的特定机构通常是指定负责法制工作的内设机构或下属事业单位等机构，指定的特定机构不属于第三方评估机构；采取其他方式实施公平竞争审查则较为灵活，比如可以委托法律顾问单位、专家学者以及第三方评估机构等主体协助进行公平竞争审查。从实际操作来看，绝大部分自我审查采用第一种形式，且是彻底的自我审查，即由政策制定机关内部负责政策措施起草的业务处室（科室）初审，后由负责法制工作的业务处室（科室）复核；若复核意见与初审意见不一致，通常由初审机构自行决定；若两者意见明显不一致的，可以提交政策制定机关决定。政策制定机关在审查过程中，可以寻求两类机构的协助：一是可以就公平竞争审查中遇到的具体问题向竞争执法机构提出咨询；二是对存在较大争议或者部门意见难以协调一致的问题，可以提请同级公平竞争审查工作部门联席会议（以下简称"联席会议"）协调，联席会议仍无法协调一致的，由政策制定机关提交上级机关决定。与制度预设不同，政策制定机关在审查实践中很少向竞争执法机构提出咨询或提请联席会议协调，导致竞争执法机构和联席会议参与公平竞争审查的程度非常低。究其原因，大多数政策制定机关只是将公平竞争审查视为必须完成的"规定动作"，"走过场"意识使得政策制定机关有意或无意忽视了审查质量；而且，政策制定机关在有选择权的情况下，断然不希望外部力量干扰或限制本部门政策措施的制定。由此产生的结果是，竞争执法机构通常只能依托联席会议办公室发挥培训宣传、政策解读、信息报送等有限职能。此外，由于提交上级机关决定的前提条件是须经联席会议协调，在联席会议很少参与协调的情形下，提交上级机关决定的规定几乎成为摆设。

为了解决政策制定机关审查能力不足以及自我审查缺乏有效监督的问题，我国开始强化第三方评估和外部监督的作用。根据《第三方评估指南》的规定，政策制定机关通过政府采购委托第三方评估机构，第三方评估机构遵循客观公正、科学严谨、专业规范、公开透明、注重实效的评估原则。然而，根据"谁起草、谁审查、谁负责"的审查原则以及委托代理关系的法律规定，政策制定机关是公平竞争审查的责任主体，政策制定机关是否接受、在多大程度上接受第三方评估结论，很大程度上取决于政策制定机关的主观意志。

公平竞争审查外部监督包括专项督查和利害关系人、社会公众的监督。专项督查是由联席会议有关成员组成的督查组对本级政府部门及下级政府的公平竞争审查工作开展的督查，采取听取报告和抽查文件等方式，属于事后监督。2017年，国家发改委、财政部、商务部、工商总局四个部门以公平竞争审查部际联席会议名义赴全国29个省市进行公平竞争审查督查。[①] 此次大规模督查对于增强政策制定机关的公平竞争意识、提高审查质量起到了积极作用。目前，专项督查是公平竞争审查外部监督最重要的形式。利害关系人和社会公众的监督属于事中监督，政策制定机关在审查过程中，应当征求利害关系人意见或者向社会公开征求意见，并在书面审查结论中说明征求意见情况。征求利害关系人意见往往通过座谈会、听证会等形式进行；征求社会公众意见通常由政策制定机关将相关审查材料上传至网站，接受公众监督。由于全社会的公平竞争意识不够浓厚以及社会公众对公平竞争审查制度缺乏了解，利害关系人和社会公众监督效果较差。

（二）自我审查模式存在的问题梳理

公平竞争审查制度是我国为确立竞争政策基础性地位迈出的关键一步，制度重要性不言而喻。然而，随着公平竞争审查各项工作的有序开展

---

① 《国家发展改革委会同有关部门组织开展专项督查推动公平竞争审查制度深入实施》，《中国价格监管与反垄断》2018年第1期。

和深入推进，自我审查模式固有的弊端逐渐显露出来，主要包括审查主体分散且定位不准确、权力制衡机制不健全、长效机制缺乏、审查能力不强等问题，导致自我审查流于形式、审查效果大打折扣。

第一，审查主体分散且定位不准确。公平竞争自我审查参与主体包括审查主体、协助审查主体和监督主体三大类，涉及政策制定机关及其上级机关、竞争执法机构、联席会议、第三方评估机构、利害关系人和社会公众等众多主体。由上述主体共同参与的公平竞争自我审查模式在实际运行中存在以下问题：首先，审查机构数量众多且分散。我国的政策制定机关数量众多，上至中央、下至区县各部门都可能制定涉及市场主体经济活动的政策措施，审查机构众多且分散。就此而言，自我审查模式又可称为分散型审查模式。分散型审查模式容易出现审查机构良莠不齐、审查尺度难以统一、审查质量参差不齐等问题。正如张守文教授所言，"由于审查主体非常分散，并且主要是自我审查，能否保证审查的质量，切实保障公平竞争，还是存疑的。"[1] 其次，外部监督乏力。审查机构数量众多且分散，带来了外部监督成本高、监督不到位和监督效果较差等难题；审查信息公开不规范，加剧了信息不对称，进而影响监督效果。再次，部分主体定位不准确。在公平竞争审查制度建立之初，由政策制定机关担任审查主体有一定的合理性，但政策制定机关身兼"运动员"和"裁判员"的双重角色定位使得公平竞争审查失去客观性和中立性，不符合法治政府建设的基本要求，成为公平竞争审查问题频出的制度根源；竞争执法机构在审查中充当可有可无的咨询机构角色不利于竞争政策基础性地位的落实；联席会议和反垄断委员会分工不明确导致两者关系处于尴尬状态。

第二，权力制衡机制不健全。公平竞争审查制度的设立初衷，是希望通过公平竞争审查，对政策制定机关的政策措施制定权形成有效约束，以保护市场主体的公平竞争权。约束政策措施制定权，离不开有效的权力制衡机制。对权力的制约，古今中外形成了"权力制约权力""权利制约权力"和"道德制约权力"等基本模式，[2] 但采用任何单一的权力制约模式都不能有效制约权力的，必须综合运用多种制约模式。在我国公平竞争审

---

[1] 张守文：《公平竞争审查制度的经济法解析》，《政治与法律》2017 年第 11 期。
[2] 方世荣：《论行政权力的要素及其制约》，《法商研究》2001 年第 2 期；闫德民：《权力制约范式论析》，《社会科学》2009 年第 7 期。

查的外部监督机制中,上级机关开展的督查属于"权力制约权力"类型,利害关系人和社会公众的监督属于"权利制约权力"类型,但这两种制约都属于事后制约,且制约效果不理想。在公平竞争审查过程中,虽有众多机构参与其中,但所有协助机构的参与活动和参与程度均取决于审查机构的意思,这虽然有助于保障审查机构的独立性,但在审查机构与政策制定机关合一的背景下,政策制定机关同时行使政策措施制定权和公平竞争审查权,两项权力之间更易于达成"共谋";同时协助机构不具备制约审查机构的权力,公平竞争审查过程中缺乏有效的权力制衡机制,仅仅寄希望于政策制定机关的自我纠错,必然会导致公平竞争审查目的落空。故有学者指出,"我国公平竞争审查制度其实已由域外蓝本中机构间的'横向评估'机制异化成了'行政机关内部决策合法性审查机制'。"[1]

第三,政策制定机关的审查能力不强。从审查内容看,公平竞争审查兼具合法性审查与合理性审查双重功能,但重心是合理性审查,而合理性审查主要是在社会公共利益的框架下进行竞争影响评估。对于审查机构而言,首先需要判断拟出台的政策措施是否违反审查标准,这一过程中需要进行合理性判断;若具有一定的排除、限制竞争效果而适用例外规定时,更需要运用合理原则进行利弊权衡。合理性审查意味着审查人员需要拥有公共政策、经济学和法学尤其是竞争法学等领域的专业知识以及行业性知识,对公平竞争审查标准有准确的理解,能够运用实证分析方法汇总收集相关信息,运用定量分析方法对拟出台政策措施的利弊进行权衡,这些都对审查人员的专业知识和审查能力提出了较高的要求。然而,大部分审查机构都不具备相应的专业知识,审查方法单一,甚至以合法性审查代替公平竞争审查,使得公平竞争审查偏离了正确的轨道。"由于目前的实体性(审查能力)问题的存在,且在一定时期内难以消解,若将自我审查作为一种反垄断机构监督的主导性制度,恐产生程序上的'空转'。"[2] 市场监管总局认识到自我审查模式下审查机构能力不足的问题,在《第三方评估指南》中鼓励政策制定机关在公平竞争审查中引入第三方评估,提高审查机构的审查能力,但第三方评估机构只是充当协助审查的角色,第三方评估结论采纳度较低是一个不争的事实。

---

[1] 金善明:《公平竞争审查机制的制度检讨及路径优化》,《法学》2019年第12期。
[2] 刘继峰:《论公平竞争审查制度中的问题与解决》,《价格理论与实践》2016年第11期。

二、审查标准未能完全落实"竞争中立"理念

《意见》主要从"市场准入和退出标准""商品和要素自由流动标准""影响生产经营成本标准"和"影响生产经营行为标准"四个方面对公平竞争审查制度的审查标准进行了框架性设计。《细则》则在《意见》规定的基础上,从第十四条至第十七条对上述四个标准进行了精准的细化。这些标准有利于甄别和修正具有限制竞争效果的相关政策措施,但是,由于并未能在相关审查标准中完全落实"竞争中性"理念,可能会一定程度上造成审查结果的疏漏。

竞争中立理念是一个致力于正确处理国有企业与非国有企业公平竞争关系的竞争理念,核心内涵是要求国有企业不得因其具有国家所有权而获得来自国家政策措施的任何"净竞争优势"(Net competitive advantage)。[1] 换言之,应当对国有企业和民营企业在税收待遇、政策补贴、信贷成本、公共管制等方面的政策法规一视同仁,不对后者施加差别待遇。[2] 竞争中立理念首先发端于澳大利亚的国内立法,随后在与市场竞争有关的双边协议、多边协议、国际软法中均有所体现和发展,目前已经成为极具国际潮流的竞争政策主张。[3] 在我国,竞争中立理念虽然未明文写入相关市场竞争立法或政策文本中,但其已毋庸置疑地成为我国处理国有企业与民营企业的关系、拟定相关经济政策法规的指导思想。[4] 确立和落实竞争中立理念在我国现阶段极具意义,因为在我国改革开放的实践进程中,"始终面临的一个难题是,在国有资本和非公资本所共同构成的市场中,如何符合市场机制的规律对二者的关系进行妥善处理。一个长期难以改变的状态

---

[1] Council of Australian Governments. Competition Principles Agreement 1995, Clause 3 Subclause (1).

[2] Australian Federal Government. Commonwealth Competitive Neutrality Policy Statement 1996, p. 6.

[3] 有关竞争中立政策的全球发展历程的梳理可参见石伟:《"竞争中立"制度的理论和实践》,法律出版社2017年版,第38—75页。

[4] 2018年,国家市场监督管理总局局长张茅在接受人民日报专访时,便直接提出要坚持和遵守竞争中立政策,他表示,"要围绕建设全国统一大市场的目标,健全竞争政策体系,坚持'竞争中立'原则,即对国有企业和民营企业实行规则中立、税收中立、债务中立,对所有市场主体一视同仁、平等对待"。参见中国经济时报:《以"竞争中立"营造国企、民企公平竞争环境》,和讯新闻,http://news.hexun.com/2018-11-08/195139199.html,2021-1-10。

是，国有资本的投资和经营范围过大、所涉范围过宽，而非公资本却面临多处市场进入壁垒或隐形限制。"① 而竞争中立理念能为解决此问题提供一个有效的制度指引，它有利于打破国有企业与民营企业间在政策措施层面的差别待遇，确保其在市场竞争环境中的"起点公平"。对民营企业家来说，竞争中立理念的确立也有利于稳固其政策预期，打破其对民营经济"离场"论谣言的顾虑。

但是，在目前公平竞争审查制度对审查标准的设置中，竞争中立理念的精神并未完全有效落实。依照目前的审查标准体系，并不能完全甄别政策措施是否对国有企业设置了相较民营企业的"净竞争优势"。在《细则》第十四条至第十七条所设计的4大类合计18项审查标准中，仅有第十四条"市场准入和退出标准"中的第（一）项"不得设置不合理和歧视性的准入和退出条件"的相关要求中对竞争中立政策有所体现，该项要求于第2点明确：不得"没有法律法规依据或者国务院规定，对不同所有制、地区、组织形式的经营者实施差别化待遇，设置不平等的市场准入和退出条件"。依照国外竞争中立理念的基本内容，竞争中立意味着针对国有企业和民营企业在税收、借贷与管制等方面全面的中立，不施加任何差别性待遇。② 因此，除了市场准入和退出标准之外，有关商品和要素自由流动标准、影响生产经营成本标准或影响生产经营行为标准方面的政策法规，均有可能对民营经济施加差别性待遇。比如，在设置技术、检验标准时对民营企业施加更高标准，在落实财政补贴时优先照顾国有企业，在招投标过程中排斥民营资本，等等。而《细则》在涉及这些方面的审查标准时，均再未强调政策法规可能存在的对不同所有制经济的不合理差别待遇问题，这种制度设计并未能完全反映竞争中立理念的要求，有可能造成一部分不利于民营经济发展的政策法规未被有效审查、甄别出来。

---

① 刘大洪、段宏磊：《混合所有制、公私合作制及市场准入法的改革论纲》，《上海财经大学学报》2017年第5期。
② Australian Federal Government. Commonwealth Competitive Neutrality Policy Statement 1996, p. 16 – 19。

三、公平竞争审查长效机制缺乏

我国公平竞争审查工作的开展主要依赖外部压力的推动而非审查机构自身的主动，呈现出被动性和刚性约束的特点。外部压力来源主要有两方面：一是上级机关就公平竞争审查开展的专项督查；二是将公平竞争审查工作情况纳入政府部门绩效考核、法治政府考评或营商环境评价等指标。过于强调刚性约束机制而忽视审查长效机制建设的结果是，审查机构的公平竞争意识不浓厚，对公平竞争审查的认识不到位，应付性思维占主导，审查动力不足。首先，公平竞争意识不浓厚。改革开放以来，受计划经济思想余毒的影响，整个社会的公平竞争意识不浓厚，"竞争优先""竞争中性""公平竞争"等理念尚未深入人心。部分政策制定机关在"市场"与"政府"的关系上认识不清，习惯运用"政府之手"干预市场正常运行，扭曲市场公平竞争的财政补贴、税收优惠、政府采购等政策措施屡见不鲜。其次，公平竞争审查认识不到位。部分政策制定机关尤其是政策措施起草业务处室（科室）认为公平竞争审查束缚了自身的政策措施制定权，对公平竞争审查态度消极。再次，公平竞争审查动力不强。我国的自我审查模式存在"审查动机悖论"：一方面，假定政策制定机关有排除、限制竞争的主观动机，因而需要对其进行审查；另一方面假定政策制定机关有促进竞争和自我纠错的主观动机，因而有可能认真开展自我审查。[①] 事实上，如果政策制定机关严格按照公平竞争审查标准开展自我审查，意味着可能需要修改或废止自身制定的政策措施，这种"自我打脸"式的审查模式必然会遭到政策制定机关的消极应对，这也是经自我审查发现问题的比例远远低于经督查发现问题比例的重要原因。

在国外，为确保公平竞争审查制度有效的监督控制机制，通常会在反垄断立法中规定"竞争倡导"制度。广义上的竞争倡导（Competition Advocacy）泛指反垄断主管机构运用其在竞争、经济和消费者保护方面的专

---

① 李俊峰：《公平竞争自我审查的困局及其破解》，《华东政法大学学报》2017年第1期；焦海涛：《公平竞争审查制度的实施激励》，《河北法学》2019年第10期。

业知识加强一切形式的政府决策在促进竞争和消费者选择上的作用的过程。① 而狭义的竞争倡导经常与"竞争评估"（Competition Assessment）一词被同时提及，二者实际上反映了公平竞争审查制度在西方国家的实施过程。首先，反垄断主管机构会通过竞争评估甄别出具有限制竞争效果的政策措施，随后，反垄断主管机构会对这些政策措施提出改进和修正意见，这即是竞争倡导的过程。② 欧美发达国家经常会在立法中明确赋予反垄断主管机构享有竞争评估和竞争倡导的职权。如美国《联邦贸易委员会法》第四十六条即明确赋予联邦贸易委员会（FTC）针对国会其他法案涉及竞争事项提出建议的权力。FTC 近年来已经在竞争倡导方面形成了一个"倡导档案"（Advocacy Filings），当政府部门做出影响市场竞争和消费者利益的公共管制决策时，FTC 会提交意见函对相关的决策提供专业建议。③ 韩国、俄罗斯等国家也对反垄断执法机构的竞争倡导职责作出了明确规定。

由此可见，发达国家的竞争评估与竞争倡导制度主要通过反垄断主管机构予以"外部控制"进行，而中国目前的公平竞争审查则主要依赖于政策制定机关的自我控制和有限的外部监督。由于第三方评估可以得出相对客观、专业的结论，在一定程度上弥补了自我审查的不足，因而国家正在大力推动公平竞争审查第三方评估，全国部分省市也引入了第三方评估机构。从实践来看，第三方评估还存在以下问题：第一，第三方评估机构的选择范围相对有限。第三方评估机构通常要拥有一支在法学、经济学、公共政策领域有一定影响力的研究团队，目前国内相关领域的研究专家和研究团队相对于第三方评估需求而言，明显不足。第二，评估过程不够规范。目前已经开展的第三方评估机构评估和第三方专家评估，通常采取召开专家论证会的形式，论证时间较短，评估方法较单一，有可能导致评估

---

① James C. Cooper, Paul A. Pautler, Todd J. Zywicki. Theory and Practice of Competition Advocacy at the FTC, Antitrust Law Journal, Vol. 72, No. 3, 2005. James C. Cooper, Paul A. Pautler, Todd J. Zywicki, Theory and Practice of Competition Advocacy at the FTC, 72 Antitrust Law Journal, 1091 (2005).

② 张占江：《政府反竞争行为的反垄断法规制路径研究——基于路径适用的逻辑展开》，《上海财经大学学报》2014 年第 5 期。

③ Federal Trade Commission, Advocacy Filings, https：//www.ftc.gov/policy/advocacy/advocacy-filings?combine=&field_matter_number_value=&field_advocacy_document_terms_tid=All&field_date_value［min］=&field_date_value［max］=&items_per_page=20&page=39, 2021-1-10.

结论缺乏科学性；评估报告没有统一格式，评估报告要素也不齐全。第三，评估结论的实效性有待提高。在第三方评估机构或第三方专家做出评估结论后，应当成为政策制定机关的重要参考依据。但实践中，由于第三方评估结论的科学性不强以及政策制定机关自身原因，绝大多数第三方评估结论的采纳度非常低。因此，公平竞争审查第三方评估从起步到成熟有较长一段路要走，第三方评估结论的客观性、透明性、专业性、规范性、实效性都有待提高。

我国公平竞争审查工作的开展主要依赖外部压力的推动而非审查机构自身的主动开展，呈现出被动性和刚性约束的特点。其外部压力来源主要有两方面：一是上级机关就公平竞争审查开展的专项督查；二是将公平竞争审查工作情况纳入政府部门绩效考核、法治政府考评或营商环境评价等指标。过于强调刚性约束机制而忽视审查长效机制建设的结果是，审查机构的公平竞争意识不浓厚，对公平竞争审查的认识不到位，应付性思维占主导，审查动力不足。

第三节 我国公平竞争审查制度的实施改进

2020年1月2日，市场监管总局公布的《〈反垄断法〉修订草案（公开征求意见稿）》中有三个条文涉及了公平竞争审查制度。因此，公平竞争审查制度地位将进一步提升，其内容也将进一步调整和完善。我们认为，我国的公平竞争审查制度至少需要从审查模式、审查标准、长效机制三个方面加以改进。

一、建立公平竞争集中审查模式

目前，学术界为优化自我审查模式提出的建议，主要有三种观点：一是自我审查完善论，即主张通过强化外部监督和第三方评估、推行激励机制、提高审查能力、强化程序性约束机制、推动信息公开与干部任免考核等方式完善自我审查模式;① 二是审查主体二元论,即借鉴韩国的审查模式,由政策制定机关进行初审,由竞争主管机构或反垄断委员会进行复审,实行内部审查与外部审查相结合的审查模式;② 三是审查主体一元论,主张借鉴澳大利亚的审查模式,建立由国务院反垄断委员会统一审查的一元化审查模式。③ 我们认为,由专门的集中审查机构对本级政策制定机关制定的所有政策措施统一进行公平竞争审查的集中审查模式,能够有效解决自我审查模式下审查流于形式的顽疾,发挥公平竞争审查制度在营造市场公平竞争环境和优化市场营商环境中的重要作用。

(一) 集中审查模式的优势

相对于自我审查模式,集中审查模式的优势体现在:第一,集中性。由政策制定机关进行自我审查属于分散型审查模式,容易出现审查主体残次不齐、审查质量良莠不齐、审查监督乏力等问题。集中审查模式最大的特色就是集中性,即同级政策制定机关制定的政策措施统一交由一家机构进行审查,可以有效克服自我审查模式的顽疾。第二,专业性。公平竞争审查兼顾合法性审查和合理性审查双重功能,合理性审查会涉及相关市场界定、市场份额认定、竞争损害评估等反垄断法专业知识,大多数政策制定机关尚不具备相应的专业知识和经验。在集中审查模式中,将政策措施统一交由具备相关专业知识的机构进行集中审查,可以确保审查过程和审查结果的专业性。第三,客观性。自我审查最大的弊端是"右手制定政策,左手审查政策",这种"左手监督右手"审查模式容易导致审查流于

---

① 金善明:《公平竞争审查机制的制度检讨及路径优化》,《法学》2019 年第 12 期;焦海涛:《公平竞争审查制度的实施激励》,《河北法学》2019 年第 10 期;丁茂中:《公平竞争审查的激励机制研究》,《法学杂志》2018 年第 6 期;王贵:《论我国公平竞争审查制度构建的基准与进路》,《政治与法律》2017 年第 11 期;时建中:《强化公平竞争审查制度的若干问题》,《行政管理改革》2017 年第 1 期;李俊峰:《公平竞争自我审查的困局及其破解》,《华东政法大学学报》2017 年第 1 期;等等。

② 刘大洪、邱隽思:《推动民营经济发展背景下的公平竞争审查制度改进研究》,《法学论坛》2019 年第 2 期;叶高芬、张广亚:《论国家竞争政策视角下我国的公平竞争审查制度》,《经济法论丛》2019 年第 1 期;王磊:《比例原则下公平竞争的深入审查》,《西安交通大学学报(社会科学版)》2017 年第 6 期;王健:《我国公平竞争审查制度的特点及优化建议》,《竞争法律与政策评论》2016 年第 1 期;张占江:《中国法律竞争评估制度的建构》,《法学》2015 年第 4 期;等等。

③ 孙晋、孙凯茜:《我国公平竞争审查主体制度探析》,《湖北警官学院学报》2016 年第 4 期。

形式。在集中审查模式中，由具有相对客观性和独立性的外部机构担任集中审查主体，可以对政策措施做出相对客观和中立的审查结论。第四，效率性。政策制定机关对政策措施的自我审查虽然效率最高，但没有审查质量保证的效率毫无价值。集中审查模式的效率优势体现在过程效率和结果效率两方面，集中审查是由专业机构进行专业审查，能够形成规模经济效应，降低每一单位政策措施的审查成本，实现审查过程效率；由外部机构进行客观和中立审查，有利于提高审查质量，实现审查结果效率。

（二）集中审查模式中的审查主体

审查模式一元论提出的由反垄断委员会承担公平竞争审查任务不具有可行性。另设新的专门从事公平竞争审查的机构，不仅成本高昂，也不符合近年来我国政府机构改革坚持的优化协同高效的基本原则；新设专门机构还会带来职能和人员调整以及新设机构与竞争主管机构、反垄断委员会之间的关系协调问题，审查效率会受到影响。事实上，在我国现行的国家机构体系中，有三个机构在理论上可以担任公平竞争集中审查的主体，分别是权力机关、司法行政机关和竞争主管机构。人大作为国家权力机关，主要行使立法权、任免权、决定权和监督权，立法权是制定和修改宪法、法律和地方性法规以及确保法律体系协调统一的权力。根据这一职能设定，人大有权进行备案审查、合法性审查和立法后评估，但公平竞争审查评估作为一项涉及经济学、管理学、法学以及特定行业知识的综合性审查评估，审查重点不是法律体系协调问题，而是政策措施的合理性问题；人大作为权力机关，理应保持权力的纯粹性，不适合担任如此复杂和专业的审查任务。尤其是对于其他政策措施，由人大进行公平竞争审查有"杀鸡用牛刀"之嫌。此外，在国外公平竞争审查模式设计中，尚未出现由权力机关主导公平竞争审查的范例。其次，司法行政机关虽然承担法规和规章的起草、备案审查以及立法后评估等工作，但更多的是承担"宏观性的司法行政管理职能"。[①] 在自我审查模式中，司法行政机关在公平竞争审查中坚持"不越位、不缺位"原则。"不越位"是指司法行政机关不干涉政策制定机关的自我审查，"不缺位"是指司法行政机关对法规规章起草机构

---

① 陈瑞华：《司法行政机关的职能定位》，《东方法学》2018 年第 1 期。

提交的公平竞争审查材料只做形式审查。司法行政机关坚持这一原则除了因为自我审查模式的规定外，还在于司法行政机关不是竞争政策的主管部门，也不具备公平竞争审查所需要的专业技能。因此，由司法行政机关承担公平竞争审查任务也与其职能定位不符。

有鉴于此，以竞争主管机构作为公平竞争集中审查的主体成为必然选择。首先，竞争主管机构的职能设定和审查能力决定了其能够成为公平竞争审查的主体。公平竞争审查制度作为规制行政垄断行为的重要制度，与《反垄断法》关于行政垄断的规定相辅相成，共同服务于竞争政策基础性地位的落实。竞争主管机构作为竞争政策的主管机构以及《反垄断法》的执法机构，无论是从职责设置，还是审查专业性角度看，竞争主管机构应当且有能力成为集中审查的机构。其次，竞争主管机构的管理体制有利于开展公平竞争集中审查。我国竞争主管机构的层级有国家、省级、市级和县（区）级四级，每一层级的竞争主管机构都可以对本级政策制定机关拟定的政策措施进行公平竞争审查。竞争主管机构可以增设专门从事公平竞争审查的内设机构，设定维持机构运转所需编制，充实公平竞争审查队伍，提高审查能力，可以满足本级政府的公平竞争审查需求。再次，竞争主管机构开展的集中审查能够在最大程度上满足审查独立性、客观性以及审查成本低、质量高的要求。竞争主管机构开展的集中审查属于外部审查，与自我审查机构相比具有更大的独立性，审查结果更加客观和中立；促使"同体监督"转变为"异体监督"，有效实现对政策制定机关的制衡；相对于自我审查模式中审查机构需要大量借助第三方评估机构以及多层次、高频率的专项督查相比，竞争主管机构开展的集中审查能够兼顾审查质量和审查效率。需要注意一种特殊情形，即对竞争主管机构对自身制定的政策措施的审查，虽属于自我审查，但仍属于集中审查的范畴。通过竞争主管机构内部建立相应的制衡机制，外部建立相应的监督机制，可以实现对竞争主管机构自我审查的有效监督。

（三）集中审查模式中的协调主体

在自我审查模式中，联席会议承担公平竞争审查宏观指导和统筹协调等职能。联席会议作为政府内部横向协调的重要形式，"其目的在于及时沟通和交换信息、协调不同意见和利益，以顺利推进某项工作任务的落实。"① "行政协调之必要性根源于行政组织法定主义的局限，也是对行政组织法定主义的补充。"② 在集中审查模式下，联席会议不仅有存在的必要，而且还需要更好地发挥其统筹、协调职能。因为集中审查模式是由竞争主管机构对处于平级关系的其他政府部门制定的政策措施进行公平竞争审查，发现政策措施有排除、限制竞争的内容且不符合例外规定的，需要废止或调整后才能出台。若没有联席会议的协调，竞争主管机构的审查必然会遭遇一定的阻力，公平竞争审查工作将难以推进。

我国现行的联席会议制度存在召集人级别较低、职能定位不准确、成员范围较窄等问题，集中审查模式下的联席会议制度需要从上述三个方面进行完善。首先，我国绝大部分联席会议召集人由市场监管部门负责人担任，召集人级别相对较低。在我国政府部门横向协调机制的建设实践中，"少数涉及面广、重要性强的部际联席会议的召集人由副总理或国务委员担任，如国务院社会信用体系建设部际联席会议、国务院旅游工作部际联席会议等。"③ 公平竞争审查工作关系我国竞争政策基础性地位的落实以及市场公平竞争环境的建设，涉及所有的政策制定部门，应当提高联席会议召集人的层级，建议中央层面由国务委员担任召集人，地方层面由分管市场监管工作的政府领导担任召集人。事实上，我国部分省份已认识到联席会议在公平竞争审查中的重要性，提高了召集人的层级。河北、江西、新疆明确提出由省级政府分管领导担任其省级联席会议召集人，其中河北、江西进一步明确由省政府常务副省长担任召集人。④ 其次，要强化联席会议统筹、协调职能。根据《公平竞争审查工作部际联席会议制度》的规定，联席会议承担研究拟定公平竞争审查制度实施细则、进一步细化审查标准、明确审查程序以及宏观指导、统筹协调公平竞争审查工作等职责。

---

① 朱春奎、毛万磊：《议事协调机构、部际联席会议和部门协议：中国政府部门横向协调机制研究》，《行政论坛》2015 年第 6 期。

② 唐祖爱：《我国行政协调机制的法律分析和法治化构建》，《武汉大学学报（哲学社会科学版）》2007 年第 4 期。

③ 朱春奎、毛万磊：《议事协调机构、部际联席会议和部门协议：中国政府部门横向协调机制研究》，《行政论坛》2015 年第 6 期。

④ 万静、王开广：《19 省公平竞争审查纳入政府绩效考核》，《法制日报》2017 年 11 月 4 日，第 006 版。

在集中审查模式下，研究拟订实施细则、细化审查标准、明确审查程序的职责应由反垄断委员会承担，联席会议主要承担统筹、协调职能。再次，现行联席会议的成员并没有涵盖所有的政策制定机关，不能宏观指导和统筹协调非成员单位的公平竞争审查工作，导致联席会议覆盖面不全。因此，建议吸纳所有涉及市场主体经济活动的政策制定机关作为联席会议成员。

二、在公平竞争审查标准中全面落实"竞争中立"理念

竞争中立的本质是强调发挥市场在资源配置中的决定性作用，祛除政策措施设计中基于所有制差别而施加的差别待遇，其与反垄断法和公平竞争审查制度的内在精神具有一致性。理应将竞争中立嵌入到公平竞争审查制度的基本理念与实施标准当中，将政府对市场竞争的潜在损害压缩在最小范围之内，[①] 只有如此，民营经济方能打破制度壁垒的藩篱，真正实现与国有经济的公平竞争。

首先，应当将竞争中立确定为我国的基本竞争理念。如果说竞争政策是我国基础性的经济政策，那么竞争中立理念理应成为"基础中的基础"，即基石性的竞争政策。在现代市场经济背景下，政府行为理应恪守竞争中立，为不同所有制来源、不同资本属性的企业提供一个公允、中性、无歧视的市场竞争环境。我国目前虽未在官方政策法规中明确竞争中立政策，但新时代以来有关处理国有企业与民营企业关系的若干经济改革规划，如国有企业的混合所有制改革、国有企业的分类经营改革等，均暗合竞争中立政策的基本要求。[②] 换言之，我国已经在切实实践竞争中立政策，未来更应当直接在《反垄断法》和《实施细则》中实现对竞争中立政策的明文规定，将其作为一个竞争法实施的理念基础与基本原则。结合以澳大利亚为代表的有关竞争中立政策的国外立法经验来看，我国对竞争中立理念的基本要求应当主要包括：其一，税收中立，即国有企业不能享有民营企业不具备的税收豁免、税收优惠；其二，借贷中立，即国有企业承担的信贷

[①] 张占江：《政府行为竞争中立制度的构造——以反垄断法框架为基础》，《法学》2018年第6期。

[②] 石伟：《"竞争中立"制度的理论和实践》，法律出版社2017年版，第152-155页。

成本应当与民营企业居于同一水平；其三，管制中立，即国有企业和民营企业适用的政府管制政策是一致的。① 凡是不符合税收、借贷与管制中立要求的政策措施，均应当依照公平竞争审查制度的相关要求，予以清理和修正。

其次，应当按照竞争中立理念的基本要求，进一步修正和完善公平竞争审查制度的审查标准体系。除了应当保持目前《实施细则》第十四条规定中符合竞争中立政策要求的内容之外，还应当在第十五条、第十六条、第十七条的相关规定中，全面落实竞争中立的"三个中立"之要求。目前第十四条有关不得对不同所有制施加市场准入和退出条件的差别化待遇的规定，其实仅相当于"管制中立"规则中的"市场准入中立"，该要求符合中国市场准入相关制度的演进趋势与改革走向。② 但是，为了全面符合和落实"三个中立"的要求，除市场准入和退出标准以外，应当增加规定，要求在政策措施对商品和要素自由流动的影响、对生产经营成本的影响、对生产行为的影响等方面，均不应当存在所有制上的差别，真正做到对国有经济和民营经济的同等对待。

三、健全公平竞争审查长效机制

鉴于公平竞争审查制度长效机制缺乏的问题，我们建议，应当从激励机制、外部监督机制和第三方评估机制三个方面着手建立健全公平竞争审查长效机制。

---

① Australian Federal Government. Commonwealth Competitive Neutrality Policy Statement 1996, p. 16 – 19. 税收、借贷和管制的"三个中立"是澳大利亚竞争中立政策的基本要求，并成为国际上绝大多数规定竞争中立政策的国家所坚持的基本规则。但是，在澳大利亚的竞争中立政策要求中，除"三个中立"之外，还有所谓的"商业回报率"要求，即要求国有企业必须遵循市场经济规则，向股东提供合理的商业回报，且国有企业的商品和服务定价应真实反映全部成本，不得从事不正当的低价竞争，如果国有企业同时从事非营利性公共项目，则公共项目资金不得用于补贴其商业行为。笔者认为，考虑到中国国有企业所具有的政治意义、社会功能与经济地位，并不适宜完全依照澳大利亚的资本回报率要求对国有企业进行限制，且相关规则亦属于《企业国有资产法》等竞争法之外的法律规范的调整范围，并不属于本节所主要探讨的公平竞争审查制度的相关规则调整范围。因此，笔者认为中国竞争中立政策的要求，仅需贯彻税收、借贷和管制的"三个中立"即可，并不需要完全照搬西方的相关制度，对商业回报率规则进行设置。

② 管金平：《中国市场准入法律制度的演进趋势与改革走向——基于自贸区负面清单制度的研究》，《法商研究》2017 年第 6 期。

(一) 建立健全公平竞争审查激励机制

在激励机制的建设上,澳大利亚曾经在 20 世纪 90 年代通过向各州和领地发放竞争报偿的方式,调动了各方积极性,成功地推进了竞争中立政策的经济改革。我国目前的公平竞争审查大多是被动进行,审查机构缺乏积极性和主动性,为此需要建立内部激励和外部激励相结合的激励机制。内部激励是指对审查机构及其工作人员审查动机激励,外部激励是指对公众参与的激励,具体表现是:一是要建立审查动机激励机制。中央或省、市可以考虑设立公平竞争审查专项资金,对公平竞争审查工作考核评价、督促评估优秀的部门及其工作人员提供专项奖励,让审查机构有动力进行自我审查;二是对公平竞争审查考评优秀的部门,在符合《中华人民共和国预算法》规定的前提下,在预算编制时可以考虑适当倾斜;三是对于公平竞争审查成绩突出的工作人员,在年底评优、绩效考核、职务晋升等方面可以优先考虑;四是建立公众参与激励机制。为了提高公众的参与度和公平竞争审查质量,建议建立举报奖励制度,鼓励任何单位和个人对违反公平竞争的政策措施和违背公平竞争审查政策的行为向政策制定机关的上级机关或者反垄断执法机构举报,并对举报人进行适当的保护免除其后顾之忧。

(二) 建立健全公平竞争审查考核监督机制

首先,要赋予反垄断委员会的监督职能。目前,在公平竞争审查的制度设计中并没有给反垄断委员会留下作用的空间。事实上,反垄断委员会作为反垄断领域最高的组织、协调和指导机构,对公平竞争审查工作应有相应的管辖权限。有学者认为,"从严格意义上说,公平竞争审查机制并不属于反垄断法的制度体系范畴。"[①] 笔者不甚赞同,《反垄断法》的立法目的是要"预防和制止垄断行为"和"保护市场公平竞争",公平竞争审查的目的与《反垄断法》的目的具有一致性,理应属于反垄断法的制度体系范畴。我国要充分发挥公平竞争审查制度与反行政垄断制度的合力,"形成双管齐下、双轮驱动的良好局面,为市场主体营造公平竞争的市场

[①] 金善明:《公平竞争审查机制的制度检讨及路径优化》,《法学》2019 年第 12 期。

环境。"① "从十年来的实际运行情况看，我国反垄断委员会制度运行并不理想，反垄断委员会有职能弱化的倾向。这不符合我国《反垄断法》的立法初衷。"② 运行效果不理想源于反垄断委员会作为议事协调机构的法律定位，议事协调机构的定性源于《反垄断法》实施初期实行的分散型反垄断执法体制。在反垄断执法权已统一到市场监管部门的背景下，反垄断委员会的统筹、协调职能应当弱化，增设并强化其监管职能，对包括公平竞争审查在内的反垄断工作进行监督，避免因市场监管部门"一家独大"导致监管不力的问题。为增强监督的威慑力度，建议国务院反垄断委员会主任由副总理担任，省级反垄断委员会主任应由常务副省长担任。增设反垄断委员会对公平竞争审查工作的监管职能，海南省反垄断委员会已先行一步。根据《中国（海南）自由贸易试验区反垄断委员会工作制度》的规定，反垄断委员会统筹、协调、监督、指导公平竞争审查相关工作。③ 然而，海南省反垄断委员会的统筹、协调与指导职能与海南省公平竞争审查工作厅际联席会议的职能存在重叠，海南省在实践中如何处理两者之间的关系还不得而知。根据《〈反垄断法〉修订草案（公开征求意见稿）》与《公平竞争审查工作部际联席会议制度》的规定，国务院反垄断委员会与公平竞争审查工作部际联席会议都有协调职能，两个机构的协调范围应作区分，反垄断委员会负责对所有反垄断工作的统筹协调，联席会议负责对公平竞争审查工作的统筹协调。总之，尽管两个机构都在国务院的领导下，但反垄断委员会地位稍高于联席会议，对联席会议也有指导、监督等职能。

其次，要完善考核监督体系。当前，国家重视对公平竞争审查的外部监督机制，国家和各省市都有组织对各部门公平竞争审查工作的专项督查，大部分省市还将公平竞争审查工作纳入政府部门绩效考核、法治政府评估或营商环境考核等体系。目前各地的公平竞争审查考核评估机制不断加码，但信息公开是考核评估和社会监督的前提。各地在公平竞争审查信息公开上的做法不统一，有些审查信息根本没有公开，或者公开的信息不全面。因此，建议就公平竞争审查信息公开做出细致规定，提高公平竞争

---

① 张汉东：《促进统一开放竞争有序的市场体系建设》，《行政管理改革》2017年第1期。
② 王炳：《论反垄断委员会制度的回应性、超越与改良》，《南京社会科学》2018年第10期。
③ 罗霞：《我省成立反垄断委员会》，《海南日报》2019年11月13日，第001版。

审查工作透明度和审查质量，畅通监督渠道，强化利害关系人、新闻媒体、社会公众对公平竞争审查工作的监督。在现行公平竞争审查监督体系中，利害关系人和社会公众监督不力的症结在于全社会的公平竞争意识不强以及信息不够公开。为此，需要强化公平竞争审查信息公开以解决监督主体与竞争主管机构之间的信息不对称问题。但是，目前我国《〈反垄断法〉修订草案（公开征求意见稿）》以及公平竞争审查制度对考核监督的规定较为简单，只规定了投诉举报制度。为此，需要从专项督查、审查抽查、法治政府评估或营商环境考核评估、投诉举报机制、第三方评估机制等方面着手建立健全公平竞争审查考核监督体系。

再次，要充分发挥利害关系人和社会公众的监督作用。在现行公平竞争审查监督体系中，利害关系人和社会公众监督不力的症结在于全社会的公平竞争意识不强以及信息不够公开。为此，除了强化公平竞争审查信息公开以解决监督主体与竞争主管机构之间的信息不对称外，尤其需要强化竞争倡导工作的推进。竞争倡导，是竞争主管机构实施的除执法以外的所有改善竞争环境的行为。[1] 在竞争主管机构实施的众多竞争倡导工作中，培育自由、公平的竞争文化是竞争倡导的核心工作。正如有学者指出的，"成功市场经济的基石是一国之内的'竞争文化'——公众对于竞争和充分支持强有力的竞争政策的益处的理解。竞争监管机关倡导竞争的一个重要关注点在于发展竞争文化"。[2] 通过强化竞争倡导，一方面强化政策制定机关和竞争主管机构的公平竞争意识，确保其出台的政策措施不存在排除、限制竞争的内容；另一方面，培育利害关系人和社会公众的公平竞争意识和参与意识，通过积极参与公平竞争审查工作，对竞争主管机构的集中审查工作进行有效监督。

（三）积极完善公平竞争审查第三方评估制度

根据市场监管总局发布的《公平竞争审查第三方评估实施指南》，要聘请第三方评估机构对政府及其部门拟出台的涉及市场主体经济活动的政

---

[1] International Competition Network, Advocacy and Competition Policy, 2002, http://www.internationalcompetitionwork.org/uploads/library/doc358.pdf. 转引自张占江：《竞争倡导研究》，《法学研究》2010年第5期。

[2] 鲁兹-克里斯汀·邬枫：《竞争倡导与竞争文化》，徐颖蕾译，《中德法学论坛》第14辑。

策措施进行评估,形成评估报告,提升公平竞争审查的专业水平,弥补自我审查的不足。目前,各地正在积极开展第三方评估工作,就目前反映出来的问题来看,各地要从以下三个方面大力探索公平竞争审查第三方评估机制:一是公平竞争审查联席会议办公室积极探索第三方评估,积累成熟经验,为本级和所属部门公平竞争审查第三方评估奠定基础;二是实现联席会议办公室与成员单位在第三方评估资源上的共享;三是明确政策制定机关回应第三方评估结果的程序,探索政策制定机关共享评估成果的方式。

为了提高审查效率和审查质量,第三方评估机构与竞争主管机构之间应当适度分工。建议增量审查由竞争主管机构负责,审查过程中可以咨询专家学者或第三方机构的意见,第三方评估机构参与程度较浅。存量清理、定期评估、逐年评估和综合评估由竞争主管机构委托并主要由第三方评估机构开展审查评估,第三方评估机构的评估对竞争主管机构的审查结论起到监督和纠错的作用。获取评估所需信息的难度较大以及审查结论采纳度较低是第三方评估中存在的两大难题,因而需要构建第三方评估机构与集中审查机构、集中审查机构与政策制定机关有效衔接的机制,具体包括信息公开、信息处理、结论反馈、采纳情况说明、责任追究等机制。其中,信息公开机制是核心机制,审查所需材料、审查结论、第三方评估结论、评估结论采纳情况等信息都应当公开,接受社会监督。正如有学者指出的,"有效的公平竞争审查机制必须配之以有效的信息处理机制,必须与有效的信息处理机制深度融合,将信息处理本身作为公平竞争审查工作的基本方式和基本手段。"①

---

① 李俊峰:《公平竞争自我审查的困局及其破解》,《华东政法大学学报》2017 年第 1 期。

第二篇
互联网经济的反不正当竞争法规制

第四章

互联网经济领域竞争关系的司法界定[①]

从我国法律制度发展的历史来看,《中华人民共和国反不正当竞争法》(以下简称《反不正当竞争法》)还从未像近年这样如此高调地成为社会关注的焦点[②]。始于 2010 年的 "3Q" 之争,创造了我国反不正当竞争法历史上的多个 "之最",是堪称里程碑似的案例。[③] 北京奇虎科技有限公司似乎成为了网络商业环境中不正当竞争案件的 "黑旋风",据报道曾经 "遭遇十一连败"[④]。而同时,奇虎与百度之间的 "3B" 之战亦引人注目。[⑤] 其他

---

① 本章由王永强撰写。本章内容参见如下研究成果:王永强:《网络商业环境中竞争关系的司法界定——基于网络不正当竞争案件的考察》,《法学》2013 年第 11 期。收录至本书时内容进行了修改和完善。

② 全国人民代表大会常务委员会分别于 2017 年 11 月、2019 年 4 月对《反不正当竞争法》两次修正;最高人民法院《关于审理不正当竞争民事案件应用法律若干问题的解释》于 2020 年 12 月 23 日修正。大量有影响的案件纷纷发生。

③ 可以归纳出的 "之最" 至少包括:2010 年 11 月事发时引起的关注度在不正当竞争案件中最高;在 2012 年 4 月发起的诉讼中,360 起诉要求腾讯赔付 1.5 亿元,腾讯反诉要求 360 赔付 1.25 亿元损失,在不正当竞争案件中索赔金额最大;2013 年 4 月,广东省高级人民法院对腾讯诉奇虎 360 不正当竞争案作出一审判决,认定奇虎 360 构成不正当竞争,判令赔偿 500 万元,并在媒体上道歉,为当时国内不正当竞争纠纷判罚金额最高。

④ 消费日报:《360 遭遇十一连败》,TechWeb:http://www.techweb.com.cn/commerce/2013-04-27/1293188.shtml,2021-1-10,相关诉讼并非均属于不正当竞争案件。

⑤ 据统计,自 2008 年起至今,百度与 360 之间至少发生 5 起诉讼案件。2013 年 2 月,百度认为奇虎 360 抓取复制自己网站的内容构成不正当竞争,百度公司将对方诉至北京市第一中级人民法院,索赔 1 亿元。2020 年 7 月,该案历经 8 年,最后尘埃落定,北京市高级人民法院判决认定百度公司在缺乏合理、正当理由的情况下,以对网络搜索引擎主体区别对待的方式,限制奇虎公司的 360 搜索引擎抓取相关网站网页内容,影响该通用搜索引擎的正常运行,损害了奇虎公司的合法权益和相关消费者的利益,妨碍了正常的互联网竞争秩序,违反公平竞争原则,构成不正当竞争行为,百度公司立即停止涉案不正当竞争行为,并赔偿奇虎公司损失 20 万元,刊登消除影响声明等。详见北京市高级人民法院(2017)京民终字第 487 号民事判决书。

大量网络商业环境中的不正当竞争案件,也正在或悄然或轰轰烈烈地发生着。诉讼是利益争端解决的一种方式,它为各种利益的对抗和思想的交锋提供了一个平台,最终形成的裁判文书是对这种博弈过程和结果的情景化记载,具有自身独特的价值。① 而裁判文书是知识累积和制度演进的重要组成部分,表达了各利益主体在多元化的法治社会中对法律的思考和实践。

关于网络商业环境中"竞争关系"的司法界定问题,已有诸多非常优秀的研究。孔祥俊对"竞争关系"的研究,虽然针对的是传统商业环境,但是对网络商业环境中的竞争关系的司法界定,同样具有指导意义。② 这种分类方式极大地扩展了我国学者与法官对"竞争关系"的理解与运用。郑友德的研究亦具有较大启发性,他将竞争关系划分为三类,划分的依据是反不正当竞争法所保护的对象。③ 周樨平对竞争关系的认定与意义进行了考察,他认为"广义竞争关系界定的意义在于明确反不正当竞争法所调整的法律关系与其他民事法律关系的区别,对其定义也应建立在此基础之上"。④ 周樨平不是完全针对网络商业环境中的竞争关系,但是其中所研究的诸多案例发生于网络商业环境,由此得出的结论亦可适用于其中。谢晓尧也对"竞争关系"进行了专门研究,他认为竞争关系不应成为反不正当竞争法适用的先要条件,"司法当局耗费大量资源,对这么一个不是问题的问题小题大做,实为不明智之举。"⑤ 对网络商业环境中的竞争关系进行

---

① 谢晓尧:《在经验与制度之间:不正当竞争司法案例类型化研究》,法律出版社 2010 年版,第 2 页。

② 孔文将竞争关系划分为三大类:一是狭义的竞争关系,即不正当地排斥竞争对手的行为;二是以不正当的手段获取竞争优势的行为形成的竞争关系;三是以不正当的手段破坏他人竞争优势的行为形成的竞争关系。孔祥俊:《论〈反不正当竞争法〉中的竞争关系(续)》,《工商行政管理》1999 年第 20 期。

③ 依据郑友德的分类,第一类是侧重保护经营者的利益,以存在直接竞争关系为限;第二类是侧重保护消费者的利益,以存在直接或间接竞争关系为限;第三类是侧重保护公众利益,不要求存在直接竞争关系,但须存在间接竞争关系。上述三种分类非绝对,存在相互交叉的情况。郑友德认为应该对竞争关系作广泛认定,竞争关系是否存在,不仅取决于所提供的商品或服务是否相同,而且只要商品或服务存在可替代性,或者招揽的是相同的顾客群,抑或促进了他人的竞争,都应认定存在竞争关系。郑友德、杨国云:《现代反不正当竞争法中"竞争关系"之界定》,《法商研究》2002 年第 6 期。

④ 周樨平:《反不正当竞争法中竞争关系的认定及其意义——基于司法实践的考察》,《经济法论丛》2011 年第 2 期。

⑤ 谢晓尧:《在经验与制度之间:不正当竞争司法案例类型化研究》,法律出版社 2010 年版,第 52 页。

了专门研究的是沈冲，他在对百度与360商业诋毁案①的分析中，提出了"从宽认定的原则"与"比例适用原则"。②陈兵通过对京、沪、粤2000—2018年相关案件的研究，提出"竞争关系"在互联网经济下不再是认定不正当竞争行为发生之前提，而"行为的正当性"正成为认定不正当竞争行为相对独立的标准。③ 上述研究固然意义重大，但是并没有能够回答我国司法实践中是如何界定网络商业环境中"竞争关系"，网络商业环境中的"竞争关系"到底发生了什么样的变化，以及司法实践对"竞争关系"的这种调整的依据是什么。本部分内容尝试通过对同类案件判决书的研究，对以上问题予以初步回答。

第一节 "竞争关系"司法界定的模式

在所有已进行研究的发生在互联网领域的案件中，未发现一起明确否定原被告之间竞争关系的案例。即使对于那些驳回诉请的案件，法院也没有从否定原被告之间的竞争关系入手。④ 换句话说，在所有研究的案件中，

---

① 2010年5月，北京百度网讯科技有限公司、百度时代网络技术（北京）有限公司起诉被告奇智软件（北京）有限公司、北京三际无限网络科技有限公司。被告方为360安全卫士软件的权利人。原告认为360安全卫士软件将其开发的搜索软件称为"恶评软件"，属于不正当竞争行为。2010年12月，北京市第二中级人民法院判决部分支持了原告的诉求，判决认为：仅仅依据网络用户的投票结果和部分网络用户的负面评价，就将百度工具栏和百度地址栏软件称为"恶评插件"和"恶评软件"，损害了原告百度网讯公司和百度时代公司的商业信誉，构成不正当竞争。重庆晚报：《百度诉360不正当竞争一审获赔38.5万元》，搜狐新闻：http://roll.sohu.com/20101222/n301316761.shtml，2021-1-10。

② 沈冲：《网络环境下的竞争关系与商业诋毁行为的认定》，《电子知识产权》2011年第11期。

③ 陈兵：《互联网经济下重读"竞争关系"在反不正当竞争法上的意义——以京、沪、粤法院2000—2018年的相关案件为印证》，《法学》2019年第7期。

④ 在北京宏图在线纺织信息网络有限公司诉北京千龙新闻网络传播有限责任公司不正当竞争纠纷案中，法院认为原被告以各自经营的网站为依托所提供的网络服务内容存在明显差异，原告纺织网属于提供纺织信息为主要内容的专业性网站，而被告千龙新闻网则是涉及各类信息的综合性网站，并结合涉案文章的影响力等，认定被告所为不足以影响用户对网站的选择，不会对原告的竞争优势以及商业信誉造成实际影响，更不会破坏网络经营秩序。在该案中，法院没有论述原被告之间是否存在竞争关系的问题，仅仅从行文来看似有否定二者之间竞争关系的倾向。详见北京市朝阳区人民法院（2005）朝民初字第3253号民事判决书。

原被告之间的竞争关系都得到了认定（明确认定或者默认）。相较于传统商业社会的情况，网络商业环境中不正当竞争案件原被告之间的"竞争关系"具有极高的认定率。在该类案件中，竞争关系不再成为法官轻易否定原告竞争权益的手段。但是在不同的案件中，对于竞争关系的界定模式是不一样的。综合起来，可以归于以下三种。

一、界定为直接（同业）竞争关系

在研究的案件中，法官对竞争关系予以明确认定，并将理由阐述为"同业竞争"或类似语言的为三者之中最多。该类案件涉及的实质事由，范围较为广泛，既包括新型的破坏技术保护措施、盗用系统客户端以及对软件推广实行技术性妨碍的案件，也包括传统的商业混淆、商业诋毁与虚假宣传的案件。但是涉及传统的商业混淆、商业诋毁与虚假宣传等行为的案件，占到此类认定案件中的大多数。在这些既属于传统不正当竞争行为，又同时属于明显的同类竞争的案件中，法官出于判决的严谨性以及避免遭受不必要的质疑之考虑，对"竞争关系"倾向于明确认定与阐述。

二、界定为间接竞争关系

在该类案件中，法院一方面明确认定原被告之间存在竞争关系，另一方面在阐述理由时，并没有认定二者属于相同行业或者相同经营范围，而是根据实际情况予以认定。该类案件的认定，体现法官实事求是的办案理念，同时反映了法官敢于突破传统、创设规则的思想，尤其对于网络商业环境中的不正当竞争案件的准确处理具有较为重要的研究价值。

三、回避竞争关系的界定

回避竞争关系的界定，指的是在法院认定的内容中，未涉及对竞争关系的阐述，但是从案件整体情况来看，法院是认可原告与被告之间的竞争关系的，案件亦适用于《反不正当竞争法》。该类案件所涉及的实质事由，包括软件冲突、商业诋毁、虚假宣传等，但是从分布来看，通过网络竞价排名或者域名侵犯注册商标等新类型不正当竞争案件占多数。

第二节 "竞争关系"司法界定的路径

一、坚持以"竞争关系"作为逻辑基点

在我国司法实践中，一直强调"竞争关系"的重要性。在传统商业环境中，大量案件由于原被告之间不具有狭义的竞争关系，而被法院不予立案或者驳回原告的诉请。但是这种近乎严苛的认定方法很快招致理论界的诟病，于是援引欧洲国家的立法与判例，提出"诚实信用原则是认定不正当竞争行为的'帝王规则'。有些大陆法系国家压根不将竞争关系作为法律适用的条件；有些原来坚持反不正当竞争法的适用以存在着竞争关系为前提的，现在已逐步放弃，或者在形式上虽然坚持，实际上并不将竞争关系作为是否构成不正当竞争行为的考虑因素。德国、法国、意大利、日本等国家大体上都是如此。"[①]

但是这种观点并没有能够得到全面的认同。在理论上，多数学者认为当事人之间是否存在竞争关系，系是否适用反不正当竞争法的正确逻辑起点，应作为司法实践中认定当事人是否适格的重要标准。[②]"即使从创设性地给予消费者以重点保护的德国新反不正当竞争法的规定来看，其对消费者权益的保护亦是抽象且间接的，消费者通过反不正当竞争法得到的并非可直接向经营者提起侵权之诉的权利，而是在接受经营者通过不正当手段提供商品或服务之后，可行使撤回权、撤销权等契约上之请求权。因此，以竞争关系作为法律适用的标准，与现代反不正当竞争法的扩大化保护趋势并不冲突，反而契合了这一发展趋势，使反不正当竞争法的适用不再囿于经营者身份的限制，最大限度地发挥了反不正当竞争法在促进正当竞

[①] 孔祥俊：《论反不正当竞争法中的竞争关系》，《工商行政管理》1999 年第 19 期。
[②] 邵建东：《我国反不正当竞争法中的一般条款及其在司法实践中的适用》，《南京大学法律评论》2003 年第 1 期。

争、维护正当市场竞争秩序方面的作用。"① 在实务界，法官依然认为如果不以竞争关系作为适用《反不正当竞争法》的逻辑基点，容易导致滥诉。而从笔者研究的案件来看，多数案件中法院对原被告之间的竞争关系进行了明确阐述，而在其他少数没有明确阐述的案件中，也有部分是因为原被告之间的竞争关系太过于明显，法官认为无需进一步论述。

坚持以"竞争关系"作为审理不正当竞争案件的逻辑基点，在于"竞争关系"在该类案件中不可或缺的特殊地位。在考察了我国司法实践中竞争关系的发展后，周樨平得出的结论是"广义竞争关系界定的意义在于明确反不正当竞争法所调整的法律关系与其他民事法律关系的区别……在相当一部分案件中，狭义的同业竞争关系的认定仍然对是否构成不正当竞争行为及经营者是否具有诉权有重要意义。"② 如何破解"竞争关系"难以达到法律预期目标？通过竞争关系的广义理解或者"间接竞争关系"的创制，这个问题已经基本上可以得到解决。而且，考察欧洲国家相应法律的修改，也并不能带给我们"竞争关系"不再需要的结论。

二、同业竞争关系的延伸解释

对于什么是同业竞争，即什么是"相同行业"，或者说行业之间界限的理解存在淡化或扩展之势。这种现象亦被称之为"泛同业竞争"。③

在北京奇虎科技有限公司、北京三际无限网络科技有限公司与腾讯科技（深圳）有限公司、深圳市腾讯计算机系统有限公司、奇智软件（北京）有限公司不正当竞争纠纷案中，腾讯公司开发的 QQ 软件，是国内用户量最大的即时通讯软件，而奇虎科技、奇智软件、三际无限是从事桌面客户端开发与经营的互联网公司，从细分市场来看，二者之间的经营业务并不相同。法院认为，当事人均为网络服务商，均采用免费基础服务＋增值收费服务＋广告收费运营模式在网络市场内进行经营，虽然原告方腾讯

---

① 郑友德、伍春艳：《我国反不正当竞争法修订十问》，《法学》2009 年第 1 期。
② 周樨平：《反不正当竞争法中竞争关系的认定及其意义——基于司法实践的考察》，《经济法论丛》2011 年第 2 期。
③ 徐清霜：《裁判视野与纠纷解决——不正当竞争纠纷案件审判精要》，知识产权出版社 2009 年版，第 11 页。

的QQ软件代表的是即时通讯服务市场,被告方代表的是安全类软件和服务市场,但是双方为了更大程度和更大范围锁定用户,趋向于各自拓展非主营的免费网络服务市场,从而产生网络服务范围与用户群体的重合与交叉。① 因此在本案中,法院基于二者经营模式的相同而判决双方具有竞争关系。

而在武汉爱医美网络技术有限公司与北京田永成经典美容科技有限公司等不正当竞争纠纷案中,原告是从事医疗美容的企业,被告是提供网络技术服务的企业法人,二者经营范围不一致。一审法院认为涉案经营者可以没有直接竞争关系,并不要求经营范围一致。被告虽然不直接从事医疗美容经营,但是其行为已参与到医疗美容的竞争中。二审法院进一步支持和明确了该种观点,认为被告通过"爱美网"从事整容美容咨询并收取费用,属于广义的医疗美容。②

三、间接竞争关系的创造性认定

严格而言"间接竞争关系"并非一个标准的法律概念,而是来自于对经济领域非直接竞争关系的直观描述。到底法律上如何界定,并无一致观点。因此,只好仰赖于在具体案件中充分发挥法官对经济竞争的理解力,发挥法官的创造性,以给出令人信服的认定。

在北京珠峰万维科技发展有限公司、珠穆朗玛网络有限公司与北京中搜在线软件有限公司等不正当竞争和侵犯著作权纠纷案中,虽然珠峰万维与中搜在线经营范围不同,经营业务亦不重合,但是前者的行为破坏了后者的竞争力,造成了经济损失,因此前者的行为构成不正当竞争。③ 在北京百度网讯科技有限公司与青岛奥商网络技术有限公司、中国联合网络通信有限公司青岛市分公司、中国联合网络通信有限公司山东省分公司、青岛鹏飞国际航空旅游服务有限公司案中,针对原被告之间是否具有竞争关系的问题上,法官也给出了明确的认定,即市场主体之间竞争关系的存在,不以二者是否属同一行业或服务类别为限,如果二者在市场竞争中存

---

① 详见北京市第二中级人民法院(2011)二中民终字第12237号民事判决书。
② 详见北京市第二中级人民法院(2010)二中民终字第07939号民事判决书。
③ 详见北京市高级人民法院(2006)高民终字第265号民事判决书。

在一定联系或者一方的行为不正当地妨碍了另一方的正当经营活动并损害了其合法权益,则应肯定二者之间存在竞争关系。原告提供网络搜索服务,被告提供互联网接入服务,二者属于不同的网络服务商,并非同业竞争者,但是网络接入服务提供者利用其提供互联网接入服务的条件,单独或者与其他网络服务提供者共同对服务对象的搜索请求进行了人为干预,在搜索结果出现之前强行弹出其投放的与搜索的关键词及内容有紧密关系的广告页面,该干预行为系利用搜索服务提供者的服务行为为自己牟利,易使网络用户误认为该强制弹出的广告页面为搜索服务提供者发布,并影响了搜索服务提供者的服务质量,损害了其合法权益,违反了诚信原则和公认的商业道德,应当认定其构成不正当竞争。①

四、回避竞争关系的背后因由

在研究的案件中,有一部分法官回避了"竞争关系"的界定问题,对竞争关系不予阐述。从该类案件所涉及的实质事由来看,主要存在两种可能性,第一种是侵犯注册商标的案件,即是通过网络技术进行的,但是行为人与受害人之间一般具有较强或者明显的竞争关系,法官已经将竞争关系视为预设条件无需再具体论述;第二种情况,则是针对某些特殊的或者新型的网络不正当竞争案件,例如软件冲突、流量劫持等案件,法官对于如何去准确认定与表述竞争关系存在困难,为了避免争议,选择了不予阐述的"法官智慧"。

不管出于什么可能性考虑,回避竞争关系的界定,均是受到竞争关系不应成为该类案件的处理前提或者重要因素的观点的影响。有学者认为,对不正当竞争行为应该以是否违反诚实信用原则进行判断,而不局限于竞争关系的界定。② 有学者认为在不正当竞争案件中以"竞争关系"作为考量和判断的前提,"是一种望文生义的做法,是对立法目的和立法内容的一个曲解"。③ 但是,这种否定以"竞争关系"作为反不正当竞争案件逻辑

---

① 详见山东省高级人民法院(2010)鲁民三终字第 5-2 号民事判决书。
② 孔祥俊:《论反不正当竞争法中的竞争关系》,《工商行政管理》1999 年第 19 期。
③ 谢晓尧:《在经验与制度之间:不正当竞争司法案例类型化研究》,法律出版社 2010 年版,第 42-43 页。

前提的观点，基本上难以自圆其说。学者在论述以上观点的时候，要么是放在"广义的竞争关系"题下，为了论证"广义的竞争关系"的合理性；要么承认"《反不正当竞争法》的适用不以竞争关系的存在为前提，并非说竞争关系是否存在对不同案件的解决不产生任何影响。竞争关系在何种范围、何种程度上是必须考虑的一个变量，这是值得进一步思考的问题。"① 因此，取消竞争关系或者否定竞争关系在审理不正当竞争案件中的价值，也许并非这些学者的本意，理论上也难以找到充分的佐证。即使在德国，在人们普遍视为是"并不将竞争关系作为是否构成不正当竞争行为的考虑因素"的典型国家，对竞争关系的把握也并不像部分学者认为的那样无足轻重。②

第三节 "竞争关系"司法界定的特征

一、空间范围的扩张：全网络竞争

在传统商业环境下，反垄断法在确定竞争关系时，需要首先界定相关市场。"确定相关市场的目的是划清特定的经营者及其产品开展竞争的边界，或者说具有竞争关系的经营者的圈子。相关市场的确定要考虑地理因素（地理市场）、产品因素等，或者说要界定产品市场、地理市场等"。③可见相关市场的范围包括地域相关市场，即不同地域之间，由于运输成

---

① 同上注，谢晓尧文，第53页。
② 德国联邦最高普通法院第一民事审判庭第218/07号裁定的案件中，原告是一家律师事务所，被告一是一家投资有限公司，被告二是该公司的负责人。2006年2月22日，被告向原告发送了一封电子邮件，在沟通无果后，原告将二被告起诉至法院，请求判令二被告未经其同意不得按照商业习惯向其发送电子邮件。法兰克福高等法院撤销了法兰克福地区法院做出的对原告有利的判决。法院认为原告是一家律师事务所，被告是一家投资有限公司，二者缺少直接的竞争关系，不能适用《德国反不正当竞争法》。参见 Bundesgerichtshof, Beschluss vom 2. April 2009, I ZR 218/07. 转引自韩赤风、冷罗生、袁达松等：《中外反不正当竞争法经典案例》，知识产权出版社2010年版，第23-27页。
③ 同上注，孔祥俊文。

本、消费模式的不一样,将导致市场竞争的差异,不适于划入同一相关市场。在反不正当竞争法中,关于竞争关系的要求远没有反垄断法之严格,但是并不等于反不正当竞争法中的竞争关系没有地域界限。"竞争关系"首先是一个地域概念,只有在同一地域上,才产生产品的竞争、服务的竞争,即使从广义的竞争关系而言,违反诚实信用原则导致的不正当竞争,一般而言也只有在同一地域才会产生损害其他经营者、消费者利益,破坏竞争秩序的结果。

然而在网络商业环境中,地域市场的概念不再重要。互联网就是一个统一地域市场。由于互联网技术的发达与普及,信息流、资金流甚至物流均变得畅通、便利、低成本。真正的全球化首先是通过网络实现的。如果不是因为传统国家在制度上的自觉阻止进而演变为国家保护,全球化的电子商务将会更加发达。但是互联网本身的无国界性与开放性,必将顽强地突破人为制度的藩篱,将人们之间的交流与交往拉得更近,商业竞争也必将在全球范围内展开。因此,从电子商务的角度而言,全球化竞争等同于全网络竞争。

当然,这种全网络竞争的态势更多还是经济领域中的话语。由于所谓的法律主权主义,法律领域的竞争关系更多还是局限于一国之内。但是即使在法律视野中,我们也不得不承认竞争关系的范围之扩大已是不争的事实,至少在一国领域之内已经不存在进一步隔离的可能;同时,随着全球化竞争的加剧,法律制度的创新也必然跟进。"许多经济现象很难用传统经济学理论来描述和解释,当一个理论不能解释我们所观察到的现象时,这个理论就应该按一定的原则或标准进行修正甚至被摒弃。"① 反垄断法中的域外适用制度,与其说是一种强权与对等的体现,不如说是对经济领域竞争关系范围扩大后的一种制度回应。可以预见,随着网络环境中国际间商务竞争程度的加剧,公平交易或者说反不正当竞争法律制度的域外适用将不会遥远。

二、行业界限的淡化:跨界竞争

跨界竞争的本质,是行业界限的模糊甚至消失。行业界限不再属于竞

---

① 林毅夫:《关于经济学方法论的对话》,《东岳论丛》2004 年第 5 期。

争的边界。从反不正当竞争法的适用来看,意味着竞争关系认定的宽松需求。在反不正当竞争领域,竞争关系的认定经历了从狭义竞争关系到广义竞争关系的明显变化过程,甚至有观点认为竞争关系不再成为认定不正当竞争的构成条件。从全球的角度来看,国际组织也经历了这样的过程,《巴黎公约》对不正当竞争行为规定为:在工商业活动中违反诚实信用的任何竞争行为。虽然这里的竞争行为的具体内涵没有进一步界定,但是依然强调的是"竞争"。而从传统的对竞争的理解,显然更多的是现在看来的狭义的竞争关系,即同行业竞争。但是在1996年世界知识产权组织起草的《反不正当竞争示范法》中,认为"在工商业活动中违反诚实信用的任何行为都构成不正当竞争行为""诚实信用"成为了判断是否不正当竞争的重要标准,"竞争关系"不再强求,至少不再强调。包括美国、德国、意大利等,均在立法或是法律的适用上亦采取宽泛的政策。从我国的情况来看也是如此。[①]

不正当竞争立法与法律实施中竞争关系的这种逐步宽松的态度,反映了在社会化大生产下竞争不断跨越行业界限的现实经济需求:从最初的细分市场的竞争,到全行业的竞争,再到跨行业的竞争。因此,跨界竞争并非网络商业环境的首创,却是在网络商业环境中首次成为竞争的常态并引起人们的极大关注。阿里巴巴的支付宝,作为一个第三方网上支付平台,截至2012年12月,其注册账户已突破8亿,日交易额峰值超过200亿元人民币,日交易笔数峰值达到1亿零580万笔,目前除淘宝和阿里巴巴外,有超过46万的商家和合作伙伴支持支付宝的在线支付和无线支付服务,范围涵盖了B2C购物、航旅机票、生活服务、理财、公益等众多方面,已经跟国内外160多家银行以及VISA、MasterCard国际组织等机构建立了深入的战略合作关系。[②] 而腾讯的微信,一个提供免费即时通讯服务的聊天软件,基于互联网的运营,打破了电讯运营商对信号传输的通道,对传统电讯行业带来"颠覆性""摧毁性"的竞争压力。一个第三方支付平台——支付宝,成为了我国整个银行业最大的、最值得敬畏的竞争对手;一个简

[①] 对该问题的详细阐述,详见周樨平:《反不正当竞争法中竞争关系的认定及其意义——基于司法实践的考察》,《经济法论丛》2011年第2期。

[②] 来自支付宝的官方介绍。参见支付宝:《企业简介》,支付宝主页:http://ab.alipay.com/i/jieshao.htm, 2021-1-10。

易的免费聊天软件,微信,成为了传统电讯业最头疼的敌人。这就是网络商业环境中跨界竞争的浓缩版。因此,"随着互联网竞争进入'全业务'时代,在网络广告、电子商务、搜索、网络游戏、IM 等多重领域,各企业都面临对手'入侵'或者说'进犯'的境地。"① 这种跨界竞争的经济态势,已经在我国司法实践中得到体现。如北京珠峰万维科技发展有限公司与北京中搜在线软件有限公司等不正当竞争和侵犯著作权纠纷案、北京珠峰万维科技发展有限公司与北京搜狐互联网信息服务有限公司侵犯著作权和不正当竞争纠纷案等。②

三、竞争主要手段的转变:技术竞争与标准竞争

"在网络经济环境下的市场竞争形式,已经从传统经济时代单一的价格、质量竞争,转变为技术竞争、标准竞争。"③ 技术竞争是网络商务环境中最重要的手段。技术竞争包括两个方面。一是技术先进性之间的竞争,二是竞争过程主要依靠技术进行。

就技术先进性竞争而言,摩尔定律揭示了信息技术更新换代的速度:在价格保持不变的条件下,集成电路上可容纳的晶体管数目,约每隔 18 个月便会增加一倍,性能也将提升一倍;从另一个角度而言,每一美元所能买到的电脑性能,将每隔 18 个月翻两倍以上。摩尔定律的提出是在 20 世纪 60 年代,至少到现为止验证是正确的。④ 该定律不仅在硬件领域得到了验证,在软件领域亦然。史晋川教授的研究显示,在网络外部性条件下,技术需求方的新技术采用,供给方的技术创新激励都可能表现出过强动

---

① 南方都市报:《腾讯 360 大战呼唤跨界竞争法则:互联网三大纪律》,速途网:http://www.sootoo.com/content/67067.shtml,2021-1-10。
② 详见北京市高级人民法院(2006)高民终字第 265 号民事判决书;北京市高级人民法院(2006)高民终字第 266 号民事判决书。
③ 张丽芳、张清辨:《网络经济与市场结构变迁——新经济条件下垄断与竞争关系的检验分析》,《财经研究》2006 年第 5 期。
④ 至于未来摩尔定律是否继续正确,需要进一步验证,有美国学者认为摩尔定律可能在未来十年内崩溃,最主要的问题是温度与泄露。参见新浪科技:《美物理学家称摩尔定律将在 10 年内崩溃》,新浪科技主页:http://tech.sina.com.cn/it/2012-05-03/03247051044.shtml,2021-1-10。

力。① 尤其是当一种技术上升到标准的时候，往往能够锁定大量的安装基础，锁定大量的用户群，造成"赢家通吃"的竞争状态，给主导厂商带来巨大的利润。法律制度应该激励创新，对于互联网技术的快速更新换代，一般不予干预。但是从不正当竞争的角度来看，部分厂商在技术竞争的压力下，倾向于采用侵犯知识产权和商业秘密的行为，甚至不惜恶意诋毁竞争对手的商业声誉与商品信誉。在研究的案例中，至少有6起涉及北京奇虎科技有限公司。② 在这些案件中，原告与被告之间互相诉讼，互相指责对方侵犯商誉，究其实质反映的是网络商业环境中技术竞争的混乱局面。

另一种倾向是网络商业环境中的竞争主要依靠技术进行。依靠技术进行的不正当竞争具有两个特点，一是不正当竞争行为便于开展，尤其是通过网络；二是从证据上更加难以认定。在北京百度网讯科技有限公司与青岛奥商网络技术有限公司、中国联合网络通信有限公司青岛市分公司、中国联合网络通信有限公司山东省分公司、青岛鹏飞国际航空旅游服务有限公司案中，法院认为，"在互联网上发布广告、进行商业活动与传统商业模式存在较大差异，通过先进的计算机网络技术手段，可以实现传统商业模式下无法达到的商业效果。但是，从事互联网相关业务的经营者仍应当通过诚信经营、公平竞争来获得相应利润或竞争优势，不能未经他人许可、利用他人的服务行为或者市场份额来进行商业运作并从中获利。"③

四、竞争主要参与者的改变："领头羊"竞争

与传统商业社会企业每个行业都有大量企业相互竞争不同，互联网行业的每个细分市场集中度都非常高。有学者研究发现，在网络经济条件下寡头垄断的市场结构已成为主流。同一细分市场中的厂商数量均不多，一

---

① 史晋川、刘晓东：《网络外部性、商业模式与PC市场结构》，《经济研究》2005年第3期。
② 这些案件包括：北京三际无限网络科技有限公司等与北京金山安全软件有限公司不正当竞争纠纷案；瑞星诉奇虎不正当竞争纠纷案；北京奇虎科技有限公司、北京三际无限网络科技有限公司与腾讯科技（深圳）有限公司、深圳市腾讯计算机系统有限公司、奇智软件（北京）有限公司不正当竞争纠纷案；金山诉奇虎不正当竞争纠纷案；腾讯科技（深圳）有限公司、深圳市腾讯计算机系统有限公司诉北京奇虎科技有限公司、奇智软件（北京）有限公司、北京三际无限网络科技有限公司不正当竞争纠纷案；奇虎诉金山不正当竞争纠纷案等。
③ 详见青岛市中级人民法院（2009）青民三初字第110号民事判决书。

般不会超过 20 家，并且市场的绝对集中度比较高，最大的 4 家厂商所占市场份额的累计数占整个市场的比例几乎超过了 75%。① 同样与传统商业社会不同，这些处于行业领头羊地位的网络企业，一般并不具备阻止潜在竞争者进入的能力，"他们不仅需要与市场上的竞争对手展开全方位的激烈竞争，而且还需要时时面对潜在进入者的威胁与挑战"。② 造成互联网企业集中度高的重要原因在于网络效应。网络效应包括直接网络效应与间接网络效应。直接网络效应指的是使用同种网络产品的人越多，网络群体越大，则其价值越大。腾讯的即时通讯软件 QQ 就是典型的例子。间接网络效应指的是某一产品的协同、配合、辅助产品越多，协同越通畅，互补性越强，则该产品的价值越大。同样以腾讯为例，基于 QQ 庞大的用户群，腾讯的门户、游戏以及其他增值服务均得到了快速发展，而其门户、游戏等功能反过来又进一步促进了 QQ 用户群体的增加及其用户粘性。网络效应是腾讯公司成功的秘诀。为了实现直接网络效应的价值，同一行业的领头企业之间不断展开激烈的竞争，战事不断；而为了提高产品的协同价值，发挥间接网络效应，不同行业的领头企业同样在时刻寻找攻城掠地的机会。"在网络经济环境下，厂商间的竞争属性发生了明显的变化，'赢者通吃'的市场结构并没有弱化竞争。相反，为争夺市场上的主导地位、获取更多收益而展开的竞争变得更加激烈。"③

据统计，在研究的案件中，涉及百度、腾讯、奇虎 360、阿里巴巴、携程网、金山等互联网领头企业的案件，占据相当大比例。这充分反映了网络商业环境中"领头羊"企业竞争之间的惨烈程度。对于同行业企业之间的竞争，其竞争关系易于认定。金山公司与北京奇虎有限公司均为从事杀毒软件的企业，均在行业内具有较高知名度，法院认定原被告均为软件产品经营者，在该领域具有竞争关系。对于不同行业之间领头企业之间的竞争，其竞争关系一般也应予以认定。北京奇虎科技有限公司、北京三际无限网络科技有限公司与腾讯科技（深圳）有限公司、深圳市腾讯计算机系统有限公司、奇智软件（北京）有限公司不正当竞争纠纷案中，法院认

---

① 张丽芳、张清辨：《网络经济与市场结构变迁——新经济条件下垄断与竞争关系的检验分析》，《财经研究》2006 年第 5 期。
② 同上注，张丽芳、张清辨文。
③ 同上注，张丽芳、张清辨文。

定涉案产品"360隐私保护器"的用户群也是QQ软件的用户群,二者的用户群是相同的,因此二者具有竞争关系。该案中,法院选择了产品用户群同一的视角认定不同行业之间企业的竞争关系。①

需要强调的是,"领头羊"之间的竞争,并无法否认大量中小互联网企业的竞争。事实上,在每一个互联网经济的细分市场,当一个领先者崭露头角之际,往往是其他大量效仿者蜂拥而出之时。大量同质企业在狭小的市场中杀得你死我活,这是最为残酷的竞争,往往也是最为低级的为了生存的竞争。② 胜者为王,剩者为王。但是互联网经济的很大的特点是,细分市场的边界并不清晰,跨界的壁垒不高,"赢者通吃"成为常态,因此,细分市场的"王",也仅仅是个"诸侯王"而已,"王"与"王"之间难以坚壁清野相安无事,此时则表现为"领头羊"之间的竞争。

第四节 "竞争关系"司法界定的若干问题澄清

结合互联网经济的发展状况,以及当前"竞争关系"司法界定的特征,针对学界的一些有关"竞争关系"的观点,特做如下澄清,求教于方家。

一、关于应否取消"竞争关系"在不正当竞争行为中的认定前提地位

有学者认为,"要使反不正当竞争法充分发挥其规制市场和调控经济的功能,厘清该法的独立界限,就要在认定不正当竞争行为时摒弃竞争关系的要件,着眼于行为本身的正当性分析,形成不正当竞争行为认定的独特范式"③。在不正当竞争行为的认定和处理反不正当竞争关系的案件中,"摈弃"竞争关系,持该种观点的学者不在少数。

---

① 详见北京市第二中级人民法院(2011)二中民终字第12237民事判决书。
② 我国的互联网贷款行业(P2P)就是典型。
③ 尚佳:《不正当竞争行为认定中竞争关系要件研究》,《中国市场监管研究》2020年第11期。

但是，"竞争关系"系反不正当竞争法调整的不同经营者之间的连接纽带。市场中分布着大量的经营者，他们均是追逐利益最大化的市场主体，他们之中，有些是彼此独立的，有些是彼此关联的。他们是一个个市场利益关系网络的节点，但是有些节点是相连的，可能是直接，抑或是间接但并不遥远。彼此独立的节点，同样存在发生利益冲突的可能，但是这种利益冲突仅仅发生在二者之间，不会波及他人和社会，不具有外部性，因此他们不具有竞争法视野中的"竞争关系"。即使行为失当，也应借助侵权、违约或者刑事法律予以处理。该学者认为，"将竞争关系作为不正当竞争行为认定要件的做法并不是我国司法实践的独创，在竞争法历史中，大部分国家都曾将竞争关系作为行为认定的要件，而这一现象则是由于对竞争法与侵权法关系的误解所导致"[①]。但无可否认的是，竞争法脱胎于侵权法，竞争法的原始属性是私法，只是进入社会化大生产之后，由于反竞争行为巨大的负外部性，因此竞争法超越私法属性，反竞争行为不仅侵害特定竞争对手的利益，还损害其他不特定竞争者的利益，损害消费者利益，尤其是破坏了市场竞争秩序，因此进入公法领域。从这个层面上讲，竞争法与侵权法本是"同根生"，竞争法的基因属性也不因私法属性的超越而消失殆尽，只是在新的社会经济背景下，有所发展与超越，形成了新的特性。有些节点，虽然是相连的，但是距离遥远，也许按照"蝴蝶效应"，彼此的市场行为均能够"影响"甚至"损害"到对方，但是他们彼此均只存在于对方远离"波心"的地方，纵使一方的不当行为激起巨浪，但是当波浪到达对方时候，已经化为涟漪，甚至消失于无形，则二者之间亦不存在竞争法视野中的"竞争关系"。有些节点之间，是同向的关系，利益与共，例如关联企业、联盟企业之间，即使存在利益冲突，但是至少不存在独立的作为市场主体之间的利益冲突，因此也不存在竞争法立场上的"竞争关系"。因此，只有那些彼此连接且距离（产品或地域）相近，彼此在同一个市场争夺交易机会或者竞争优势的市场主体之间，才存在"竞争关系"，他们的反市场行为才会波及他方，破坏市场秩序，才应该受到竞争法的调整与规范。互联网环境下，只是市场主体之间的连接节点变得更多，较之传统经济领域，行为的波及范围更广，因此"竞争关

---

① 同上注，尚佳文。

系"变得更为复杂和宽广,这是互联网经济的开放、连接、自由的精神在"竞争关系"上的融入和体现,是"竞争关系"的强化而非消除。

2008年《德国反不正当竞争法》修改,将第三条标题由原来的"不正当竞争行为的禁止"修改为"不正当商业行为的禁止"。这是《德国反不正当竞争法》2008年修订最引人注目的地方之一。但是这种变化也只可以解释为该法的适用范围变得更广,从"不正当竞争行为"扩展到了"不正当商业行为",而不能推导出是对"竞争关系"必要性的否定,换而言之,不管是"不正当竞争行为的禁止",还是"不正当商业行为的禁止",其最终目标均是为了维护良好的竞争秩序,均无法避开"竞争关系"的界定问题。因此,"摒弃"竞争关系,只会使得竞争法失去其调整的特定领域,竞争法的特性不再,其法律价值也将不存。

二、关于能否消解"竞争关系"的相对性转采"行为正当性"标准

有学者认为,"在互联网经济模式下,竞争关系'相对性'的解构推动了反不正当竞争法的规制进路从'行为—法益'模式进阶至'行为正当'模式"[①]。"必须对竞争关系之于反不正当竞争法的意义作出贴合现实和顺应时代发展趋势的解读,即'竞争关系'相对性的消解在互联网经济下是一个不争的事实"[②]。"竞争关系"相对性的消解的原因,在于互联网经济下的经营者以"跨界为主的追逐'连接红利'的竞争模式",在这种竞争模式下,经营者的目的主要在于对"作为消费者的用户及其数据资源的直接争夺",这使得竞争对手在数量上和属性、类型上,均具有高度的不确定性,"竞争关系"与"竞争行为"不再存在必然逻辑。[③] 该种观点注意到了互联网背景下竞争行为发生的变化,尤其是竞争对手不确定性的特点,难能可贵。

但是,该种观点也存在一些不足。首先,竞争对手的不确定性,在传

[①] 陈兵:《互联网经济下重读"竞争关系"在反不正当竞争法上的意义——以京、沪、粤法院2000—2018年的相关案件为印证》,《法学》2019年第7期。

[②] 同上注,陈兵文。

[③] 同上注,陈兵文。

统社会中同样存在，竞争法区别于侵权法的重要之处，也体现于侵权一般针对的是特定对象，而反市场的行为主要针对的是不特定的竞争对手，互联网背景下这种不确定性确然进一步强化了，但是本质上没有改变；其次，"跨界竞争"确实是互联网背景下的一大特点，但是不得不承认"同界竞争"依然是主体，这就好像网购已经在国民生活中占据重要地位，但是至少从当下来看，不管是数量，还是价值，线下购物依然是主体；第三，"跨界竞争"背景下，众多在经营范围、区域、产品和服务等方面均不同的市场主体，共同在一个大的平台（互联网）展示自我，争夺资源（用户和数据），这看起来与传统社会直接争夺产品和服务的市场份额或者金钱利润不一样，但是这只是因为市场模式从"单边市场"切换到"双边市场"或者"多边市场"后新的竞争样态而已，比如，竞争者数量可能更多，竞争的手段可能更加不可预测，竞争的获利方式可能更加隐蔽、竞争的对象更加多元等，但是本质上依然是在一定的市场里面争夺一定的资源，不管是争夺用户和数据，还是流量，还是广告资源，最终无不归结于市场份额、竞争优势，无不归结于收入和利润。因此，跨界竞争并不能消解"竞争关系"，只是使竞争关系的范围更加广泛而已。

同时，"行为正当性"亦不能替代"竞争关系"。诚然，在最广泛意义上的"竞争关系"，其实已经略等于"行为正当性"，比如在很多案件中，不考虑其他因素，仅仅认定一方的行为违反诚实信用原则或者商业惯例，即认定其行为属于不正当竞争行为，适用《反不正当竞争法》进行规范。也有学者在归纳认定竞争关系的类型的时候，认为只要具有"其他违反诚实信用原则或者公认的商业道德的行为"，即可认定原告与被告之间具有"竞争关系"。但是，一个市场主体的"不正当行为"，根据不同对象和情形，可能构成不同的法律关系，从而适用不同的法律规范，比如一个企业恶意攻击另外一个企业，则可能构成普通侵权，也可能构成不正当竞争，但是到底构成何种法律关系，是名誉侵权还是商业诋毁？那么"竞争关系"则至关重要，它成为区分不同法律关系尤其是否构成不正当竞争行为的"判别点"。

三、关于"潜在竞争关系"的认定空间

最高人民法院案例指导工作办公室曾提出，"审判实践中，对竞争关

系的把握应当相对宽泛,特别对间接竞争关系或潜在竞争关系的理解不能过于狭窄"。[①] "潜在竞争关系"作为"竞争关系"的判断依据,最早创造于我们的法官。对于"潜在竞争关系"能否作为"竞争关系"的判断依据,学界争议很大。一种观点认为,该种处理方法体现了法官的智慧,一方面可以很好地解决某些案件中"竞争关系"难以界定的困难,另一方面可以从实体上更好地维护守法市场主体的合法利益;另一种观点认为,"潜在竞争关系"的实质,纯粹是为了满足最高人民法院对"竞争关系"的指导意见,其实是架空了"竞争关系",使得"竞争关系"没有意义。

以上两种观点,均有其道理,但不全面。首先,"潜在竞争关系"不可滥用。从理论上讲,任何市场主体之间,均具有"潜在"的竞争关系。因此,如果随意认定"潜在竞争关系",必然使得任何市场主体之间,只要发生争议,就具有"竞争关系",显然背离了经济实质,也违反了制度本意。其次,"潜在竞争关系"并非完全不可用。在某些情况下,虽然某个市场主体尚未进入相关商品领域或者区域,但是有证据证明其在较短的时间内进入该行业或者区域,具有高度盖然性,则可以认定具有"潜在竞争关系"。比如,一个互联网安全领域服务商,有证据证明正在筹划进入"手游"行业,那么可以认定该服务商与市场中已有的"手游"企业具有"潜在竞争关系";一个快餐连锁企业,虽然尚未进入某个城市,但是按照其发展布局和成长规律,其进入该城市的可能性很大,那么也可以认定他们之间具有"潜在竞争关系"。

四、关于反不正当竞争案件是否必须查明和讨论"竞争关系"

最高人民法院时任副院长曹建明曾经提出,"认定不正当竞争,除了要具备一般民事侵权行为的构成要件以外,还要注意审查是否存在竞争关系……有权提起不正当竞争诉讼的主体须与被告之间存在特定、具体的竞争关系。"基于以上观点,我国各级法院在审理涉及不正当竞争案件时,往往首先审查和讨论原被告之间是否存在"竞争关系",因此在我国反不

[①] 最高人民法院案例指导工作办公室:《兰建军、杭州小拇指汽车维修科技股份有限公司诉天津市小拇指汽车维修服务有限公司等侵害商标权及不正当竞争纠纷案》的理解与参照——反不正当竞争法中的竞争不限于直接的竞争关系》,《人民司法(案例)》2015年第12期。

正当竞争案件法院判决书中,大多能找到相关论述。然而在互联网领域反不正当竞争案件中,有部分案件却不再讨论"竞争关系"的问题,并对此予以"回避"或者"忽略"①。

那么,以上现象是否说明:"竞争关系"已经不再是认定不正当竞争案件的前提?分析相关判决文书可以发现,"回避"竞争关系的案件中,主要存在于两种情况,第一种是行为人与受害人之间具有较强或者明显的竞争关系,法官已经将竞争关系视为预设条件无需再具体论述;第二种情况,是法官对于一些新类型的案件如何去准确认定与表述存在困难,为了避免争议,选择了不予阐述的"法官智慧"。针对第一种情况,竞争关系很明显,无需再去浪费笔墨进行论述,显然是正确的选择。对于第二种情况,其实也无可厚非,不进行论述,并不代表对相关问题未予考量,只是在总体把握的基础上,为了节约司法成本进行的理性选择。类似的方法在最近公布的《关于平台经济领域的反垄断指南》(征求意见稿)中也得到了体现,在论及"相关市场界定"中指出,"在特定个案中,如果直接事实证据充足,只有依赖市场支配地位才能实施的行为持续了相当长时间且损害效果明显,准确界定相关市场条件不足或非常困难,可以不界定相关市场,直接认定平台经济领域经营者实施了垄断行为。"在未来有关审理反不正当竞争案件的司法解释中,建议作出类似规定。

结语:"竞争关系"司法界定的方向

亚当·斯密在《国富论》中讨论了竞争存在的四个条件:一是足够多的市场主体存在;二是市场主体具备充分的信息;三是市场主体能自由进出市场;四是竞争是长期、反复进行的。虽然斯密的竞争条件是理想的,但是基本反映了竞争所依存的经济条件,或者说凡是符合或者近似于符合以上条件的情况下,竞争就会发生。波特认为一个市场主体必须面对五种竞争作用力:一是新的竞争对手入侵;二是替代品的威胁;三是客户的侃

---

① 在王永强研究的中国法院网中公开的 2004 年至 2012 年期间的全部 102 份发生在网络商业环境中的不正当竞争案件判决书中,有 30 个未涉及对竞争关系的阐述;在陈兵研究的 176 个京、沪、粤 2000—2018 年相关案件中,未明确说明诉争双方存在竞争关系的有 11 起。王永强:《网络商业环境中竞争关系的司法界定——基于网络不正当竞争案件的考察》,《法学》2013 年第 11 期。陈兵:《互联网经济下重读"竞争关系"在反不正当竞争法上的意义——以京、沪、粤法院 2000—2018 年的相关案件为印证》,《法学》2019 年第 7 期。

价能力；四是供应商的侃价能力；五是现存竞争对手之间的竞争。则按照波特的观点，市场竞争对手包括现有的竞争对手、潜在的竞争对手、客户以及供应商。由此看来，即使在传统商业环境中，竞争关系也是多元的，竞争关系并不局限于直接的竞争关系，竞争对手也不局限于同业竞争对手。

由于社会经济中出现了大量表现出显著协同价值的网络产品，结果使得网络商业环境中的市场特征和经济运行规律与传统经济相比发生了巨大的变化。产品的"信息（知识）内涵""数字形式"和"网络化组织"特征，是导致这一系列变化最为重要、最具说服力的因素。[①] 而正是由于网络商业环境中竞争主体这种产品内涵、形式以及组织特征的高度一致性，使得竞争的主体数量更多，进出更加自由，信息更加充分以及实施竞争的机会更多、频次更高，其中的"竞争关系"也几乎无往而不在。从这个角度而言，网络商业环境中的"竞争关系"，无需刻意强求"同业竞争关系"，但是反而言之，也无不可归入"同业竞争关系"，因为从大处而言，整个"互联网经济"其实就是同一个"业态"。

马克思曾说，"竞争是经济学家的主要范畴，是他最宠爱的女儿，他始终爱抚着她"。[②] 德姆塞茨也说，竞争在经济学中占有如此重要的地位，以至于难以想象经济学没有它还能是一门社会科学。[③] 竞争法律制度的目的在于促进与维护良好的经济竞争秩序。法学视野中的竞争本来就是经济学中竞争的翻译，二者并不存在根本上的区别。在传统商业环境中，由于竞争关系本身的局限性，以及对竞争关系理解的表面性，使得长期以来在不正当竞争案件中强求原被告之间的"直接竞争关系"；而随着社会化大生产的深入，经济的发展，当"直接竞争关系"受到批判，无法应对现实需求的时候，人们转而走向另外一个极端，认为"竞争关系"的界定是画蛇添足的，是对法律的曲解，是"可怕的望文生义"的结果。透视网络商业环境中竞争关系的新趋势与新特征，以及由此带来的"竞争关系"司法

[①] 张丽芳、张清辨：《网络经济与市场结构变迁——新经济条件下垄断与竞争关系的检验分析》，《财经研究》2006 年第 5 期。

[②] 《马克思恩格斯全集（第1卷）》，人民出版社 1956 年版，第 611－612 页。

[③] ［美］哈罗德·德姆塞茨：《竞争的经济、法律和政治维度》，陈郁译，上海三联书店 1992 年版，第 1 页。

界定的方向与思路，其实只是法学中的"竞争关系"向经济学中"竞争关系"内涵与外延的回归，在司法界定中还原了"竞争关系"的本来面目。

第五章

互联网平台企业不正当竞争行为的司法认定[①]

在现代互联网技术的促进下,一批早期互联网企业的发展已远远超出了互联网技术本身,正加速向社会生活"回归",并逐渐成长为具有极高综合性的超大型服务平台。互联网作为新兴经济市场,充分竞争是其根本特征。但是,有些互联网平台企业在业务拓展中对资源争夺日趋激烈,加之行为技术性强、隐蔽性高、危害后果网络效应明显,竞争负面效应巨大,公平市场竞争秩序屡被践踏。因行为规范缺失、竞争技术性极强、市场创新性显著,剧增的互联网平台企业不正当竞争诉讼案件正拷问着司法审判结果的合理性、准确性和合法性,也刺激着互联网平台企业对公平竞争规则的需求。如是,非常有必要对"3Q大战""3米大战""3百大战"[②]等系列重大案件进行审视,总结出司法实践对互联网平台企业不正当竞争行为具体认定的关键要素,并为《中华人民共和国反不正当竞争法》(以下简称《反不正当竞争法》)的修订提供令人信服的理论基础和切实可行的制度路径。

[①] 本章由廖建求、陈锦涛合作撰写。本章内容参见如下研究成果:廖建求、陈锦涛:《互联网平台企业不正当竞争的司法认定与立法改进》,《重庆邮电大学学报(社会科学版)》2017年第4期。收录至本书时内容进行了修改和完善。

[②] "3Q大战"指奇虎公司与腾讯公司间开展的不正当竞争纠纷;"3米大战"指奇虎公司与米时科技公司间发生的竞争纠纷;"3百大战"指奇虎公司与百度公司间的不正当竞争纠纷。

第一节　互联网平台企业担责之基石：
双边市场的公共性

从一定程度上说，互联网企业都有自己的"专属领域"。但互联网经济的专属性并不意味着妨碍竞争的必然性，更非互联网企业都有妨碍竞争的动机和能力。换言之，大多数互联网企业是需要保护的中小企业，只有极少数互联网平台企业是竞争法规制的对象。因此对互联网平台企业担责基础的有效认知是法院依据竞争法具体规范对其追责的前提条件。

双边市场理论是认识互联网平台企业的基础。在双边市场中，平台将具有交叉网络外部性的供求双方凝聚到一个交易平台上，若该平台向交易双方收取的总价格为 $P = PB + PS$①，其中 PB 或 PS 可以低于该平台企业的边际成本甚至为零，但 P 大于零。可见在双边市场中 PB 或 PS 任一方均可以直接影响所在平台的总需求和交易量，一方的需求可以决定另一方产品的价值②。

双边市场下平台企业的核心要素是双边价格结构③。相较于单边价格结构中供求关系影响市场价格，双边市场中平台价格结构的调整更多取决于交易一方网络外部性大小。以搜索引擎服务企业为例，其所面对的一边是普通搜索引擎用户（PB），另一边是商业经营者（PS）。其中普通用户获取信息检索服务基本上是免费的。这帮助搜索引擎服务商积累了大量的基础用户资源，以此来吸引付费的商业经营者，且普通用户数量影响平台向商业经营者收费的多少。可见，百度和谷歌等搜索引擎服务企业及常见

---

① 双边市场的经典模型，是 Rochet 和 Tirole 对双边市场理论的概述。
② 吴汉洪、孟剑：《双边市场理论与应用述评》，《中国人民大学学报》2014 年第 2 期。
③ 虽然后来学者批判 Rochet 和 Tirole 在界定双边市场时，仅仅考虑了价格结构在平衡双边用户需求时的作用是非常局限的，但是后来交叉网络外部性的引入也并没有完全脱离价格结构所确定的基本思路，而且与单边市场相比，平台定价仍是双边市场的一个核心问题。因此，笔者认为价格结构仍然是研究双边市场中主体行为的关键。

的网络购物平台都是典型的平台企业①。

在双边市场中,交易双方对平台产品的需求相异决定了互联网平台企业至少面临"基础资源"和"营利资源"②的争夺。例如,搜索引擎服务商主要以免费且优质的信息检索服务吸引普通信息检索用户资源,而庞大的浏览用户群则是广告商向平台企业付费的动因。同时,用户群锁定效应和产品体系先发优势使得互联网平台企业拥有了其所属"市场"的相对优势地位。这为平台企业调整有损于用户利益和相关经营者竞争利益的价格结构,以实现攫取更高利益的目的创造了现实条件。

从经营模式考察,是否存在相互关联的两类及以上类型的用户群体和双边价格结构是认定平台企业的关键。这种认定也仅针对主体身份性质而非交易地位,故不能因平台企业的身份而对其附加具体交易义务③。平台企业的营利模式表明其营利基础是所属市场。然该市场的公共性是平台企业义务承担的合理性基础。以腾讯公司的微信软件为例,如何认定微信这一"市场"的性质对于腾讯是否应承担更多的注意义务至为重要。如将微信看作腾讯的私有领地,则无论腾讯如何行为都不应被视为对公共市场竞争秩序的危害。但在双边市场环境中,微信所面对的不单是普通用户,还有处在交易另一端的经营者。其不仅通过用户的使用将用户纳入该市场中,也通过开放分享链接和进驻第三方应用将经营者纳入该市场中。因此,平台企业就如同一个市场,并且,该市场并非封闭而是开放的,并非私人而是公共的。这一公共性是平台企业承担维护市场竞争秩序义务和履行更高注意及忍受义务的基础,公共性程度决定平台企业应当承担的注意和忍受义务程度。而其公共性程度又取决于该市场中其他经营者的参与度,即其他经营者参与度越高,承担义务的程度就越高。

---

① 傅瑜、隋广军、赵子乐:《单寡头竞争性垄断:新型市场结构理论构建——基于互联网平台企业的考察》,《中国工业经济》2014年第1期。
② 用户是互联网平台企业实现整体利润的基础资源,因此其必定在提升产品或服务质量维护和扩大用户资源上展开激烈争夺。平台另一边的付费经营者是平台企业实现营利的最终来源,因此平台企业必定会创造条件从付费经营者这一边实现最大收益。
③ 因为静态的身份认定只是负担一般义务的基础,不能是具体交易义务的基础。交易中的具体义务应当根据其交易地位和行为认定,当然,可以基于其静态身份间接决定为其选择何种程度的义务。

第二节 互联网平台企业不正当竞争行为的司法认定

在统一、新兴的互联网市场中，平台企业破坏竞争秩序的行为不足以引发市场力量的失衡，并且其破坏行为又以技术干扰为主，妨碍竞争的效应显著。因此，互联网平台企业不正当竞争行为的司法认定有别于传统做法。

一、构成要素的传承与发展

互联网平台企业多采用以免费服务的方式最大化吸引基础用户，向基础用户推广增值收费业务以实现平台整体利益为主的运营模式[①]。互联网平台企业的不正当竞争行为对传统竞争行为体系提出了新挑战。对其新型行为的分析必须结合网络经营的特性和平台企业运营的特有属性，而不能简单套用传统的竞争法原理。

（一）主体认定

根据《反不正当竞争法》第二条规定，行为主体资格须满足"经营者"标准。关于主体资格有主体标准和行为标准之分。与传统主体不同，互联网平台企业通常以"利益共同体"的形式参与市场竞争，以"交叉互补"作为实现集团整体盈利的主要方式。例如，在阿里巴巴与腾讯不正当竞争案[②]中，阿里巴巴就是通过支付宝（中国）、上海水渡石公司、阿里巴

---

① 张江莉：《互联网平台竞争与反垄断规制以3Q反垄断诉讼为视角》，《中外法学》2015年第1期。

② 2013年，阿里巴巴收购虾米音乐开始组建阿里音乐系，为弥补阿里音乐系在移动音乐领域不足，采取的重要举措是收购天天动听。2015年底，阿里音乐系重整，将上述两款音乐软件整合后推出"阿里星球"。两公司独立经营各自的音乐软件，业务分工明确：虾米音乐负责专业音乐人士群体，天天动听面向大众音乐全体。但两公司在各自的音乐软件网页上互相向用户推荐对方软件。

巴(杭州)文化创意公司、淘宝公司等关联公司作为"利益共同体"参与市场竞争。可见,互联网平台企业不正当竞争主体认定的复杂之处在于如何认知该主体在企业群整体战略中的地位及处理"利益共同体"中的内外关系。腾讯与阿里之争案折射出别具匠心的审判思维:认定适格主体时应综合考察其在共同体中的地位,将单个主体作为两个共同体的一部分来考察竞争关系。但在诉讼中认定经营者资格时仍应坚持法人独立原则,区分子公司和独立事业部:具有法人资格的子公司应作为单个诉讼主体;独立事业部不具有法人资格,其行为与所属法人有紧密关系,不应认定为竞争诉讼中的"经营者"。

(二) 竞争关系

我国竞争法原理和实践均坚持竞争关系是竞争法诉讼的起点,因为只有经营者之间存在竞争关系才会有法律上的利害关系。此种竞争关系的法律认定,也对竞争法的规制范围划分了适当界限。传统竞争关系的认定多限于同业竞争的范围,要求经营者必须处于同一行业才有可能认定存在竞争关系。这在市场经济早期比较适用,但是互联网平台企业跨界经营的特征使得行业界限更加模糊,必须从新的视角对互联网平台企业竞争关系加以认定。

在百度公司诉奥商(青岛)网络公司等不正当竞争案[①]中,百度公司属于网络信息服务商,被告青岛奥商网络技术有限公司属于网络技术服务商,被告中国联通有限公司青岛市分公司和中国联通有限公司山东省分公司属于网络接入服务商,三者的经营范围并不一致。但法院认为被告采取在显示原告网页前弹出广告窗口的行为损害了原告的竞争利益。因为,此举让百度用户误以为是百度公司恶意设置的广告措施,损害了百度公司的商业信誉,威胁了百度公司潜在的用户资源,而这种用户资源又都是三被告的用户资源。换言之,百度公司和三被告存在争夺相同用户资源的竞争。基于此,法院认为虽原被告经营范围不同,但是存在相同的竞争利益,从而认定百度公司和三被告存在竞争关系。与此案类似,在奇虎公司、北京三际无限网络科技公司与腾讯公司、奇智软件公司不正当竞争纠

---

① 详见山东省高级人民法院(2010)鲁民三终字第 5-2 号民事判决书。

纷案①中，腾讯公司所在即时通讯软件服务市场，奇虎公司所在安全软件市场，二者的经营范围并不一致。但法院认为原被告均采取免费基础服务、增值业务服务和广告收费的营业模式，虽具体经营范围有异，但所依靠的用户基础相同。二者的经营策略都针对相同的网络用户，争夺的亦是相同的基础用户资源，即网络服务范围和目标用户群体重叠。因此，法院认定奇虎公司与腾讯公司存在竞争关系。

由此看出，在互联网平台企业不正当竞争诉讼中，竞争关系的认定有相对扩张趋势，不再局限于企业的经营范围，而是将竞争利益作为认定的核心标准。这是对竞争关系实质的回归。同时，互联网平台企业的经营模式极具综合性和跨界性也说明了以竞争利益作为竞争关系认定的核心标准是迫切需要的。事实上，在上述司法实践中对竞争关系的认定存在一个反推过程。从逻辑上讲，只有先存在竞争关系才会有后续实施妨碍行为的动机。资本在市场中是不断扩张的，跨界经营已不可阻挡，互联网平台企业的业务几乎没有边界限制，如腾讯的业务领域从最初的即时通讯服务发展到游戏电竞，阿里巴巴集团涉足音乐领域②。因此，按常规逻辑去寻找互联网平台企业间的竞争关系只能落后于资本扩张的脚步。相反，资本之间产生竞争冲突正是源于对竞争利益的争夺。概言之，对于互联网平台企业涉及的不正当竞争纠纷，只要存在竞争利益冲突，就可以认定或推定存在竞争关系，而不能静态地考察其经营范围。

（三）行为类型

传统不正当竞争行为，多发生在经营者间的直接接触过程中且更加直观，对竞争秩序的损害较为直接且影响范围较小。互联网平台企业间往往开展更深层次的竞争。此类竞争具有专业技术性强、网络外部性明显、创新性兼具隐蔽性等特性。因而，非常有必要对互联网平台企业所实施的不

---

① 详见北京市第二中级人民法院（2011）二中民终字第12237号民事判决书。
② 腾讯公司的业务领域由最初的QQ即时通讯、腾讯开放平台、QQ空间等领域拓展至音乐、电竞、动漫、影视、文学等领域。阿里巴巴集团的业务也由最初的网购平台如淘宝扩展至音乐、互联网金融、云计算等领域。参见腾讯公司：《连接生态：从连接人、服务及设备，到连接企业及未来科技，形成共赢的产业生态》，腾讯官网，https://www.tencent.com/zh-cn/business.html，2021-1-10。

正当竞争行为①予以类型化。

第一，利用已有相对优势地位限制后进入某领域（通常是自己的主要业务领域或威胁到自己用户资源的领域）的经营者发展或限制其他经营者进入该领域。例如，在米时科技公司诉奇虎公司不正当竞争案②中，米时科技诉称：奇虎公司通过旗下软件360手机卫士拦截米时公司开发的产品"易米片"等软件发出的信息，导致用户无法获取米时科技公司提供的电子名片服务。又如，在奇虎公司、奇智公司与腾讯（深圳）公司、深圳腾讯计算机系统公司不正当竞争纠纷案③中，腾讯公司诉称：奇虎公司通过旗下杀毒软件清除了腾讯公司旗下产品QQ所附带的其他内容和安装软件，导致其增值收费业务受阻，所推广的安全软件无法被用户接收到。

第二，利用用户对自己产品的高度依赖，限制用户使用其他经营者的相关替代产品。例如，在腾讯公司与奇虎公司垄断纠纷中，一审法院认定腾讯公司采取"二选一"的措施缺乏正当性，最高人民法院虽然认定腾讯公司的"二选一"行为因该行为持续时间短而不构成滥用市场支配地位的行为，但同时在分析中指出"这并不代表被上诉人（即腾讯公司）实施产品不兼容行为无可指责"④。在两审法院看来，腾讯公司"二选一"的行为虽对市场竞争秩序和上诉人奇虎公司市场份额造成的损害微小而不足以被认定为垄断行为，但并不代表其行为本身正当，没有破坏市场竞争秩序和造成经营者竞争利益的损害。

第三，利用自己的技术和业务优势恶意破坏竞争对手的合法商业模式。这类行为中，占优势的一方常常为了扩展自己的基础用户群，加强用户对自己产品和服务的支持，利用技术手段满足用户的不合理需求⑤。最常见的是恶意广告过滤行为，即通过技术手段将竞争对手产品中合法投放的广告进行过滤，以达到"净化"作用，从而赢得用户的更多支持，但这损害了竞争对手的增值业务收入和广告收入。在合一（北京）公司诉金山

---

① 此处的不正当竞争行为并非完全指《反不正当竞争法》意义上的行为，应包括"道义"不正当的竞争行为。
② 详见北京市高级人民法院（2015）高民（知）终字第1035号民事判决书。
③ 详见广东省高级人民法院（2011）粤高法民三初字第1号民事判决书；最高人民法院（2013）民三终字第5号民事判决书。
④ 详见最高人民法院（2013）民三终字第4号民事判决书。
⑤ 所谓不合理需求主要指不符合交易习惯和对等原则的需求。

（北京）公司不正当竞争案[①]中，合一公司诉称金山公司通过旗下产品猎豹浏览器将其旗下产品优酷视频网站的合法广告内容进行屏蔽。在审理中，法院认为合一公司采取的免费视频加广告的模式是合法的，金山公司对其合法投送的广告进行屏蔽损害了原告的商业利益，金山公司的行为具有不正当性。互联网平台企业的经营模式基本是通过免费的网络服务吸引基础用户，在此基础上收取广告费用实现盈利。经营者在实施屏蔽措施时应当认识到该措施会损害相关企业的正当利益，故所谓"技术中立"和满足用户需求等抗辩是不能成立的。因为，不存在无成本的收益，用户在获取免费资源的同时也在无形中付出观看广告的时间成本。

第四，流量劫持行为。所谓流量劫持，是指用户正常上网访问 A 网站时，被通过技术手段强制访问 B 网站，由此产生的流量全部进入 B 网站的行为。互联网经济是流量经济，恶意修改浏览器、锁定主页、不间断弹出新窗口、强制访问某网站等都与流量劫持有关。流量劫持不仅致使相关网站的流量受到致命的损失，而且若操作者设置强制访问恶意网站站点，则会造成用户信息泄露，给用户造成不可估量的损失。在百度诉奇虎 360 公司不正当竞争案[②]中，法院认为：奇虎 360 公司通过旗下产品 360 浏览器对百度搜索结果进行设置和标注篡改，诱导用户访问与搜索结果关联性小的本公司网站，不仅造成用户使用的困扰，还大大减少了百度公司相关网站的访问量，属于不正当竞争行为。此外，流量劫持行为还可能涉嫌刑事犯罪。在上海浦东新区人民法院判决的付某、黄某破坏计算机信息系统罪[③]中，两被告人从 2013 年末至 2014 年 10 月通过恶意代码修改互联网用户路由器的 DNS 设置，用户登录 2345.com 等导航网站时，就会跳转到其设置的 5w.com 导航网站，并将从中获取的流量出售给目标导航网站所有者——杭州久尚科技有限公司，短时间内获利 70 多万。从而浦东新区法院认定：两被告违反国家规定对计算机信息系统中存储的数据进行了修改，后果特别严重，构成破坏计算机信息系统罪，考虑两被告自首情节，减轻处罚，判处两被告有期徒刑 3 年，缓刑 3 年。认定流量劫持行为，需要审查行为人设置相关技术措施的正当性和结果的关联性。如果是正常的网页

---

① 详见北京市海淀区人民法院（2013）海民初字第 13155 号民事判决书。
② 详见北京市高级人民法院（2013）高民终字第 2352 号民事判决书。
③ 详见上海市浦东新区人民法院（2015）浦刑初字第 1460 号刑事判决书。

跳转和竞争性的排名则不能被认定为流量劫持，只有恶意篡改正常链接导致的网页和违反用户意愿进行的强制跳转才可能涉及流量劫持。

除此之外，上述主要不正当竞争行为经常附加恶意评分、恶意风险提示等不正当措施。如果安全软件商和软件市场商对竞争对手的产品进行恶意低评分，恶意标记风险项，造成相关产品潜在用户的损失，那么可以认定为恶意。但是，如果是为了用户的利益进行标记和客观评分则不能认定为恶意。恶意的评定需要有客观的实体和程序标准。在米时科技诉奇虎（北京）公司不正当竞争诉讼中，针对360公司通过360手机卫士对原告米时科技公司旗下产品（如"易米片"）发送的链接短信进行拦截并归入垃圾信息的行为，北京市高院认为：其拦截结果虽然客观上可能对原告的商业信誉产生负面影响，但是该结果是依据固定的拦截规则得出的结论，而该拦截规则不针对任何市场竞争者，并且奇虎360公司提供了短信误拦情况下解除拦截的沟通机制，不构成不正当竞争。因此，在对此类行为的正当性进行具体认定时，需要分析相关技术措施正当性的基础要素如相关技术措施的非针对性、公开性以及误解情形下的沟通解除机制，保护大众用户的利益是其正当性的核心要素。具体程序标准是，由原告初步证明被告行为具有恶意并由被告证明自己行为具有正当性。

二、正当性排除之事项

与市场竞争激烈一样，互联网充斥着不良信息，损害用户利益的情形时有发生。单靠管理部门监管是不够的，更需要互联网行业自律。其中互联网平台企业拥有大量的技术、信息资源，在控制不良信息、遏制损害用户利益的行为、维护互联网经济的效率性方面扮演很重要的角色。为此而采取的限制措施即使客观上造成了竞争对手的损失，也不应认定为不正当竞争。

（一）基于权利保护义务之履行

互联网平台企业基于权利保护产生两方面的义务：一是一般权利保护义务；二是对疑似威胁权利保护行为的审查义务。任何企业都有义务不侵犯他人的合法知识产权，此为最低的权利保护义务。根据《中华人民共和国民法典》第1194条与第1195条①之规定,网络服务提供者应当承担侵权责任的情形限于主动侵权和放任侵权。其中放任侵权又分为开始不知、收到举报后仍放任和开始就明知而放任。换句话说,网络服务提供者除了不得主动实施侵权行为外,对于他人通过自己平台实施的侵权行为所负保护义务仅仅是其收到举报或明知存在侵权行为时,这是法律对网络服务提供者所要求的最低限度的权利保护义务。因此,遭遇上述情形时,平台企业应及时采取限制措施防止侵权损害的继续扩大,除此之外平台企业不应主动以保护知识产权为由对特定经营者采取限制措施,毕竟平台企业不是监管部门。但这不排除平台企业通过其他方式提高知识产权保护水平。

那么,如何认定其明知或应知呢?当发现相关经营者可能存在违反通行规则或实施违法行为时,平台企业的审查限度如何呢?平台企业对内负有一定监管责任——当发现经营者可能存在市场"作弊"行为损害平台公共秩序特别是存在违法事由时应尽合理审查义务,且限于表面审查。表面审查后平台企业即可对该经营者采取限制措施,但是事后需要平台企业提交该经营者存在表面违规的证据。在人人信息科技公司诉百度公司案②中,人人公司诉称百度公司没有查明相关网站中"垃圾外链"的来源和设置者,在不能确定"垃圾外链"是人人公司设置的情况下,对人人公司相关网站即采取限制措施是不正当的。但两审法院均未采纳该意见。一审中,北京市一中院没有对该问题作正面回应,仅从反面表明该惩罚结果系百度公司的反作弊机制得出其具有正当性,实际上是承认了百度公司表面审查的正当性。二审中,北京市高院态度明确:对于"垃圾外链",如果对其听之任之,不仅会加剧各网站运营商利用"垃圾外链"进行无序竞争,而且会大大降低用户检索结果的质量;鉴于应尽可能以最快捷的方法降低

---

① 《中华人民共和国民法典》第1194条:"网络用户、网络服务提供者利用网络侵害他人民事权益的,应当承担侵权责任。法律另有规定的,依照其规定。"《中华人民共和国民法典》第1195条:"网络用户利用网络服务实施侵权行为的,权利人有权通知网络服务提供者采取删除、屏蔽、断开链接等必要措施。通知应当包括构成侵权的初步证据及权利人的真实身份信息。网络服务提供者接到通知后,应当及时将该通知转送相关网络用户,并根据构成侵权的初步证据和服务类型采取必要措施;未及时采取必要措施的,对损害的扩大部分与该网络用户承担连带责任。权利人因错误通知造成网络用户或者网络服务提供者损害的,应当承担侵权责任。法律另有规定的,依照其规定。"

② 详见北京市第一中级人民法院(2009)一中民初字第845号民事判决书;北京市高级人民法院(2010)高民终字第489号民事判决书。

"垃圾外链"对用户利益的损害,即便在涉案"垃圾外链"设置者的真实身份尚未被查明的情况下,被告实施本案中的屏蔽措施也具有正当性[①]。由此可见,平台企业的审查义务应限于被动表面审查更符合立法旨意和互联网经济的效率性。

(二) 基于大众利益之保护

在百度公司诉奇虎360公司案[②]和人人公司诉百度公司案中,法院最终都将大众用户利益的保护作为衡量相关行为正当性的重要标尺。大众利益主要体现为用户的选择权和使用相关网络产品的便捷性以及用户合法权益。但是允诺为用户达到规避相关网站合法限制措施的,不应当被认为对大众用户利益的保护。如采用技术措施帮助用户规避相关网络产品的收费限制措施,过滤合法投放的广告等。在百度公司诉奇虎360公司不正当竞争案[③]中,北京东城法院认为,360公司通过360浏览器向用户提供插件帮助用户过滤百度搜索结果和百度网页中的广告,违反了公平原则、诚实信用原则,违背了公认的商业道德,构成不正当竞争。

(三) 基于商业道德、行业规范之遵从

该项内容主要针对《反不正当竞争法》一般条款的适用。互联网行业中有比较多的网络协议,这些协议能否构成行业规则或者商业道德需要具体分析。

对于行业强制规范,必须遵守,违反该规范的行为应当认定为不正当。此外,对于具有行业自律性质的公约、协议,只要行为人签署了该协议,应当承认其效力。在奇虎360公司与腾讯公司不正当竞争纠纷案中,二审判决明确表明:为规范特定领域的竞争行为,维护行业竞争秩序,结合行业特点和竞争需求,在总结行业竞争现象基础上,相关行业组织或自律组织制定的自律公约等行业规范,在不违反法律原则和规则、客观公正的情况下,可以成为法院发现和认定行业惯例和公认商业道德的重要渊源。

---

① 详见北京市高级人民法院(2010)高民终字第489号民事判决书。
② 详见北京市第一中级人民法院(2012)一中民初字第5718号民事判决书;北京市高级人民法院(2013)高民终字第2352号民事判决书。
③ 详见北京市东城区人民法院(2013)东民初字第08310号民事判决书。

对于没有强制约束力的技术协议，要具体分析其设置是否具有针对性和不合理性以及通用性。针对特定经营者设置的技术协议和限制范围超出设置者合理诉求的技术协议，足以影响行业公平竞争的，不应将其认定为行业规则。在浙江泛亚公司诉百度公司等著作权权属、侵权纠纷案①中，北京一中院认为：Robots 协议在互联网领域已经成为通行的规则，并且原告设置 Robots 协议并非针对百度公司，而是为了保护自己的合法利益，因此百度公司应当遵守该协议。最终，法院认定百度公司违反 Robots 协议抓取原告网页内容的行为构成侵权。互联网领域并没有较多的强制性行业规范约束参与者的行为，多数依靠协会规约如在业内通行已久的 HTTP 协议来维护竞争秩序。这些网络协议可以直接认定为应当遵守的协议，但其余网络协议，需综合考虑其施行时间、签署范围以及设置者的权利主张范围等因素来认定其是否应当遵守。

第三节 《反不正当竞争法》相关条款的完善

基于互联网平台企业对竞争法理论和实践带来的挑战，原国家工商总局发布了《中华人民共和国反不正当竞争法（修订草案送审稿）》②（以下简称《草案》），此次修订的主要任务是清除其他法律已有规定的重复内容、增加新型不正当竞争的相关规定。此次修订的第六条引入了滥用相对优势地位的规制制度。③但滥用相对优势地位是否应引入反不正当竞争法仍存争议，并成为近来竞争法领域探讨的热点，在《反不正当竞争法》最

---

① 详见北京市第一中级人民法院（2006）一中民初字第 6273 号民事判决书。
② 即国务院法制办公室 2016 年 2 月 25 日公布的《中华人民共和国反不正当竞争法（修订草案送审稿）》。参见国务院法制办公室：《国务院法制办公室关于公布〈中华人民共和国反不正当竞争法（修订草案送审稿）〉公开征求意见的通知》，中华人民共和国商务部门户网站：http://www.mofcom.gov.cn/article/b/g/201604/20160401288300.shtml，2021 - 1 - 10。
③ 《反不正当竞争法（修订草案送审稿）》第六条第二款："本法所称的相对优势地位，是指在具体交易过程中，交易一方在资金、技术、市场准入、销售渠道、原材料采购等方面处于优势地位，交易相对方对该经营者具有依赖性，难以转向其他经营者。"

终的修订版本中，并未将草案有关滥用相对优势地位的规定纳入其中。①结合上述互联网平台企业市场竞争行为之论述，本节将对相关问题予以阐释。

一、滥用相对优势地位规制制度引入反不正当竞争法体系的必要性

"我们认为，在《反不正当竞争法》修订过程中，未将滥用相对优势地位规制制度引入其中，是一大遗憾。滥用相对优势地位有必要引入竞争法规制体系，这是市场竞争发展的必然要求"，尤其是在互联网领域和中小企业市场竞争中，拥有市场支配地位的优势企业对竞争秩序的破坏已为实践所证实，也得到理论界和实务界的重视。有学者②认为，滥用相对优势地位的本质是对竞争的限制，是市场竞争不足的表现，德国竞争法③引入滥用相对优势地位制度之目的在于弥补反垄断法对滥用市场支配地位规制的不足，我国应将此制度置于反垄断法体系之下。但是市场竞争行为往往具有多重属性，互联网平台企业利用其相对优势地位所为之"不当干扰"行为——如奇虎公司对通过浏览器所为的"插标"行为——则是通过不道德的手段恶化市场竞争、扰乱市场竞争秩序，更符合反不正当竞争行为的属性。

具有相对优势地位的企业并非是市场独占企业，滥用相对优势地位的行为也实非垄断行为，因而有必要引入滥用相对优势地位的规制制度。在互联网行业中，市场支配地位的认定尤其困难，鉴于我国竞争法执法权分配的实际，将滥用相对优势地位制度置于反不正当竞争法之下更为实际。况且，互联网企业滥用优势地位大多为针对竞争者的妨碍性而非剥削性滥用，更适合反不正当竞争法调整。以"二选一"行为为代表的滥用相对优势地位行为兼具排除、限制竞争和不正当竞争的属性，但要在网络行业中界定相关市场何其难也，因此将滥用优势地位置于反不正当竞争法之下更

---

① 滥用相对优势地位行为在行为属性上介于不正当竞争行为与滥用市场支配地位行为之间，决定了其规制法律规范的反不正当竞争法抑或反垄断法属性不甚明确。我们仍然认为，应将相对优势地位行为纳入反不正当竞争法范畴加以规制，加深对滥用相对优势地位行为的理性认知。

② 该学者从社会现实需要及现有制度和谐共处的角度论述了《反垄断法》应引入相对优势地位理论并明确其地位，并对该制度在《反垄断法》中的立法模式给出了建议。参见张翼飞：《反垄断法规制滥用相对优势地位理论"正名"——对质疑说的回应》，《理论月刊》2011年第9期。

③ 详见2013年第八次修订的德国《反限制竞争法》第二十条规定。

为恰当。

二、关于滥用相对优势地位规制制度的具体完善

《草案》第六条对相对优势地位的定义过于狭义，忽略了互联网行业中用户的特殊地位。在互联网平台企业所处的双边市场环境下，用户是交易双方发展的根基。互联网平台企业特殊的经营模式极大缩短了用户与各方经营者之间的距离，也就放大了基础用户群的变化对经营者生存的影响力。基于互联网平台企业业务的无限拓展，互联网领域竞争中存在大量的不当干扰行为，尤其是拥有相对优势的经营者对后进者的干扰以及拥有庞大且稳固基础用户群的经营者对其他企业的干扰。如腾讯公司实施的"二选一"行为即是腾讯依靠自己庞大且稳固的基础用户资源来打压竞争对手的行为，奇虎公司通过其在安全浏览器领域的优势地位对百度搜索结果不当"插标"的行为等亦是如此。互联网领域中的妨碍性滥用都建立在用户资源的基础上，互联网平台企业间的竞争并非传统的直线上下游交易，而是通过以用户为中心的"平面三角"交易。因此，在认定相对优势地位时不能仅仅从上下游交易之中考察直线交易双方的依赖性，应当将用户对行为人的依赖性纳入考察范围。同时，由于用户对平台企业的依赖性基本是固定且全面的，因此，个案中的相对优势地位应从用户和交易相对人两个维度加以认定，而用户依赖性的认定在市场结构没有发生较大变化的情况下可以依循既有认定结果。

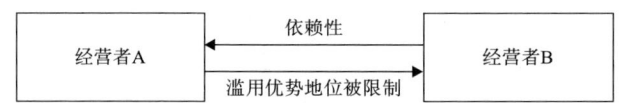

图5-1 传统经营模式下依赖性与滥用相对优势地位关系

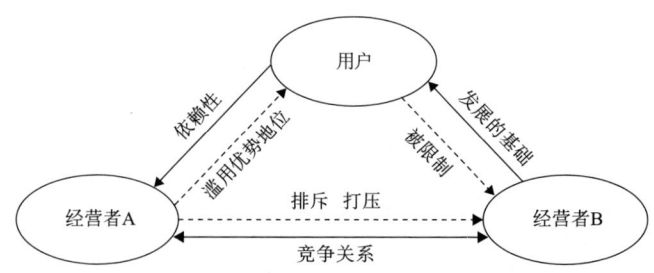

图5-2 互联网经营模式下依赖性与滥用相对优势地位关系

《草案》中相对优势地位的认定缺乏相关市场的要素。如前所述，互联网平台企业的竞争主要是对基础用户资源的争夺，是利用用户实现"胁迫"，那就需要对该"用户"资源的范围进行界定。是否具有相对优势地位主要认定因素在于依赖性认定，而依赖性认定需要确定依赖主体以及范围，因此相对优势地位的认定需要以相关市场界定作为前提。滥用相对优势地位规制制度源于德国。在德国，滥用相对优势地位的规制主要是弥补滥用市场支配地位规制的不足，因此，德国反限制竞争法中滥用相对优势地位的相关市场界定可以从滥用市场支配地位相关市场界定条款中得到解决①。在传统直线交易中，依赖主体一般是交易相对人，而范围也是主要交易对象。如前所述，在互联网领域，依赖性认定主要从用户和交易相对人两个维度认定，在互联网平台企业之间，缺乏主要的交易关系，互相之间的影响也主要是通过用户来实现，因此确定相关市场主要是确定重叠用户的范围，进而根据该用户范围来考察行为对竞争利益的影响。

反不正当竞争法的价值目标在于维护自由公平的竞争秩序，而相对优势地位是市场交易中普遍存在的现象，因此应当对执法部门适用该条款进行限制和约束。滥用相对优势地位制度所规制的对象是具有不正当竞争和限制竞争双重属性的，同时与滥用市场支配地位制度存在交叉，执法部门也会出于提高执法效率的考量将较小的垄断案件适用该制度，从而可能会使该条款成为类似兜底的条款。这在方便执法的同时也有促使执法部门滥用执法权的可能，因此需要对该条款在执法中予以限制。同时在司法领域，与德国相比，我国对不正当竞争案件的适用偏重于"家长制"，对市场自由竞争仍采取保守态度②，这就可能会使滥用相对优势地位成为原告滥诉的支撑点。因此，有必要通过更加细化的规定对该制度予以限制。如提高依赖性认定标准、充分发掘潜在竞争领域等。

---

① 王晓晔：《论滥用"相对优势地位"的法律规制》，《现代法学》2016 年第 5 期。
② 如同样的网络视频广告屏蔽案件，德国法院大多驳回原告请求，以促使原告通过自身努力挽回损失，从而鼓励经营者进行技术创新和商业创新等。我国法院多支持原告诉求，以保护原告的商业模式，但是我国有学者如谢晓尧、黄武双等也提出保护既有商业模式并不利于社会进步，既有商业模式的正当性应值得讨论。

第六章

网络干扰行为的反不正当竞争法规制[①]

反不正当竞争法本质上是行为规制法，以对行为正当性的评判来规制不正当竞争行为，从而达到遏制不正当竞争行为、维护市场良性竞争的目的，随着反不正当竞争法法典化的发展，逐渐将类型化的行为纳入法律条文中直接适用，因此行为的类型化是正确适用反不正当竞争法的前提。行为的类型化是行为规制法确定性的重要表现，也是其常见的调整方式。与权利保护法以规范化的权利义务关系为核心明确划定保护范围不同，行为规制法以原则性、概括性规定为基本准则，以一定标准对大量成熟且稳定的一系列行为进行归纳，并纳入"法典化"进程。反不正当竞争法中的行为体系的完善就是不断地对新的行为加以类型化，并以类型化的行为作为其条文规范的主要内容，适用"本身违法"原则，予以一般性禁止，以此达到其规制目的，实现其制止不正当竞争、维护公平竞争秩序的宗旨。同时此种类型化规制又是以立法形式在充分权衡相关利益关系后对公共自由领域的限缩。《中华人民共和国反不正当竞争法》（以下简称《反不正当竞争法》）第十二条以领域规制的思路对网络市场中的不正当竞争行为进行了类型化处理，以期达到普遍适用的效果，但是该类型化结果并未揭示行为之间的本质联系，对于形态众多的网络不正当竞争行为而言也并不周延，不能适应技术形态的快速发展，因此可以说该条文的类型化很不完

[①] 本章由廖建求、陈锦涛合作撰写。本章内容参见如下研究成果：廖建求、陈锦涛：《网络干扰行为类型化与法律适用——基于〈反不正当竞争法〉第十二条》，《经济法论丛》2020年第1期；廖建求、陈锦涛：《网络不当干扰行为的认定标准：学理与裁判的双重视角》，《湖南科技大学学报（社会科学版）》2021年第2期。收录至本书时内容进行了修改和完善。

善。在网络不正当竞争行为类型化条件尚未成熟之时,若以立法形式对该领域的部分行为予以禁止,则需更深入的类型化分析以揭示行为间的内在联系和区分标准,明晰"互联网专条"中的行为实质。同时,在法律条文已经固定的情形下,如何具体适用以防止产生不利于市场自由竞争和创新发展的后果是当前亟需考虑的,在理清网络不正当竞争行为类型化实质的基础上,适当放弃本身违法原则、加入主观恶意标准来评判行为正当性,将《反不正当竞争法》第十二条的适用严格限于反不正当竞争法的竞争法本质属性上才能防止不当扩大打击范围,防止对市场自由竞争和创新发展的过度干预。

第一节 网络干扰行为的实证研究

一、对市场材料的说明及运用

(一)研究对象

本节以网络干扰行为作为研究主线,不仅限于终端软件之间的干扰行为,如不兼容、修改服务内容等,还包含广义上涉及终端软件的干扰行为。网络干扰行为是网络领域不正当竞争的主要表现形式,因此本节试图以网络干扰行为作为主要研究对象窥探网络不正当竞争的全貌。以全国各级各地法院的生效裁判文书为研究素材,主要基于以下理由:其一,实证分析之要义在于研究者对样本对象中的事实进行逐个检验与评价,从其共同特征中抽象出中心概念[1]。司法裁判文书是实证研究的较好对象,与问卷调查以及现场访谈等方式相比,其事实呈现更加清晰,受主观方面因素影响更小,能够更加全面地呈现案件的各种实际处理情况。其二,在司法审理实践中,该种案件因双方当事人的用户黏性和市场份额等影响甚大,

---

[1] 白建军:《论法律实证分析》,《中国法学》2000年第4期。

往往关系各自生存和业态发展,因此各方当事人必定在诉讼中做最后的博弈,各方当事人均对涉案行为发表各自主张,更能全面地认识客观事实。其三,因诉讼案件审理一般包括多个审级,对多层级不同法院对案件的审理分析更有利于研究者全面把握案件事实和审理情况。

(二)样本选取

检索关键词在实证研究中最具争议。检索关键词的选取是保证样本材料科学性和客观性的重要因素,关键词的选取很大程度上受研究者对研究对象所持前见的影响,其检索结果必然或多或少带有研究者的主观意志,本节亦无法避免,但可以尽量保持客观。根据笔者对相关案件及报道的阅读分析,从中提炼出了类案中司法者常用的语言,并作为关键词,以最大程度地保持样本的客观性和全面性。在检索过程中分别选取"软件""干扰""阻止""卸载""屏蔽""兼容""篡改""截取"等关键词,进行组合式或排斥式检索,基本上可以涵盖现有裁判文书中常用的类案行为表述方式及相关行为的大部分表现形式。以上述方法进行检索,截至 2017 年 6 月份,初步检索得到形式有效样本 104 条,但仍需要深入阅读以进一步验证样本有效性。

(三)样本运用

本节将从形式与实质两方面对样本进行分析。形式方面,一是以裁判结果考察该类案件原告胜诉率,以分析法院对该类行为的态度宽严,二是以裁判时间分析案涉行为的差异变化,三是通过案件上诉率分析相关问题的争议度。实质方面,一是根据法院对案涉行为的定性进行归类,统计不同行为的数量级、胜诉率等信息,二是统计法院对主观可责性的认定情况,三是统计法院两种不同裁判思路的运用情况。

二、网络干扰行为类型的实证揭示

以经过初步筛选的 104 份裁判文书为基础,经过阅读后,有 55 份裁判文书虽然主体为互联网企业,法院亦援引《反不正当竞争法》第二条进行分析或认定,但案涉行为实质上为典型的传统行为或不属于网络市场中的竞争行为，为无效样本。这也反映了网络市场中的不正当竞争行为与传统市场中的不正当竞争行为的复杂关系，对其行为类型化法律分析的难度及与传统不正当竞争行为区分时的识别陷阱，更反映了揭示网络市场不正当竞争行为实质的必要性和迫切性，如图6-1所示。

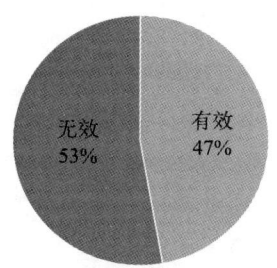

图6-1 样本实质有效性

在形式方面，以有效样本为基础统计样本的胜诉率①。在49份样本中，全部驳回原告诉讼请求的只有4份，其他（原告撤诉）1份，认定原告所诉行为构成不正当竞争的有44份，占89.78%，如图6-2所示。可以看出法院对网络干扰行为持较为严格的态度，适用严格的标准，这与专有权保护模式下的"公益必要"等原则相符合。

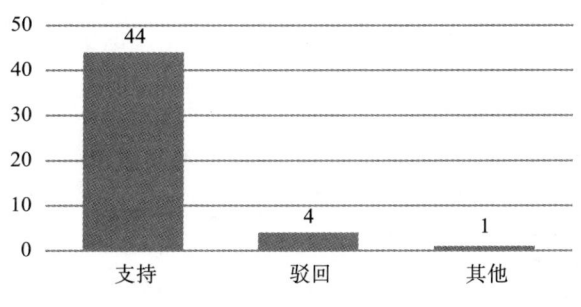

图6-2 裁判结果

以49份有效样本为基础，统计案件的上诉率②。二审文书有20份，

---

① 此处的胜诉是指原告起诉的行为被法院认定构成不正当竞争，并非是全案胜诉，事实上全案胜诉的概率非常小。

② 考虑到一个案件一审和二审的关键词相同的部分更多，事实也如此证明。因此未检索到二审裁判文书的案件视为未上诉。

再审文书 1 份,即上诉案件 20 件,上诉率达 69%,未上诉案件 8 件,仅占 28%,如图 6-3 所示。这表明案涉行为争议性较大,司法裁判分歧较大。

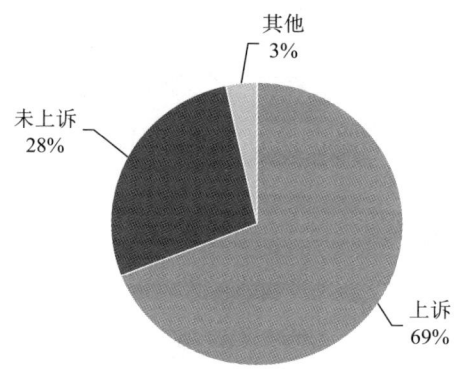

图 6-3 案件上诉率

以法院对涉案行为的总结定性为依据,对诉争行为进行归类,对比不同类型案件的胜诉以及发生的时间段。依据总结的结果,行为类型主要分为妨碍软件功能实现、修改产品服务内容等,见表 6-1。

表 6-1　　　　　　　　　　行为类型

行为类型	案件数量	胜诉率	上诉率	时间区间（年）
妨碍软件功能实现	8	87.5%	75%	2011—2016
修改产品、服务内容	18	100%	61%	2012—2016
强制服务、捆绑	1	0	100%	2014
其他（混淆）	2	50%	0	2010—2015

在实质方面,不同法院在认定涉案行为正当性时对经营者主观状态予以考量。与此相应的样本须在文书中将主观恶意或主观故意亦或主观过错作为对涉案行为性质认定的基本构成要件予以论证。如北京奇虎科技诉金山不正当竞争纠纷案件中,法官认为,技术冲突的客观存在性不能成为经营者进行不正当竞争的豁免理由,法律应对经营者恶意导致冲突的行为予以否定评价并加以禁止,但对非恶意的冲突尤其是经营者经过自查、反馈等途径在合理时间内及时采取合理的解决措施消除了这种冲突时不应认定其行为构成不正当竞争。因而该案法官最终认定原告奇虎公司诉称的金山

网盾软件阻止360安全卫士软件正常运行的行为并不违反法律规定，不构成不正当竞争。① 由于法院在认定涉案行为正当性时所考量的因素较为综合、复杂，并非单纯的单一因素，因此部分法院虽对经营者进行了主观恶意认定，但仅是略带式的提及，并非真正将主观恶意作为不正当竞争的要件，或仅将主观状态作为责任承担的考量因素。如飞狐公司、搜狐公司与视畅公司其他不正当竞争纠纷案②。因此，对于此类样本并未计入对主观恶意进行考量的样本中。

统计结果表明，在49份有效判决书中，认定经营者主观状态的有14份，约占29%，所占比重较小，如图6-4所示。表明大部分法院在认定涉案行为性质时并未将经营者主观状态纳入考量，主观要件并未真正在法律适用中体现出来。

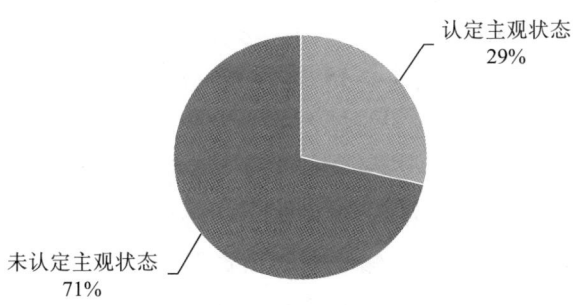

图6-4　主观状态认定

对主观状态认定的统计，一定程度上可以反映出法院在认定案涉行为性质时采用专有权化保护思路或者行为规制思路，其中专有权化保护思路除了典型的客观公益必要模式外，还包括普通侵权模式，即论证合法利益的存在——明知合法利益的存在而侵犯——构成不正当竞争。认定主观状态的部分法院也并未真正采用行为规制思路，还需对两种思路的文书进行专门统计，如图6-5所示。

---

① 详见奇虎诉金山案一审判决书，即北京市第一中级人民法院（2011）一中民初字第136号民事判决书。
② 详见飞狐信息技术（天津）有限公司、北京搜狐互联网信息服务有限公司与上海视畅信息科技有限公司其他不正当竞争纠纷案一审判决书，即上海市徐汇区人民法院（2014）徐民三（知）初字第852号民事判决书。

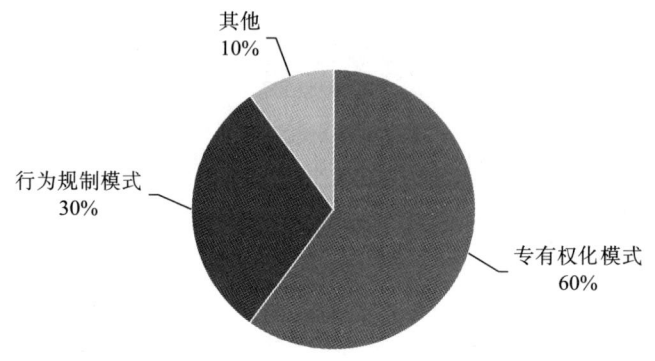

图 6-5 行为认定思路

根据统计结果,明确采取专有权化保护思路的有 30 个,占 60%,倾向行为规制思路的有 15 个,占 30%。其中奇虎公司等与搜狗公司等不正当竞争纠纷案二审判决兼采两种模式,多方面认定行为性质的同时,采用专有权化保护思路论证原告合法利益的存在以及被告侵权缺乏必要性。如其判决书中指出"经营者进行技术创新时必须注意平衡两种利益,即提升用户体验以获得市场竞争优势及充分考虑其他竞争者的合法权益,不能允许经营者以技术革新等手段取得市场竞争优势的同时不正当地损害其他经营者存在的合法权益""尽管修改默认浏览器是对计算机软件设置重要事项的修改,案涉 360 安全卫士也允许用户进行自主选择,然而奇虎公司等没有提供证据证明其损害两原告正当权益之行为实施的必要性"。① 除上述两种模式外,少数法院未明确地对涉案行为是否构成不正当竞争进行充分的证成。

同时,根据统计结果表明,专有权化保护思路多适用于屏蔽视频网站片前广告、屏蔽网页广告等修改其他经营者服务内容的案件,行为规制思路多适用于以妨碍竞争对手软件功能正常实现、阻止安装、捆绑安装等案件。前类案件的原告往往具有较为明显的经营模式,并且被告的行为直接冲击了原告的商业模式,对商业模式和商业利益的论证成为了法院审理时无法回避且最容易论证的突破口。后类案件被告的行为并未直接破坏原告所采取的商业模式,而是通过用户界面对原告的产品和服务施加影响,因

---

① 详见北京奇虎科技有限公司等与北京搜狗信息服务有限公司等不正当竞争纠纷二审民事判决书,即北京市高级人民法院(2015)高民(知)终字第 1071 号民事判决书。

此用户利益相对于原告利益更为突出,以用户利益和公共利益之名义论证更加容易。

三、类型化与网络干扰行为的界定逻辑

网络干扰行为是网络领域中不正当竞争行为的主要表现形式,本节的网络软件干扰行为系广义,不仅指终端软件之间的妨碍行为,也包括通过终端软件等形式实施的影响其他经营者产品服务正常运行的行为。网络市场中存在干扰行为应为常态,一是因为网络软件运行原理等导致不同系列软件的技术冲突或技术短板,通过兼容协议可消除部分冲突,但无法完全避免;二是因为相互干扰与损害正是市场竞争精神的体现。竞争利益具有相对性,"竞争利益是不可能脱离竞争机制和竞争者而单独存在",因此其意味着竞争即伴随损害的可能,"在竞争者对交易机会的争夺过程中,参与竞争的双方不可能不对彼此的竞争利益产生任何影响,如若这样则不能再称之为竞争"[①],而反不正当竞争法规制的目的并不是消除这种损害,而是制止通过不正当的竞争行为造成其他经营者的损害,从而破坏市场秩序。

如是,互联网软件之间的互相影响行为不应为法律所一般性禁止,"只要经营者的目的和动机是正当的以及未采取不正当的方式损害他人,其自然具有经营活动方面的自由。"[②] 为此,有学者提出,以"干扰"一词来表述网络市场经营者之间的竞争影响行为本身即带有贬损色彩,这本身就是一种"有罪推定","预先评价了案涉竞争行为是不正当的,所以这种观念明显是无法接受的"[③]。但是随着网络市场的进一步发展和信息技术的普及,"干扰"一词的语义色彩正在发生变化,越来越多的研究者、司法者和立法者开始从技术中立的角度使用"干扰"一词,如《反不正当竞争法》修订首次审议稿中将干扰行为一般性禁止[④],但在第二次审议稿中第

---

① 宋亚辉:《网络干扰行为的竞争法规制——"非公益必要不干扰原则"的检讨与修正》,《法商研究》2017 年第 4 期。
② 孔祥俊:《反不正当竞争法的创新性适用》,中国法制出版社 2014 年版,第 48 页。
③ 薛军:《质疑"非公益必要不干扰原则"》,《电子知识产权》2015 年第 Z1 期。
④ 《反不正当竞争法(修订草案)》(一次审议稿)第十四条第(三)项:"干扰或者破坏他人合法提供的网络产品或者服务的正常运行"。

十二条却删去此表述,表明立法者认识到了干扰行为的中立性质,不应予以一律禁止。但是干扰行为是客观存在的,其行为规制边界仍需进行界定。

传统的干扰行为类型化标准只是行为的表面形式,如屏蔽广告类、修改他人软件类、利用客户端破坏他人软件类等。这种类型化结果比较显而易见,相对易于区分,但此种类型化标准难以适应技术的快速发展演变,因而应当转向以行为本质为标准。但受制于日新月异的技术与商业模式,网络干扰行为的阶段性和情景性尚强,究其本质实为不易,因此本节亦只是在这方面的一种努力。

干扰行为是通过各种手段干预其他经营者产品服务的运行,使被干预产品服务的正常运行受到影响的行为。干扰行为需要行为人通过各种手段实际对其他经营者的产品服务进行干预,无论干预程度如何。第一,典型的形式如修改源代码、修改呈现内容、删除运行文件等直接使得被干预产品或者服务内容发生改变的行为,如金山诉奇虎不正当竞争纠纷案[①]中,奇虎公司通过360软件的"强力卸载"功能直接删除金山毒霸软件"悟空"的安装文件,又如奇虎公司诉搜狗公司等不正当竞争纠纷案[②]中,搜狗公司在通过搜狗输入法捆绑下载搜狗浏览器被奇虎公司360安全卫士弹框提示时,也在同时弹出部分覆盖360提示框,并以绿色箭头指向360提示框的继续安装按钮,从而使得360安全卫士的提示功能无法发挥。但需要注意的是,这种改变并非修改了受著作权等专有权保护的内容,否则可直接适用著作权法等专有权保护法律,无需进行行为正当性判断,"反不正当竞争法对已经被专门立法所保护的著作权、商标权等专有权性质的知识产权仅仅是起到了补充保护的作用,即反不正当竞争法在有关知识产权领域的适用范畴应是专门法律适用范畴之外的领域"[③]。第二,干预形式还应当包括在显示其他经营者产品服务内容时,有选择地替换其产品服务内容,这种形式多集中在链接播放其他视频网站视频而屏蔽广告及其他信息的行为中,如湖南快乐阳光公司与暴风公司不正当竞争纠纷案[④]中,暴风

---

① 详见北京市第一中级人民法院(2010)一中民初字第10831号民事判决书。
② 详见北京市西城区人民法院(2015)西民(知)初字第16836号民事判决书。
③ 详见北京小蚁互动网络科技有限公司与飞狐信息技术(天津)有限公司等不正当竞争二审民事判决书,即北京知识产权法院(2017)京73民终25号民事判决书。
④ 详见湖南快乐阳光互动娱乐传媒有限公司与北京暴风科技股份有限公司不正当竞争纠纷案二审判决书,即北京知识产权法院(2015)京知民终字第02210号民事判决书。

公司通过其所开发的"极轻模式"插件，获取快乐阳光公司经营着的"芒果网"视频，通过"极轻模式"可以屏蔽"芒果网"视频中的广告和"芒果网"网页上的广告等其他信息。第三，干预形式还应当包括强制捆绑其他经营者的产品或服务，利用其他经营者产品或服务的特性推广自己的产品。如奇虎公司与百度公司等不正当竞争纠纷案①中，用户通过百度手机助手下载奇虎公司的 360 软件，在通过百度手机助手推荐的高速下载方式下载时，连同百度手机助手和 360 软件一起被下载到用户终端中。由此归纳结果可知，干预行为本质上仍然体现为妨害、破坏其他经营者竞争优势的行为和"搭便车"行为，对网络干扰行为类型化的分析仅是在此本质基础上结合网络市场的竞争行为的特性来表达，力求所归纳的行为类型既不脱离上述本质又能够尽可能不被很快淘汰。

干预方式仅是干扰行为的手段，还需要达到影响其他经营者产品服务正常运行或呈现的效果才能称之为干扰。如在搜狗公司等与腾讯公司等不正当竞争纠纷案②中，腾讯公司在其 QQ 拼音输入法个性化设置界面中，调用系统将搜狗输入法人为地降低排序，但是"在进行个性化设置操作过程中，'QQ 拼音输入法'软件，将用户计算机中已经安装的案涉'搜狗拼音输入法'软件在拼音输入法列表中的显示顺序在个性化设置的显示中进行人为地靠后，但并没有在用户计算机中的拼音输入法快捷方式中将其显示顺序进行人为地靠后"，故不能达到影响搜狗软件正常运行呈现的效果，不属于干扰行为。

因此，干扰行为的界定主要包含两个因素：一是干预形式；二是影响效果。影响效果是所有干扰行为均须具备的要素，没有达到影响其他经营者产品服务正常运行和呈现的效果，就相当于互不干涉，"井水不犯河水"的情形不能称之为干扰。故，对干扰行为类型化的关键在于对不同干预形式的归纳分析。需要注意的是，干扰行为并不等于不正当行为，此处对干扰行为的界定仅持中立性态度，并非直接界定法律应予禁止的行为类型。干扰行为类型化的共性应是其直接或间接地对其他经营者的产品或服务的运行和呈现进行妨碍、修改或捆绑，从而使得被干预产品或服务无法正常运行。对干扰行为类型化的基础是干预形式的差异，这需要结合互联网技

---

① 详见北京市海淀区人民法院（2014）海民初字第 6256 号民事判决书。
② 详见北京市第二中级人民法院（2009）二中民初字第 12482 号民事判决书。

术的根本特性和现阶段互联网市场经营的普遍模式进行归纳分析，同时无论技术如何变迁，对干扰行为的界定均不能离开其本质。

第二节 《反不正当竞争法》第十二条的理解与适用

新修订的《反不正当竞争法》增设了第十二条用以专门调整网络领域的有关竞争行为。实际上新法为了适应现代化的经济环境作出了较多的调整，除了该专条外，还根据网络经济对市场发展的影响对其他类型化条款进行了修订，如新法第八条第二款①对组织虚假交易行为如"刷单炒信"行为的规制。二者相比较，同样是规制互联网市场的竞争行为，第十二条却极富争议。争议点有是否应当设立这样的专条、如何类型化更为科学、条款如何设计以及如何适用等。在该条款已获通过的背景下，再讨论是否应当设立专条的实际意义不大，重点应在于如何理解与适用这样的争议条款，以恰当的方式规制互联网市场的竞争行为，达到维护自由、公平竞争和鼓励创新的目的。

基于前述分析，《反不正当竞争法》第十二条对网络不正当竞争行为的类型化仅是对形式的归纳，不能完全反映网络竞争行为的本质，亦不能适应快速的发展的技术形态，因此如果严格恪守条文列举的行为模式，严格以本身违法原则适用该条文必将对网络市场竞争行为产生不当的限制，因此在对该条文的行为模式进行涵摄时应当加入行为正当性的判断。而传统的专有权保护思路（包括以此思路为基础的非公益必要不干扰原则）在评判行为正当性时没有认识到反不正当竞争法行为规制法的根本属性，将会限制网络市场的创新和自由竞争。因此在重新审视《反不正当竞争法》第十二条的同时，更重要的任务是明确该条文适用的价值基础和认定方法。

---

① 《反不正当竞争法》第八条："经营者不得对其商品的性能、功能、质量、销售状况、用户评价、曾获荣誉等作虚假或者引人误解的商业宣传，欺骗、误导消费者。经营者不得通过组织虚假交易等方式，帮助其他经营者进行虚假或者引人误解的商业宣传。"

一、现实的急需:《反不正当竞争法》第十二条的背景

随着互联网技术向统一市场的渗透,利用互联网技术、采用新型商业模式的经营行为对市场竞争秩序造成了极大的冲击。就《反不正当竞争法》而言,其在适用过程中由于缺少专门规范,造成了司法实践中大量向一般性规范条款逃逸的现象。由于一般性规范条款的弹性和不确定性,又引发了法律适用标准的不统一。尽管部分法院尽可能地将受理的网络领域新类型不正当竞争案件通过法律解释纳入传统不正当竞争行为类型,如将竞价排名案件[1]、"互联网+"案件[2]解释适用仿冒与虚假宣传的规定,将软件评价行为解释适用商业诋毁的规定[3],但是仍然无法应对其他类型的新型不正当竞争案件,法院只能适用一般条款的规定,对被诉行为进行个案认定,司法适用存在较大困难,亦无法正常发挥法律的普遍预防功能,更无法达到有效规范今后网络市场的健康发展。

二、被动的回应:《反不正当竞争法》第十二条评析与理解

《反不正当竞争法》第十二条[4]结合网络市场经济发展的实际,总结了近年来有关网络新类型不正当竞争案件的司法实践,具有"较强的时代意

---

[1] 如东方京宁公司诉睿达华通公司、百度公司不正当竞争案,详见北京市海淀区人民法院(2012)海民初字第23378号民事判决书;北京市第一中级人民法院(2013)一中民终字第04394号民事判决书。

[2] 如瑞平拍卖公司诉搜房公司不正当竞争案,详见北京市海淀区人民法院(2015)海民(知)初字第23821号民事判决书。

[3] 如北京奇虎科技有限公司等与北京搜狗信息服务有限公司等不正当竞争纠纷案,详见北京市第二中级人民法院(2013)二中民初字第15709号民事判决书;北京市高级人民法院(2015)高民(知)终字第1071号民事判决书。

[4] 《反不正当竞争法》第十二条:"经营者利用网络从事生产经营活动,应当遵守本法的各项规定。经营者不得利用技术手段,通过影响用户选择或者其他方式,实施下列妨碍、破坏其他经营者合法提供的网络产品或者服务正常运行的行为:(一)未经其他经营者同意,在其合法提供的网络产品或者服务中,插入链接、强制进行目标跳转;(二)误导、欺骗、强迫用户修改、关闭、卸载其他经营者合法提供的网络产品或者服务;(三)恶意对其他经营者合法提供的网络产品或者服务实施不兼容;(四)其他妨碍、破坏其他经营者合法提供的网络产品或者服务正常运行的行为。"

识","映射出了独特的时代色彩,有着鲜明的现代气息"①。同时,在总结大量司法实践与市场竞争规律的基础上,该条款对网络不正当竞争行为进行了不断的优化,具有一定的科学性。然而这种典型裁判本身是基于某种特殊事实的,具有一定的情景性、阶段性特征,能否以普遍性和稳定性适用之尚有争议,在我国反不正当竞争法体系和定位日渐成熟和稳定的阶段,新法"实质上在增设行为类型上没有太多的作为"②,同时也不应该有太多作为,只是对新类型市场竞争需求的"被动回应"。该条款仍不能完全适应网络市场竞争的需求,甚至有阻碍市场竞争自由的危险。

　　首先,该条款的定位问题,《反不正当竞争法》专设网络条款是规制行为类型还是规制领域类型?通常认为,我国《反不正当竞争法》第二章通过类型化方式对典型不正当竞争行为进行规制,是以行为类型化条款实现行为规制宗旨,并构成了我国反不正当竞争法的完整行为体系规范。但是第十二条更像是专门规制网络领域的不正当竞争行为,如该条第一款已经限定了该条款的适用范围即网络市场。但是"现代互联网的作用范围遍及全社会的各个角落,乃是具有如同'基础设施'般的地位,几乎所有的市场活动都会与互联网产生交集,因此在当下以及可预见的未来'互联网'的边界很难予以清晰地界定,所谓'互联网竞争'之具体含义以及有关的适用范围则是非常模糊的"③,该条款的这一做法甚至无法实现"领域规制"的目的,是"以抽象界定抽象",有同语反复之嫌,"只会带来更多的模糊和争议,难以实现其立法初衷"④。而其第二款所列举的行为类型是否能够共同组成反不正当竞争法规制的类型化行为条款令人质疑。所谓类型化,如前所述,其实质是以某种本质标准为基础,依据对象存在的共同点与差异点将其类分⑤。而该条款所列举的插入链接、强制跳转、妨碍产品服务、恶意不兼容等行为的唯一共同点就是利用网络技术,而如果将这一点作为第十二条类型化的标准无疑与其他行为类型格格不入。因此该条试图以领域规制来回应新类型的竞争行为必然不能达到"对症下药"的效

---

① 孔祥俊:《新修订〈反不正当竞争法〉释评(一)》,《中国工商报》2017年11月16日第5版。
② 同上注,孔祥俊文。
③ 宁立志:《互联网不正当竞争条款浅议》,《竞争法律与政策评论》2017年第3期。
④ 同上注,宁立志文。
⑤ 郑友德、范长军:《反不正当竞争法一般条款具体化研究——兼论〈中华人民共和国反不正当竞争法〉的完善》,《法商研究》2005年第5期。

果，随着技术形态的快速严谨，甚至将面临很快被束之高阁的窘境，因而长期的适用结果可能是大量向该条的第（四）项一般条款逃逸。

其次，行为类型化应以类型行为共同点的本质为主要标准，具体而言，第十二条所规制的主要是互联网干扰行为，即应以干扰行为的实质进行类型化，以干预手段进行不同的分类，而不是以干预手段的表现形式，而"恶意不兼容"只是一种表现形式或者笼统的说法，实现不兼容的干预手段与第二项的卸载、阻止、关闭基本相同。基于前文对干扰行为的类型化分析结果，干扰行为的实质在于通过各种手段直接或间接干预其他竞争产品的运行，使被干预产品的正常运行或呈现受到影响的行为。明确了这一实质就可以准确地根据该条第二款第四项对该行为类型进行一般性适用，将新型行为表现纳入进来。同时目前条款的前三项类型化形式中都是妨碍、破坏竞争优势行为，未体现"搭便车"行为如"软件捆绑"、植入等，因此该条款的类型化明显不能涵盖现有的行为类型。

再者，该条款应当真正体现出对违法行为的禁止，而不是被动回应新类型行为的挑战，其也难以有效满足信息化驱动下社会的快速发展产生的制度需求。具体而言，《反不正当竞争法》作为市场规则的基本法律，其主要任务并不是专门对网络或者其他具体的某一个市场领域作出回应，而是在"法典化"进程中形成稳定、明确的行为边界，而该条款的存在则使得竞争法领域的"法典化"进程受到了破坏，"正确的条文规范放在了错误的规范位置"，导致整个体系变得混乱。同时，整个市场竞争制度体系如同一个产业部门，存在着被类别化的进程，而网络竞争即是这一类别化的表现之一，即网络市场只是统一市场体系的一个分支，而作为整体市场的细分市场之一，没有人能够说明网络市场中所面临的不正当竞争问题或者竞争秩序维护问题比其他领域细分市场的竞争秩序更重要。具体而言，无论是市场竞争秩序还是消费者利益和公共利益损害现状，都无法支持网络市场应当比能源、食品安全以及交通、医疗等领域在反不正当竞争法上享有更优的待遇。因此，该条文以细分市场领域作为类型化依据并纳入反不正当竞争法行为体系的做法难以满足经济社会发展对制度革新的需求，如果通过专门的细化规范足以维护特定领域的竞争秩序的，则没有必要将该类规范纳入《反不正当竞争法》法典中，《反不正当竞争法》需要界定的是类型化行为的边界，而不是类似权利保护法那样声明一种绝对的"禁区"。因此,该条文不仅不符合《反不正当竞争法》的体系要求,也不能满足经济社会发展对创新制度的要求。

总之,在我国反不正当竞争法行为体系日渐成熟、网络相关不正当竞争行为尚未完全稳定、互联网市场竞争环境尚不明朗的背景下,贸然将网络不正当竞争行为条款加入反不正当竞争法体系中操之过急,立法和执法部门如此急切地回应互联网市场的竞争状况,有着浓厚的"家长式"情怀。

三、主动的调适:《反不正当竞争法》第十二条的适用

如上所述,新法第十二条作为立法部门对网络市场竞争的被动回应的背景是网络市场竞争行为尚不稳定,仍有较强的阶段性、情景性,更何况该条第二款第四项没有采用其他条款的封闭式规定方式,而是还预留了对互联网市场竞争行为规制的开口,这就增加了将过度干预市场竞争的危险,"新修订法律之第十二条第二款将来适用中面临的最大问题是如何严格把握认定反不正当竞争的精神和条件,以防止简单作字面化的理解以及过于宽泛的适用"①,因此对相关行为的规制应慎之又慎,坚持市场竞争精神,防止机械适用该条的规定阻碍市场自由竞争和创新。因此在当前背景下,对该条的适用更应当回归行为规制法思路,防止以专有权保护思路不当扩大打击范围。

坚持合理原则,抛弃本身违法原则,适用第十二条不能免除法院对照适用一般性条款规范的义务。虽然修改后的法律明示规定了网络不正当竞争行为,但是考虑到网络市场中技术与商业模式更新迅速,对其相关不正当竞争行为的类型化工作更要谨慎,有必要为市场自我调节以及技术创新提供必要的空间。尽管该条款明确列举了部分行为类型,但在具体适用中亦不能像其他类型化条款那样直接对比适用,而应综合考察被诉行为是否违反了诚实信用原则与公认的商业道德,毕竟第二章的行为类型均是违反一般条款的行为。因而,在对该条的行为模式进行涵摄时,不应当机械地进行对照并对结果进行评判,而应当考虑行为的正当性,即事实上不建议

---

① 孔祥俊:《新修订〈反不正当竞争法〉释评(一)》,《中国工商报》2017年11月16日第5版。

恪守本身违法原则，只有这样才能使该条对市场竞争的影响不致于严苛。

坚持主观恶意标准在认定具体竞争行为正当性时的作用。在运用合理原则对被诉竞争行为进行正当性认定时，应坚持完整地适用主观恶意标准，综合考察经营者的主观可责性、客观违法性和竞争损害，因为尽管《反不正当竞争法》第十二条将部分干扰行为明确列举，但仅是解决其违法性要件，适用中要坚持市场自由竞争精神，避免过度干预，就应当坚持主观恶意标准。在违法性要件之外，还要综合其他构成要件，以坚持市场取向、市场意识和有限干预的宗旨。尤其是第二款第三项规定的"恶意不兼容"行为，此恶意虽有较强的否定性色彩，但是考虑到市场竞争中存在的固有的损人利己的特性，还需要正确界定"恶意"与"有意"，具体认定时应严格按照主观恶意标准的主观构成要件要求的恶意的内容，即需以破坏、妨碍其他经营者正当竞争优势或擅自利用其他经营者竞争优势为目的，具体认定时应当坚持反不正当竞争法的竞争法属性，行业惯例或通行市场规则为依据，以竞争秩序为主要认知内容来判断是否具备"恶意"，这就需要在评判行为正当性这一利益衡量的过程中跳出狭隘的"竞争者利益"观念的束缚，以竞争利益（竞争秩序）为尺度，不能以一方的合法性否定另一方的正当性，因为反不正当竞争法所保护的竞争不是两个人的竞争，而是整个市场的良性竞争。比如，"恶意不兼容"的认定需要认识到某个经营者的产品是否与其他经营者的产品兼容往往是其自主经营决策的事项，是自由竞争的领域，而市场经营过程中，兼容才符合经营者市场利益最大化的要求，理性的经营者出于利益最大化的意愿往往也会主动选择兼容，并不需要法律予以强制而是市场机制的作用。再者，兼容与否往往与排斥、限制竞争有关，而这是反垄断法需要考虑的内容。因而，兼容问题更多地需要市场调节，在认定恶意不兼容时应当更多地考虑自由竞争因素。

谨慎适用兜底条款。在《中华人民共和国反不正当竞争法（修订草案）》一次审议后，在专家委员的建议下，在二审稿中增加了该兜底条款。增加兜底条款主要是考虑到网络市场环境下，相关类型行为一类属于传统行为在网络市场中的延伸，一类则是基于互联网技术和新的商业模式而产生的新类型不正当竞争行为，考虑到网络市场中技术以及商业模式更新升级迅速，加之成文法在语言表述上的局限性，现有法律条文很难适应技术的迅捷发展，不可能将所有可能出现的不正当竞争行为都囊括殆尽，因此部分立法人员认为有必要增加更具灵活性和适应性的兜底条款。① 尽管如此，这一兜底条款虽是显示了立法人员的良苦用心，但该条款的制定却是"情怀大于实用"。从字面上来看，兜底条款并没有为本条有关竞争行为的正当性与不正当性划清界限或作出指引，相反在网络市场中，其所指明的妨碍、破坏行为却极有可能是竞争的常态，甚至是创新之举，毕竟如前所述，纯粹的干扰不一定就是不正当，因此还需要结合主观要件等不正当性判断的完整标准体系进行具体认定。笼统地禁止所有干扰行为，则很有可能恰与国家所遵循的"非公益不干预"②的鼓励自由竞争精神以及经济法谦抑的态度背道而驰。

第三节　网络不当干扰行为的认定标准：学理与裁判的双重视角

公益必要标准作为法院在缺乏明确法律规范指引的情况下，通过总结互联网市场竞争状态、特性和相关司法裁判经验而创立的不当干扰类案件的重要裁判原则。在互联网市场竞争泛滥、缺乏明确竞争规则指引的背景下，该原则的诞生"一石激起千层浪"，引起了强烈的反响。在支持与质疑声中，该原则的内涵和结构逐渐明确。伴随着《反不正当竞争法》的修订，学术界对反不正当竞争法回归竞争法属性的呼声越来越大，同时也暴露出了该原则在理论和实践中的问题。而随着反不正当竞争法定位越来越准确，在逐步划清与知识产权等专有权保护法的相对界限及确立反不正当竞争法维护市场自由公平竞争地位的进程中，主观恶意标准可以起到优化公益必要标准、完善干扰行为正当性判断标准的作用。

---

① 参见全国人民代表大会法律委员会：《全国人民代表大会法律委员会关于〈中华人民共和国反不正当竞争法（修订草案）〉修改情况的汇报》，中国人大网：http://www.npc.gov.cn/zgrdw/npc/xinwen/2017-11/04/content_2031357.htm，2021-1-10。

② "非公益不干预"并非是"非公益必要不干扰原则"，而是基于公权力的角度，秉持竞争自由精神和谦抑态度进行市场管理的原则，而后者是试图在市场竞争者之间确立的竞争规则。

一、非公益必要不干扰原则的理论解构及适用困境

公益必要标准立足于反不正当竞争法的现代化趋势，抓住了反不正当竞争法法益保护的多重性，尤其是对消费者利益和公共利益的保护，甚至在个案中予以倾斜保护。在对待市场竞争的态度上，公益必要标准虽鼓励竞争，但认为互联网经营者之间"在原则上不允许互相干扰"①，将公共利益和消费者利益提到了最高保护地位。采用此标准时的裁判要点是，网络经营者提供的产品或服务原则上不允许相互干扰，即使为了保障用户等社会公众利益的需要，网络经营者在没有经过网络用户知情同意且主动选择以及没有经过其他经营者同意的情况下所采取的干扰措施必须具有必要性与合理性；反之，该种干扰行为应被认定为违背公共利益优先原则及所应当遵循的基本商业道德规范，据此而造成他人正当权益遭到损害，市场正常经济运行秩序受到破坏的，必然要承担相应的法律责任②。在最高人民法院的再审裁定书③中提到并引用了这一原则，这无疑是在为该原则提供强力的背书。

（一）非公益必要不干扰原则的法理依据

公益必要标准最直接的法律依据是旧《反不正当竞争法》第二条，作为一般性规范条款，该法第二条规范既可以成为认定和规制未被《反不正当竞争法》第二章明示禁止的相关行为类型的依据，同时也有助于抽象和概括不正当竞争行为以及构建不正当竞争行为的一般要件。即无论是否属于第二章中的具体行为类型，认定案涉行为性质均应当符合该条所确立的基本原则和精神。而法律原则应当由司法者根据时代背景赋予其新内涵，即对互联网市场竞争的各种新形态，应当积极思量网络市场经营活动特性，并基于此对第二条确立的原则进行符合时代精神的解释。例如，北京百度网讯科技有限公司、百度在线网络技术（北京）有限公司诉北京奇虎

---

① 石必胜：《互联网竞争的非公益必要不干扰原则——兼评百度诉360插标和修改搜索提示词不正当竞争纠纷案》，《电子知识产权》2014年第4期。
② 详见北京市高级人民法院（2013）高民终字第2352号民事判决书。
③ 详见最高人民法院（2014）民申字第873号民事裁定书。

科技有限公司、奇智软件（北京）有限公司不正当竞争纠纷案二审判决书①就采用此种逻辑思维解释和适用法律原则：其一，公平竞争原则。基于维护网络市场领域的公平自由竞争，所有参与竞争的网络产品或服务的市场地位原则上同等并禁止以不正当方式获取竞争优势从而打破市场地位平等的行为。其二，和平共处原则。禁止擅自干扰其他网络经营者产品或服务的正常运行及对不同网络经营者提供的用户终端产品或服务的共存产生任何干扰，除非已征得其他网络产品或服务经营者同意。其三，自愿选择原则。首先，是否使用相关网络产品或服务，及选择哪一个网络经营者，是网络用户自愿选择的基本内容。其次，经网络用户自由选择，在不损害其他经营者正当之权益的情形下，允许网络经营者帮助用户修改其他经营者提供的网络产品或服务，甚至作为非实质性侵权的工具。并且，该干扰行为的后果亦不应超出该知情并同意且主动选择的用户个体。其四，公益优先原则。网络经营者从事经营活动不得损害以网络用户为代表的社会公众权益。即在特殊情形之下，以保护社会公众利益之必要，互联网产品或服务提供者可以在没有取得使用者同意且主动选择以及其他竞争者的许可时，针对特定情形径直采取干扰措施，如网络安全软件在发现危害用户计算机系统安全时，为了保护用户网络安全，其可以主动实施隔离、阻止运行甚至删除等措施对目标程序进行干扰。其五，诚实信用原则。该原则要求网络经营者所采取的干扰手段必要且合理。必要即为特定情形下无可选择，合理即为损害程度未超出一定限度。若有其他方式亦可达致保护公共利益之目的，则网络经营者采取的干扰手段为非必要。若干扰手段在保护公共利益之外，仍有其他影响如借机推广自己的同类产品或服务，则超出了限度，实为滥用。

公益必要标准的一个重要特征是突出公共利益保护，将公共利益与消费者利益保护置于经营者利益之上，坚持"公共利益优先于个人利益"原则，这符合了反不正当竞争法的现代化趋势和我国反不正当竞争法的法益保护目标。反不正当竞争法脱胎于侵权法，本属于私法范畴，经过市场经济的深入发展，现代反不正当竞争法普遍树立了多重保护目标，即由过去单一的保护竞争者利益到现代的"三元叠加的目的，亦即保护竞争者、保

---

① 详见北京市高级人民法院（2013）高民终字第2352号民事判决书。

护消费者和为一般公众利益而保障竞争"①。公益必要标准凸显了用户选择权和一般公众利益保护，与反不正当竞争法的叠加保护目的相吻合。

自由的相对性和限制性是公益必要标准所遵循的基本精神。首先，该原则在重申网络经营者市场地位平等及公平自由竞争的基础上，将自由与平等视为同等含义，强调自由更倾向于用户选择的自由。其次，该原则基于一般法理学之自由理论推导出经营者有免受侵犯的自由竞争权利。同时，法律为自由经营、自由竞争设定了权利边界。在互联网市场竞争中，这一边界则是公共利益，即在市场竞争中一般公众的利益。

因而，公益必要标准基于对自由的理解，进一步强化了网络反不正当竞争案件中专有权化保护的思路，并对一般的专有权侵权思路进行了改造，即取消了对经营者主观状态要件，该原则认为无论是否恶意，干扰行为都应该是被禁止的，除非能够证明干扰行为是基于保护公共利益所必要的。"如若不具有恶意的干扰行为不被禁止，则会引出一系列的延伸难题，如何为恶意？依和平共处原则之要求，应当由实施干扰行为的经营者证明其干扰行为的正当性，而非由原告来主张并承担证明实施干扰行为的经营者存在恶意。故而，以和平共处之原则而言，即使没有恶意，原则上亦不允许实施干扰行为"。②

（二）非公益必要不干扰原则的裁判实践

公益必要标准源于裁判实践，一经创立即受到裁判实践的广泛推广，尤其是最高人民法院通过（2014）民申字第873号裁定书进一步明确了该原则在司法实践中的适用效力后，法院在审理类似案件时多遵循该院确立的裁判模式。

公益必要标准重新确立了网络干扰类案件举证责任分配规则以及干扰措施的合比例原则。在奇虎公司与百度公司等商标权权属纠纷案中，双方当事人、原二审法院及再审的最高人民法院均认可"非公益必要不干扰原则"，即采取干扰其他网络产品或服务正常运行的行为必须以保护公共利益之必要为限，同时具备实施干扰手段之必要性与合理性。在此原则主导

---

① 孔祥俊：《论反不正当竞争法的现代化》，《比较法研究》2017年第3期。
② 石必胜：《互联网竞争的非公益必要不干扰原则——兼评百度诉360插标和修改搜索提示词不正当竞争纠纷案》，《电子知识产权》2014年第4期。

下,法院确立了双方的举证责任分配原则:在没有经过用户和其他经营者同意的情况下奇虎公司应承担干扰行为之必要性与合理性的证明责任;申请人北京奇虎科技公司既要证明其添加警示图标行为的合理性,亦须证明该种行为系其实现软件本身的安全防护功能所必须之手段。其次,公益必要标准原则要求在具体的案件裁判中充分考虑干扰措施的合比例性,即信息的有害程度以及安全风险之大小。虽然奇虎公司所称尽管安全软件可以识别但无法消除某些病毒,且这种病毒造成计算机崩溃、安全软件完全无法发挥作用应为小概率事件,但是奇虎公司不能以此为理由对搜索结果大范围、普遍性地添加警示图标。总之,在没有经过同意的情况下,对其他经营者提供的搜索结果添加警示图标的行为是否属于不正当竞争行为的裁判标准是,行为是否符合必要性与合理性。①

和平共处原则和最小特权原则是公益必要标准的基本构成。和平共处原则经过公益必要标准的初步阐释,得到了诸多司法裁判者的支持,其基本精神是互联网经营者之间应当和平共处,为彼此发展预留空间。在奇虎公司与搜狗公司等不正当竞争纠纷案中,一审法院通过援引旧《反不正当竞争法》第二条,《规范互联网信息服务市场秩序若干规定》第四条、第五条以及《互联网终端软件服务行业自律公约》第十八条的规定,认为"和平共处原则应当为网络服务提供者在从事网络产品或服务市场竞争时普遍遵守,该原则要求:在网络服务经营者从事经营活动中,不允许在没有经过其他网络经营者同意的情况下,擅自实施干扰他人网络产品或服务正常运行的行为,亦不允许对网络产品或服务在用户终端设备中的共存实施干扰"②。最小特权原则主要用于规制计算机安全软件干扰类案件的审理中认定案涉行为的正当性。其基本精神是鉴于安全软件为实现正常功能拥有较高的计算机权限和用户面临的互联网安全威胁,允许安全类软件为保护用户安全和实现综合功能对其他经营者提供的对用户计算机产生重大影响的产品进行干扰,但这种干扰应保持必要的克制,保持客观中立的方式,并不得超出合理限度。在奇虎公司等与搜狗公司等不正当竞争纠纷二审民事判决书中,二审法院认为,"以用户知情权与选择权保护之立场而言,安全软件对用户计算机系统内其他网络产品或服务实施合理的警示与

---

① 详见最高人民法院(2014)民申字第873号民事裁定书。
② 详见北京市西城区人民法院(2015)西民(知)初字第16836号民事判决书。

必要的干预系安全软件本身性质所要求的，系正当的，属于安全软件正常功能之发挥。然而，该种正常功能之发挥应当以必要且合理的手段实现，不得违背诚实信用原则以及网络行业公认的商业道德之基本要求，特别是安全软件往往在用户计算机系统中拥有较高级别权限，其安全防护与软件辅助管理功能深受用户普遍信赖，与其他软件相比，其发出的任何提示更能够引起用户的关注，用户也会更倾向于采纳其所建议的处置方式或内容，因而安全软件既要遵守'最小特权原则'，在干扰其他网络经营者的软件或服务时应以'实现其功能所必需'为限，同时应当确保该种干预手段尽量以中立、客观之形式进行，否则即会使其他经营者的用户数量减少，从而损害其他经营者的利益。故而安全软件容忍这实施的超出必要限度的干预其他软件正常运行且导致其他网络经营者利益损害的行为，应当属于不正当竞争行为"。[1]

受公益必要标准司法实践的主要影响，专有权化保护模式得到了大规模应用。尤其是在修改其他经营者产品和服务类案件中，原告往往采用特殊的商业模式，对法院而言，借此论证原告的合法利益是最直接的。据统计结果，采取该模式的案件达到了60%。在爱奇艺公司与真彩公司其他不正当竞争纠纷案中，一审法院在论证焦点二即"被告的'千寻影视'软件在抓取原告视频内容时去除其片前广告，是否属于不正当竞争"时，其论证逻辑是"首先，本案中原告享有应受保护的合法利益。其次，被告的'千寻影视'软件通过技术措施屏蔽原告片前广告而直接播放正片，构成不正当竞争"[2]。在对案涉行为构成不正当竞争这一命题进行外部证成的过程中，法院将直接原告存在合法利益作为大前提，这是典型的专有权化保护模式。

（三）非公益必要不干扰原则的适用问题及修正方向

如果单从法律原则的角度来看该原则，其无疑是较为恰当的法律适用原则，但是结合反不正当竞争法的适用要求，尤其就互联网市场中的竞争规则而言，该原则却存在较大的误区。

首先，就该原则建立的裁判思路而言，专有权化保护模式并不符合市

---

[1] 详见北京市高级人民法院（2015）高民（知）终字第1071号民事判决书。
[2] 详见上海市杨浦区人民法院（2015）杨民三（知）初字第114号民事判决书。

场竞争精神和反不正当竞争法的宗旨。反不正当竞争法和反垄断法作为市场竞争法律规范的两大核心支柱，共同目的是维护市场竞争自由。二者不同之处在于，前者以维护竞争公平、防止竞争自由滥用的方式维护竞争自由，后者以防止限制竞争的方式维护竞争自由，所以自由、公平是反不正当竞争法追求的目标，竞争自由是根本目标。因此，互联网市场中竞争自由是原则，限制竞争自由是例外，即市场经营者均有竞争的自由。竞争是竞争者之间采取的对交易机会等竞争利益的争夺的行为，其所谓的竞争利益均是相对于与自己处于同一竞争关系的竞争对手而言的，也就是说竞争利益是相对的，竞争损害亦是相互的，有竞争就会有损害，竞争损害与竞争行为如影相随，"在对竞争利益的争夺战中，参与竞争的双方不可能不对互相的竞争利益造成一定的影响，若此则不能再称之为竞争"①。竞争损害应是对竞争利益的损害，甚至有学者认为法律②保护的是竞争而不是竞争者。"非公益必要不干扰原则"主张的"禁止干扰"这一价值立场并不符合市场竞争之内在规律与竞争利益之特有属性。同时，竞争利益的相对性异于知识产权等专有权那样拥有排他性，而公益必要标准所奉行的裁判思路将经营者的竞争利益——实践中称为合法利益或基于合法商业模式产生的合法利益——不当赋予了专有权的排他性，对损害该利益的行为一律予以禁止，不当地限缩了公益的领域范围，违背了反不正当竞争法维护自由竞争的宗旨和市场竞争的基本精神。

其次，公益必要标准缺乏规范依据。除了前述该原则不当赋予竞争利益排他性的效力缺乏规范依据外，该原则亦是对其最主要的法律依据即旧《反不正当竞争法》第二条的误读。先入为主地"禁止干扰"的立场不符合法律文件中一般性规范条款之要求。鼓励和保护市场自由竞争是竞争法之宗旨，而对交易机会的争夺才是竞争之本质。市场竞争中客户资源的流动主要在于竞争者之间因竞争力差异而导致客户在替代性产品与服务之间做出选择，这本属正常的市场现象。同时，竞争者之间的利益格局也会因这种用户资源的流动而不断改变。只要是市场竞争，都会给竞争对手造成影响。特别是在互联网市场竞争中，同一计算机中安装不同经营者的软件

---

① 宋亚辉：《网络干扰行为的竞争法规制——"非公益必要不干扰原则"的检讨与修正》，《法商研究》2017年第4期。

② 实质是指反不正当竞争法，文中其他所称法律亦是此指代。

为抢占硬件资源和争夺用户点击量，相互发生冲突不可避免，但只要这种冲突没有违反诚实信用原则以及公认商业道德，则不属于不正当竞争，这才是第二条规范的应有之义。然而该原则所主张的"不干扰"观点，使得部分具有正当性的行为受到不当禁止，与我国鼓励自由竞争的竞争法基本精神相违背。继而有学者指出，该原则"蕴含了'和平共处'的主张，然而该原则与竞争法所蕴含的本质与精神不相符合"。① 此外，竞争损害个体间的利益决定了反不正当竞争法的私法属性，该原则将公共利益作为有关干扰行为的唯一除外事由，"将原本属于私人间的利益边界争议不当地转变成为了对公共利益的确认以及保护问题，然而这并非认定行为性质时应当考虑的主要因素"②。同时，竞争行为缺乏公益性不意味着其不正当性。我国反不正当竞争法将公共利益纳入法益保护目标之一，但该原则抛弃不正当竞争认定的核心要素而直接以公共利益作为互联网干扰行为唯一的除外事由，显然有本末倒置之嫌。再者，该原则对互联网干扰行为实行"有罪推定"，把竞争行为预定为一种性质可疑的"干扰"行为，而后要求竞争者证明其对他人实施的"干扰"行为是正当的，这也违背了民事诉讼证据规则。

再者，公益必要标准不干扰原则将"公益"表述为一般公众的利益，并不准确。公众利益作为公共利益并没有什么问题，但是在反不正当竞争法中将消费者利益与公共利益并列保护的前提下，对该公共利益的具体内涵探讨就不应止步于公众利益。法律作为公共意志的体现，自然要保护公共利益，但公共利益的内涵非常丰富，是多层次多领域的，不同法律规范所保护的公共利益并不相同。作为维护竞争自由的反不正当竞争法不是消费者权益保护法，也不是环境保护法，因此其所保护的公共利益为市场竞争领域的公共利益，即整体且宏观的自由、公平之市场竞争秩序③。换言之，反不正当竞争法"保护公共利益的目的是通过保护'未受扭曲的竞争'而实现的"，"这是在公共利益保护上反不正当竞争法与其他法律规范区别的界限"④，"而至于诸如环境保护或健康保护等其他种公共利益，则

---

① 黄勇：《论互联网不正当竞争的"新边界"》，《电子知识产权》2015年第1期。
② 薛军：《质疑"非公益必要不干扰原则"》，《电子知识产权》2015年第1期。
③ 刘大洪、廖建求：《论市场规制法的价值》，《中国法学》2004年第2期。
④ 孔祥俊：《反不正当竞争法的创新性适用》，中国法制出版社2014年版，第76页。

并非反不正当竞争法的任务"①。

公益必要标准的阙如在于其偏离了反不正当竞争法的竞争法属性，将不正当竞争行为认定的必要条件不当地前置为充分条件甚至充分必要条件，曲解了反不正当竞争法一般条款内涵，违背了市场竞争精神和反不正当竞争法宗旨。该原则不当地将"公益"作为互联网干扰行为唯一的除外事由，并不是认定行为性质之时不考虑公共利益，实际上每个具体案件的认定都是利益衡量过程，利益保护为不正当竞争认定的必要条件之一。认定不正当竞争之要点是案涉竞争行为是否违反了诚实信用原则与行业内公认商业道德，这是反不正当竞争法作为行为规制法实现规制目标的基本方式。同时反不正当竞争法作为特殊的侵权法，行为人的主观可责性亦是主体责任承担的必要条件。

二、主观恶意标准的法理阐释与实践不足

公益必要标准并非完全不当，而是在认定中过分强调某个要件而忽视其他要件，不正当竞争行为认定标准向竞争法属性和侵权法精神回归是修正公益必要标准、完善网络干扰行为认定标准的方向。主观恶意标准是指在认定竞争行为正当性时将经营者的主观状态纳入考量因素，与其他构成要素一道构成反不正当竞争法竞争行为正当性认定的完整构成要件。需要说明的是主观恶意标准主张将经营者的主观状态纳入考量因素，并不是主张单纯以主观状态认定行为正当性，更不是"主观定罪"，而是强调在认定行为正当性时不能忽视经营者的主观状态，避免将不具有破坏竞争恶意的正当竞争行为予以禁止，其最终认定依据仍然是需要结合客观事实进行判断。

（一）主观恶意标准的法理依据

反不正当竞争法属于特殊的侵权法，其认定模式亦有侵权法的印记。"无过错，不担责"的过错原则是侵权责任认定的重要原则，行为人只有对自己的过错行为担责，具体来说行为人只有对其所从事的行为有预期才

---

① 范长军：《德国反不正当竞争法研究》，法律出版社 2010 年版，第 61 页。

会有可责性。主观恶意标准亦是反不正当竞争法的要求。竞争必然引发不正当竞争行为，竞争损害相互是必然的，有竞争即有损害，不可能要求竞争者为所有竞争损害负责，甚至是其无法预料到的竞争损害。根据旧《反不正当竞争法》第二条之一般性规范条款中"能够将不正当竞争的构成要件解构为主观过错、行为违法性、竞争利益损害与因果关系"[①]，违反诚实信用的经营者不可能不知道其"信"为何。此外，从《反不正当竞争法》第二章分则条款中规制的类型化行为[②]而言，采用"引人误认""擅自""明知""谋取""虚假""误导""帮助""编造"等词语，可以看出不正当竞争行为包含某种法律所禁止的特定的不正当目的。

主观恶意要件是现行行业规范的要求。工业和信息化部制定的《规范互联网信息服务市场秩序若干规定》第五条所列举的行为均采用"恶意"或者"捏造"等表明主观状态的描述。而在中国互联网协会制定的《互联网终端安全服务自律公约》第四章将所禁止的排斥行为、拦截行为、歧视性对待、软件评分等行为均冠以"恶意"的要旨。相较于之前公布的征求意见稿，该规定加入了"恶意"这一要件，足见"恶意"主观要件在不正当干扰行为认定中的重要性。该自律公约对所有从事互联网终端软件服务的经营者具有普遍适用性，主观恶意要件是否具备是网络竞争行为正当与否的通行规则。

（二）主观恶意标准的实践基础及不足

主观状态的认定不仅是行为规制思路的构成要件，而且是奉行一般侵权式模式的裁判者采用的认定要件。主观恶意标准在实践中的主要适用以下几种方式：

第一，将主观恶意作为不正当竞争行为的构成要件。该种方式下，法官一般在论证当事人竞争关系后，首先分析经营者是否具有主观恶意，具有主观恶意的，则可进一步认定是否构成不正当竞争，反之则认定不构成不正当竞争。在爱奇艺公司与千杉公司、悦观网络技术（上海）公司其他

[①] 宋亚辉：《网络干扰行为的竞争法规制——"非公益必要不干扰原则"的检讨与修正》，《法商研究》2017年第4期。

[②] 廖建求、陈锦涛：《网络干扰行为类型化与法律适用——基于〈反不正当竞争法〉第十二条》，《经济法论丛》2020年第1期。

不正当竞争纠纷案中，法院亦将被告的主观恶意纳入考量，认为"两被告的'电视猫 More TV'软件通过技术手段屏蔽原告所设置的片前广告并链接播放位于原告'爱奇艺'视频网站中的视频内容的行为会促使部分既不愿意成为付费会员又不愿意观看免费视频片前广告的网络用户离开原告网站转向被告'电视猫 More TV'软件的结果，应当认为这种行为具有恶意"①。不同法院对主观恶意在构成要件中的地位也有不同认识，如部分法院并非将其作为相对独立之构成要素，而是作为违法要素的考量因素之一。在金山公司与合一公司案中，法院认为"合一公司对金山公司运营的猎豹浏览器实施歧视性对待的行为，具有明显主观恶意，与公认的商业道德相违背，属于不正当竞争行为"②。如果经营者的干扰手段不具有主观恶意，则不构成不正当竞争。在奇虎公司诉金山公司不正当竞争纠纷案中，法院认为"不同安全软件实现其设计目的的运行原理存在不同之处，而这可能导致同一台计算机上运行的不同安全软件因这种运行原理相异而相互冲突，这种情况下若有关经营者不存在主观恶意，则法律不认为相关干扰行为属于不正当竞争行为"，"对于并非网络产品或服务提供者恶意导致的产品冲突，特别是在这种冲突被网络产品或服务提供者发现后及时采取手段并得以消除的情况下，由于该经营者不存在主观恶意，故亦不能认定为行为构成不正当竞争"③。

第二，将主观状态作为责任承担的考量要素之一。即在认定行为是否构成不正当竞争时并未严格依法考察经营者的主观状态，而是根据经营者主观过错程度酌情确定其应承担责任大小。在湖南快乐阳光公司等不正当竞争纠纷案中，法院认为"暴风公司亦是互联网行业的经营者，其理应知晓互联网双边平台的经营方式与盈利模式，同时对于湖南快乐阳光公司为案涉影片付出了一定经营成本之事实亦应当知晓。然则本案中暴风公司利用案涉视频内容并却并没有付出经营成本，这明显具有主观过错"，最终法院"综合考量暴风公司采取案涉不正当竞争行为的主观过错程度、行为方式、具体情节以及损害后果等因素确定赔偿数额"④。

---

① 详见上海市浦东新区人民法院（2015）浦民三（知）初字第 143 号民事判决书。
② 详见北京市海淀区人民法院（2013）海民初字第 17359 号民事判决书。
③ 详见北京市第一中级人民法院（2011）一中民初字第 136 号民事判决书。
④ 详见北京知识产权法院（2015）京知民终字第 02210 号民事判决书。

第三，实践中将主观恶意的具体内容阐释为"明知"，但对明知的具体内容限定过严。主观状态有故意和过失之分，但是不正当竞争认定中的主观状态应为故意，更多表述为主观恶意。明显的道德可责性是不正当竞争行为正当性评判标准的重要内容，而其中"故意侵权已经违背了最低限度的道德要求，过失侵害则由于其日益客观化的趋势，其道德可责性趋弱"①，因此不正当竞争行为的主观要件应为故意或恶意，相比之下恶意更能突出其道德可责性。在司法实际中，大多数认定经营者主观状态的法院都坚持这点。如在上海视畅科技公司与央视国际网络公司其他知识产权权属、侵权纠纷案中，二审法院指出，"上诉人未经许可在其经营的看客影视网站上设置指向被上诉人网站节目的深度链接，还在网站的视频播放区设有 CCTV‐1 综合……CCTV‐5 体育等频道列表，并替换了网站播放的广告，即使注明链接来源、没有对外广为宣传，本院认为其仍然具有实施不正当竞争行为的主观恶意，上诉人在搜索链接技术方面的探索不能成为其不公平地利用他人商业资源的合法外衣"②。亦有些法院采用"故意"一词，但只是极少数。如在聚网视公司与爱奇艺公司纠纷案中，法院认为"聚网视公司作为案涉技术实施者其应当清楚该技术的实施会造成损人肥己之后果而仍实施这一技术，应当认为其具有主观故意，与诚实信用原则和公认的商业道德相违背，使爱奇艺公司的合法经营活动受到了侵害，该行为是不正当的"③。

对于主观恶意的具体认定方面，法院都以"明知"为主要考量，但是对明知的内容界定有所不妥，基本上均将明知的范围界定为明知他人存在的合法利益范围亦或更进一步，明知他人存在的合法利益范围并实施侵犯行为。如在迅雷网络公司与北京暴风公司案中，二审法院认为，"暴风公司亦是互联网行业的经营者，其理应知晓互联网双边平台的经营方式与盈利模式，同时对于迅雷公司为案涉影片付出了一定经营成本之事实亦应当知晓。然则本案中暴风公司利用案涉视频内容并却并没有付出经营成本，

---

① 叶名怡：《侵权法上故意与过失的区分及意义》，《法律科学（西北政法大学学报）》2010年第4期。
② 详见上海知识产权法院（2015）沪知民终字第326号民事判决书。
③ 详见上海知识产权法院（2015）沪知民终字第728号民事判决书。

这明显具有主观过错"①。反不正当竞争法保护的是利益，而不是权利。利益相对于权利而言，其范围和边界是模糊的，需要在个案中认定，不可能要求经营者事前明知其他经营者的所谓合法利益的边界，更不应该以事后划定的利益边界要求经营者作出事前的预期。更何况，该法律并不直接保护利益，而是通过制止不正当竞争行为的方式保护利益，因而其禁止性规范以禁止行为为主，而不是像知识产权等专有权保护法那样通过界定权利边界的方式来指引行为。换言之，利益的边界是不明确的，但是行为边界是相对明确的，即经营者无法准确预判利益的边界，但可以依据相关法律规范和公认的商业道德、行业惯例等对行为正当性作出预期，而反不正当竞争法是评价竞争行为正当性的主要依据。因此，主观恶意要件中经营者明知的内容应是竞争行为是否违反法律明文规范、行业惯例、公认的商业道德以及诚实信用原则，进而对行为正当性作出预判。如在淘友天下公司等与微梦公司不正当竞争纠纷案中，二审法院认为，"至于主观状态，本案中两上诉人明知其能够通过OpenAPI获取用户信息是基于与被上诉人之间的《开发者协议》，然而两上诉人却无视《开发者协议》中约定的具体内容对自己获取用户信息的限制并未遵守《开发者协议》的约定，擅自采用技术手段获取用户数据信息，故其主观上存在过错"，"两上诉人应当对自身是否有权获取用户的职业信息与教育信息承担更高的注意义务，在其抓取用户的上述信息时明知或应当知道其需要'高级接口（需要授权）'的情形下仍然放任所采取技术的抓取能力并获得上述信息，这既破坏了双方《开发者协议》所确立的行为规范，还可能导致类似'技术霸权'的恶性竞争，即意味着只要技术手段足够强大就不顾行为规范任意而为，这是对互联网竞争秩序的破坏"②。在一般的案件中，对法院认定的明知的内容转换角度，亦是符合上述要求的。如在聚网视公司与爱奇艺公司案中，法院已经将主观恶意作为认定要件，但是其将明知的内容界定于合法利益的范围，其实本案中要遵循上述思路论证主观恶意，核心阐释聚网视公司主动采用技术手段破解爱奇艺公司的保护措施即可。

---

① 详见北京知识产权法院（2015）京知民终字第2204号民事判决书。
② 详见北京知识产权法院（2016）京73民终588号民事判决书。

(三) 主观恶意标准的要件解构

主观恶意标准并非是"主观定罪",首先主观要件仅是该标准中认定不正当竞争行为的构成要件之一,而非全部。其次,认定主观要件时所依据的仍旧是经营者的客观行为以及案件客观事实。主观恶意标准实质上是弥补公益必要标准的不足,并结合反不正当竞争法的行为法属性以及吸收传统侵权行为认定模式而确立的。与公益必要标准等传统标准相比,其增加了主观要件,因此为了强调这一点才以主观恶意命名。由于我国反不正当竞争法理论与实践均坚持竞争关系这一前提,而且竞争损害具有相互性,因此完成了客观违法性与竞争损害的论证,实质上因果关系就不言而喻。因此,主观可责性、客观违法性、竞争损害以及因果关系构成的四要件可以转换为主观可责性、客观违法性与竞争损害构成的三要件。

具体而言,主观可责性主要考察经营者实施案涉竞争行为是否具有主观恶意,主观恶意的具体认定前文已有论述。

客观违法性主要考察经营者案涉竞争行为是否违反了诚实信用原则和公认之商业道德。多数情况下,公认的商业道德需要法院在个案中具体认定,实践中多以发现行业规范、行业惯例、行业公约以及通行的行业行为规则的方式具体认定。在奇虎公司等与腾讯公司等不正当竞争纠纷案中,最高人民法院对人民法院在个案中对发现公认的商业道德和行为规则的方式进行了详细阐释,其二审判决书指出,"有关行业协会出于维护行业内竞争秩序之目的并结合行业内竞争规律和实际情况制定的自律公约等规范要求具体化了本行业内的商业道德与行为标准,人民法院可以将其作为发现与认定行业惯例以及公认的商业道德的重要渊源之一"。但该种规范同样"应是客观、公正的,不得违反法律原则与规则",因为某些行业公约可能是少数行业巨头制定或主导,未必能够代表行业的整体利益或行为标准,因此法院以此发掘相关行业公认的商业道德与行为标准之前,必须对该行业公约进行审查,判断其内容合法、客观公正。该判决显露出的具体审查内容有:发起者、制定程序、签署认可范围、相关内容是否公正;是否存在明显偏袒特定从业者的现象等。"本案中的自律公约为互联网协会中一些会员提出草案并受到包含本案当事人在内的互联网企业的普遍认同与签署,从某种程度而言,该事实也表明了该自律公约本身的正当性并受到行业内的普遍认同，公约的有关内容也是互联网行业市场竞争实际与正当竞争需求的体现。在认定其公约有关内容合法、公正且客观的前提下，可以将该种公约作为认定互联网行业惯例与公认的商业道德之参照依据。"①

  竞争损害主要是竞争利益的损害，是对该法律所保护法益的损害，包括经营者利益、消费者利益和公共利益。实践中的不正当竞争行为几乎均会涉及三种利益，因此个案认定时需要进行利益衡量。需要注意的是，利益衡量不能先入为主地对不同利益厚此薄彼，不仅是上述三种利益之间，也包括同种利益的不同个体之间。如在诸多反不正当竞争案件中，涉及商业模式的保护问题，法院认为涉案商业模式不违反法律规定，该商业模式或依据该商业模式产生的利益应当受到保护。这引起争议的问题是，互联网不正当竞争案件中当事人往往都采用双边平台模式，商业模式本质上具有同质性，而法院往往以原告商业模式的合法性或不违法性来否定被告商业模式的合法性，显然缺乏说服力。如在修改服务内容类案件中，尤其是屏蔽广告类案件，法院认为原告视频网站采取"免费视频＋广告"的营业模式具有合法性，但没有认识到被告同样采用"免费软件＋广告"的类似商业模式。"免费视频＋广告"的商业模式并非互联网市场中的行业惯例，其只是市场参与者一方的惯用模式，而未得到其他市场参与者的认可，"依反不正当竞争法所规定之商业道德必然是受到公认之商业道德"，"纵然是在同一市场范围之内，考虑到公认的商业道德乃是作为市场交易活动中之道德准则存在，因而公认之商业道德须是为各方交易参与者共同与普遍认同之行为标准，而不是仅依单一角度来认定公认的商业道德。"② 但是，互联网市场中普遍采用的却是"免费＋"的商业模式，这才是公认的行业行为规则，而上述案件中双方当事人采用的往往都是该种商业模式，此时就需要对不同利益主体进行利益衡量和取舍，而不是简单的先入为主。

---

① 详见最高人民法院（2013）民三终字第 5 号民事判决书。
② 详见最高人民法院（2009）民申字第 1065 号民事裁定书。

三、公益必要标准与主观恶意标准的取舍与完善

无论从裁判模式还是认定思路上，公益必要标准均不契合反不正当竞争法之宗旨和市场竞争精神，主观恶意标准倡导个案中不正当竞争行为的认定标准应回归反不正当竞争法的行为法属性，坚持鼓励自由竞争和创新的市场竞争政策，防止"家长式"过度干预市场自由竞争的司法惯性，划清自由与公共的界限，防止专有权化的特定利益侵犯公益领域，为经营者参与市场竞争提供精确的行为指引。

但是现行的主观恶意要件存在对主观恶意的内容认定不准确和利益衡量有失偏颇的不足。主观恶意的内容认定应当坚持反不正当竞争法的行为法属性，依据行业惯行规则，以竞争秩序为主要认知内涵，强调对行为正当性的精准识别。利益衡量过程中应当结合反不正当竞争法的现代化趋势，跳出狭隘的竞争者利益束缚。如上所述，互联网市场竞争中"免费+"的商业模式是市场竞争参与者惯用的行为手段，面对同类型的两种商业模式，不能先入为主地以前者的可保护性否定后者的合法性，但是裁决只能有利于争议双方中的一方，最终判断的结果定是利益衡量的结果。

在双方利益处于同等位阶时，反不正当竞争法法益的多元保护目标为最终的利益衡量提供了有效的路径，即把消费者利益和公共利益纳入考量。"伴随着竞争行为越来越强的外部性，反不正当竞争法逐渐将消费者与公众纳入需要考量的保护主体范围之内"[1]，利益衡量中最终获胜方定是站在消费者利益和公共利益立场的一方。而在具体衡量的实践中，部分法院充分分析了消费者利益的不同类型并予以衡量。如在爱奇艺公司与北京极科极客科技有限公司不正当竞争纠纷案中，法院在驳斥被告的消费者利益抗辩时指出，"推广采用'屏蔽视频广告'类似插件的行为表面上迎合了消费者的短期利益，但长远来看会使得视频网站经营者采用的'免费+广告'的经营模式无法维持，而最终将会使得消费者的长远利益受到损害"[2]。

在将消费者利益、公共利益纳入考量的同时，对经营者利益的有限保

---

[1] 孔祥俊：《反不正当竞争法的创新性适用》，中国法制出版社2014年版，第82页。
[2] 详见北京市海淀区人民法院（2014）海民（知）初字第21694号民事判决书。

护亦是利益衡量的趋势。营业利益作为未被法律明确的法益,其边界应当受到其他经营者的行为自由和消费者等利益限制。公益必要标准等传统标准的局限在于将该种权益专有权化,赋予其专有权的排他性效力,欲以司法判决的形式为该种权益划定事前确定的边界而取代成文法规范,不当强化了对经营者利益的保护。消费者利益和公共利益——保护竞争秩序不受扭曲——的引入,是反不正当竞争法现代化的主要特征之一,而其中隐含的一个内涵就是对经营者利益的限缩。具体而言,一方面,对经营者利益的损害应当严格把握程度。由于竞争损害的相互性,经营者之间通过竞争造成其他竞争者利益损失的行为原则上不应认定为不正当。另一方面,应当鼓励各经营者努力创新、增强竞争力以避免这种损失。只有给其他经营者的竞争利益(竞争力或竞争优势)造成实质、极端严重损害的行为才予以制止。以修改服务内容案为例,该类案件不仅有修改行为,实际上被告往往有自己的服务,在通过链接呈现原告服务内容及被告行为实质上替代了原告的服务时,才能认为是对原告利益的实质损害。在小蚁互动公司与飞狐公司等案中,二审法院认为,"小蚁公司运营的'电视粉'软件本身提供下载服务,这实则是通过其自带功能替代了两原审原告'搜狐视频'软件中提供的下载功能,进而小蚁公司以此抢占了两原审原告在相关市场的利益"[①]。在飞狐公司等与华录天维公司等不正当竞争纠纷案中,二审法院认为,"在'免费视频+广告'的经营模式下,两原告的收入主要来源于广告商的收入,然片头和暂停广告被屏蔽后,两原告的广告收入势必会受到实质影响,进而直接影响两原告的经营活动"[②]。因此,对竞争者利益的损害应达到实质损害的程度。在飞狐公司等与视畅信息公司案中,法院最终认为,"被告实施的干扰行为已经实质性地使搜狐视频本身的运营模式受到破坏,扰乱了正常的交易秩序,该行为在使得原告网络用户群体被分流的同时,丧失了部分交易机会,该行为损害了原告的竞争权益"[③]。同时,评判该损害的前提是原告的利益合法,违法行为不产生法益,且利益是否合法应当由个案认定,尤其是商业模式必须经过个案认定,否则即无可损害之合法利益。

---

① 详见北京知识产权法院(2017)京73民终25号民事判决书。
② 详见北京市石景山区人民法院(2014)石民(知)初字第9291号民事判决书。
③ 详见上海市徐汇区人民法院(2014)徐民三(知)初字第852号民事判决书。

第三篇
互联网经济的反垄断法规制

第七章

算法共谋型垄断协议的反垄断法规制[1]

人工智能的发展离不开大数据、算法和算力三大要素,其中算法是人工智能最重要的技术基础和人工智能企业的核心竞争力。越来越多的经营者使用计算机软件算法来完善定价模型、升级客户服务以及对市场需求进行预测。算法的运用有可能提高消费者剩余和实现经营者利润最大化,但算法同时也为经营者之间达成共谋提供了更加隐蔽的技术手段。在此背景下,由计算机算法引起的竞争法问题近年来越来越受到全球各主要反垄断辖区的关注,涉及算法相关的竞争法案例也已经在欧美等地区出现。2017年,OECD 发布的《算法与共谋:数字时代的竞争政策》专门对算法共谋问题进行了研究。

近年来,我国理论界也开始重视对算法的规制,2018 年可以说是我国算法规制元年。2018 年 7 月 1 日,我国首个人工智能深度学习算法标准《人工智能 深度学习算法评估规范》发布,目的是发现深度学习算法中影响算法可靠性的因素并给出提高算法可靠性的活动建议;8 月 31 日,全国人大常委会通过的《中华人民共和国电子商务法》第十八条、第四十条首次明确了搜索引擎领域算法经营者的基本义务,包括提供不针对个人特征选项的义务、提供搜索算法自然结果的义务。2019 年,国家在算法规制领域持续发力。2019 年 10 月 8 日,文化和旅游部发布的《在线旅游经营服

---

[1] 本章由殷继国、李苗青合作撰写。本章内容参见以下研究成果:殷继国、沈鸿艺、岳子祺:《人工智能时代算法共谋的规制困境及其破解路径》,《华南理工大学学报(社会科学版)》2020 年第 4 期;李苗青:《算法合谋的反垄断法规制研究》,硕士学位论文,中南财经政法大学,2020 年。收录至本书时内容进行了修改和完善。

务管理暂行规定（征求意见稿）》禁止在线旅游经营者利用定价算法实施大数据"杀熟"。① 2020年11月10日，国务院市场监督管理总局发布了《关于平台经济领域的反垄断指南（征求意见稿）》，其中在第六条和第七条将利用数据和算法协调定价的行为纳入垄断协议的框架之内。在司法实践中，尽管我国目前尚未出现算法共谋案例，但随着算法技术趋于成熟以及更加广泛地运用，可以预见的是，算法共谋必将成为反垄断执法机构和法院关注的焦点。与传统共谋相比，人工智能时代的算法共谋具有自身的特殊性，学界关于算法共谋型垄断协议的反垄断法规制思路存在观点的分歧和争议。整体而言，当前国内外理论界和实务界对算法共谋的认识还不够全面和深入。本章旨在讨论现行反垄断法在规制算法共谋时面临的困境，及其适当的规制理念和路径，以期促进我国算法市场以及人工智能行业的快速健康发展。

第一节 算法共谋的内涵阐释及类型化

作为人工智能的核心技术之一，算法是一种结构化的决策过程，它使计算过程自动化和智能化，从而根据数据输入生成决策结果。算法的自动化和智能化优势能在一定程度上克服人类有限理性的缺陷，大大提高了决策的效率和科学性。然而，算法既可能是天使，也可能是魔鬼。正如《纽约时报》专栏作家Claire Cain Miller所言："算法虽没有是非观，但并不能就此忽视它对社会造成的影响。"② 算法可能会被经营者利用来达成固定价格、限制产量等协议进而排除、限制市场竞争，以获取超额垄断利润。

---

① 高富平、王苑：《大数据何以"杀熟"?》，上海法治报：https://www.sohu.com/a/231867346_289260，2021-1-10。

② Claire C M, When Algorithms Discriminate (July, 2015), https://flowingdata.com/2015/07/10/discrimination-algorithms/，2021-1-10。

一、算法共谋的基本内涵

(一) 算法共谋的概念界定

共谋,即具有竞争关系的经营者以合意或默契协调的方式规避竞争,采取一致行动,其一直都是竞争法的重点关注对象,有学者将其称为威胁竞争的"最大罪恶"。① 反垄断法语境下,共谋指的是数个经营者采取包括但不限于合同、默契等形式共同就产品价格、销售数量、技术标准等多种因素进行限制的行为。共谋行为会破坏市场竞争体制,严重损害其他竞争者的发展。② 在各国(地区)立法中,共谋在反垄断法中有不同的称谓,但各国均将共谋纳入反垄断法规制的限制竞争行为之列。算法共谋(Algorithmic collusion)本质上也是一种共谋行为,但算法的介入为此种新型共谋的认定、追责带来了一定困难。因此,讨论共谋需对传统共谋的概念进行一定程度地扩大或限缩。

(二) 算法共谋的内涵分析

首先,算法共谋在形式上与传统共谋无异,包括明示共谋和默示共谋。传统反垄断法中,明示共谋即经营者采用积极作为的方式通过协商达成一致,默示共谋则是竞争对手之间不通过任何明确的协议,依靠心照不宣来维持。③ 而在经营者利用计算机算法达成的算法共谋中,也可分为明示算法共谋和默示算法共谋两类。其中,明示算法共谋,指的是个体之间达成一致,通过采用相同的算法程序而达成的共谋,此时,算法程序是共谋达成后的执行工具,而协商过程本身就违法,此类共谋的典型案例为2015年由美国纽约联邦法院判决的亚马逊平台的 Topkins 案。④ 默示算法共谋,指的则是企业之间无任何明示的意思表示,借用各自独立算法而实

---

① Verizon Communications Inc. v. Law Offices of Curtis V. Trinko, LLP, 540 U. S. 398, 408 (2004).
② 孟雁北:《反垄断法》,北京大学出版社2017年版,第97页。
③ 陈永伟:《人工智能的算法共谋挑战》,《互联网经济》2019年第4期。
④ 钱大立、黄凯:《算法与定价——数字时代的反垄断合规问题初探》,搜狐主页:http://www.sohu.com/a/206466975_740476, 2021-1-10。

现的共谋。因此，算法共谋既可以明示的方式达成，也可以默示的方式达成。

其次，默示算法共谋具有比传统默示共谋更大的危害性。在传统反垄断法理论中，由于默示共谋的经营者之间没有签订明确的协议，虽然有共谋意图但由于共谋较难实现和维持，对竞争损害较小。因此，目前反垄断法主要将明示共谋作为规制对象。但是，默示算法共谋改变了传统默示共谋更难达成、更难维持的局面。算法的介入为经营者达成共谋提供了更多的便利条件，使得共谋更易达成和维持。同时，算法的使用也使得默示共谋和明示共谋的界限更加模糊，随着人工智能技术的发展，经营者可以用非常低的成本搜集到海量的信息，在此背景下，某些默示共谋对竞争的危害并不小于明示共谋，甚至由于其智能型、隐蔽性等特点对竞争的危害性更大。因此，此处讨论的算法共谋将默示算法共谋纳入研究范围。

最后，算法共谋主要是价格共谋。反垄断法中经营者达成共谋的内容大多涉及固定价格、限制产量、划分市场等，价格共谋是各国反垄断法明确禁止的对象。实践中，算法共谋的典型形式即价格算法共谋。原因有以下几点，一方面，价格是市场竞争中非常重要的竞争因素，能够以中介的角色出现在经营者和消费者之间，同时也能反映出不同经营者之间竞争策略的优劣。经营者为了避免价格战给自身带来的利润损失，具有较大的动机选择趋于一致的价格，从而获取垄断收益；另一方面，目前智能化的计算机技术可以主动跟踪或抓取各类价格，并通过算法进行跟踪监控，而定价算法有可能被运用来协助达成这种固定商品价格的共谋。定价算法如今已广泛应用在商务领域。据欧盟调查委员会的报告，可以看出超 2/3 的电商网站都在利用计算机定价算法来跟踪定价。① 如前所述，算法本身只是人类的工具，定价算法本身并不违法，但是当算法成为经营者达成价格共谋的工具时，就会产生违法效果。重要的是，即便共谋价格处于商品合理的价格区间，共谋依然可能违法，因为共谋的价格高低并不是判断其是否违法的依据。市场总在瞬息万变，商品的价格是否合理只能交给市场来判

---

① Report from the commission to the council and the European parliament, Final report on the E - commerce Sector Inquiry, http：//ec. europa. eu/competition/antitrust/setor inquiry final report _ en. pdf, 2021 - 1 - 10.

断，但是共谋却会影响商品的自我调价能力。① 因此，一旦共谋使得价格受到限制就存在构成违法的可能。

综上，本章研究的算法共谋包括明示算法共谋和默示算法共谋，且典型形式为价格算法共谋。可以将其定义为：具有竞争关系的经营者，为了排除或限制竞争，利用算法实现对商品或服务价格限定的行为，不仅可以通过达成明确的协议实施，还可以通过更微妙的方式实现。

二、算法共谋型垄断协议的特征

相对于传统共谋，算法共谋主要利用了大数据时代海量的数据信息以及先进的数据分析技术和人工智能技术，使得算法共谋具有以下传统共谋所不具备的特征。

第一，技术性。在传统共谋中，经营者主要通过谈判、协商、电话甚至眼神、手势等共谋手段实现协同。算法共谋则由经营者通过算法这一高度复杂和不透明的技术手段予以实现，在某些类型的算法共谋中，甚至不需要经营者介入，不同经营者的算法能够自动实现协同。算法共谋的这一技术性特征使得反垄断执法机构和法院对算法共谋的识别变得异常困难。因此，反垄断执法机构和法院应当密切关注和跟进算法共谋在技术层面的不断发展，以提高其在算法等新技术领域识别行为是否违法的能力。

第二，稳定性。一方面，算法通过预测和减少策略不确定性使得市场透明度不断提高、互动频率增强，通过在共谋者之间消除信息不对称和发现时滞，快速报复和惩罚机制变得更为迅速和有效，因而强化了共谋者之间的监督制约机制。另一方面，算法的绝对理性、无情感、无偏见的特性使得算法共谋克服了传统共谋下经营者之间因相互不信任而出现的"囚徒困境"，使得算法可以在各种复杂的环境中维持合作，从而强化了算法共谋的稳定性。

第三，智能性。算法在促成共谋过程中的智能性主要体现在两方面。一方面，算法作为经营者达成和维持共谋的工具参与到了垄断协议的制定过程中，此时，算法仅被当作工具使用，真正实施共谋行为的是算法背后

---

① ［美］马歇尔.C.霍华德：《美国反托拉斯法与贸易法规》，孙南中译，中国社会科学出版社1991年版，第78页。

操纵和控制算法的设计者或使用者；另一方面，由于市场透明度的提高和计算机技术的发展，为了帮助企业获取竞争优势，计算机算法可以通过机器自主学习将商品价格或销量等信息自动维持在行业平均水平，或根据消费者偏好实现超竞争定价，此种行为客观上达到了限制、排除竞争效果，在此种算法自主决策的共谋中，垄断协议也从"人"的共谋发展为"算法"共谋。① 因此，智能化体现在算法共谋弱化了人的意志以及协议达成的自动性两个方面。即使是相对简单的定价算法也能通过大量数据的收集和分析形成一套定价策略机制，在满足一定条件的情况下自动地确定或调整价格，整个过程中并未体现人的意志，仅仅是触发了定价规则。例如，作为计算机算法软件市场的行业领袖，Boomerang Commerce 开发的定价算法软件可以每分钟检索 100～150 个数据点，并适时调整价格；亚马逊网站上出售的绝大多数商品都可以做到每隔 15 分钟调整一次价格。② 因此，如果市场上更多算法具备消除非理性因素这种能力，其控制方式愈发类似甚至趋同，就能凭借自己的"智力"达成共谋，价格也越可能向垄断水平发展。

第四，隐蔽性。共谋分为明示共谋和默示共谋，明示共谋协议"通过观察经营者的行为或者查处一些书面证据，可以比较容易地判断行为者故意的主观意图和结果行为是否违反反垄断法"。③ 默示共谋因共谋的外在特征不明显，导致反垄断执法机构难以找到经营者共谋的证据。作为默示共谋的算法共谋，隐蔽性更强。算法共谋的隐蔽性体现在共谋达成的隐蔽性和共谋实现后证据难以获得两个方面。当借助算法来达成和实施垄断协议时，经营者之间的意思联络更为隐晦，甚至不需要经营者有任何意思联络，导致共谋越来越难以被察觉和被辨识。不仅如此，共谋达成后证据的收集难度加大，更难以追责。

三、算法共谋的类型化

扎拉奇和斯图克将算法共谋分为信使类共谋、中心辐射式共谋（轴辐

---

① 钟原：《大数据时代垄断协议规制的法律困境及其类型化解决思路》，《天府新论》2018 年第 2 期。
② ［英］阿里尔·扎拉奇、［美］莫里斯·E·斯图克：《算法的陷阱：超级平台、算法垄断与场景欺骗》，余潇译，中信出版社 2018 年版，第 55～76 页。
③ 李振利、李毅：《论算法共谋的反垄断规制路径》，《学术交流》2018 年第 7 期。

类共谋）、预测类共谋和自主类共谋四种类型。① 经合组织根据算法在共谋形成机制中的作用，将算法共谋分为监控算法共谋、并行算法共谋、信号算法共谋和自主学习算法共谋四种类型。② 虽然表述有差别，但经合组织的分类与扎拉奇和斯图克关于算法共谋的分类基本相同。

（一）信号类算法共谋

假如同业经营者之间本身就有反竞争意图，算法仅作为经营者之间达成共谋的工具时，算法只是扮演了一个经营者之间进行相互交流的程序工具，即"信使"的角色，算法背后的经营者才是共谋的实际操纵者。此时，算法完全遵循了经营者达成和维持共谋的主观意图，并被用来监督共谋行为和惩罚偏离行为。事实上，此类共谋本质上与传统反垄断法上的共谋行为并无二致，经营者具有强烈的共谋意图，并达成合意，之后将协议内容交由算法来执行。针对此类共谋，证明经营者具有实施共谋的主观意图以及经营者之间存在垄断协议对认定共谋行为的违法性至关重要。如果能够证明经营者之间存在反竞争协议，则会弱化主观意图的必要性，如果无法证明存在反竞争协议，认定该行为是否违法时则要考虑主观意图。

在"信使"类共谋中，经营者直接利用计算机算法来实施其指令，这样的行为与传统的共谋形式并无二致。对于这样的明示共谋，执法者可依据有关违法的排除、限制竞争协议或协同行为的反垄断规则，以及"目的"型违法或"本身违法原则"等概念来规范这类共谋行为。此种情形下，计算机的实施和监督行为可能反映了协议的范围与危害性，但即便计算机未实施该协议，也不影响协议本身的违法性。③ 这类情形下，计算机的身份类似于"信使"，被用来执行人类共谋限制竞争的意愿，此时，人类自愿达成卡特尔，并用计算机去实施、监督和管理卡特尔。从反垄断法实施的角度看，这时垄断协议可被直接认定。因此，认定此类共谋时，有关意图的证据作用不大。

---

① ［英］阿里尔·扎拉奇、［美］莫里斯·E·斯图克：《算法的陷阱：超级平台、算法垄断与场景欺骗》，余潇译，中信出版社 2018 年版，第 55－76 页。
② OECD, 2017. Algorithms and Collusion – Note by the United States, https://www.justice.gov/atr/case-document/file/979231/download, 2021-1-10.
③ 韩伟：《数字市场竞争政策研究》，法律出版社 2017 年版，第 325 页。

（二）轴辐类算法共谋

轴辐类共谋又称中心辐射型共谋，是指由轴心经营者与其上游或下游①的轮辐经营者分别达成纵向协议从而形成横向的共谋，轮辐经营者通过与轴心经营者达成纵向协议的外观，实质达到横向的共谋。利用计算机算法达成的轴辐类共谋是指相关市场中众多经营者使用同一种算法对商品或服务进行定价，此时，算法设计者或提供者为轴心经营者，算法使用者为轮辐经营者，算法使用者（辐）通过算法设计者或提供者（轴）的帮助达成了垄断协议，从而实施共谋定价行为。利用计算机算法进行轴辐类共谋的产生背景是，在高度动态化的市场环境中，供给和需求的随时变化要求经营者迅速对价格作出反应，此时，经营者要达成价格共谋就必须进行频繁的信息交流，这就增加了经营者被反垄断执法部门发现的风险。基于此，轮辐经营者通过使用同一种计算机算法协商价格并维持价格一致，使得共谋更加智能和隐蔽，轴辐类共谋便由此而生。②

在此类情形中，毫无疑问算法开发者和使用者之间存在纵向协议，单一的纵向协议不构成违法，也无法证明共谋意图。但是，当相关市场上的众多经营者都达成了相同的纵向共谋时，就可能导致典型的轴辐类共谋。此时，凭借计算机开发者（轴）的帮助，经营者（辐）可能形成全行业的共谋，进而导致价格上涨。从反垄断法实施的角度看，有关共谋意图的证据便能够帮助反垄断执法机构评估协议的目的以及可能产生的竞争效果。因此，认定此类共谋行为是否违法，需要对作为轴心经营者的算法设计者设计算法的意图予以确认。倘若算法被用来实施共谋，则可以使用传统的辐射类共谋理论来调整，但是如果设计算法的经营者并无此目的，那么竞争监管部门只能使用合理原则认定其违法性。

（三）预测类算法共谋

预测类共谋是一种更为微妙的商业策略。每个经营者独立地使用计算

---

① 经济学家用"下游"来表示最接近终端消费者的活动，而"上游"则是在这个阶段前所执行的活动。
② 韩伟：《算法合谋反垄断初探——OECD〈算法与合谋〉报告介评（上）》，《竞争政策研究》2017年第5期。

机算法,这些算法虽由不同企业自主开发,但设计相似,目的是增强市场透明度和预测他人行为,并被用于监督市场活动,理性地实施价格跟随行为。随着计算机算法的全行业使用,市场透明度不断提高,在新的市场条件下,算法使得市场可能更容易达成默示协议,察觉违背协议的行为,并对偏离共同政策的行为予以惩罚。这可能使市场上的相互依存关系变得稳定,进而导致价格上涨。使用计算机算法来实施价格跟随行为有两个层面:首先,每个企业在设计计算机算法时都是独立的,并未发生共谋,但经营者都知道,计算机算法在跟随别人的价格上涨进一步提高自身的价格是有巨大策略优势的;其次,只要其他经营者设计使用相似算法,就能在竞争水平之上达成新的市场平衡。[①]

这类行为给反垄断法实施带来的挑战主要是有意识的平行行为的合法性问题。在缺乏沟通和协商时,计算机对市场做出的理性反应并不违法,也不必然引起反垄断法的干预。问题在于,人为创造出维持默示共谋的市场条件的行为是否应受反垄断法调整?利用算法人为促成默示共谋,其违法性如何认定?实际上,预测类算法不仅能够形成非传统的价格卡特尔,并能加快此种卡特尔的协商过程。对这类共谋来讲,假若被告们在设计算法时明知其可能会对竞争造成损害,那么这些算法设计者可能要对其行为承担相应的法律责任。

(四) 自主学习类算法共谋

自主类共谋是算法共谋类型中最为棘手的一种,指的是人工智能发展到一定阶段后,计算机算法掌握了搜集、分析、处理数据的能力并能根据市场需求自主做出预测,制定最佳的定价策略以使企业达到利润最大化。[②]在该类共谋中,经营者之间并未达成任何限制竞争的协议,算法设计者也没有利用算法获取垄断利益的意图,垄断协议来自于计算机算法的进化、自主学习和自主执行。随着人工智能的发展,当机器学习算法训练得到类似的经验时,便会增强共谋的能力,机器之间很容易达成默示共谋。相似的机器更有可能理解彼此,并使共谋效果更为坚固。重要的是,这些机器

[①] 韩伟:《数字市场竞争政策研究》,法律出版社2017年版,第325页。
[②] 臧阿月:《大数据时代下算法合谋的反垄断规制》,《湖北经济学院学报(人文社会科学版)》2019年第6期。

在制造时并没有可能引起共谋的特别指令，导致共谋的原因是机器们的自主学习。在这类共谋中，如果设计算法时，算法设置自己的定价策略为如何获取利润最大化，那么当不同的计算机算法进行信息交流时，就可能会发现要想获取最大化利润需要保持价格一致。此时，计算机通过自主学习就能自发进行信息交流，协调价格，达成共谋，而这种共谋是由不同计算机进行自主学习的结果。①

由于自主类共谋中算法的智能化程度非常强，因此实践中尚未出现自主类共谋的典型案例。但不可否认的是，随着数字经济时代的到来和人工智能发展日趋成熟，计算机算法的自我学习能力将不断增强，同时也会加强自主类共谋形成的可能性。在由计算机算法通过自主学习达成的共谋中，垄断协议既不是来自经营者的明示协议，算法设计者也缺乏共谋意图，因此，反垄断理论面临的问题在于，在机器智能化程度非常强的情形下，智能化机器通过自我学习实施的这类共谋是否具有可责性？对于机器自主学习导致的共谋，算法设计者和使用者是否应当承担责任？由于人工智能算法的研究尚处于初步发展阶段，针对此类问题的探讨还需进一步探索。

四、算法共谋型垄断协议的竞争效果分析

（一）算法提高经济效率的同时具有促进竞争的效果

算法已被广泛运用到商业实践当中，如用于预测市场需求、价格变化、用户偏好等，还用于评估市场风险，帮助企业更有效地安排生产经营，为用户提供更创新、更便捷的产品和服务。

1. 算法能够提高供给侧的效率

通过算法进行定价能够实现价格的动态调整，根据市场环境变化来优化价格。随着企业收集越来越多的用户数据和计算机技术的发展，企业可以通过算法设定出最优价格，让价格更加差异化、定制化、动态化。与传统的定价方式相比，利用算法进行定价能够让商家更迅速地对市场变动作

---

① 许灿英：《算法合谋反竞争问题初探》，《合肥工业大学学报（社会科学版）》2019年第2期。

出反应，调整商品价格。这种动态定价不仅可以减少超量供应或供应不足的情形，还可以在市场环境中实现经营者和消费者的互利交易，有助于经济效率的提高和消费者权益的保护，使得经营者能够在市场竞争中保持较强的市场竞争力。同时也会给同业经营者带来压力，促使其积极研发新技术以适应新的竞争环境，最终带来社会整体效率的提高。

2. 算法能够提高需求侧的效率

对消费者来讲，算法可以用来比较商品价格和质量，也可以用来预测市场变化情况。消费者可以通过算法进行比价，以增强买方力量，从而快速理性地作出采购决策，降低交易成本，提高交易效率。此外由于市场透明度的提升，消费者可以通过算法对海量的产品和服务进行对比，能够在一定程度上抵消过度市场营销的影响，帮助消费者找到真正合适的商品，从而作出理性选择。同时，这对供给侧的企业来说也增加了竞争压力，促使他们将更多精力投入到提高产品质量上而非营销广告上。[1]

（二）算法加剧了共谋对市场竞争的危害

然而，算法犹如一把双刃剑，同时也存在潜在的反竞争效果。竞争是市场经济的灵魂，自由竞争的前提是经营者能够独立地作出商业决策，而共谋会违背这种商业规律，经营者之间可以通过共谋固定产品价格，破坏市场良性竞争，损害消费者利益。[2] 此外，共谋还破坏了市场正常的优胜劣汰规律，在经营者达成共谋的情况下，经营者无须取得市场优势地位就可以实现超额利润，市场机制优胜劣汰的规律将会失效，会导致企业缺乏压力和动机，长期下去会造成市场主体普遍缺乏创新机制，失去市场活力，进而降低经济效率。正是因为共谋具有巨大的反竞争效果，共谋行为一直是各国反垄断法重点打击的对象，而经营者利用算法达成的共谋加剧了其反竞争效果。

首先，算法降低了实施共谋的条件，并且算法能使经营者以更多的途径来达成共谋。共谋的实施除了可以传统明示方式实现外，还可以通过前文所述的共谋信号算法、价格跟随算法、人工智能算法等多种形式更巧妙

---

[1] 曾雄：《人工智能时代下算法共谋的反垄断法规制》，《网络法律评论》2016年第2期。
[2] 兰磊：《论横向垄断协议与纵向垄断协议的区分——评上海日进电气诉松下电器等垄断纠纷案》，《上海交通大学学报（哲学社会科学版）》2018年第2期。

地达成共谋；其次，算法也使共谋更易维持。共谋具有内生的不稳定性，共谋者往往会通过秘密降价等形式背叛共谋，从而获取超越共谋的利益，而算法的介入则会降低共谋内生的不稳定性。市场透明度的提升使得共谋集团能够迅速地发现背叛共谋的行为和共谋者，进而实施惩罚机制，监测类算法加重了共谋者背叛共谋的成本，使得共谋瓦解的可能性更低。综上所述，算法为共谋的形成提供了多种途径，并且一旦形成难以瓦解，因此，算法加剧了共谋对竞争的危害性。

（三）算法可能扩大默示共谋的反竞争效果

默示共谋是经营者未通过明示的协议或决定作出共谋的意思表示的情况下，彼此心照不宣地保持价格一致。虽然经营者未达成明示的协议，但是经营者为了避免价格战并获得利润最大化，通常会基于获利动机选择心照不宣地维持价格一致。对于默示共谋，反垄断法一般不直接进行规制，原因在于默示共谋相较于明示共谋更难形成和维持，其对竞争的危害也远小于明示共谋。一方面，默示共谋对市场环境的要求较高，默示共谋一般只有在经营者数量少、产品差异小、市场透明度高的条件下容易达成，但是在动态变化的市场环境中，经营者数量较多且产品差异化较大，经营者之间很难形成意思联络，因此共谋较难达成。另一方面，默示共谋由于缺乏共谋协议，没有可信的威慑机制，共谋者往往会出于争夺市场份额的目的采取降价等方式背离共谋，增加了共谋的不稳定性，因此默示共谋相较于明示共谋更易瓦解。此外，市场中并不是所有的默示共谋必然违法，经营者没有明确协商采取的价格一致行为也有可能是市场自发形成的结果，反垄断法应当坚持谦抑干预的理念，防止过度干预。

然而，随着人工智能的发展，算法参与到了垄断协议的制定过程中，算法的介入改变了传统默示协议难以形成和维持的特点，大大增加了默示共谋对竞争的危害。首先，传统默示共谋中由于未达成明确的协议，经营者之间缺乏意思联络，难以实施共谋，但是智能化算法能为经营者协调价格实施信息交流，降低了共谋达成的难度。其次，算法的参与产生了许多介于明示共谋和默示共谋之间的行为，比如经营者之间的共享定价算法，在此类协议中，协议内容仅仅为共享算法，但却会导致价格一致的效果。相较于默示共谋，经营者之间有信息交流行为；相较于明示共谋，这一行为是否能被认定为具备共谋的主观意图争议较大。这给反垄断法规制带来了实践难题。最后，算法的参与能够帮助共谋集团更迅速地发现背离共谋的共谋者，并且通过即时跟踪价格或者惩罚等措施降低其获利可能，大大降低了共谋者背离共谋的动机，使共谋更趋稳定。因此，算法的参与增强了默示共谋对竞争的危害，其所带来的反竞争效果并不亚于明示共谋甚至较其更大，同时也给反垄断法理论带来了诸多实践难题。

第二节 算法对传统垄断协议形成机制的影响

一、算法对传统共谋所需条件的影响

(一) 反垄断法中经营者达成共谋所需的条件

1. 市场集中度较高

首先，传统反垄断法上共谋的形成通常要以经营者数量较少为必要条件。原因在于当市场上经营者数量较多时，各经营者的市场力量相近，且单个经营者的利润空间有限，共谋各方要想达成共谋需进行一系列的磋商过程，最终形成使各方利润最大化的方案。在此情况下，任何单个经营者的市场份额较小，对市场影响力较弱，经营者议价能力相应减弱，获取垄断利润的可能性较低。即使单个经营者通过降价等方式意图获取市场优势地位，也因单个经营者的市场力量势单力薄，其降价销售的行为不仅不利于其扩大市场占有率，还有可能使其陷入濒临破产的境地。例如，在市场份额全部或绝大部分由两家供应商掌控的双寡头垄断市场中，若其中一个经营者采取了降价策略，出于策略互动的考虑，另一个经营者需考虑维持价格不变还是降低价格。① 在这种情况下，经营者需要对竞争或者共谋二选一，如果选择共谋，则可能降低风险并可以通过超竞争定价来获得高额

---

① ［美］保罗·萨缪尔森、［美］威廉·诺德豪斯：《经济学》，萧琛等译，华夏出版社1999年版，第499页。

垄断利润；如果选择竞争，则可能大幅削减利润。因此，随着市场上竞争者数量的增多，某个单独的经营者的市场力量就会被削弱得过于微不足道，难以影响市场价格，只能被动接受市场定价。相反，当市场上经营者数量较少时，单个经营者的行为将会对市场产生较大影响，此种情况下更利于共谋的达成。

其次，传统反垄断法上共谋的形成还要以较为集中的市场份额为必要。通常来说，在市场份额越集中的市场上经营者数量就会越少，经营者数量少的市场通常也伴随着市场份额较为集中。现实中各行业经营者的市场份额不可能完全相等，完全竞争的市场一般只是理想状态。现实中也几乎不存在完全竞争市场，各经营者市场份额的不一致会导致市场竞争的加剧，长此以往则会形成少数经营者控制着大部分市场份额，并由其占据市场支配地位的情形。当这些少数经营者控制全部市场份额，新竞争者进入市场的壁垒极高，从而达到最稳定的共谋状态。① 因此，传统反垄断法中市场份额较为集中的条件下更易达成共谋且共谋更稳定。

2. 市场进入壁垒较高

传统反垄断法中共谋的形成不仅要求较高的市场集中度，还要求较高的市场进入壁垒。一般来说，经营者达成共谋的目的是为了防止竞争，并通过抬高定价的方式获取超竞争利润，在经营者数量较少的市场中，即使达成了共谋，假若相关市场进入壁垒很小或者没有，就会有源源不断的新竞争者进入该市场。此时由于共谋者的定价高于市场价格，该市场还有较大的利润空间，新的经营者可以快速进入市场，并以较低的价格参与竞争，消费者则会倾向于购买价格较低的产品或服务，新的经营者便能够以低价取得竞争优势，最终会使共谋走向瓦解。但是如果市场进入壁垒较高，新的竞争者进入相关市场的难度或所需成本较大。在面对预期收益与所需成本难以清晰量化的情形时，即使有着可观的利润激励，潜在的竞争者也难以付诸行动，从而市场上的经营者便会保持在较低的数量。此时，由于市场上经营者数量少，市场进入壁垒高，共谋者便可以无需考虑新的竞争者进入市场，从而达成稳定的共谋获取垄断利润。因此，市场进入壁垒较高也是传统反垄断法中达成共谋所需的条件之一。

---

① ［美］赫伯特·霍温坎普：《联邦反托拉斯政策竞争法律及其实践（第3版）》，许光耀、江山、王晨译，法律出版社2009年版，第173页。

（二）算法能够降低经营者达成共谋所需的条件

1. 较高的市场集中度条件不再必要

前文已述，传统共谋的达成需以较少的经营者数量、较高的市场进入壁垒为必要，但算法共谋改变了这一现状。首先，由于算法共谋通常发生于在线交易平台，消费者可以在平台上全面掌握各经营者的价格、质量等信息，对消费者来说，市场变得更加透明。此时，即便市场上经营者数量较多，市场份额不再集中，某个经营者依靠自己的价格或产品优势依然能够脱颖而出，从而打破共谋。产生这种现象的原因是算法共谋一般发生于电商平台，消费者可以很轻松地获取平台上所有经营者公布的商品价格以及质量等重要信息，市场更加透明化，即使市场上拥有非常多的经营者，某个经营者对商品的降价信息也依然会迅速被消费者掌握并根据价格等因素从不同经营者中择优选择。因此，算法的应用打破了传统共谋中地理位置的障碍。即使市场上拥有很多的经营者，单个经营者也可能获取竞争优势从而会对市场上其他共谋者产生很大的影响，最终加入共谋集团。其次，经营者之间的交流协商过程也会随着算法共谋而简化。共谋集团之间一旦达成共谋的意思一致之后，便不需要达成书面上的明示垄断协议就可通过使用相同的算法维持共谋。例如，在动态定价算法共谋问题中，经营者达成的共谋无需人工交流协商就能够根据供需情况和市场价格对价格进行动态调整。即使市场上拥有数量较多的经营者，但只要他们知道维持共谋就能够获得远超过竞争所能获得的利润，那么他们就会通过共谋来取代竞争。因此，只需要竞争者有达成共谋的意愿并使用同样的算法来达成共谋，达成共谋的必要条件便不再必然取决于市场集中度是否较高、经营者数量是否较多两个因素。

2. 市场进入壁垒的要求被弱化

传统共谋的形成要求较高的市场进入壁垒，如果市场进入壁垒比较小，则共谋会轻易地被进入市场的新竞争者打破。相较于传统共谋，算法共谋弱化了对较高市场进入壁垒的需求。一方面，即使市场进入壁垒较低使得新竞争者可以轻易进入相关市场，但算法可以帮助共谋者实时监测到市场上新出现的价格变动，随即对商品价格迅速做出调整，使得打破共谋的可能性大幅降低；另一方面，如果使用动态定价算法，经营者往往不会根据新竞争者进入市场的价格进行定价，而是根据市场的供需情况来定价。算法能够帮助经营者做出利润最大化的最优定价策略。在最优定价的状态下，共谋者既能根据市场需求做出使他们利润最大化的定价方案，又能更容易应对新进入市场的竞争者。因此，即使在市场进入壁垒较低的情况下，算法也可以帮助经营者实现稳定的共谋，从而将市场进入壁垒对共谋的影响降至最低。

二、算法对传统共谋达成动机的影响

（一）经营者达成共谋的动机及减损因素

1. 经营者达成共谋的动机——利润激励

经营者主要基于利润激励的动机来实施共谋。如果某市场上仅有一个经营者，那么他则可以垄断市场。该市场也将成为完全垄断市场，商品的价格和产量将不受市场机制的调节而完全由垄断经营者决定。垄断经营者可以采取制定远超成本的价格或通过限制产量的方式提高商品价格从而获取高额垄断利益。如果某个市场上经营者数量很少，经营者则可以通过共谋形成垄断集团，进而通过垄断集团攫取高额利润。市场上数量较少的经营者之所以会通过共谋形成垄断集团，是因为在市场经济体制下必然会存在竞争。竞争虽然会对单个经营者的利益有所限制，但对整个市场效率的提升却大有裨益。假如市场上经营者的数量较少时，这些经营者必然会对其竞争对手的行为投以更多的关注。比如，进行信息交流和策略互动，并决定选择竞争或是共谋。在此情况下，如果经营者选择竞争而不是共谋，那么经营者则很可能采取降价等策略取得竞争优势地位，其他经营者为了应对竞争对手的降价行为，必然要做出相关应对策略。但是，不论使用任何措施，都会导致提高成本或者减少利润。因此，经营者为了使共谋集团的利益最大化会选择共谋而非价格战。同时，当市场上数个经营者达成关于限制价格的协议时，就会将同类商品的价格维持在同一水平，此时即便市场价格低于共谋价格，也会限制竞争，经营者都会通过共谋获得垄断利润。即便共谋价格是在估算商品成本和市场供需状况的条件下制定出的，其所获利润依然会超过竞争状态下获取的利润，且共谋经营者出于逐利的目的一般不会满足于正常价格水平。

2. 经营者共谋动机的减损因素

共谋可以帮助经营者取得高额垄断利润，但由于共谋动机减损因素的存在，很多经营者最终并未选择共谋。首先，共谋行为是我国反垄断法重点规制的对象。不仅如此，由于明示共谋会严重损害竞争，世界各反垄断执法机构强烈抵制的对象中都包含明示共谋。虽然共谋可以为经营者带来高额利润，但共谋的实施也很容易被发现，一经发现经营者将会面临没收违法所得、巨额罚款甚至监禁等风险。因此，即便具有强烈的共谋动机，大部分经营者考虑到违法成本和法律的强制规定都不会冒险实施共谋行为。其次，共谋为经营者带来的共谋利益有限。竞争虽然有利于社会整体效率的提高，却会损害市场上单个经营者的利益。当经营者达成共谋时，由于缺乏市场竞争机制的约束，共谋者往往通过固定价格等方式来获得超额利润。但是，共谋行为为共谋者所能带来的利润有限。如果共谋价格过高，则会刺激消费者购买其替代产品。此外，还会激励新竞争者进入市场。同时，当市场上拥有较多数量的经营者时，每个共谋者获取的利润也会非常有限。因此，随着共谋者数量的增多，往往会导致单个经营者获取的利润减少。在收益明显低于成本时，经营者共谋的动机也会有所减弱。最后，共谋也会付出较大的成本。共谋成本包含两方面的因素，一方面，属于同一个共谋集团中的众多经营者往往在生产成本、经营规模、客户忠诚度等方面都存在较大的不同，众多经营者达成共谋需付出较高的时间成本。另一方面，由于众多共谋经营者的诉求都不完全相同，为了尽可能满足每个经营者的利益以达成共谋也需要对共谋价格进行协商。通常来说，共谋者数量越多，就越难达成共识，经营者们也因此要付出更大的机会成本。

（二）算法能够强化竞争者达成共谋的动机

首先，算法能够使共谋被发现的风险降低。如前文所述，人工智能时代，海量数据更易获取、市场透明度不断提升，越来越多的商家采取算法共谋的策略制定价格。而算法共谋的一大特征就是更加隐蔽。经营者达成共谋的意思一致后，只需使用相同的算法即可。在动态定价算法的情况下，经营者仅需要共享算法。即使发现经营者对相同的商品采取同样价格,其也可否认共谋意图,以算法技术导致的价格一致来抗辩。若是人工智能算法共谋,共谋意图则更难以证明。此外,算法共谋可以在经营者数量多的市场上形成。当市场上同类产品的经营者数量很多时,商品价格差别不会太大。即使部分经营者利用算法达成共谋维持价格一致也难以察觉。因此,算法的隐蔽性降低了共谋被发现的风险,从而降低了违法成本。

其次,算法使共谋的违法性难以认定。算法为经营者实施共谋提供了更便捷的途径,使经营者既可以达到共谋的效果,又能够避免法律的规制。例如,预测类共谋和自主类共谋中经营者的主观意图难以认定,这就给共谋的违法性认定带来难题。此外,算法也使默示共谋更易形成。相较于传统的默示共谋,默示算法共谋更加稳定且不易瓦解,从而对竞争的危害较大。实践中,默示算法共谋的违法性认定也较为复杂。

最后,算法能够降低共谋成本。利用算法达成共谋,在形成共谋的意思一致之后,共谋集团可以通过使用相同的算法维持共谋,从而缩短经营者之间的磋商时间。若使用智能型算法,商品的价格随时根据市场的供需状态而变化,从而使价格机制尽可能地满足每个共谋者的需求。因此,经营者的时间成本和机会成本会随着计算机算法的介入有所降低,这更增强了经营者实施共谋的动机。

三、算法对传统共谋稳定性的影响

(一)共谋内生的不稳定性及其影响因素

1. 共谋具有内生的不稳定性

传统共谋中,虽然经营者可以通过达成共谋获得垄断利润,但需注意的是,由于共谋本身也存在不稳定性,使得共谋很容易瓦解。一般情况下,不同经营者通过协商形成共谋集团,但共谋集团内部也会存在竞争。因此,不排除某些成员为了获得更大的竞争优势选择背叛共谋集团。同时,共谋集团内部的定价也远高于商品实际价值,导致他们有很大的降价空间。某些共谋者为了获取更高的收益会形成更强烈的降价动机,这在传统共谋中很难被发现。相比于遵守共谋,经营者可以据此获得更高的利润。而随着共谋背叛者的出现,共谋所带来的利润不断降低,其他经营者也因此会怀疑共谋集团内部是否有背叛者。一旦共谋背离者被发现,共谋将面临瓦解。想要从根本上防止共谋,就要使消费者不在各共谋者之间自由流动。例如,通过划分地域或划分市场的方式预先分配消费者,由此各经营者之间将不存在竞争关系,秘密降价的动机也将不复存在。但由于现实中消费者的流动性较大,想要通过人为的方式在共谋集团内部划分市场是有很大难度的,这会导致共谋利益在各经营者之间分配不均衡,且在顾客流动量很大的市场上,对消费者进行分配几乎无法实现。因此,可以看出秘密降价可以带来更大的收益,同时秘密降价的方式也很难被察觉,共谋者的秘密降价行为难以有效避免。较之于传统共谋,导致经营者背叛共谋的动机也比较强烈,从而能够破坏共谋的稳定性。

2. 影响共谋稳定性的因素

一般来说,共谋者的数量越多,越有可能出现背离共谋者,共谋就越不稳定。因此,共谋者的数量是影响共谋稳定性的首要因素。一方面,当共谋者数量过多时,共谋集团发现秘密降价的行为就越困难,共谋成员背离共谋的行为越不容易被发现,导致共谋者背叛共谋的可能性增强;另一方面,共谋集团中经营者数量越多就会导致每个经营者所能获得的垄断利润越少,因此较少的收益就会促使共谋者想要扩大自己的利益。由于每个经营者利益最大化的价格和需求不尽相同,为了获取更高的收益会使得部分共谋者选择背叛共谋集团,故共谋的稳定性会随着共谋者数量的增多而降低。

市场透明度是影响共谋稳定性的第二个因素。首先,消费者的市场透明度即消费者在交易中获取商品价格或产品信息所需的时间及其他成本,一般来说,市场越透明,消费者花费的成本就越低。对消费者来说,市场拥有一定的透明度可以达到促进竞争的效果,特别是在市场上消费者的数量较多的情况下。因此,对于消费者来说,市场透明度越高,越有利于市场竞争。其次,对经营者而言,市场透明度越高,越容易实现信息互通,共谋也更加稳定。对共谋集团而言,市场透明度越高,共谋者的价格水平和其他交易信息越容易被发现,背离共谋的行为越容易被察觉。因此,对消费者来说,随着市场透明度的提高,共谋的稳定性也会降低,也就更容易瓦解;对经营者来说共谋的稳定性会随着市场透明度的提高而提高。

（二）算法能够提高共谋稳定性

1. 算法能够降低共谋者的背叛动机

在传统的共谋中，共谋的稳定性会随着共谋者数量的增多而降低。原因是传统共谋中，各共谋者的经营成本、市场份额和客户忠诚度均不相同，各共谋者达到利润最大化的诉求也不同，经营者数量越多，越难实现各共谋者的利润诉求，越容易出现背叛共谋的情形。因此，随着共谋者数量的增多，共谋集团内部满足不同共谋者的利益诉求就越不容易实现，而算法共谋则能满足不同共谋者的利益诉求。但算法共谋中，算法可以根据市场环境和供需情况实时定价，最大程度地满足各共谋者的差异化需求，同时，算法能够通过大数据根据市场环境对价格进行即时调整，制定出符合各共谋者利益的最佳策略，从而能够降低共谋者的背叛动机，使共谋更加稳定。

2. 算法能够对共谋者的背叛行为进行实时监测

如前所述，共谋本身就存在制约其稳定性的因素，有些共谋者往往会采取秘密降价的方式背离共谋来获得更大的竞争优势。在经营者数量较少的传统共谋中，由于市场透明度不高，背离共谋者秘密降价的行为被发现概率较小，即使经营者对外公开商品价格，但由于经营者市场透明度较低，经营者在实际交易中可与消费者秘密协商降价，导致共谋集团难以察觉此种秘密降价行为，因此也会促使共谋者采用该方式来获取更大收益。

然而在算法共谋中，共谋集团通过使用相同的定价算法使价格维持一致，即使部分共谋者对商品进行秘密降价，通过计算机监测类算法也能快速发现其背离行为。即便通过其他途径对商品价格进行降低，随着市场更加透明，通过大数据的数据分析，算法也能非常精准地进行监测。如果算法发现共谋集团成员的定价与协商的价格有所偏差（即打折行为），就会自动触发一项处罚机制，甚至是即刻发动价格战。共谋集团还可利用计算机算法对背叛行为实施报复，快速地报复是算法共谋相较于传统共谋的一大特色，计算机算法能够快速控制偏离，计算出数个行为达成的利润额，并采取抵抗行为来惩罚偏离者，这是传统共谋无法做到的一系列行为。因此，在市场透明度较高且存在报复算法的情况下，由于计算机算法可以实时监测并随时启动报复措施，共谋各方背叛共谋的动机被极大削弱，趋于选择避免突破盟约造成互相伤害,从而极大提高共谋的稳定性。

第三节 算法共谋型垄断协议的规制困境

脱胎于工业时代、成熟于信息时代的反垄断法理论和制度,面对人工智能时代的算法共谋,明显表现出力不从心。算法共谋至少在价值层面、认定层面、技术层面以及追责层面给现行的反垄断法规制体系带来重大挑战。

一、基本价值权衡方面的困境

垄断协议作为三大垄断行为之一,具有一定的反竞争效果。对比美国和欧盟的反垄断立法,我国的立法模式与欧盟较为类似。① 《中华人民共和国反垄断法》(以下简称《反垄断法》)将共谋表述为"垄断协议",在第十三条对垄断协议的定义进行了明确规定,并列举了五种典型垄断协议类型和一条兜底条款,第十五条是豁免条款。从法条规定可以看出,对于横向价格垄断协议,我国反垄断法认为原则上应当适用本身违法,但仍一定程度上保留了豁免余地。但是,美欧的反垄断法制度差异对我国的反垄断规制模式有着重大影响,这也导致了此种"禁止+豁免"的规制模式在实践中存在较大争议。② 目前我国的反垄断执法实践中,行政机关和司法机关认定垄断协议的违法性时,在规制模式的适用上存在分歧。行政机关一般在认定经营者达成的垄断协议时,大多适用本身违法原则,即只要经营者的行为符合《反垄断法》第十三条列举的情形均认定为本身违法,只有

---

① 美国绝大多数价格垄断协议均适用本身违法规则,只有合谋的积极影响远大于对竞争的危害时才适用合理规则,但这一情况较为少见。欧盟对横向垄断协议的限制竞争效果分两步进行评估:第一步先依据101条第1款评估合谋行为是否具有明显的反竞争目的或效果,如果具有反竞争目的,则不需要判定效果即可直接认定其无效。第二步如果合谋行为没有反竞争目的而具有实际或潜在的反竞争效果,则需依据第3款评估其是否属于豁免情形,若限制竞争效果大于积极影响,则认定为无效。

② 兰磊:《论我国垄断协议规制的双层平衡模式》,《清华法学》2017年第5期。

在特殊情形下经营者以第十五条的豁免事由来抗辩时，才会考虑豁免。而实践中司法机关在判定此类协议时，既可能适用本身违法，也可能适用合理原则。

反垄断法在对共谋进行违法性认定时，之所以在规制模式上存在分歧，是因为在反垄断法的适用过程中面临竞争秩序和经济效率的冲突以及促进竞争和限制竞争的冲突，要处理好前者的冲突，关键要做到"外部平衡"，要处理好促进竞争和限制竞争的冲突，关键要做到"内部平衡"。而反垄断法在适用时，面对并解决不同价值的冲突及平衡在所难免，而规制模式的选择最终取决于立法价值。只有平衡好反垄断法的内外部冲突，才能解决好实践中面临的矛盾和冲突。

不可否认，算法共谋型垄断协议中，定价算法的使用能够有效改善商品的定价模型，分析和预测价格趋势，从而方便经营者及时调整战略决策，大大提升经营者的运行效率和社会整体效率。与此同时，不论经营者是否通过算法来实施，其对竞争对手的价格变化作出反应是经营自主权的体现。然而，经营者的经营自主权并不是不受任何限制，尽管算法有助于维护效率价值并体现了自由竞争价值，但不应就此忽视算法共谋可能对市场竞争秩序和消费者利益造成的负面影响。在算法开发者或管理者没有排除、限制竞争意图和意思联络的情况下，其开发或使用的算法根据市场动态和最优策略，自主选择并与其他经营者实施某种具有排除、限制竞争效果的市场行为，客观上破坏了市场竞争秩序，损害了消费者利益，理应受到反垄断法的制裁。由此便引发了法律价值权衡的困境，即如果法律对经营者运用算法的行为不予规制，就可能产生排除、限制市场竞争的效果，背离反垄断法所应追求的公平和秩序价值；如果法律规制这种行为，就可能阻碍科技创新从而不利于效率价值和自由价值的实现，同样违背了反垄断法的价值目标。因此，算法共谋规制的价值目标，一方面是经营效率和经营自由，另一方面是公平与秩序，如何在两者之间进行选择并把握好相应的尺度是算法共谋反垄断法规制在法律价值层面遇到的难题。

二、意思联络认定方面的困境

在传统的反垄断法框架下，垄断协议的构成要件有四个：经营者有限制竞争的合意、经营者进行了意思联络、经营者达成一致行为以及产生了排除、限制竞争的效果。在反垄断实践中,意思联络认定的困境一直存在,这是因为共谋各方进行意思联络的方式具有隐蔽性、复杂性等特点。1991年,美国司法部对美国主要航空公司以及美国航空运价公布公司(Airline Tariff Publishing Company,简称ATPCO)展开了反垄断调查,指控美国主要航空公司利用ATPCO的电脑系统能够监测对方机票价格并做出快速反应的能力达成了价格共谋;航空公司则辩称,价格变化是单个航空公司做出的,他们并没有要求或接受任何协议。由于案件的复杂性和行为的隐蔽性,双方最终于1994年和解。[①] 该案中ATPCO的算法是较为简单的监控类算法,而在算法技术越来越发达、算法复杂度越来越高的现代社会,算法共谋者意思联络的认定变得更加困难。算法具有智能化和隐蔽性的特点,经营者之间无须进行意思联络,仅依靠算法的实时监测和对定价策略的迅速调整,便能够保持一致和设定相同价格。尤其是在自主学习算法共谋中,算法由于其强大的自主学习和执行能力,可以独立、自主地达成和实施垄断协议。自主学习算法作为垄断协议的参与者,其本身是理性的,不存在任何法律意义上的主观意图,也难以对算法之间的意思联络予以证明。在这种情况下,由于其缺少意思联络的证明,算法共谋很难被认定为垄断协议而予以规制,但其产生的排除、限制竞争的效果可能会对市场竞争秩序和消费者利益造成比明示共谋更大的危害。

三、算法共谋主体责任归属和分配困境

(一) 算法共谋型垄断协议主体难以认定

在传统反垄断法理论中,受反垄断法调整的法律主体必须具有行为和权利能力,其他国家立法也均将垄断协议的主体限定为自然人、企业或其他经济组织。《反垄断法》第十二条也对经营者的范围予以明确界定,即自然人、法人和其他组织,法律明确赋予了这些法律主体权利能力和行为能力。而在算法共谋中,算法的运用使得问题变得复杂化,甚至可能会脱

[①] J.E. 克伍卡、L.J. 怀特:《反托拉斯革命:经济学、竞争与政策(第五版)》,林平、臧旭恒等译,经济科学出版社2013年版。

离"人类中心主义"的基本规制框架。在信使类算法共谋、轴辐类算法共谋和预测类算法共谋中,算法基本上是执行算法开发者或管理者的指示,开发者或管理者是责任主体。但是在自主学习类算法共谋中,垄断协议的参与者变成了计算机算法,算法通过不断接收数据进行自主学习和实验,甚至能够脱离算法开发者或管理者的控制自行与其他经营者的算法达成共谋。而当下的法律并未规定算法任何权利能力或行为能力,这就加大了算法共谋型垄断协议主体的认定难度。另一方面,在传统反垄断法理论中,要认定构成垄断协议须以经营者之间充分的明示意思联络为必要,即便是执法部门也要结合经营者之间的主观意图、意思联络程度以及具体行为综合认定是否构成垄断协议。但是,在算法共谋中,计算机算法无需人为进行明示协商就可达成默示共谋,此时,如何认定算法共谋型垄断协议的主体也将成为反垄断法需要解决的一大难点。

(二) 责任分配存在困境

行为模式和法律后果构成一个完整的法律规则,其中法律后果在保障法律被遵守层面有着举足轻重的意义。[1] 在反垄断法的规制实践中,对垄断协议的参与者进行规制是当前反垄断执法中适用最广的制裁措施,这就要求规制对象是一个法律主体,并且须具备法律权利能力和行为能力。[2] 但在算法共谋中,无法依据现有的反垄断理论对算法共谋的实施主体追责。特别是在智能化程度较高的自主类共谋中,垄断协议的直接参与主体为计算机算法,不是严格意义上的法律主体,无法对算法追责;如果转而惩罚算法设计者,由于算法设计者主观上在设计算法时没有反竞争意图,客观上也缺乏共谋行为,追究算法设计者的责任也欠缺相应的法律基础。

因此,当决策不再由人类做出,而是由机器自主决定时,反垄断法将如何运作?这是算法共谋向反垄断法理论提出的一大挑战。若由算法本身来承担责任,这就涉及算法或人工智能的法律主体地位问题。事实上,人工智能产品的法律责任问题早已成为热议话题。2018 年,在全球首例无人

---

[1] 应乙、顾梅:《论后果模式与法律遵循——基于法经济分析的视角》,《法学》2001 年第 9 期。
[2] 钟原:《大数据时代垄断协议规制的法律困境及其类型化解决思路》,《天府新论》2018 年第 2 期。

驾驶汽车致死案中，优步无人驾驶汽车在事故中被判定不承担任何刑事责任；① 同为人工智能产品的机器人索菲亚却被赋予了公民身份，② 这似乎违背了"人类中心主义"的伦理和法律价值观。因此，由算法来承担共谋责任，与当前主流观念不符，同时也可能会出现最终无"人"承担法律责任的情形。当数字竞争市场出现算法共谋，特别是强人工智能类算法共谋这一新技术、新业态时，相应的法律责任如何分配？对此，当前反垄断法理论需适应这一趋势，探究解决这一问题的新思路。

四、反垄断执法机构规制的技术困境

算法共谋的技术性、智能化以及隐蔽性等特征，同时也给反垄断执法机构的执法带来了一系列技术难题。在现行的反垄断法分析框架和规制体系下，反垄断执法机构难以识别算法共谋行为；即便调查出经营者可能存在算法共谋的情形，如何收集证据也成为难点。

一方面，反垄断执法机构难以识别算法共谋行为。基于算法共谋的特殊性，反垄断执法机构识别算法共谋行为可能会存在以下三个障碍：首先，算法能够降低成本的优势使得经营者之间达成共谋的成本障碍消失，算法共谋变得更普遍，进一步增大了反垄断执法机构察觉算法共谋行为存在的难度。其次，为实现和维系共谋，经营者通常需要达成一致的策略、监督彼此对策略的共同遵守、惩罚偏离行为三个条件。③ 算法降低了经营者达成一致策略的成本，使得参与算法共谋的经营者数量大大突破了传统共谋下经营者的数量，因而扩大了反垄断执法机构需要监控的对象范围。

---

① 据路透社报道，美国检方于2019年3月5日表示，优步对2018年3月发生在亚利桑那州的一起撞车事故不承担刑事责任。在这起事故中，优步的一辆无人驾驶汽车撞上一名行人，并致其死亡。这是全球首例无人驾驶汽车致人死亡的事故，因此受到外界的广泛关注。参见腾讯汽车：《全球首例无人驾驶汽车致死事故责任认定：Uber不负刑责》，搜狐主页：https://www.sohu.com/a/300365242_180520，2021-1-10。

② 2017年10月26日，在沙特首都利雅得举行的"未来投资倡议"大会上，沙特授予汉森公司生产的机器人索菲亚公民身份，她成为史上首个获得公民身份的机器人。参见万物互联IOE：《世界上首个拥有国籍的机器人——索菲亚是沙特阿拉伯公民》，搜狐号平台：https://www.sohu.com/a/328937387_100058214?spm=smpc.content.share.1.1611147041054qnixfoz#comment_area，2021-1-10。

③ 曾雄：《人工智能时代下算法共谋的反垄断法规制》，《网络法律评论》2016年第2期。

最后，根据"囚徒困境"理论，每个合作者均有背叛的动机，良好的监督机制显得至关重要。算法的出现，使得实时监控和瞬时惩罚成为可能，有效的威慑机制使得每一个共谋成员都难以选择脱离共谋。对外界来说，"算法黑箱"有可能变成"算法共谋黑箱"，现有的共谋发现机制让反垄断执法机构难以识别共谋行为的存在。

此外，反垄断执法机构难以搜集算法共谋证据。在过去的一个多世纪里，反垄断法的发展建立在它所寻求规制的行为人内在的人格假设之上。[①] 基于行为人的人格假设和"囚徒困境"理论，反垄断法规定了宽恕制度，帮助反垄断执法机构发现共谋行为存在的证据。但算法的运用能够极大降低因人性多疑的弱点产生的相互不信任感，以及即使有背叛行为也能快速施加惩罚的特性，这些都使得共谋变得非常稳定。传统反垄断执法机构针对共谋采取内部突破的手段难以继续。此外，算法共谋中"透明度悖论"的存在也使得反垄断执法机构在收集证据上面临较大障碍。所谓"透明度悖论"，是指在算法共谋中，反垄断执法机构要想获得需要的证据信息，必须要提高市场透明度；但提高市场透明度则会让算法共谋参与者之间的信息沟通更顺畅，算法共谋也变得更稳定和更隐蔽，进一步加大了反垄断执法机构收集证据的难度。

实践中，由于默示共谋存在行为识别和证据搜集上的难题，各国反垄断执法机构在默示共谋违法性认定上十分谨慎，甚至在一定程度不得不容忍默示共谋行为。算法共谋基本上属于默示共谋，若对算法共谋采取容忍态度，将会导致算法共谋充斥整个人工智能市场，市场竞争秩序将处于混乱状态，消费者利益和社会公共利益必将遭受损害。因此，反垄断执法机构如何在浩如烟海的大数据和高度智能化的"算法共谋黑箱"中收集可用证据，以及如何审查这些证据，均对反垄断执法技术提出了更高要求。

---

① Mehra S K, Antitrust and the robot – seller: competition in the time of algorithms, 100 Minnesota law review, 1323 (2016).

第四节　算法共谋型垄断协议的规制进路

算法技术本身没有善恶，但算法的开发者和管理者有善恶之分。一方面，我们需要鼓励算法技术的广泛运用；另一方面，需要对算法的开发和运用进行适度规制，以惩恶扬善。对此，应从价值权衡、多元规制体系的构建、意思联络范围的扩展以及责任归属和分配方面规制算法共谋行为。

一、价值层面兼顾效率与公平、自由与秩序

对比前文所述的美欧反垄断立法和执法理念，可以看出，美国激进，欧盟审慎，这或许源于两大司法辖区互联网行业发展趋势的差异。而我国近年来各大互联网公司的发展态势日益蓬勃，甚至一定程度上变革了人们的生活方式。由此可见，一国竞争立法和执法机构规制模式的选择对互联网行业乃至整个国民经济至关重要。[①] 有学者认为互联网是自由竞争的市场经济的产物，互联网行业的垄断对社会公共利益的危害甚巨，面对互联网行业出现的新型垄断行为，反垄断监管机构应当及时介入以对其进行有效干预。另有学者观点较为温和，认为应当保持竞争法的谦抑性理念，应将更多的话语权交给市场，政府应对商业创新秉承审慎干预的理念，将对市场主体行为的干预保持在维持自由竞争的必要限度内。还有学者认为竞争法的目标应当同时综合考虑竞争秩序、经济发展、消费者权益和商业创新等多种因素，兼顾竞争秩序和经济效率。[②] 笔者认为，我国反垄断法在规制算法共谋型垄断协议问题上应当建立起兼顾效率与公平、自由与秩序的多维规制理念，主要基于以下原因的考量。

人工智能时代，算法日渐成为经营者竞争的重要工具。在阻止信息欺诈、优化供应链、精准推送广告、推荐潜在商品、信息网络安全和动态定

[①] 我国关于如何判定垄断协议的立法模式与欧盟立法较为类似。
[②] 陈汉威、胡继春：《从"百度案"看我国互联网行业反垄断的困境与出路》，《价格理论与实践》2014年第6期。

价等方面,算法发挥了相当大的作用。[①] 当算法之间自主、共同地实施固定价格以及限制生产、销售数量等排除、限制竞争的行为时,首先损害的并非经济运行效率,而是消费者的公平交易权和自主选择权。[②] 在这种情况下,市场难以通过竞争和价格机制进行调节,致使消费者无法通过比较不同商品从而做出最优选择;甚至算法还能通过收集消费者偏好等数据,达成对某类消费者群体实行价格歧视的一致意图,这无疑侵害了消费者的合法权益。

随着反垄断法的日渐完善,反垄断法立法宗旨趋于多元化,经济效率已不是唯一的价值追求,对消费者利益的重视越来越多地体现在欧美等发达国家的立法与司法实践中。在实践中,反垄断法的自由、秩序、效率、公平等价值呈并存、竞争和融合的矛盾运动之势。[③] 结合人工智能时代的新特点和反垄断法的发展趋势,比起技术进步所带来的经济运行效率的提高,维护市场竞争秩序从而保障消费者利益的价值取向理应得到足够的重视。因此,在对算法共谋进行规制时,既要考虑到以算法为代表的科技创新对经济运行效率做出的贡献以及经营者运用算法对竞争对手价格变化做出反应的自由,坚持包容审慎规制和谦抑性规制原则,不宜将所有基于算法实施的协同行为都视为违法。同时,要对算法共谋进行有效规制,视具体情况运用本身违法原则或合理原则进行违法性认定,建立技术规制、伦理规制与法律规制相结合的规制方法框架,确保实质公平与市场秩序价值的实现。

二、构建算法共谋的多元规制体系

根据当前国内外反垄断法理论以及竞争监管机构对算法共谋的研究,可以发现数字经济时代算法的产生及应用一定程度上能够促进经济运行的效率,提高消费者的市场透明度,帮助消费者做出决策,甚至能够合理配置社会资源,进而增进社会整体福利。因此,竞争执法机构对算法的监管

[①] 施春风:《定价算法在网络交易中的反垄断法律规制》,《河北法学》2018年第11期。
[②] 钟原:《大数据时代垄断协议规制的法律困境及其类型化解决思路》《天府新论》2018年第2期。
[③] 叶卫平:《反垄断法的价值构造》,《中国法学》2012年第3期。

不应直接采取刚性的监管手段,而应该让市场机制充分发挥作用,鼓励和促进企业创新和技术进步,推动社会发展。竞争执法机构只需在算法共谋行为对市场竞争产生明显损害时予以干预和矫正。因此,鉴于算法共谋的复杂性、智能化特点,对算法共谋的规制,应当从源头引导、过程监管与结构规制三个维度构建多元规制体系,对算法共谋实施全方位规制。

(一) 源头引导:算法开发上的合规性

算法共谋的事后规制在证据收集上存在较大难度,事前规制则可以弥补事后规制的不足。因此,建议在反垄断法的规制框架下,增加算法开发上的合规要求,明确禁止算法的范围,帮助反垄断执法机构缩小需要检测的算法范围。

第一,为算法的开发制定行业准则。尽管目前对算法在市场竞争过程中产生的影响还有待进一步研究,但是,一旦有确切的证据或者操作指引证实了其具有明显的反竞争效果,对于执法部门来说,就能节约执法成本,对于经营者来说,就能提高其行为的可预期性。对此,在算法应用的具体监管过程中,反垄断执法机构应与行业监管部门合作,在算法开发上制定行业标准和自律规范,以行业规范的形式来引导算法开发者有意避免促进共谋的编程,即开发出符合阿西莫夫"机器人学三法则"的算法。[①]以此来预防算法引起的反竞争行为。例如,如果需要阻止经营者之间协调反竞争价格,那么准则可能会要求算法不得对达成价格协调所必需的市场变量做出反应;[②] 此外,还可以通过编程让算法拒绝对最近价格变化做出反应或忽略个别经营者的价格变化。当然,这种解决方案可能会限制经营者开发、创新算法的积极性,必须以必要性和审慎规制原则为前提,并符合比例原则的基本要求。

[①] 1942 年,俄裔美籍科幻作家阿西莫夫在短篇小说《圆舞》中提出了机器人学三法则。第一法则:机器人不得伤害人类个体,也不得以其不作为致使人类个体受到伤害;第二法则:机器人应当服从人类个体给予的所有命令,除非该命令违反第一法则;第三法则:机器人应当在不违背第一法则或第二法则的范围内关注自己的安全。参见张建文:《阿西莫夫的教诲:机器人学三法则的贡献与局限——以阿西莫夫短篇小说〈汝竟顾念他〉为基础》,《人工智能法学研究》2018 年第 1 期。

[②] Klein T, Assessing autonomous algorithmic collusion: Q - learning under short - run sequential pricing (September, 2018), https://www.econstor.eu/bitstream/10419/185575/1/18056.pdf, 2021 - 1 - 10.

第二，反垄断执法机构可以酌情要求经营者披露算法源代码，进行反向监测并制定算法"黑名单"。"算法黑箱"和"算法共谋黑箱"的存在，在一定程度上阻碍了反垄断执法机构的执法。只有披露相关算法，反垄断执法机构才有机会检测算法是否违法。反垄断执法机构可以通过抽查方式进行检测，以确定该算法是否表现出共谋倾向。若表现出共谋倾向，此种算法将被列入"黑名单"；若没有串通倾向或串通倾向可以忽略不计，该算法将获得批准。在具体操作上，可以采用"算法监管沙盒"的测试方法，①让部分获得批准的算法进入市场，在一定时间内测试该算法有无实施共谋行为，并根据测试结果放宽审查尺度和降低准入门槛，以期在鼓励算法创新和防范算法共谋之间取得平衡。需要注意的是，若算法属于经营者的商业秘密，在要求经营者披露算法并进行反向检测过程中，必须采取适当措施保护经营者的算法免受泄露。

（二）过程监管："算法共谋黑箱"的破解

在算法开发完成投入使用后，反垄断执法机构可以对算法市场进行调查，获取执法所需信息；同时基于"算法型消费者"理念，②提高消费者应对经营者算法的能力，以期对经营者的算法共谋行为进行有效制衡，实现揭开"算法共谋黑箱"的目的。

首先，为全面掌握算法的运行机制，及时发现经营者实施算法共谋的苗头，反垄断执法机构可以构建自动化执法系统，实现以技术规制技术。自动化执法系统是利用大数据技术、算法技术等信息技术，自动搜集算法运行状况信息，预测算法共谋行为已经或即将发生，自动获取相关证据，实现对算法运行过程的监管。通过该系统，反垄断执法机构可以对算法市场的透明度、算法的运行机制以及算法预测的准确度、互动频率等提前调查，掌握算法驱动型市场的新动态以及可能存在的竞争问题，根据监测结论，采取有效的规制措施。其次，算法管理者负有定期报告算法运行情况的义务。反垄断执法机构通过分析经营者的报告，从中获取经营者（或算

---

① Harrington J E, Developing competition law for collusion by autonomous artificial agents, 14 Journal of competition law & economics, (331) 2018.

② Michal S. Gal, Niva Elkin-Koren, Algorithmic consumers, 30 Harvard journal of law & technology, 309 (2016).

法）是否有排除、限制竞争意图和意思联络行为，从而获得需要的证据。经营者履行报告义务还可以培养算法开发者和管理者的竞争意识，提高算法的竞争遵从度。再次，为解决"算法共谋黑箱"问题，鼓励经营者向消费者披露算法，并为消费者提供配套解读软件或进行详细说明，这是保证消费者知情权的重要手段。最后，为和经营者算法相抗衡，鼓励经营者开发"消费者算法"，"帮助消费者识别价格、识别共谋以及虚拟消费者捆绑行为"。① 目前电子商务市场流行的比价算法或推荐算法，就属于消费者算法。此种算法可以对经营者的提价行为即时做出反应，并将该经营者自动过滤出消费者的选择范围，导致提价经营者的销量大幅减少。面对削减的销量，经营者必然要对其价格进行新一轮调整，直到形成市场出清价格。因此，消费者算法能够对经营者形成有效的制衡。

（三）结构规制：降低算法共谋的概率

数字市场存在三个有利于达成算法共谋的因素：一是互联网技术的快速发展使得数据规模越来越大，无处不在的数据是经营者达成算法共谋的前提条件；二是大数据抓取、分析技术的成熟使得数字市场变得更加透明，算法经营者之间更容易进行信息交流并监控参与者的行为；三是网络通信技术的更新换代、云存储技术的发展以及计算能力的快速提升使得算力大幅度提高，算法经营者之间的信息交流可以实时完成。因此，对算法共谋的规制，还可以从数字市场的结构着手，制定调整数字市场结构特征的政策，有效降低达成算法共谋的概率。首先，适度降低市场透明度。反垄断执法机构可以要求经营者实施秘密折扣制度或对可在线发布的信息施加限制，使算法难以预测竞争对手的行为。其次，限制算法经营者互动的频率。反垄断执法机构可以对经营者的价格调整频率施加限制，禁止经营者在指定的最短时间内接收任何新要约，使得算法共谋的灵活性降低，从而破坏算法共谋的稳定性。

---

① Michal S G, Algorithmic – facilitated coordination: market and legal solutions（May, 2017），https：//dev. Competition policy international. com/wp – content/uploads/2017/05/CPI – Gal. pdf, 2021 – 1 – 10.

三、适度扩展意思联络的认定标准

无论是明示共谋还是默示共谋,都是经营者通过意思联络取得意思表示一致的结果。默示共谋主要表现为协同行为,而协同行为以经营者之间的意思联络为前提。如果经营者不存在主观上的意思联络,仅仅是在某一经营者采取一定的市场行动后,根据自己的独立判断实施追随行为,该"意识性平行行为"不属于协同行为。① 所谓意思联络,强调经营者不仅具有排除、限制竞争的主观意图,而且相互之间就排除、限制竞争的意图进行沟通交流并取得了一致。据此,认定垄断协议,不仅需要证明经营者的主观意图,还需要证明经营者进行了联络并取得一致。主观意图在明示共谋中主要体现在协议或决定文本中,而协议或决定本身就是意思联络的结果。在默示共谋中,主观意图则能通过经营者协同行为的实施所产生的排除、限制竞争效果得以外化,通过竞争效果可以反推排除、限制竞争的意图。因此,默示共谋认定的难点不在于主观意图,而在于经营者之间是否存在联络行为。

在信使类算法共谋、轴辐类算法共谋和预测类算法共谋中,从排除、限制竞争效果中展现出来的意图可以归属算法的开发者或管理者。但在自主学习算法共谋中,算法开发者或管理者没有排除、限制竞争的意图,在外界看来也不存在任何联络行为,因而需要适度放宽意思联络的认定标准。首先,关于人工智能的民事主体资格问题,吴汉东教授认为:"受自然人、自然人集合体——民事主体控制的机器人,尚不足以取得独立的主体地位。"② 同理,自主学习算法虽然具有自动化、智能化特点,但算法的开发者在算法编程时可以通过遵守竞争准则、适度降低算法透明度、增加算法偏离可能性等技术手段对算法共谋施加有效控制;算法管理者也可以对算法开发者作出上述要求,从而达到控制算法共谋的目的。因此,从意图归属看,自主学习算法本身并不能作为意图的归属主体,而应当是自主学习算法背后的开发者或管理者。其次,算法在达成共谋之前,会通过网

---

① 王玉辉:《论垄断协议的行为认定》,《河南大学学报(社会科学版)》2011 年第 2 期。
② 吴汉东:《人工智能时代的制度安排与法律规制》,《法律科学(西北政法大学学报)》2017 年第 5 期。

络收集需要的数据,根据收集到的数据进行分析并制定相应的策略,另一种算法也会实施同样行为。也就是说,在算法共谋中,算法之间事实上有信息交流,① 这种信息交流会产生类似于合同法中要约和承诺的效果。尽管经营者之间没有明示的意思联络和书面或口头的垄断协议,但如果经营者各方进行了信息交流并且做出了一致行动,从而导致了排除、限制竞争效果,便可以推定为意思联络。因此,需要扩展意思联络的认定标准,将算法间的信息交流视为意思联络的一种形式,进而认定算法开发者或管理者有排除、限制竞争的意图并实施了联络行为。

令人欣喜的是,作为垄断协议主要执法机关的国家市场监督管理总局,于 2019 年 6 月 26 日出台了《禁止垄断协议暂行规定》,其中对认定协同行为应当考量的因素做出了详细规定,第六条第二款明确将信息交流作为认定协同行为考量的因素之一,② 这说明立法者已充分认识到协同行为的认定应紧随经济发展的步伐进行更新和调整。但是,由于《禁止垄断协议暂行规定》的法律位阶较低,建议在未来《反垄断法》修法时将该条款附在第十三条第二款之后,提高其法律位阶,进而增强其适用性。

四、明确算法共谋责任的归属和分配

在人类主宰的世界里,"算法中心主义"永远无法取代"人类中心主义"。算法本质上仍然是人类的工具,只是带来了新的共谋手段和工具,而不是新的法律责任主体。③ 因此,在未来较长的一段时间内,类似科幻片的场景——算法承担共谋的责任的情形暂时还不会出现。从法律上讲,违法行为者应当承担否定性法律后果,这既是责任自负原则的直接体现,也是公平价值和正义观念的实现途径,算法共谋的规制同样遵循此思路。在算法责任的承担上,有学者提出"算法雇员理论",④ 将自主学习算法视

---

① 主要表现为经营者之间交换用户信息、产品价格信息等。
② 《禁止垄断协议暂行规定》第六条:认定其他协同行为,应当考虑下列因素:(一)经营者的市场行为是否具有一致性;(二)经营者之间是否进行过意思联络或者信息交流;(三)经营者能否对行为的一致性作出合理解释;(四)相关市场的市场结构、竞争状况、市场变化等情况。
③ 施春风:《定价算法在网络交易中的反垄断法律规制》,《河北法学》2018 年第 11 期。
④ Mihailis D, The problem of algorithmic corporate misconduct(September, 2019), https://ssrn.com/abstract = 3460105,2021 - 1 - 10.

为经营者的员工，经营者应当替代员工承担法律责任，而不应利用算法逃避责任。因此，算法（包括自主学习算法）不能获得独立的法律主体资格，也不能替代经营者承担相应法律责任。在算法共谋责任的归属上，应当"刺破算法面纱"，由算法背后的实际参与者如算法的开发者、管理者或受益者来承担法律责任。

实践中，当算法开发者、管理者和受益者合一时，不存在算法共谋责任的分配问题。但当算法开发者、管理者和受益者分属于不同经营者时，可以综合运用扎拉奇和斯图克提出的获益原则和有效控制原则来分配相应的法律责任。[①] 获益原则是指反垄断执法机构或法院先行评估算法共谋的获益结构，然后根据实际参与主体获益大小等结构因素确定责任的分配。有效控制原则是指可以从实际参与主体对算法的控制程度来判断。若算法开发者、管理者和受益者均从算法共谋中获益或能对算法施加一定的控制，则可根据获益份额和控制程度来确定责任份额，否则由获益的一方或控制的一方承担责任；若获益比例或控制程度难以区分，则由算法实际参与主体承担连带责任。

五、结论与展望

人类已经迈进人工智能时代，人工智能时代的大数据和算法行业是未来的发展方向。我国高度重视大数据和人工智能行业的发展。近年来，国务院相继发布了《促进大数据发展行动纲要》和《新一代人工智能发展规划》，为大数据和人工智能的快速发展提供了政策指引。算法共谋作为人工智能行业快速发展的副产品，其技术性、稳定性、智能化和隐蔽性特征给反垄断执法机构带来了诸多挑战，导致算法共谋的规制存在价值权衡困境、认定困境、责任追究困境和技术性困境等多重困境。对国内法学界来说，算法共谋及其规制是一个前沿和复杂的话题。如何在保证算法提高经济效率、促进消费者福利和社会公共利益的前提下，有效规制算法共谋行为，防范其对市场竞争秩序造成损害，需要我国理论界和实务界的共同努力。

---

① Ezrachi A，Stucke M E，Sustainable and unchallenged algorithmic tacit collusion，17 Northwestern journal of technology and intellectual property，217（2020）.

第八章

互联网必要设施的判定及其法律规制框架[①]

2020年新冠疫情期间,作为在线办公软件的飞书,其相关域名于2020年2月29日起被微信全面封禁,并被单方面关闭微信分享API接口。这并非微信首次通过封锁链接的形式与其他互联网产品开展商业竞争,在这之前,诸如淘宝、抖音、快手等,均曾受到过微信的"封锁"待遇。在当今中国的互联网市场竞争业态下,由于腾讯微信在用户基数、流量池等方面已取得压倒性的竞争优势,任何一款互联网产品只要被微信所封禁,其在用户中的推广困难便会呈指数级上升。在这种格局下,微信与其说是一款单纯的社交软件,不如说更像是一种互联网"基础设施",其在线上经济中发挥着与线下经济的交通、能源、基建等相类似的作用。而在反垄断法中,亦存在一个与控制此类设施企业相关的规制理论,即"必要设施理论"(Essential Facility Doctrine)。近年来,有关通过适用必要设施理论规制互联网平台企业的舆论,逐渐在业界蔓延,并已有了初步学术探讨,但其中亦不乏观点的分歧和矛盾。整体而言,不论国内外,反垄断法学界仍对将一些优势互联网平台企业界定为必要设施持谨慎态度。本章旨在简要回顾必要设施理论在国内外反垄断法实践中的适用现状,并分析其是否有必要在调适、改造的前提下适用于互联网反垄断领域,从而有助于推动我国互联网平台企业的反垄断法实施。

[①] 本章由段宏磊、沈斌合作撰写。本章内容参见如下研究成果:段宏磊、沈斌:《互联网经济领域中反垄断的"必要设施理论"研究》,《中国应用法学》2020年第4期。收录至本书时内容进行了修改和完善。

第一节　必要设施理论的国内外反垄断实践重述

一言以蔽之，必要设施理论形成于美国的反垄断司法实践，并在西方国家得到不同程度地援引和适用，但对该理论的质疑和挑战从未终止。在中国反垄断立法过程中虽曾探讨过该理论是否有必要正式纳入立法等问题，但最终未被正式认可。

一、必要设施理论的起源与基本内涵

追根溯源，必要设施理论滥觞于美国判例法，根据学界共识最早可以追溯至 1912 年 "U. S. V. Terminal Railroad Association of St. Louis 案"（以下简称"终端铁路案"）。① 学界将必要设施理论提炼为，如果一个处于上游市场中的经营者控制了下游市场生产经营无法复制且必不可少的"必要的"或"瓶颈的"设施时，为了消除限制竞争的效果，其有义务让下游市场中的生产经营者以合理的商业条款使用该必要设施。② 虽然必要设施理论的源头虽然可以追溯至"终端铁路案"，但是"Essential Facility Doctrine"的词源却是在该案发生 60 多年以后的"Hecht V. Pro Football 案"中才首次出现。而直至 1983 年的"MCI 案"，美国第七巡回法庭才明确使用

---

① 在本案中，圣·路易斯市数家经营连桥铁道、换车站的铁路公司合作成立的 Terminal Railroad Association of St. Louis 公司完全控制了所有进出该市的转轨设施和铁路桥梁，导致非合作体成员公司无法再在该地提供铁路运输服务。最终，美国法院判定终端铁路公司具有非法限制竞争和垄断经营的企图，并要求终端铁路公司向其他铁路公司开放使用设施。法院判决的理由可以归结为两点，一是非合作体铁路公司事实上无法另行建立其他的跨河设施；二是终端铁路公司控制的这些设施是其他铁路公司进出圣·路易斯市必须使用的设施。此后，终端铁路案作为判例法被广泛适用于美国各地方法院的类似案例，并被奉为必要设施理论的发端。Marissa A. piropato. Open Assess and the Essential Facility Doctrine：Promoting Competition and Innovation. U Chi Legal F，p. 369（2000）.

② OECD, The Essential Facilities Concept, OCDE/GD（96）113，1996. P. 7. at http：//www. oecd. org/officialdocuments/publicdisplaydocumentpdf/？cote = OCDE/GD（96）113&docLanguage = En. 2021 - 1 - 10.

必要设施理论，并提炼出判断必要设施的四个要件：

一是相关设施必须为具有市场支配地位的企业垄断控制，这是必要设施原则适用的前提条件。在企业不具有垄断地位或相关设施存在替代品的条件下，囿于市场竞争本身就能够约束拥有设施的企业，必要设施理论不能适用。企业对相关设施的垄断地位可以基于多种原因而获得，包括基于经营效率形成的自然垄断，基于专利而建造的合法壁垒，以及基于自然地理条件而取得的垄断地位等。

二是其他竞争企业事实上无法复制或者无法合理地复制这一设施。该标准的关键是设施的不可复制性。理解"不可复制性"这个概念，需要从技术层面和经济可行性层面两个维度予以把握。除了地理环境原因产生的必要设施之外，诸如知识产权、基础设施等必要设施只要有足够人力财力和物力投入，在理论上都有可能复制或获得；但如果取得这项设施所消耗的成本将大于利用该设施所产生的经济利益，即复制该设施在经济上是不现实的，那么这项设施便在事实上不具有可复制性。

三是缺少这一设施将导致具有竞争关系的企业无法在相关市场展开竞争。该标准强调开放设施对下游市场竞争的必要性，具言之，若设施的缺失将直接导致其他企业无法与垄断设施的企业开展有效竞争，方可认定为设施的"必要"。

四是垄断企业向竞争对手提供该设施具有可能性和可行性。如果设施向其他竞争企业开放是不现实的，或者设施的共享会降低企业向消费者提供服务的能力，那么反垄断法就不应该要求垄断企业开放必要设施。①

二、西方国家必要设施理论的适用及其发展

理性而论，"MCI 案"确立的适用必要设施理论的四个要件并不完善。实践中，证成一项设施的不可复制性及其对下游市场竞争的必要性极为模糊和不清晰，难以寻得足够客观的标准；另一方面，上述四要件也存在逻辑上的循环论证问题，即一项设施只有符合全部四项要件时才能被认为是必要设施，但在符合相关要件之前，我们必须首先就假定该设施是"必

---

① 林平、马克斌、王轶群：《反垄断法中的必需设施原则：美国和欧盟的经验》，《东岳论丛》2007 年第 1 期。

要"的。① 在美国，学界对必要设施理论的内涵、价值和适用标准等一直争论不休。② 而在司法实践中，美国尽管属于必要设施理论的发源地，但该理论仍未得到联邦最高法院的明确承认。2004年的联邦最高法院判例声称：即便是在位垄断者也有权利对交易对手进行挑选，必要设施理论从未被正式认可。③ 与之相比，州法院、联邦巡回法院则有较多适用必要设施理论的情形，但适用领域极为多样化和不清晰，除公用事业、网络型产业属于认定必要设施的高发地带外，一些互联网交易系统、知识产权拥有者也有可能被认定为必要设施。但整体而言，美国对必要设施理论的适用呈现出谨慎的态度，"很大程度源于理论界的反对，实务界也存在分歧"。④

在其他西方国家和地区，必要设施理论亦得到不同程度的适用。与美国不同，欧盟委员会和欧洲法院均正式认可了必要设施理论。欧盟竞争法倾向于认为，当下游市场中的全部或者大部分竞争者将因为无法使用设施而被驱逐出市场时，具备市场支配地位的经营者强制开放设施就是必要的。⑤ 在适用范围上，除了机场港口、电信网络、燃气管道、银行清算系统等可能符合必要设施的传统设施外，欧盟在知识产权和互联网领域适用必要设施理论也极具开放性。⑥

在澳大利亚和日本，虽然亦存在有关必要设施理论的应用，但与美国、欧盟的范式存在一定差别。在澳大利亚，对必要设施理论的适用主要局限于具有基础设施或网络型产业性质的公用事业领域，其他领域并不认可。要求开放设施的考虑既包含反垄断法上促进有效竞争的因素，还会考

---

① Christopher M. Seelen. The Essential Facilities Doctrine: What Dose It Mean To Be Essential? 80 Marq. L. Rev., p. 1117 (1997).

② Marina Lao. Networks, Access and Essential Facilities: From Terminal Railroad to Microsoft, SMU Law Review, Vol 62: 2, p. 67 (2009).

③ Verizon Communications, Inc. v. Law Offices of Curtis V. Trinko (02 – 682), 540 U. S. 398 (2004), pp. 407 – 410.

④ 王中美：《必要设施原则在互联网反垄断中的可适用性探讨》，《国际经济法学刊》2020年第1期。

⑤ John T. Lang. Defining Legitimate Competition: Companies' Duty to Supply Competitors and Access to Essential Facilities, Fordham International Law Journal, Vol 18: 2, p. 437 (1994).

⑥ 同上注，John T 文。

虑开放设施对国民经济和公共利益的正面效果。① 据此，澳大利亚的必要设施理论更像是一种针对公用事业"强制接入"的管制政策，而不是反垄断意义上的制度。② 在日本，必要设施理论更多地与滥用相对优势地位实施的不公平交易行为相关联，即如果控制相关分销渠道或重要设施的企业没有正当理由拒绝与对方交易，且这种拒绝将导致对手难以进入市场，或将其排除在市场之外时，即有可能被认定为不公平交易行为。③ 整体而言，日本对此类行为的裁判实践标准较为混乱和不清晰，实践中遭受到了一定批评。④

综合国外相关立法和判例，虽然不同国家的适用标准、适用领域存在较大差异，但几乎均未摆脱必要设施理论的如下三大适用要件：其一，具备一定优势地位或垄断地位的经营者控制着某项关键设施，而该设施是在相关市场上开展有效竞争的必要条件；其二，其他经营者复制、重建该项关键设施是不可能的，或至少在成本或技术条件上是不现实的；其三，经营者开放使用该项设施是可行的，且不具备拒绝开放的正当商业理由。一旦这三个条件均成立，控制关键设施的经营者即有义务向其他经营者以合理的价格或条件授权使用该设施。

整体而言，必要设施理论在国外反垄断司法实践中的运用是极为严格和谨慎的，在个别国家或个别时期曾出现过扩张适用的倾向，但也通常会因此遭受学界批评。这主要是基于如下两方面的考虑：一方面，必要设施理论本质上意味着对控制着关键资源的经营者交易自由的限制，这与市场经济和契约自由精神存在一定背离；另一方面，在上述有关必要设施理论适用条件的界定中，如设施是否必要、重建该设施是否可行、拒绝开放设施是否存在正当理由等，均存在诸多隐晦和不确定之处，有可能会被滥用。因此，国外对必要设施理论的适用主要集中于网络型产业、自然垄断

---

① OECD, The Essential Facilities Concept, OCDE/GD (96) 113, 1996. PP. 37-47. at http://www.oecd.org/officialdocuments/publicdisplaydocumentpdf/? cote = OCDE/GD (96) 113&docLanguage = En. 2021-1-10.

② 王中美：《必要设施原则在互联网反垄断中的可适用性探讨》，《国际经济法学刊》2020年第1期。

③ OECD, The Essential Facilities Concept, OCDE/GD (96) 113, 1996. PP. 61-62. at http://www.oecd.org/officialdocuments/publicdisplaydocumentpdf/? cote = OCDE/GD (96) 113&docLanguage = En. 2021-1-10.

④ 王晓晔：《论滥用"相对优势地位"的法律规制》，《现代法学》2016年第5期。

产业或公用事业等领域，在这些领域中，控制关键设施的经营者通常被视为应向公众提供普遍服务义务，强迫其开放设施自然更符合情理。近年来，亦有将必要设施理论应用于知识产权反垄断问题的案例。迄今为止，关于互联网企业的竞争问题，国外判例通过直接援引必要设施理论予以规制的情形仍是十分罕见的；但是，对于微软操作系统、谷歌搜索引擎等核心性的互联网平台是否构成必要设施的相关讨论，早已甚嚣尘上。

三、必要设施理论在中国

在中国，2008年开始施行的《中华人民共和国反垄断法》（以下简称《反垄断法》）并未明确规定必要设施制度，但在滥用市场支配地位的相关规定中，将拒绝交易列为应受反垄断法规制的垄断行为。根据该法第十七条第三项的规定，具有市场支配地位的经营者拒绝与相对人进行交易且没有正当理由，构成滥用市场支配地位的行为。"拒绝交易条款"与必要设施理论具有很大相似性，虽然学界有将必要设施理论作为拒绝交易条款的下位条款的观点，但并未获得学界的普遍认同。一般认为两者之间并不存在可以替代的包含关系。一方面，必要设施理论要求的设施所有者的市场支配地位程度更高。除了要求设施所有者达到一定比例的市场份额之外，还必须达到"无法复制"且是"必要投入"等条件；另一方面，还可能出现可以适用必要设施理论而无法适用拒绝交易条款的情形，在很多情况下，设施的开放并不是以实施交易活动为前提的。

此处需要提及的是，在《反垄断法》正式实施前的征求意见稿中，曾拟规定："如果经营者不进入具有市场支配地位的经营者拥有的网络或者其他核心设施，就不可能与其开展竞争的，具有市场支配地位的经营者不得拒绝其他经营者以合理的价格条件进入其拥有的网络或者其他核心设施。但是，具有市场支配地位的经营者能够证明，由于技术、安全或者其他合理原因，进入该网络或者其他核心设施是不可能或者不合理的情形除外。"彼时，该规定由国内著名的反垄断法学者王晓晔教授所力争添加，但在后续立法讨论中，该规定没有保留。在王晓晔教授于2019年接受《深圳特区报》的采访时，曾被问及微信等互联网平台企业是否应当适用必要设施理论予以规制，王教授却表示适用该理论应当"慎重"。①

《反垄断法》实施后，学界曾多次提及和探讨必要设施理论的适用问题。在原国家工商行政管理总局 2010 年颁布的《工商行政管理机关禁止滥用市场支配地位行为的规定》（已废止）第四条，以及市场监督管理总局（以下简称市场监管总局）2019 年颁布的《禁止滥用市场支配地位行为暂行规定》第十六条中，均明确规定了必要设施理论。② 这表明，起码在中国的反垄断执法实践中，必要设施理论是得到认可的。具体而言，国内探讨应当适用必要设施理论的经济领域主要有：其一，知识产权许可。③ 2015 年颁布的《国家工商行政管理总局关于禁止滥用知识产权排除、限制竞争行为的规定》第七条也正式明确了知识产权领域适用必要设施理论。④ 其二，一些上下游经营者明显存在实力差距或依赖关系的商品分销领域，如大型超市、农产品流通、汽车维修等。⑤ 由此亦延伸出了《中华人民共

---

① 赵鑫、周国和：《核心设施理论的意愿是提高消费者社会福利——专访中国社会科学院法学研究所研究员、博士生导师王晓晔》，《深圳特区报》2019 年 9 月 24 日，第 B08 版。

② 《工商行政管理机关禁止滥用市场支配地位行为的规定》第四条规定："禁止具有市场支配地位的经营者没有正当理由，通过下列方式拒绝与交易相对人进行交易：……（五）拒绝交易相对人在生产经营活动中以合理条件使用其必需设施。在认定前款第（五）项时，应当综合考虑另行投资建设、另行开发建造该设施的可行性、交易相对人有效开展生产经营活动对该设施的依赖程度、该经营者提供该设施的可能性以及对自身生产经营活动造成的影响等因素。"《禁止滥用市场支配地位行为暂行规定》第十六条对必要设施理论基本保持了同样的逻辑，本条规定："禁止具有市场支配地位的经营者没有正当理由，通过下列方式拒绝与交易相对人进行交易：……（五）拒绝交易相对人在生产经营活动中，以合理条件使用其必需设施。在依据前款第五项认定经营者滥用市场支配地位时，应当综合考虑以合理的投入另行投资建设或者另行开发建造该设施的可行性、交易相对人有效开展生产经营活动对该设施的依赖程度、该经营者提供该设施的可能性以及对自身生产经营活动造成的影响等因素。"

③ 相关探讨可参见张哲：《析"关键设施"原则在知识产权许可领域的应用》，《电子知识产权》2011 年第 5 期。

④ 本条规定："具有市场支配地位的经营者没有正当理由，不得在其知识产权构成生产经营活动必需设施的情况下，拒绝许可其他经营者以合理条件使用该知识产权，排除、限制竞争。认定前款行为需要同时考虑下列因素：（一）该项知识产权在相关市场上不能被合理替代，为其他经营者参与相关市场的竞争所必需；（二）拒绝许可该知识产权将会导致相关市场上的竞争或者创新受到不利影响，损害消费者利益或者公共利益；（三）许可该知识产权对该经营者不会造成不合理的损害。"

⑤ 相关探讨可参见王亚南：《滥用相对优势地位问题的反垄断法理分析与规制——以大型零售企业收取"通道费"为切入视角》，载《法学杂志》2011 年第 5 期；段宏磊：《流通竞争环境的现状审视与反垄断法规制改进》，《法学论坛》2019 年第 2 期。

和国反不正当竞争法》修正时是否有必要规制滥用相对优势地位的讨论。①其三,互联网平台企业。近年来,伴随着我国互联网行业的发展,一些数据竞争环境下的限制竞争行为,如电商平台的"二选一"现象、大数据"杀熟"、社交软件彼此间的封禁行为等,对互联网平台企业适用必要设施理论的相关学术讨论也逐渐增多。②

第二节　数据竞争环境下的中国互联网反垄断与必要设施问题

一、中国互联网反垄断的现实与问题

前文述及,国外对于互联网反垄断是否适用必要设施理论的问题,整体上呈现出十分慎重的状态。对于搜索引擎、社交网站等大型互联网平台企业是否构成必要设施的讨论尽管已经展开,但并未产生通说性的结论;相关互联网司法判例也更倾向于回避必要设施理论在互联网领域的适用。而在国内,暂且不论必要设施本身是否适用于互联网平台企业的问题,事实上,针对整个互联网行业的竞争问题,我国《反垄断法》的实施都呈现出一个近乎停滞的状态。

(一) 踟蹰不前的中国互联网反垄断

自"3Q大战"以来,尽管互联网平台企业之间的数据竞争愈演愈烈,

---

①　关于《中华人民共和国反不正当竞争法》是否应当规制滥用相对优势地位问题的讨论,正方与反方意见可依次参见:龙俊:《滥用相对优势地位的反不正当竞争法规制原理》,载《法律科学》2017年第5期;王晓晔:《论滥用"相对优势地位"的法律规制》,《现代法学》2016年第5期。

②　相关探讨可参见王中美:《必要设施原则在互联网反垄断中的可适用性探讨》,《国际经济法学刊》2020年第1期;段宏磊:《从微信限制飞书事件中看互联网必要设施理论适应"门槛"》,财经网, https://news.caijingmobile.com/article/detail/413816? source_id = 40&share_from = system, 2021 - 1 - 10。

但在诉讼或执法活动中被真实认定为垄断行为的案件，屈指可数。整体而言，对于我国互联网行业的反垄断法规制问题，不论执法还是诉讼领域，都表现出一个高度谨慎的态度。

从被称为中国互联网反垄断第一案的奇虎诉腾讯滥用市场支配地位案中，即可窥知对互联网平台企业适用《反垄断法》的谨慎态度。案件争议焦点在于腾讯 QQ 是否具有市场支配地位，而如何界定相关市场则成为判断腾讯 QQ 是否具有市场支配地位的关键。对此，奇虎公司主张，本案最有可能构成的相关市场是即时通讯市场，即涵盖了文字、音频和视频等相关功能的即时通讯软件及其服务市场，即时通讯市场以外的微博、社交网络等互联网市场事实上无法真正替代腾讯 QQ 的即时通讯功能。腾讯公司则辩称，即时通讯市场本质上不是一个独立的市场，即时通讯的相关产品和服务除了包括即时通讯服务之外还应该包括微博、电子邮箱和 SNS 社交网站等提供的通讯服务。在互联网愈来愈依靠平台竞争和营利的条件下，即时通讯服务只是其他社交服务的附属产品。法院最终认定：腾讯 QQ 除了与其他即时通讯软件具有可替代关系之外，还与微博服务和其他社交网站之间存在可替代性，而且考虑到互联网竞争是平台之间的竞争，应该将腾讯 QQ 的相关市场界定为互联网应用平台。最终，法院判定腾讯 QQ 不具有市场支配地位，驳回奇虎公司的所有诉讼请求。

自"3Q 大战"之后，虽然针对腾讯滥用市场支配地位的相关诉讼一直持续不断，但是所有案件都没能成功认定腾讯旗下相关平台具有市场支配地位。如今，相较曾经中国互联网用户在 PC 端市场上对 QQ 软件平台的依赖性，手机移动端上微信平台的优势地位可以说有过之而无不及，但至今并未发生过将腾讯微信认定为具有市场支配地位的案例。甚至包括阿里巴巴、百度等在内的所有互联网平台企业，几乎均未曾在反垄断执法或司法实践中被成功认定为具有市场支配地位。无论是反垄断执法机构还是人民法院，对互联网企业的反垄断调查和判决都采取了十分谨慎和保守的态度。

在 2020 年新冠疫情期间，钉钉、飞书、企业微信等远程办公系统一时之间成为市场宠儿，但从 2 月 29 日起，飞书相关域名被微信全面封禁，并被单方面关闭微信分享 API 接口。① 事实上，近年来，凡是企图通过微信

---

① 王峰：《"头腾大战"又一场：微信"封禁"字节跳动旗下 App 飞书》，中国财经网，http://finance.china.com.cn/industry/20200304/5212249.shtml，2021 - 1 - 10。

流量池进行"搭便车"、获取便捷推广渠道的各类 App，均有可能遭受腾讯封禁。在这当中，与腾讯在数据体量上最为接近、竞争关系最为剧烈的各类字节跳动系 App，如抖音、今日头条、飞书等，最容易遭受封锁待遇，与此相关的一系列事件被形象地称为"头腾大战"。[①] 尽管与之相关的案件不胜枚举，舆论探讨炙手可热，但几乎未引发与之相关的反垄断执法活动。

　　归根结底，我国近年来之所以对互联网反垄断持慎重态度，既与互联网反垄断的一般共性问题相关，又有我国对自身经济发展问题的独特考虑。不论是欧美主流发达国家的反垄断立法还是我国现行《反垄断法》，其基本理论框架与制度体系均建立在实体经济环境的假定之下，尤其是对相关市场和滥用市场支配地位的认定，均很大程度仰赖于价格水平、需求替代、市场份额等指标的技术分析，这一整套逻辑很难适用于互联网企业的数据竞争环境。[②] 换言之，互联网反垄断问题，存在工具上的困境。另外，作为一个新兴产业，互联网的市场竞争格局可以说是瞬息万变，反垄断审查过早、过深的涉入，有可能会变相限制数据竞争应有的活力，这有可能会损及互联网行业的动态竞争。此次微信封禁飞书事件中，即有学界观点认为：平台企业有权依据规则对第三方进行限制，通过反垄断审查的手段过分限制类似行为，可能会限制数字经济时代竞争手段的多样性。[③]这方面其实是有前车之鉴的：欧洲市场即因为过于严苛的反垄断审查、隐私保护制度和对企业施加的过高税收负担，使互联网企业错失了发展的黄金年代。近年来，欧盟更将消费者隐私条款写入了通用数据保护条例，竞争法和隐私法甚至有了交融的趋势。[④] 与之相对比，中国则由于法制和监管环境的相对宽松，近年来使互联网产业得到明显的跨越式发展，如今，中国已是享受到互联网经济发展红利的代表性经济体，在互联网反垄断方面自然会有所踟蹰。

[①] 杨雪梅：《微信七年"封链"史》，界面新闻网，https://m.jiemian.com/article/4079378.html，2021-1-10。

[②] 叶明：《互联网行业市场支配定位的认定困境及其破解路径》，《法商研究》2014 年第 1 期。

[③] 黄晋：《从飞书与微信纠纷看平台竞争问题》，武大知识产权与竞争法：https://mp.weixin.qq.com/s/8ZiXb41SfOMPF6PbP9jZQg，2021-1-10。

[④] Noah Joshua Phillips. Should We Block This Merger? Some Thoughts on Converging Antitrust and Privacy. https://www.ftc.gov/system/files/documents/public_statements/1565039/phillips_-_stanford_speech_10-30-20.pdf，2021-1-10。

(二) 互联网平台企业：新型"必要设施"的垄断风险

近年来，我国的互联网产业已逐渐走过野蛮生长状态，企业之间的竞争方式、产业格局也已渐趋稳定，此时，互联网领域反垄断的过分谨慎已经初步展现出缺陷。由于数据竞争的规模经济效应和范围经济效应极为明显，在十几亿人口的叠加优势下，我国在短短十余年间即涌现出以 BAT（百度、阿里巴巴、腾讯）为代表的几大根深蒂固、枝繁茂盛的互联网平台企业。利用接入平台的庞大人口和数据基数，这些平台企业可以轻易地阻滞竞争对手，并将自身优势传导至其他相关领域，呈现出"赢者通吃"的局面。事实上，在这样的竞争格局下，首先受到侵害的并非互联网领域的其他竞争对手，而是作为消费者的社会公众。在数据竞争格局下，用户一旦对某个互联网平台养成使用惯性，其转换成本极高，这便为平台企业利用其对用户的信息优势"作恶"埋下了危险。近些年来，平台企业利用大数据进行"杀熟"的操作数次见诸报端，便是典例。①

在互联网环境下，大型平台企业虽然仅控制着一个虚拟的"设施"，但此类设施经常具有线下实体经济也难以享有的关键性地位。在国外必要设施理论的应用案例中，竞争对手被禁止使用该设施后能否依然开展有效竞争，以及复制和重建该设施是否可能，经常会成为关键性问题。亦即，必要设施的拥有者即便意图限制竞争，其侵害对象也通常局限于相关市场的其他竞争对手。但在互联网环境下，重要平台的拥有者通常在控制用户数据、排除竞争对手、传导优势地位等各方面均具有强烈的控制地位，并因为平台的长期维护而不断叠加、强化，这已经不是"必要设施"所能形容，俨然是一个进入互联网的"基础设施"。事实上，尽管必要设施理论在不同国家的适用存在差别，相关学术分歧和司法争议也一直未曾间断，但该理论适用的最高频领域却是相对稳固的，即在具有自然垄断和网络型产业属性的公用事业领域，更能受到认可。这是因为，此类设施的控制者除了能对市场有效竞争产生影响外，更会对消费者利益、社会公共福祉乃至国民经济发展产生一定影响，适用必要设施理论的观念性分歧较低。与此类产业相比，占据大型互联网平台的经营者表现出近乎完全一致的特

---

① 相关分析可参见余得生、李星：《消费者与商家大数据"杀熟"的动态演化博弈研究》，《价格理论与实践》2019 年第 11 期。

征，且在叠加竞争优势、影响产业发展方面的能力更强。两类"设施"的唯一不同或许仅在于，互联网平台企业的所谓"设施"是虚拟的，如果仅因为互联网竞争的虚拟性而令具备此种控制力的企业免于反垄断审查，显然不符合《反垄断法》的立法本意。

以此次新冠疫情期间微信封禁飞书为例，表面上看来，飞书作为一个在线远程办公平台，与微信的社交网络平台具有一定的竞争关系，微信封禁飞书，可以限制飞书利用微信所构建的社交网络进行推广，防止其"搭便车"。但事实上，除了排除竞争对手、强化支配地位之外，腾讯还可凭此举拓展其旗下具有在线办公功能的企业微信的优势地位，将其支配力从一般社交网络平台向远程办公平台进行传导，实现"赢者通吃"。除此之外，作为一个以传达、共享信息为核心功能的平台，微信的封禁行为还影响了信息的通畅和便捷，这直接影响了用户体验，于消费者利益而言亦有损害。与之相对应地，微信却几乎不用惧怕因此造成用户流失问题，毕竟现如今，在一台智能手机上是否装载微信，俨然提供了两类完全不同的用户体验。在过亿用户所支撑的数据网络下，消费者对微信极具依赖性，其转换成本高到了几乎不可能的地步。

二、必要设施理论应用于互联网平台企业的现实挑战

如今，《反垄断法》修订在即，在 2020 年 1 月 2 日，国家市场监管总局已公开了《〈反垄断法〉修订草案（公开征求意见稿）》，并向社会征求意见。[①] 但从当下公开的征求意见稿来看，有关互联网反垄断问题，目前的修订版本依然呈现出保守、谨慎的态度。这就不免令人担忧，互联网行业的反垄断审查是否仍会继续停滞？事实上，中国已经是全球范围内互联网经济最蓬勃发展的国度，在十几亿人口所搭建的数据竞争环境下，中国所面临的互联网反垄断问题，比这个世界上任何一个经济体都复杂、前沿和充满挑战。垄断行为在实践中带来的危害后果折射出对互联网行业进行反垄断规制的必要性和紧迫性，而以规制实体经济为基础构建起来的反垄

---

① "市场监管总局就《〈反垄断法〉修订草案（公开征求意见稿）》公开征求意见的公告"，国家市场监管总局主页：http://www.samr.gov.cn/hd/zjdc/202001/t20200102_310120.html，2021 - 1 - 10。

断法体系在应对互联网平台垄断方面的乏力，使我们有必要认真考量必要设施理论在互联网领域适用的可能性，并在制度创新层面有所垂范。

必要设施理论从产生到实践，均主要以实体经济为假定适用对象，这便决定其在适用于互联网领域时，必须进行适度的调适和改造，使其适应数据竞争的实际需求。整体观之，互联网平台企业所具有的双边市场结构、动态竞争性格局以及网络锁定效应都将对必要设施理论的适用产生独特影响，这将使互联网必要设施的认定遵从一个异于传统必要设施的新路径、新范式。①

其一，互联网双边市场结构产生了以免费为主的服务模式，这使认定必要设施时所依赖的相关市场界定方式发生了变化。双边市场是相对于传统单边市场而言的，具体是指市场经营者同时向两个或两个以上的消费者群体提供产品或服务，且消费者群体之间具有关联性的一种市场结构。②市场价格的非对称性构成双面市场的本质特征之一。③申言之，在双市场结构中，为了扩大经营规模，平台经营者通常需要对一方消费者群体采取低于成本甚至是免费的方式吸引更多的消费者进入平台，并藉由交叉网络的外部性效益提升另一边消费者群体的需求，进而在另一边市场实现更大经济利益。在互联网双边市场中，互联网平台经营者通常对一方消费者群体采取免费服务策略积累用户基础，而在另一边收费市场获取垄断利益。然而，囿于现行反垄断理论和实践，对于免费市场能否构成独立的相关市场尚无定论，互联网平台企业市场支配地位难以认定，以设施所有者具有市场垄断地位为理论适用前提的传统必要设施理论也就面临着适用的困难。

其二，互联网经济的动态竞争格局增加了对互联网平台企业进行反垄断规制的不确定性。前文述及，反垄断执法机构可能对市场行为造成过度干预的忧虑成为必要设施理论饱受质疑的根本原因。在互联网动态市场竞争格局下，适用必要设施理论可能对互联网企业的正常竞争造成过度干预的质疑更为强烈。虽然互联网行业囿于显著的网络外部性特征而具有"赢

---

① 张素伦：《竞争法必需设施原理在互联网行业的适用》，《河南师范大学学报（哲学社会科学版）》2017年第1期。

② Rochet, J., Tirole, J., Two-sided Markets: A Progress Report, The RAND Journal of Economics, 37 (3), 2006.

③ 宁立志、王少南：《双边市场条件下相关市场界定的困境与出路》，《政法论丛》2016年第6期。

者通吃"的风险,但是互联网行业亦具有加速创新的特征,市场垄断者时刻具有被创新者替代的可能。简言之,互联网市场是由垄断型结构和动态性竞争共同构成的"动态竞争性垄断结构"。① 在这种市场竞争格局中,垄断者的地位既因为自身创新而获得,同时也随时可能因为竞争对手的创新而转瞬即逝。在这一背景下,轻易要求互联网平台企业开放设施,将有可能造成对市场的过度管制,侵袭互联网创新应有的剩余价值。在此次微信封禁飞书事件中,即有观点认为,如果片面禁止企业对此类利用自身流量池进行"搭便车"推广的行为予以反制,将会造成《反垄断法》"强制企业帮助竞争对手成长"的情形。② 这不但不利于互联网的动态竞争,也会使反垄断执法滑落到"保护竞争者"的境地。

其三,互联网平台的锁定效应为必要设施理论的适用提高了技术难度。在互联网平台经济中,作为消费者的网络用户使用网络产品和服务会形成巨大的沉淀成本。详言之,网络用户在离开原有互联网平台而寻求新的同类服务时,会因为沉淀成本而制造严重的转换困难。比如,同样作为即时通讯软件,腾讯公司的微信用户如果寻求转换使用字节跳动公司的飞聊软件,就需要重新建立自己的社交关系,并可能因为飞聊用户规模较小而丧失部分社交关系。囿于这种转移成本和互联网平台的锁定策略,网络用户通常会被锁定在特定的网络产品或服务之上,使得相关市场具有较高的进入壁垒,进而造成在先的互联网平台具有较高程度的市场支配地位。在此条件下,判断设施是否可重建、可复制的标准变得复杂和混乱:如果仅从技术上判断搭建一个互联网平台是否可能,那么绝大多数平台都难以被界定为必要设施,纵使是腾讯微信平台,由互联网企业在技术上予以复制也并无特别困难之处;反之,如果考虑到互联网平台锁定效应所带来的消费者转换的沉淀成本问题,平台在经济上的真实重建又是十分困难的,这又会令必要设施的判断门槛过低,有可能会造成管制过严。在此意义上而言,互联网行业适用必要设施理论不能固守传统的思维模式和认定标准,而必须进行一定的理论创新和制度突破。

综上所述,互联网平台企业在数据竞争格局中所处的独特地位,既与

---

① 唐要家:《反垄断经济学:理论与政策》,中国社会科学出版社 2008 年版,第 261 页。
② 朱佳慧、赵文珏:《反垄断法是否强制企业帮助竞争对手成长?——微信屏蔽飞书事件简评》,反垄断实务评论, https://mp.weixin.qq.com/s/-SvoSJSmHmY-gGcz9NyKHQ, 2021-1-10。

传统的必要设施存在高度关联性，又在实际表现、界定标准、分析路径等问题上存在明显区格。欲将必要设施理论适用于互联网平台企业，必须对经典的理论框架进行调适和改造，使其适应数据竞争的现实需求。

第三节 互联网必要设施的反垄断法规制框架构想

承前所述，采取谨慎的标准对"互联网必要设施"进行认定，继而对相应平台企业的竞争行为进行约束或规范，这有助于推动我国互联网反垄断工作的突围。当然，该标准并非意味着对互联网反垄断活动的过分扩张和滥用，基于维护互联网动态竞争的考虑，互联网必要设施的认定自应有其"门槛"。在实体经济活动中，必要设施理论的适用通常聚焦于设施对开展有效竞争是否必要、复制和重建该设施是否可能等关键问题，这些问题通常局限于是否排除、限制竞争对手的范畴。而在互联网必要设施的认定中，除了是否有碍有效竞争的标准，则还应当基于互联网行业的特殊性变通适用或提炼增加相关认定标注。整体而言，一个健全、审慎、精准的互联网必要设施反垄断法规制框架，应当主要包含如下内容：

一、互联网必要设施理论的功能定位：助推互联网反垄断法规制之突围

在互联网平台垄断行为对市场有效竞争和消费者造成的损害已愈加频繁和严重的现实背景下，对互联网行业进行反垄断规制已然势在必行。传统反垄断法的理论框架与规制路径在应对互联网竞争领域时，已表现出明显的不适切性，而互联网必要设施思路的引入，则有助于实现规制之突围。

当前，对互联网企业滥用市场支配地位行为的认定依然对相关市场的界定存在"路径依赖"。在传统反垄断理论与实践中，相关市场的界定通常依赖于因价格变化所发生的商品替代性分析，即所谓"假定垄断者测试"。假定垄断者测试主要是利用价格手段进行测试，该方法有效测试的前提应是针对具有充分竞争的当前市场价格的产品进行测试，其暗含着对

产品设置一定价格机制这一基本前提。亦即，相关市场上价格指标的浮动以及由此造成的产品替代性之流变，将成为判断经营者是否具有市场支配地位的主要技术路线。然而，在互联网市场，经营者通常不是依靠对基础服务收费的方式进行盈利，广大网络用户通常免费使用网络产品或服务，对一个并不涉及价格的产品或服务采取价格手段进行假定垄断者测试，完全违反该测试工具适用的基本假设，因而得出的结论也就难言准确。而且假定垄断者测试仅适用于界定同质产品市场，对差异化产品市场不完全适用，其重要性也逐步降低。而互联网市场的基本盈利模式是依靠免费的基础服务，推广收费的增值服务或其他形式的收费商品。如果用假定垄断者测试工具仅测试免费的一方市场，而忽略更重要的另一种差异化产品，这种测试方式完全背离了该种商业模式盈利的重点和竞争的核心所在。

在假定垄断者测试的路径依赖下，互联网竞争的相关市场易于被界定得过宽或过窄，从而导致规制有失精准。比如，在微信与飞书的纠纷中，如果我们仅依照相关服务的核心性质，将相关市场界定为相关在线办公软件市场，则会得出微信所服务的社交网络与飞书处于两个不同的市场、二者不存在任何竞争关系的结论，这显然与事实不符，此时的相关市场界定方式明显过窄；反之，如果我们根据各类平台企业均具有竞争关系的事实，将任何具有社交属性的互联网平台均纳入同一相关市场（"3Q大战"中对相关市场的分析即遵循了这一路径），则又会导致相关市场界定过宽，任何平台企业都无法认定为具有市场支配地位。

而必要设施理论在互联网领域的适用，则有助于适度淡化、绕开上述难题。事实上，在数据竞争"赢者通吃"的环境下，互联网平台企业是否实际控制了具有不断叠加、强化竞争优势地位效果的互联网必要设施，更能决定其是否具有市场支配地位，这远比传统的相关市场分析范式更直观，也更有效。亦即，通过科学设置互联网必要设施的认定标准，互联网必要设施理论可以绕开传统反垄断程序中认定市场支配地位对界定相关市场的依赖，回避现有反垄断规制体系在互联网相关市场认定中的工具缺陷，从而实现我国互联网反垄断法规制的突围。换言之，与传统必要设施理论通常作为滥用市场支配地位规制框架的依附性行为不同，互联网必要设施则应当是一个绕开传统的相关市场界定逻辑，直接判断经营者是否具有市场支配地位的新标准。

二、互联网必要设施的判断标准：从"有效竞争"标准到"数据基数"标准

由于互联网经济一定程度上的虚拟性，互联网必要设施的判断标准应该与主要适用于实体经济的传统必要设施认定标准有所差异。其中，最为重要的是将基于设施的不可复制性而构建的"有效竞争"标准过渡到基于网络锁定效应的"数据基数"标准。互联网平台设施是否占据了足量的数据基数，以及是否具有极高比例的用户对该平台养成了使用惯性，从而使其易于在此基础上不断叠加市场优势，应该成为判断互联网必要设施的基础标准。此时，一个平台的使用是否在互联网用户群中占据压倒性地位，以及是否因此而形成了强烈的用户锁定效应，将成为判断是否构成互联网必要设施的"元标准"，而该平台具体是否在市场份额比例上占优，反而不再具有重要性。

值得强调的是，"数据基数"标准是建立在一个国家或地区整体数据竞争环境以及全部互联网服务基础之上的，不能仅因为接入一个互联网平台的用户数量足够多，即将其界定为互联网必要设施，这将导致必要设施的界定门槛过低。比如，在移动端互联网服务中，尽管微信、淘宝、微博等典型 APP 均接入了足够数量的互联网用户，彼此之间也均具有一定的竞争关系。但是，相较淘宝、微博，微信显然更适宜界定为互联网必要设施。这是因为，即便对更加偏好微博或淘宝的用户来说，其在手机中安装微信的概率亦较高；而反之则不成立，偏好使用微信的用户不见得同时青睐淘宝、微博。个中成因也不难理解：偏好使用其他 APP 的用户难以放弃由微信所构建和提供的基础社交网络，充实的数据基数使微信跨越了消费者偏好，成为移动端各类 APP 中的"默认选择"，这使其最符合互联网必要设施的界定标准。概而言之，笔者所主张的互联网必要设施理论，并非要求将每一个互联网细分领域的知名 APP 均界定为必要设施，相关学者所担忧的令抖音、淘宝、滴滴、携程等各类平台企业均被迫对竞争对手开放的情形，[1] 与笔者倡导的观念不符。

---

[1] 黄晋：《从飞书与微信纠纷看平台竞争问题》，武大知识产权与竞争法：https://mp.weixin.qq.com/s/8ZiXb41SfOMPF6PbP9jZQg，2021-1-10。

进一步而言，认定互联网必要设施应当采用"数据基数"标准的原因可以归结为以下三个方面：

一是互联网平台对网络用户具有锁定效应。前已述及，囿于在互联网产品或服务之间转换需要承担一定的沉淀成本，网络消费者对在先的互联网经营者具有依赖性，事实上很难在各种同类型网络产品和服务之间进行自由选择。而且，又囿于互联网行业的网络效应，在需方规模经济和网络外部效应的作用下，特定互联网产品或服务的网络消费者越多，该产品或服务对消费者效用就越大，从而越容易将潜在的网络用户吸引到该产品或服务上来。在此条件下，只要互联网平台已经吸引了特定数据基数的网络消费者，就可以在很长一段时间内凭借强者恒强的马太效应实现"赢者通吃"，占据市场支配地位。[1]

二是传统必要设施理论中的设施不可复制性标准在互联网行业基本难以成就。在互联网行业，竞争企业参与市场竞争的核心难题不在于无法复制或重建占市场支配地位企业的互联网平台，而在于无法在正常市场业态下将网络消费者从占市场支配地位的互联网平台企业吸引过来。在此意义上而言，在互联网领域，不可复制性无法成为判断某一互联网平台是否具有市场支配地位的参照因素，更不能成为判断互联网平台是否为相关市场开展有效竞争所必须的基本标准。基于网络用户的数据基数才是判断互联网平台是否具有市场垄断地位，进而判断互联网平台对下游市场的竞争是否必要的基础标准。

三是在互联网双边差异化市场中，如何准确界定相关市场是当前反垄断规制理论和实践还无法予以有效解决的难题。我国就面临着因为采用传统相关市场界定方法导致相关市场范围界定过宽，而无法有效对互联网平台进行反垄断规制的困境。而在数据基数标准下，只要互联网经营者掌握的数据基数达到形成网络锁定效应的标准，就可以认定其具有市场支配地位，从而可以绕开需要认定互联网市场支配地位而无法准确界定互联网产品相关市场的难题。

---

[1] 张素伦：《竞争法必需设施原理在互联网行业的适用》，《河南师范大学学报（哲学社会科学版）》2017年第1期。

三、开放设施的必要性考量：消费者利益与正当商业理由的引入

正如有学者所言，适用必要设施理论的关键不在于必要设施是否会导致竞争者退出市场，而在于设施形成的市场进入障碍的严重程度。① 下游市场开展有效竞争的可能状态是传统必要设施理论判断设施开放必要性的主要参照内容。虽然在适用必要设施理论的个别司法判例中有对消费者偏好的考量，但这并未成为传统必要设施理论的普遍标准。而在互联网必要设施的认定程序中，则有必要正式、全面地引入消费者利益标准。

具体而言，在判断达到既定数量基数标准的互联网设施开放的必要性时，应该考量开放设施是否符合平台的自身定位与消费者的利益诉求。比如，在以提供通畅、便捷信息为核心服务的社交网络平台上，却以封禁的形式阻滞与其他平台有关的信息予以分享，这就不仅限制了有效竞争，还直接影响了该平台的核心用户体验，就更应被界定为违法行为。在互联必要设施理论中引入消费者利益标准是互联网行业网络效应和锁定效应下的必然要求。在网络消费者不断向互联网超级平台归集的循环作用下，网络消费者对互联网平台的粘性不断强化，转换成本愈来愈高，也越来越不现实。由此导致的结果是，网络消费者相对于互联网平台的知情权、公平交易权、自由选择权等消费者权利受到越来越严重的挑战和侵害。在此条件下，实现对消费者利益的直接保护成为反垄断法因应互联网超级平台挑战的必然规制路径选择。② 具体到必要设施理论适用方面，消费者利益的直接保护就是要在判断互联平台开放的必要性时加入消费者利益的考量，把互联网平台的封禁行为对网络消费者利益的影响作为判断开放互联网必要设施是否必要的重要标准。

此外，互联网必要设施理论还需要引入正当商业理由的考量，即判断互联网平台开放的必要性时还应该考虑互联网企业封禁设施是否存在商业上可以被普遍接受的正当理由。一旦一项设施被认定为必要设施，那么封

---

① 李剑：《反垄断法中核心设施的界定标准——相关市场的标准》，《现代法学》2009 年第 3 期。
② 陈兵：《因应超级平台对反垄断法规制的挑战》，《法学》2020 年第 2 期。

禁该设施是否具有客观合理性就是接下来需要考量的问题。① 事实上，正当商业理由标准在传统必要设施理论中已经有所涉及。在"Laurel Sand & Gravel, Inc. V. CSX Transportations, Inc. 案"中，美国联邦法院的判决就认为，被告 CSX 作为铁路公司的营业范围是铁路运输服务，其拒绝原告仅承租其铁轨而不承租车厢的行为具有正当理由，从而阻却了必要设施理论在该案件中的适用。在传统必要设施理论中，阻却必要设施开放的理由通常包括：搭便车行为、保持技术标准和服务质量、技术安全、交易成本和使用效率等。② 而作为新兴经济业态，互联网平台拒绝对外开放的商业正当性通常在于保护数据安全和隐私的需要。比如，平台在提供相应服务时，通常依照其允诺的格式条款，承担一定的安全保护和维护隐私的义务。此时，平台不允许直接在设施内部打开相关信息，但允许通过"在浏览器打开"的方式予以跳转，就具有一定的正当性，不应当视为违法行为。本质而言，正当商业理由标准应当是适用必要设施理论的阻却标准。即使根据数据基数等标准，某一互联网平台被认定为互联网必要设施，但只要平台经营者封禁设施具有正当商业理由，就不应该再被反垄断法强制开放该平台设施。当然，根据证明责任的一般原理，被认定为互联网必要设施的平台经营者应该对封禁平台具有正当商业理由且承担举证责任。

四、结语与展望

中国互联网行业已处于世界领先地位，以 BAT 为引领的互联网产业的繁荣正成为中国经济发展的重要引擎，并将逐渐成为中国在国际经贸市场上的核心竞争力之一。然而，在经历野蛮生长之后，如今中国的互联网行业已逐渐形成寡头垄断的市场结构，在此种市场格局下，互联网企业的有效竞争以及消费者保护问题将面临更多困境与挑战。在传统反垄断法的理论与制度对互联网垄断行为的规制已日渐乏力的背景下，必要设施理论有

---

① 李剑：《反垄断法中核心设施的界定标准——相关市场的标准》，《现代法学》2009 年第 3 期。

② John M. Talady, James N. Carlin. Compulsory Licensing of Intellectual Property under the Competition Laws of United States and European Community J. Geo. Mason L. Rev., p. 443 (2002).

助于推动互联网反垄断法规制之突围,并在学界已有讨论的基础上,提出了互联网必要设施理论改造、调适和适用的基本框架。希望相关结论能增进我国互联网反垄断相关问题的探讨,从而促进我国数据市场的有序竞争与健康发展。

第九章

大数据经营者滥用市场支配地位的法律规制[①]

随着互联网和信息技术的快速发展,大数据呈指数级增长,大数据市场已成为经营者竞争的新战场。在大数据经营者滥用市场支配地位领域,"德国脸书(Face book)案"[②]"欧盟谷歌搜索(比较购物市场)案"[③]"美国嗨扣(HiQ)诉领英案"[④]等案例引起了理论界与实务界的极大关注。在"德国脸书案"中,德国联邦卡特尔局裁定:脸书公司未经用户同意通过第三方应用程序收集个人数据的行为,构成了剥削性滥用。德国联邦卡特尔局对大数据相关市场的界定、市场支配地位的认定、剥削性滥用的判定引发了学者们的热议,究其原因,在于滥用大数据市场支配地位案件的新颖性、复杂性和争议性。在国内,虽然尚未出现大数据垄断类案例,但考虑到互联网行业竞争背后是大数据竞争这一事实,大数据市场的违法垄

---

① 本章由殷继国、蒋博涵合作撰写,本章内容参见如下研究成果:殷继国:《大数据经营者滥用市场支配地位的法律规制》,《法商研究》2020年第4期;殷继国:《大数据市场反垄断规制的理论逻辑与基本路径》,《政治与法律》2019年第10期;蒋博涵:《互联网软件搭售行为的反垄断法规制》,中南财经政法大学法学院经济法学硕士学位论文,2020年6月。收录至本书时内容进行了修改和完善。

② Bundeskartellamt, B6 - 22/16, https://www.bundeskartellamt.de/Shared Docs/Entscheidung/EN/Fall - berichte/Missbrauchsaufsicht/2019/B6 - 22 - 16. pdf? _blob = publication File & v = 4, 2021 - 1 - 10。

③ European Commission, Case A T. 3974039740Google Search (shopping), https://ec.europa.eu/competition/antitrust/cases/dec_docs/39740_14996_3. pdf, 2021 - 1 - 10。

④ HiQ Labs, Inc. v. Linked In Corp., No. 17 - 16783 (D. C. No 3: 17 - cv - 03301 - EMC.), https://cases.justia.com/federal/appellate - courts/cag/17 - 16783/17 - 16783 - 2019 - 09 - 09. pdf? ts = 1568048483, 2021 - 1 - 10。

断行为和案例早已大量存在。例如，2017年爆发的顺丰与菜鸟之争，本质上是双方对物流大数据的争夺；近年来广受诟病的大数据"杀熟"行为，也有滥用市场支配地位的嫌疑。

对于滥用大数据市场支配地位的行为，德国、日本以及中国等国家的反垄断执法机构积极应对，甚至通过立法予以回应。2017年6月，新修订的《德国反限制竞争法》第十八条新增了3a款，将是否"拥有与竞争相关的数据"作为认定经营者市场支配地位的重要因素。日本公正交易委员会于2019年12月公布的《数字平台运营者在与提供个人信息的消费者进行交易中滥用优势谈判地位的指南》规定，数字平台经营者利用优势地位侵害了消费者的自主交易权，应由独占禁止法进行规制。在我国，国家市场监督管理总局于2019年6月发布的《禁止滥用市场支配地位行为暂行规定》（以下简称《暂行规定》）第十一条以及2020年1月公布的《〈反垄断法〉修订草案（公开征求意见稿）》①第二十一条均将"掌握和处理相关数据的能力"作为认定经营者市场支配地位的重要考虑因素。2019年10月，我国文化和旅游部发布的《在线旅游经营服务管理暂行规定（征求意见稿）》第十六条明确规定在线旅游经营者不得实施大数据"杀熟"。此外，国家市场监督管理总局于2020年11月10日发布的《关于平台经济领域的反垄断指南（征求意见稿）》也明确列举了基于"大数据和算法"实施的差别待遇行为。

当下，学术界对大数据经营者滥用市场支配地位行为的研究还处于起步阶段。学者们主要从宏观层面研究了反垄断规制面临的挑战、分析思路和规制路径，对大数据市场竞争的特殊性缺乏准确认识，对相关市场的界定、市场支配地位和滥用行为的认定等尚未进行深入研究。② 鉴于此，本章拟聚焦于大数据经营者滥用市场支配地位的行为，试图提出适合大数据市场特点的规制思路和方法。

---

① 《市场监管总局就〈反垄断法〉修订草案（公开征求意见稿）公开征求意见的公告》，http://www.samy.gov.cn/hd/zjdc/202001/t20200102_310120.html，2021-1-10。
② 任超：《大数据反垄断法干预的理论证成与路径选择》，《现代经济探讨》2020年第4期；曾彩霞、朱雪忠：《论大数据垄断的概念界定》，《中国价格监管与反垄断》2019年第12期；等等。

第一节 大数据市场反垄断规制的理论透视

一、大数据市场竞争的特殊性

在"德国脸书案"中,德国联邦卡特尔局和杜塞尔多夫地区法院法官在脸书是否滥用市场支配地位上针锋相对。有竞争法专家认为,德国联邦卡特尔局正试图将大数据时代的剥削性滥用行为置于聚光灯之下,而地区法院法官则执着于传统的竞争损害、因果关系等理论,忽视了经济证据和数据经济学理论。[①] 换言之,德国联邦卡特尔局和地区法院法官的分歧,源于双方对大数据市场竞争特殊性的认识不一所致。

(一) 大数据市场竞争本质上是"零价格"竞争

当下主流观点认为,大数据市场普遍采取"免费"的商业模式,用户使用网络平台提供的产品和服务不需要支付价格。然而,作为追求利益最大化的经营者,不可能向用户提供完全免费的商品或服务。免费使用的背后隐藏着交易对价,即用户需要付出个人数据和注意力等非货币形式的成本作为对价,经营者再将数据和注意力转化为收入,如数据销售额、广告收入以及产品和服务质量提高带来的间接收入等。因此,大数据市场的免费属于"伪免费"范畴,用户支付了个人数据和注意力作为货币价格的替代品。大数据市场竞争本质上是"零价格"竞争。

在实践中,"零价格"表现为3种类型:①互补产品或服务中部分"零价格"、②双边或多边市场中一边"零价格"、③基础产品或服务"零价格"而增值产品或服务正价格。[②] 大数据市场中的"零价格"主要表现

[①] Rupprecht Podszun, Facebook VS. Bundeskartellamt, https://www.d-kart.de/en/en-facebook-vs-Bundeskartellamt/, 2021-1-10.

[②] John M. Newman, Antitrust in zero-price markets: foundations, 164 University of Pennsylvania Law Review, 155-157 (2015).

为第②种类型,即在双边或多边平台中,用户支付"零价格",平台从广告商处获得的"正价格"收益用以补贴"零价格"一边的损失。使用"零价格"而非"免费"概念,是因为用户虽不需要支付货币价格,但需要付出信息成本和注意力成本。信息成本是用户以个人数据代替了货币价格支付给经营者,注意力成本是用户为免费使用产品或服务需要在广告上付出的时间成本。因此,在大数据市场中,除用户在形式上没有支付货币价格外,其与经营者之间的交易与"正价格"交易无异。"零价格"市场也可能存在排除、限制竞争的违法垄断行为,损害消费者福利和社会公共利益,大数据市场不是反垄断的法外之地。美国纽曼法官指出:"通过支付注意力和信息进行的交易,属于《谢尔曼法》和《克莱顿法》中所称的'贸易'或'商业'。"①

(二) 大数据市场竞争的主要手段是质量竞争

一直以来,价格竞争是经营者竞争的主要手段,"现代竞争政策处理的一个核心问题是竞争如何影响价格"。② 然而,大数据市场"零价格"竞争的特点导致价格已无法发挥相应的作用,质量逐渐取代价格成为经营者竞争的关键因素。相对于价格的客观性和可度量性,质量具有主观性,不同偏好的消费者对质量评价不同;质量具有相对性,任何一种产品的质量水平要参照其他产品来评估;质量还有难以度量的特点,迄今为止很少有反垄断执法机构成功地将质量评估纳入竞争分析中。经济合作与发展组织(以下简称经合组织)曾指出,尽管大多数竞争执法机构承认质量在竞争执法中发挥关键作用,但质量竞争是一个重要却有些难以捉摸的话题。③ 在价格竞争维度,经营者竞争越激烈,市场价格越接近边际成本;但在质量竞争维度,竞争对质量的影响呈现出不确定状态,竞争可能会提高也可能会降低产品质量,这取决于特定的市场状况。在某些案例中,由于存在信息不完全、外部性、消费者偏好等因素,尽管市场竞争非常激烈,但经

---

① John M. Newman, Antitrust in zero – price markets: foundations, 164 University of Pennsylvania Law Review, 173 (2015).

② OECD, Policy Roundtables: Two – Sided Markets, http://www.oecd.org/daf/competition/44445730.pdf, 2021 – 1 – 10.

③ OECD, The Role and Measurement of Quality in Competition Analysis, http://www.oecd.org/competition/Quality – in – competition – analysis – 2013.pdf, 2021 – 1 – 10.

营者可能会在质量上投资不足。① 因此，质量竞争评估必须在个案的基础上进行。

在大数据领域，衡量产品和服务质量的指标是多元的，产品和服务对用户需求的满足度、产品和服务更新的频率、使用产品或服务的便利性、交易的合理性和公平性、隐私保护水平、广告数量等指标都可以衡量质量水平。在上述质量指标中，隐私保护水平是反垄断执法机构重点考虑的指标。法国竞争管理局和德国联邦卡特尔局都认为，通过合并获得强大地位的经营者可能会通过收集更多的用户数据和降低隐私保护水平而获得更强大的市场力量。② 在"德国脸书案"中，德国联邦卡特尔局认为，脸书公司在没有征得用户有效同意的情况下收集和合并第三方数据降低了隐私保护水平，构成剥削性滥用行为。

（三）大数据市场竞争的危害具有隐蔽性

对大数据市场是否存在竞争损害，学术界存在一定的争论。有学者认为，在大数据领域，没有价格就没有市场，没有市场就不存在市场力量，也就没有消费者福利损害，因而没有反垄断规制的必要。③ 这种观点的错误之处在于，忽视了"零价格"竞争语境下竞争损害的隐蔽性特征。

首先，大数据经营者虽不需要用户支付货币价格，但通过降低产品或服务质量的方式，让用户支付了更多的注意力成本和信息成本。与货币价格支付不同，这两类成本容易让用户产生"免费"的误解。其次，大数据市场的进入壁垒具有特殊性，尤其是锁定效应和网络效应的存在导致市场进入壁垒可能非常高，对潜在进入者造成了损害。再次，在大数据垄断案例中，经营者往往提出创新和效率抗辩。尽管数据专享有助于主导经营者进行创新和提高效率，但由于限制了数据流通，抑制了其他经营者的创新，也有损于消费者福利和社会公共利益。最后，大数据市场的传导效应以及大数据与算法的紧密结合也使得竞争损害具有隐蔽性。在"欧盟谷歌

---

① Ariel Ezrachi, Maurice E. Stucke, The Curious Case of Competition and Quality, 3 Journal of Antitrust Enforcement, 240 (2015).

② Utoritéde la concurrence & amp; Bundeskartellamt, Competition Law and Data, http://www.autoritedelaconcurrence.fr/doc/reportcompetitionlawanddatafinal.pdf, 2021 - 1 - 10.

③ David S. Evans, The Antitrust Economics of Free, 7 Competition Policy International, 73 (2011).

搜索（比较购物市场）案"中，欧盟委员会指出，谷歌公司利用其在通用搜索领域中的市场支配地位传导至比较购物服务市场，进而限制了比较购物服务市场的竞争。而大数据与算法的紧密结合，更容易产生"数据黑箱"和"算法黑箱"，违法垄断行为变得更智能、更隐蔽，数据垄断的形成机理趋于复杂化，人们不容易辨别是否存在竞争损害。

二、大数据市场反垄断规制的内在逻辑

国际数据公司（IDC）归纳了大数据的"4V"特征，即规模性（Volume）、快速性（Velocity）、多样性（Variety）和价值性（Value）。[①] 也有学者提出"6V"特征，即数据除上述特征外，还有准确性（Veracity）和有效性（Validation）的特征。[②] 要厘清"大数据市场要不要反垄断"这一问题的内在根据，应当以大数据的内在属性以及大数据市场的竞争状况为客观基础。

（一）一定程度的排他性是数据的实然属性

从广义上讲，数据是指以数字、图形、图像、录音等形式表达的客观事实，是信息的表现形式。关于数据的财产属性，有学者主张数据没有特定性、独立性，不属于无形物，也不宜将其独立视作财产；[③] 主流观点认为，数据具有民事权利客体要求的独立性和财产性，应属无形财产的范畴。[④] 作为无形财产的数据，具有可复制性，且复制具有零损耗和成本低廉的特点。由此观之，除受保护的数据外，同一个数据可以被若干经营者同时收集或使用，而不会损耗其价值。因此，数据具有非竞争性的特征，这一特征使数据的价值不再受限于唯一用途，从而成为"取之不尽、用之

[①] J. F. Gantz, D. Reinsel, the 2011 Digital Universe Study: Extracting Value from Chaos, http://www.emc.com/collateral/demos/microsites/emc-digital-universe-2011/index.htm, vist on 2021-1-10.

[②] Vicente Bagnoli, The Big Data Relevant Market, Concorrenza e Mercato, Vol. 23, 2016.

[③] 梅夏英：《数据的法律属性及其民法定位》，《中国社会科学》2016年第9期。

[④] 程啸：《论大数据时代的个人数据权利》，《中国社会科学》2018年第3期；雷振文：《数据财产权构建的基本维度》，《中国社会科学报》2018年5月16日；王广震：《大数据的法律性质探析——以知识产权法为研究进路》，《重庆邮电大学学报（社会科学版）》2017年第4期。

不竭"的"新能源"。

对于数据是否具有排他性,学者们争论较为激烈。主流观点认为,经营者对数据的收集和使用,并不影响或阻碍其他经营者收集和使用该数据,数据具有非排他性特征。如程啸教授认为:"作为无形物的数据,不可能被某一特定主体独占,具有非独占性或共享性的特点。"① 比利时的安德里亚·伦达研究员认为:"主导网络服务提供商对用户数据没有明确的或事实上的排他性,与用户签订的服务合同并没有排他性条款,也不存在结构性障碍(价格或其他)限制用户只能为一个网络服务商提供数据。"② 基于数据非竞争性和非排他性的认识,这些学者得出结论,数据几乎没有竞争意义,不能成为经营者获取市场力量的来源,因而数据市场不存在垄断行为。另有学者认为,数据具有非竞争性,也具有一定程度的排他性,这种排他性会被主导经营者利用,进而实施排除、限制竞争行为。格鲁内斯和斯图克教授认为:"当数据驱动型企业为了收集、存储和分析数据付出了巨大的成本,它们可能有强烈的动机限制竞争对手访问和获取这些数据集,阻止其他企业共享数据集。"③

从实然状态看,数据确实具有一定程度的排他性。首先,主张数据非排他性的学者主要是从数据客观存在且复制成本低廉的应然属性出发的,然而在实然层面,数据的这一属性往往被数据所有者或控制者人为扭曲,通过设置各种壁垒阻碍其他经营者收集同样或类似数据。正如日本公正交易委员会所指出的,数据所有者有权行使管理权,可以选择不披露数据,也可以选择向特定或不特定的人披露数据。④ 其次,用户在网络平台自愿提交的数据(自愿数据)和在网络上留下的痕迹数据(观测数据)都属于原始数据,原始数据虽不会出现供给不足,但若数据具有非排他性,经营者对原始数据进行整理分析形成新数据(推断数据)便无须花费巨大成

---

① 同上注,程啸文。

② Andrea Renda, Searching for Harm or Harming Search? A Look at the European Commission's Antitrust Investigation against Google (CEPS Special Report No. 118/2015), https://core.ac.uk/download/pdf/54549156.pdf, 2021 – 1 – 10.

③ Allen P. Grunes, Maurice E. Stucke, No Mistake About it: The Important Role of Antitrust in the Era of Big Data, Antitrust Source, April 28, 2015.

④ Japan Fair Trade Commission Competition Policy Research Center, Report of Study Group on Data and Competition Policy (June 6, 2017), https://www.jftc.go.jp/en/pressreleases/yearly – 2017/June/170606_files/170606 – 4.pdf, 2021 – 1 – 10.

本，然而现实却恰恰相反。再次，根据供求规律，商品价值与稀缺程度紧密相关，数据价值会随着持有人的增加而递减，即存在数据价值递减规律。因此，大数据市场的经营者基于自身利益考虑，可能通过独家控制数据、签订排他性协议来阻止其他经营者收集相同或类似数据以及通过技术壁垒实现数据的排他性。因而有学者认为："数据并不是纯粹的公共物品，因为个人或公司可以排除数据的使用；对公司特别相关的数据，由收集数据的公司独家控制。"①

通常而言，数据的排他性程度因数据类型的不同而有所差异。来自用户的第一方数据排他性较低，来自合作伙伴的第二方数据有可能会因为数据经营者与合作伙伴的协议安排具有排他性。据报道，2018年谷歌向苹果公司支付了90亿美元作为继续在苹果 Safari 浏览器、Siri 和其他苹果设备上内置搜索引擎的对价。② 通过这种协议安排，谷歌在一定程度上阻止了竞争对手从苹果用户获得相同或类似的数据。来自于数据经纪商的第三方数据也可能会因为隐私保护规则和排他性合同而具有排他性。由此可见，"在第三方数据市场，占主导地位的公司可能会像其他任何市场一样从事排他性行为"。③

综上所述，数据具有非竞争性和一定程度的排他性，经营者可以利用数据的排他性，运用合法或非法的手段在大数据市场获得或维持支配地位。经营者通过合法的手段获得市场支配地位本身并不违法，若经营者在获取市场支配地位过程中，通过签订排他性协议等非法方式阻止其他经营者收集相同或类似数据，进而限制数据的正常流通与共享，对于这种企图垄断的行为，根据美国《谢尔曼法》的规定，也应被认定违法。④ 经营者获得市场支配地位后，如果实施独家控制数据、阻止竞争对手实现规模经济的排他性行为、妨碍用户数据可移植权利的实现等行为，属于滥用大数

---

① Nils – Peter Schepp, Achim Wambach, On Big Data and Its Relevance for Market Power Assessment, Journal of European Competition Law & Practice, No. 1, Vol. 7, 2016.

② 《谷歌将向苹果支付90亿美元保持默认搜索引擎地位》，http://www.sohu.com/a/257310049_162522，2021 – 1 – 10。

③ Jay Modrall, Antitrust Risks and Big Data (November, 2017), https://ssrn.com/abstract = 3059598，2021 – 1 – 10。

④ 美国《谢尔曼法》禁止企业单方企图垄断的行为，即使用非法手段获取或维持垄断势力。See Competition Rules for the 21th Century: Principles from America's Experience, KyP. Ewing, Kluwer Law International，first published 2003，p46.

据市场支配地位的行为。对于经营者可能会利用数据的排他属性实施企图垄断或滥用市场支配地位的行为，反垄断法不应该放弃对其进行规制。

（二）数据之间的差异性削弱了数据的多样性价值

大数据的"大"体现在多个方面。第一，数据类型多样。其包括结构化数据、半结构化数据和非结构化数据，具体包括图片数据、视频数据、语音数据、文字数据以及网络浏览数据等。第二，数据来源多元。数据来源于个人、企业和公共部门，涵盖了大数据来源的各个方面；即使只是个人数据，也包括搜索数据、网页浏览数据、购物数据、聊天数据以及来源于网络社交平台的个人信息数据、好友数据、偏好数据等等。

与数据多样性相关的是数据的互补性和替代性。某些情况下，不同类型的数据和不同来源的数据可以相互替代和补充。例如，有关搜索行为的数据可部分替代购买习惯的数据，同时，这两类数据相互补充可提高营销的精准度。在 Facebook 收购 WhatsApp 案中，欧盟委员会根据数据的多样性和替代性得出结论："此次合并不会为合并各方提供独特的、不可复制的优势，因为竞争对手将能够以其他方式获得大量的数据或数据分析服务，譬如从数据经纪商或数据分析服务商手上购买，或自己收集和分析数据。"[1] 基于数据多样性的认识，部分学者主张占据主导地位的经营者难以对其他经营者的数据行为施加有效限制，数据市场处于有效竞争状态，反垄断规制属于"无源之水、无本之木"。[2]

然而，数据不仅具有多样性特征，不同数据的质量和价值也具有差异性，高质量的数据才能给经营者带来更大的经济价值。一般认为，数据质量评价标准主要归结为可用性和可靠性两个方面。首先，数据的可用性主要强调数据的相关性和时效性。对特定经营者而言，它所需要的数据应该与其经营业务相关，相关性越强，数据质量越高。"对一个平台最有用的

---

[1] Eleonora Ocello, Cristina Sjödin and Anatoly Subočs, What's Up with Merger Control in the Digital Sector? Lessons from the Facebook/WhatsApp EU Merger Case, Competition merger brief, No. 1, 2015.

[2] Andres V. Lerner, The Role of "Big Data" in Online Platform Competition (August 2014), http://ssrn.com/abstract = 2482780, vist on 2018 – 10 – 2; Daniel O'Connor, Is Big Data an Entry Barrier? What Tinder Can Tell Us (April 2015), http://www.project-disco.org/competition/040215-big-data-entry-barrier-tindercan-tell-us, 2021 – 1 – 10.

数据可能对另一个平台无用；某些类型数据的相关性在不同的商业模式之间可能会有所不同。对数据而言，不存在单一产品的市场，因为许多数据无法替代其他数据。"① 不同数据的时效性也有差别，时效性不同的数据，其质量也有高低之分。第一方数据比第三方数据的时效性更强，因而数据质量也更高。其次，数据的可靠性主要强调数据是否客观、准确、一致和完整。一致性要求不同来源的数据能够相互印证，完整性则是从数据广度和深度所做的要求。对于经营者来说，经济实力越雄厚，在数据行业越持久，其收集的数据可靠性越高。因此，不同经营者收集的数据质量存在差异是普遍现象，由此导致新进入者与主导经营者提供产品或服务的质量会存在较大差距，新进入者对主导经营者的竞争约束就会减弱。

数据质量的差异性导致数据价值高低有别。根据价值程度的不同，数据可以分为关键数据和一般数据。根据反垄断法的核心设施理论，关键数据对相关市场的经营者具有唯一性和不可替代性，关键数据将赋予经营者独特的市场优势。同时，关键数据具有稀缺性，对于无法获得关键数据的经营者而言，其提供的产品或服务的价值就无法与获得关键数据的主导经营者相媲美，数据相关市场就有可能被主导经营者垄断。关键数据可能引发的反垄断问题已经引发了国外理论界和实务界的担忧。"一个显而易见的担忧是，一家占主导地位的公司将阻止其竞争对手及时获得关键数据。"② 在 Google 收购 ITA 案中，美国司法部表达了这种担忧，"谷歌在合并后通过独家经营，限制了竞争对手获取航空公司座位和预定等级的数据"。③

尽管数据的多样性、互补性和替代性能够在一定程度上减轻数据被主导经营者垄断的可能性，但数据质量和价值的差异性以及关键数据的稀缺性，可能助长主导经营者的市场力量。拥有市场支配地位的大数据经营者，在追求自我利益最大化过程中，可能会实施涉及数据的违法垄断行为。

---

① Nils - Peter Schepp, Achim Wambach, On Big Data and Its Relevance for Market Power Assessment, Journal of European Competition Law & Practice, No. 1, Vol. 7, 2016.

② Maurice E. Stucke, Allen P. Grunes, Big Data and Competition Policy, Oxford University Press, 2016, P. 9.

③ United States v Google Inc and ITA Inc, Case No 1: 11 - cv - 00688 (US District Court for the District of Columbia, 4/8/2011), Competitive Impact Statement.

（三）高昂的收集成本降低了数据的可获得性

从应然角度看，数据无处不在，类型多样，来源多元，易于收集，因而数据的可获得性高。反对对数据市场进行反垄断规制的学者认为，即使主导经营者控制了大量数据，也不会降低数据的可获得性，新进入者依然可以自己获取所需要的数据，数据市场的竞争依然是充分的。[1]

通常而言，数据质量和价值呈现出随着时间推移而价值递减的规律。对决策者而言，有价值的往往是最新的数据。数据库专家洛克伍德·里昂指出："数据的使用寿命有限——旧数据不如新数据有价值，而且随着时间的推移，数据的价值会大大降低。"[2] 尽管主导经营者控制着海量数据，但其中大部分数据都属于时效性弱的旧数据，数据赋予的任何竞争优势都是转瞬即逝的，"在新数据收集和分析方面，新进入者不太可能比主导经营者处于明显的劣势"。[3] 从理论上看，数据的时效性可能会在一定程度上削弱主导经营者的优势地位。

然而，在现实世界，有多种因素可以阻碍经营者尤其是新进入者获得足够数据，其中一个因素是数据收集成本高昂。数据驱动型行业属于资本密集型行业，高昂的数据收集成本已得到了实务界的普遍证实。在TomTom收购Tele Atlas案中，欧盟委员会认为："虽然通过收集各种公共数据，可以相对迅速且以有限的费用为许多地区编制基本的数字地图数据库，但编制一个可导航的数字地图数据库的费用高昂且资源密集。"[4]

新进入者的数据收集成本主要体现在两个方面。第一，数据驱动型行业采取用户创造价值的商业模式，为了吸引足够的用户，新进入者通常需

---

[1] Carl Shapiro & Hal R. Varian, Information Rules: A Strategic Guide to the Network Economy, Harvard Business School Press, 1999, p. 24; Anja Lambrecht & Catherine Tucker, Can Big Data Protect a Firm from Competition? (2015, working paper), https://ssrn.com/abstract=2705530, 2021-1-10; Joe Kennedy, The Myth of Data Monopoly: Why Antitrust Concerns about Data are Overblown, http://www2.itif.org/2017-data-competition.pdf, 2021-1-10.

[2] Lockwood Lyon, the End of Big Data, Database Journal, May 16, 2016.

[3] Lesley Chiou, Catherine Tucker, Search Engines and Data Retention: Implications for Privacy and Antitrust (September, 2017). NBER Working Paper No. 23815, https://www.nber.org/papers/w23815, 2021-1-10.

[4] TomTom/Tele Atlas (Case No Comp/M.4854), Commission Decision of 14/05/2008, C (2008) 1859.

要搭建一个为用户提供免费或低收费服务的平台，因而需要在服务器、人力资源、宣传推广以及维持平台运行等方面进行大量投资。正如格鲁内斯和斯图克教授所言："如果个人数据可以像阳光一样免费获取，公司就不会花费大量的资金提供免费服务来获取和分析数据，以保持与数据相关的竞争优势。"[①] 第二，新进入者需要在数据收集、存储、分析、使用以及开发算法、建设数据中心等方面进行高额投入。在搜索引擎领域，美国微软公司曾于2010年投入了45亿美元为必应搜索开发算法，随后每年都投入了巨额资金用于数据收集和算法，但依然无法撼动谷歌在搜索引擎领域的市场支配地位。

当然，新进入者可以通过向数据经纪商购买第三方数据的方式降低数据收集成本。不过，对长期经营者而言，购买第三方数据并不是特别可取的一条途径。首先，第三方数据往往存在一些缺陷，数据质量、相关性、时效性等方面不如第一方数据。其次，数据控制者基于成本收益的考虑有可能不愿意将数据出售给经纪商，导致经纪商手上的数据资源有限。"数据的创造者和控制者不一定有分享数据的动机。一个原因是，数据共享的成本被认为高于共享的预期私人收益。"[②] 最后，因隐私保护规则的限制，第三方数据的内容及其流通也会受限。事实上，数据越敏感，越不可能被数据经纪商收集、整理和出售；如果对数据进行脱敏处理，其价值也会大打折扣。因此，第三方数据的先天缺陷决定了新进入者不能完全依赖第三方数据，其依然需要在获取第一方数据上进行大量投资。

大数据市场的成本结构有两个重要特征：高昂的前期沉没成本和接近于零的边际成本。对于新进入者而言，高昂的前期沉没成本构成了重要的进入壁垒，限制了大量的新进入者和潜在的进入者，即使有经营者能够进入数据市场，也难以与主导经营者开展有效竞争。虽然近年来云计算、云存储等先进技术的开发应用，使进入者可以通过将固定成本转化为可变成本的方式，在一定程度上降低高昂的前期沉没成本带来的限制，但这些变

---

① Allen P. Grunes, Maurice E. Stucke, No Mistake About It: The Important Role of Antitrust in the Era of Big Data, Antitrust Source, April 28, 2015.

② OECD, Data - driven Innovation for Growth and Well - being: Interim Synthesis Report (Oct. 2014), http://www.oecd.org/sti/inno/data-driven-innovation-interim-synthesis.pdf, 2021 - 1 - 10。

化依然不足以改变新进入者在主导经营者面前的弱势地位。

概言之,数据的可获得性和时效性不足以打破高昂的数据收集成本给新进入者和潜在进入者带来的进入壁垒。法国竞争当局与德国卡特尔局在《竞争法与数据》的报告中指出:"尽管数据本身是非竞争性的,但获取这些数据的成本高得令人望而却步,因此,独家访问这些数据被视为一种重要的竞争优势。"① 主导经营者利用自己收集数据的能力和优势,可以获得更高的收入用于开发新算法,提供新产品或服务,吸引更多的用户和获取更多的数据,从而最终垄断数据相关市场,为进一步实施违法垄断行为提供了前提性条件。

(四) 锁定效应和转换成本阻碍了用户的多归属和数据的可携带

用户可以使用多个网络服务提供商获得相同或类似的服务,这被称为用户的多归属性。用户的多归属性可以产生分散效应,降低用户对主导经营者的依赖,新进入者可以较为顺利地进入市场并吸引用户,在一定程度上避免单归属下可能出现的垄断问题,进而促进市场竞争。对于大数据经营者而言,用户的多归属性会造成用户流失,为了维持自身的竞争优势,其通常会采取会员制、积分制等差异化策略或者排他性策略弱化甚至消除多归属性。对于用户而言,基于多归属的成本以及技术兼容性等因素,即使有多家经营者可供选择,用户通常也仅以其中一家作为主要的服务提供者。

数据易于流通、复制、删除和存储,数据的可携带性源于上述这些特征。数据的可携带性有利于提高数据的流通性,最大程度发挥数据的价值;对于新进入者而言,数据的可携带性进一步降低了其收集数据的难度和成本,增强市场竞争力,对主导经营者产生了竞争约束。欧盟在2018年5月生效的《一般数据保护条例》第二十条中对个人数据可携带权做出了明确规定。尽管其立法目的是为了促进数据市场的竞争,但该权利也是一柄"双刃剑",无论是主导经营者还是新进入者,只要数据主体提出携带数据的要求,都需要承担协助数据转移的义务。尤其是当新进入者没有足够吸引用户的产品或服务时,数据的可携带权甚至会产生反竞争效应。此

---

① Bruno Lasserre, Andreas Mundt, Competition Law and Big Data: the Enforcers' View, Italian Antitrust Review, (1), 2017, P. 91.

外,数据软件的互操作性问题、数据携带的效率以及携带成本也会在一定程度上阻碍个人数据的流通,并且,统一数据格式、编写互操作性的软件代码甚至有可能抑制创新。

在大数据时代,用户不仅具有多归属性,还可能因为路径依赖而被锁定,锁定效应是数据市场的竞争特性之一。"严格的来讲,鉴于产品或服务差异造成消费者选择上的偏好,任何产品或服务都具有锁定效应。"① 在大数据市场,以下因素会产生用户锁定效应:第一,大数据经营者通常会采取差异化策略,如通过提供个性化的产品或服务,尽可能满足不同用户群体的需求,最终锁定用户。第二,由于产品和服务标准不兼容,用户更换新的网络服务提供者会存在使用习惯以及沉没成本高的问题,使用习惯会导致主动锁定,沉没成本会导致被动锁定。第三,用户粘性。用户的规模越大、提供的增值服务越多、用户参与频率越高,用户粘性就越强;用户粘性越强,用户锁定效应就越明显。在大数据市场,消费者被锁定后,他们将继续为垄断者而不是竞争者提供数据,使得主导经营者的市场支配地位更加稳固。正如经济合作与发展组织(OECD)所预测的,"大数据经济学有利于市场集中度和市场主导地位,数据驱动型市场会导致'赢者通吃'的结果"。② 在德国 Facebook 案中,德国联邦卡特尔局经过初步调查,难以发现用户多归属性所产生的分散效应,因为锁定效应导致竞争对手无法获得与 Facebook 相媲美的数据资源。③

除了锁定效应阻碍数据的可携带性,高昂的转换成本也是重要原因。用户的转换成本由用户在前一经营者上投入的沉没成本和转换至新经营者所付出的成本构成,成本内容包括货币成本、时间成本、技术成本以及机会成本等。如果用户在网络平台上投入了大量的时间和精力,有大量的好友以及频繁更新的照片、视频和文字作品等内容,用户数据携带的现实可

---

① 曾晶:《互联网产品的竞争特性及相关市场的界定》,《湘潭大学学报(哲学社会科学版)》2015 年第 3 期。

② OECD, Data - driven Innovation for Growth and Well - being: Interim Synthesis Report (Oct. 2014), http://www.oecd.org/sti/inno/data - driven - innovation - interim - synthesis.pdf, 2021 - 1 - 10.

③ Bundeskartellamt, Background information on the Facebook proceeding, https://www.bundeskartellamt.de/SharedDocs/Publikation/EN/Diskussions_Hintergrundpapiere/2017/Hintergrundpapier_Facebook.pdf?__blob=publicationFile&v=6, 2021 - 1 - 10.

能性会随着用户投入的增加而降低,当用户转换成本高到足以阻止用户产生携带数据的意愿时,用户就会被牢牢锁定。斯图克和格鲁内斯认为:"随着转换产品和服务所需时间和成本的增加,消费者被锁定的程度越大,竞争对手就越难吸引用户并实现规模。"① 鉴于用户的使用习惯、网络效应以及平台声誉等因素对用户带来的影响,用户实际的转换成本可能会高于那些明显被感知的成本。对网络平台经营者而言,用户数据是其获取广告收入的主要途径,经营者在用户数据的收集、分析等方面投入了大量的资金,他们也具备阻止用户携带数据的动机,由此可能阻滞数据流通并引发大数据市场的自由、公平竞争问题。

(五) 网络效应提高了数据市场的进入壁垒

在大数据市场,反对进行反垄断规制的学者认为,基于数据的规模以及可获得性,"数据驱动型市场通常以低进入壁垒为特征,这表现在创新型挑战者迅速崛起,取代了拥有比自己多得多数据资源的老牌经营者"。② 譬如,在短短十年左右的时间里,社交网络领域的主导经营者,由最初的 Friendster,很快被 Myspace 取代,之后 Myspace 又几乎已经被 Facebook 完全取代。此外,数据并不是新进入者进入市场所需要的关键资源,只要有好的创意和创新性产品,新进入者依然可以快速进入市场并与在位经营者开展竞争。"作为大多数在线服务的起点,几乎不需要用户数据。相反,公司可能会引进创新的新产品,巧妙地满足客户的需求,并迅速地从用户那里收集数据,然后可以进一步的改进产品并取得成功。因此,在数据收集或分析方面,新进入者不太可能比现有者处于明显的竞争劣势。"③

根据产业组织学派的研究,市场进入壁垒通常来源于绝对的成本优势、规模经济性、产品差别化、必要资本需要量与资本成本等。④ 如前所述,成本因素、产品差别化是构成大数据市场进入壁垒的重要因素。关于

---

① Maurice E. Stucke, Allen P. Grunes, Big Data and Competition Policy, Oxford University Press, 2016, pp. 291 – 292.

② Darren S. Tucker, Hill B. Wellford, Big Mistakes Regarding Big Data, Antitrust Source, December 2014.

③ 同上注。

④ 李太勇:《进入壁垒理论评述》,《经济学动态》1998 年第 12 期;李世英:《市场进入壁垒问题研究综述》,《开发研究》2005 年第 4 期。

数据驱动的网络效应能否构成市场进入壁垒，支持者认为，网络效应并不总是对消费者不利，但在某些情况下，网络效应会使某些公司主宰整个行业。① 在 Bazaarvoice 收购 PowerReviews 案中，法院认为，该公司"利用客户群数据"的能力是进入市场的一个关键障碍。② 反对者认为，数据驱动型市场的典型特征是低进入壁垒，即便是在社交网络和即时通讯等直接网络效应显著的领域，创新也足以颠覆市场，而网络效应一次又一次被证明不足以阻止新进入者打破已确立的市场主导地位。③

然而，即使创新能颠覆市场，也不能否定网络效应在进入壁垒中的重要作用。一方面，在大数据市场，网络效应提高市场进入门槛的作用非常显著。数据驱动的网络效应可以通过用户反馈循环（User feed-back loop）和货币化反馈循环（Monetization feedback loop）予以实现。④ 用户反馈循环是指拥有大量用户的经营者能够收集更多的数据以提高服务质量，进而吸引更多的新用户。货币化反馈循环是指经营者可以通过收集用户数据来提高广告的精准度以及服务的货币化水平，获得更多的资金用于提高服务质量，并收集更多的用户数据。⑤ 在反馈循环的作用机制下，主导经营者将在用户数量、资金实力和市场地位等方面进一步拉开与新进入者的距离，用户更加依赖主导经营者，进而有助于主导经营者实现规模经济效应。

另一方面，从来源看，数据驱动的网络效应可能来源于直接网络效应、涉及数据规模的网络效应、涉及数据范围的网络效应以及间接网络效应等四个方面。随着用户数量的增多，用户收益也会增加，用户之间的相互依赖程度和锁定效应也会增强，这就是直接网络效应的结果。在德国的

---

① Maurice E. Stucke and Allen P. Grunes, Big Data and Competition Policy, Oxford University Press, 2016, pp. 6~7.

② United States v. Bazaarvoice, Inc., Case No. 13-cv-00133, 2014 WL 203966, at *50 (N.D. Cal. Jan. 21, 2014).

③ Darren S. Tucker, Hill B. Wellford, Big Mistakes Regarding Big Data, Antitrust Source, December 2014; D. Daniel Sokol, Roisin Comerford, Antitrust and Regulating Big Data, George Mason Law Review, Vol. 23: 5, pp. 1148~1149.

④ 有学者将这两个概念翻译成"用户反馈回路"和"货币化反馈回路"。参见贾晓燕、封延会：《网络平台行为的垄断性研究——基于大数据的使用展开》，《科技与法律》2018 年第 4 期。

⑤ OECD, Big Data: Bringing Competition Policy to the Digital Era—Background note by the Secretariat (November 2016), https://one.oecd.org/document/DAF/COMP (2016) 14/en/pdf, 2021-1-10.

Facebook 案中，德国联邦卡特尔局认为：“直接的网络效应会导致规模经济，进而导致成本节约，这使 Facebook 在战略决策方面比竞争对手拥有更大的范围。”① 涉及数据规模的网络效应，是指随着提供数据的用户越多，数据的规模越大，算法结果也会越准确，经营者能进一步提高产品和服务质量，进而吸引更多的用户提供更多的数据。此外，经营者还可享受数据范围带来的网络效应，数据来源越多样，数据的广度和深度越高，经营者越容易提高其产品和服务的质量。随着产品和服务质量的提高，经营者便能够吸引更多的用户（用户反馈循环），进而吸引更多的广告商投放广告并获得更多的广告收入（货币化反馈循环），用户反馈循环和货币化反馈循环相互影响、相互促进，这是间接网络效应带来的结果。

由此可见，数据驱动的网络效应有助于建立、维持或强化主导经营者的市场地位，而潜在进入者和新进入者进入相关市场的难度将大大提高。对于新进入者而言，网络效应可能成为一道难以逾越的市场进入壁垒。并且，"超级平台越大，基于数据驱动的网络效应也会越大，竞争对手取代它的难度就越高"。② 除了网络效应，收集大量数据、使用人工智能等新兴技术、用户群体的扩大以及网络效应的扩展所引起的产品功能的改进可能引发更强大的规模经济和范围经济效应，这将使得数据市场新进入者的处境变得更加困难。③

综上所述，现实中数据一定程度的排他性、质量和价值的差异性、高昂的收集成本、锁定效应和转换成本以及网络效应等实然属性均会提高大数据市场的进入壁垒，主导经营者所拥有的数据优势，是其获得市场力量的重要来源。大数据作为数据驱动型产业的重要战略资源，经营者可能采取阻碍数据正常流通与共享的行为排除、限制市场竞争，譬如签订数据垄断协议的方式排除其他经营者获取相同或相似的数据，或采取垄断高价出

---

① Bundeskartellamt, Background information on the Facebook proceeding, https://www.bundeskartellamt.de/SharedDocs/Publikation/EN/Diskussions_Hintergrundpapiere/2017/Hintergrundpapier_Facebook.pdf?blob=publicationFile&v=6, 2021-1-10.

② ［英］阿里尔·扎拉奇、［美］莫里斯·E. 斯图克：《算法的陷阱：超级平台、算法垄断与场景欺骗》，余潇译，中信出版集团2018年版，第226页。

③ Japan Fair Trade Commission Competition Policy Research Center, Report of Study Group on Data and Competition Policy (June 6, 2017), https://www.jftc.go.jp/en/pressreleases/yearly-2017/June/170606_files/170606-4.pdf, 2021-1-10.

售数据产品、拒绝数据共享、独家控制数据、阻止用户数据可移植权利的实现等滥用市场支配地位的行为,抑或通过经营者集中的方式控制相关市场的数据资源,阻碍数据市场的有效竞争。与此同时,数据垄断的复杂性、隐蔽性特征,使得数据垄断可能会比传统垄断损害竞争的程度更甚。因此,数据经营者的行为不应游离于反垄断法的规制范围之外,大数据市场的反垄断并不是一个虚妄的概念。

第二节 大数据经营者滥用市场支配地位的制度因应

一、大数据相关市场的界定

反垄断法经过一百多年的发展,在相关市场的界定上已形成替代性分析、基于价格上涨的假定垄断者测试(Small but Significant and Non-transitory Increase in Price,以下简称 SSNIP)等较为成熟的方法。在大数据领域,基于市场竞争的特殊性,如何界定大数据相关市场成为反垄断执法中的难点问题。

(一) 大数据相关市场的替代性分析

大数据的应用有两种形式:一是作为产品或服务的输入要素;二是作为单独的数据产品或服务。对前一种情形下的相关市场界定,反垄断执法机构和法院往往只是界定产品或服务市场,忽视大数据在相关市场界定中的作用。随着大数据对市场竞争的重要性愈发明显,大数据的作用得到了重视。在"德国脸书案"中,德国联邦卡特尔局在运用替代性分析界定私人社交网络市场时,特别指出仅仅拥有临界数量的用户、技术和资金是不够的,还需要考虑大数据市场的锁定效应、网络效应和数据格式兼容性带来的影响。

对是否存在单独的大数据市场,理论界和实务界少有探讨。近年来,单独的数据产品或服务不断涌现,经营者的数据收集、存储、分析和交易行为日渐频繁。单独的数据产品是对个人数据、公共数据和商业数据进行处理后形成的数据集,由于这类产品可以在市场上交易,经营数据产品和服务的经营者数量迅速增长。"在过去十年到二十年间,数据中介商激增,如安客诚(Acxiom)、劳吉斯(Datalogix)、益博睿(Experian)、天睿(Teradata)等著名公司,它们可以收集、存储和分析第三方数据。"[①] 国内大型的互联网企业如百度、阿里巴巴、腾讯同时是大数据企业,贵阳、武汉、上海等地的大数据交易中心正在引领国内大数据产业的发展。随着大数据市场竞争日趋激烈,经营者可能会在大数据市场实施违法垄断行为,因而需要界定单独的大数据市场。

从需求替代角度界定数据产品市场,需要考虑的因素主要包括数据用途、质量、规模以及兼容性等。首先,经营者会根据用途有针对性的收集、分析原始数据,最后生成的价值各异的数据产品。换言之,同样的数据,在不同经营者手中具有不同的功能和价值。其次,数据质量的高低取决于数据的相关性、时效性、准确性、一致性和完整性等因素,低质量的数据无法代替高质量的数据。再次,数据规模取决于数据量的多寡以及数据类型和来源多元化程度,数据质量与数据规模成正比例关系,不同质量数据的替代性存在差别。最后,数据兼容性越强,意味着用户多归属的可能性越高,越有可能发生需求替代。从供给替代的角度看,数据产品的替代性主要取决于数据的可获得性以及收集数据的成本两个因素。数据的可获得性与数据的排他性程度以及锁定效应和网络效应的强弱等因素密切相关,数据收集成本包括搭建收集数据的平台成本以及数据收集、存储、分析、开发算法、建设数据中心等成本。数据可获得性越高、数据收集成本越低,意味着供给替代程度越高。

(二) 基于价格上涨的假定垄断者测试的局限性

在相关市场界定中,替代性分析容易出现相关市场边界不清晰问题。而假定垄断者测试作为定量分析方法,可以在一定程度上解决替代性分析的不足。基于价格上涨的假定垄断者测试作为定量分析的主要方法,因其

---

① Utoritéde la concurrence & amp; Bundeskartellamt, Competition Law and Data, http://www.autoritedelaconcurrence.fr/doc/reportcompetitionlawanddatafinal.pdf, 2021-1-10.

能够"实现个案公正、提高执法的科学性、规范执法机构的自由裁量权以及减少反垄断法的不确定性",① 成为相关市场界定中的重要方法。

尽管基于价格上涨的假定垄断者测试运用广泛,但该方法的局限性也逐渐为人们所认知。首先,测试机构的能力、经济证据的可采性、测试过程的主观性以及测试结果的科学性是亟待克服的难题。例如,基础价格选择不当可能导致评估失误、价格上涨幅度的不确定性使得测试具有较大随意性、测试方法可能导致"玻璃纸谬误",以及测试中还存在其他一些缺陷。② 其次,基于价格上涨的假定垄断者测试适用的前提是产品或服务有市场价格,而"零价格"市场不存在这一前提。有学者认为:"SSNIP测试方法不适用差异化商品、免费商品、以非价格为竞争力的商品以及具有双边市场特性的商品。"③ 在"北京奇虎科技有限公司与腾讯科技(深圳)有限公司等滥用市场支配地位纠纷上诉案"④ 中,最高人民法院指出,在免费的互联网基础即时通信服务已经长期存在并成为通行商业模式的情况下,基于相对价格上涨的假定垄断者测试并不完全适宜在本案中适用。

(三) 基于质量下降的假定垄断者测试方法的运用

正因为基于价格上涨的假定垄断者测试在大数据市场的适用存在明显的局限性,为了解决大数据相关市场界定中边界不清晰的问题,理论界和实务界提出了一种新的测试方法,即基于质量下降的假定垄断者测试(Small but Significant and Non-transitory Decrease in Quality,以下简称SSNDQ),该方法用"商品或服务质量下降"替代了"价格上涨"。尽管基于质量下降的假定垄断者测试方法契合了"零价格"市场竞争的特点,但其亦存在3个需要解决的难题。

第一,质量的评估和量化是适用该方法的最大障碍。在大数据领域,"数据黑箱"问题困扰着社会公众和监管机构,经营者的数据收集、存储、

---

① 殷继国:《反垄断执法思路辨析:定性分析抑或定量分析》,《价格理论与实践》2014年第12期。
② 余东华:《反垄断法实施中相关市场界定的SSNIP方法研究——局限性及其改进》,《经济评论》2010年第2期。
③ 丁春燕:《论我国反垄断法适用中关于"相关市场"确定方法的完善——兼论SSNIP方法界定网络相关市场的局限性》,《政治与法律》2015年第3期。
④ 最高人民法院(2013)民三终字第4号民事判决书。

分析和交易行为像一只"看不见的手",令人难以捉摸。甚至有学者指出:"可能根本无法将性能、质量等进行量化,或量化数据差异较大,使同一案件出现不同分析结果。"① 在实践中,执法机构已充分认识到隐私保护水平是衡量"零价格"市场质量竞争的重要指标,但对隐私保护标准、权重以及其他质量指标依然认识不清,如何评估和量化质量成为一个亟待解决的难题。然而,"某些在线市场存在可量化和客观分析的、被普遍接受的质量成分",② 反垄断执法机构可以构建一套适用于大数据市场的质量评估指标体系。除了隐私保护水平,广告数量、大数据产品或服务的稳定性和可靠性、用户规模、用户投诉率等指标都可以用来衡量质量的高低。

第二,基准质量的选取尚无标准可言。在基于价格上涨的假定垄断者测试中,通常以公开透明的市场价格作为基准价格,市场价格具有客观性和确定性。在基于质量下降的假定垄断者测试中,基准质量不像基准价格那样具备可观测性,因而在基准质量选取上容易产生争议。为解决这一问题,经合组织建议,在进行质量测试时,可以吸收特定部门的质量专家参与测试。③ 此外,还可以通过市场调查的方法,将大数据产品或服务质量(包括隐私保护水平)进行平均化,进而估算出基准质量水平。

第三,质量下降幅度难以确定。在基于价格上涨的假定垄断者测试中,需求者对价格反应灵敏,在较长一段时间内将基准价格提高 5%~10%,需求者能明显感知到价格变化并转向购买具有较为紧密替代关系的商品。在基于质量下降的假定垄断者测试中,引起质量变化的因素是多方面的,需求者往往缺乏评估质量变化的能力,对质量下降也不敏感。如果按质量下降 5%~10% 的标准进行测试,可能导致测试结果偏离客观事实。因此,有学者建议应将质量下降幅度确定为 25%,以使需求者能明显感知到质量变化并做出是否转向的选择。④ 随着质量经济学的发展,美国经济

---

① 赵莉莉:《反垄断法相关市场界定中的双边性:理论适用的挑战和分化》,《中外法学》2018 年第 2 期。

② [美] 莫里斯·E. 斯图克、艾伦·P. 格鲁内斯:《大数据与竞争政策》,兰磊译,法律出版社 2019 年版,第 136 页。

③ OECD, The Role and Measurement of Quality in Competition Analysis, http://www.oecd.org/competition/Quality-in-competition-analysis-2013.pdf, 2021-1-10.

④ Raymond Hartman, David Teece, Will Mitchell & Thomas Jorde, Assessing Market Power in Regimes of Rapid Technological Change, 2Industrial and Corporate Change, 334 (1993).

学家韦惹尔提出了评估质量下降压力测试的方法,帮助执法机构在进行质量下降量化时避免可能的主观性。①

为解决上述难题,反垄断执法机构在进行基于质量下降的假定垄断者测试时,首先应当通过行业调研和经济分析报告来收集需求者和竞争对手的意见,充分发挥质量评估专家、行业协会等第三方在质量评估上的积极性,确定科学合理的质量指标及权重、基准质量水平和质量下降幅度。其次,可以另辟蹊径来量化大数据产品或服务的质量。通常情况下,质量与投资成正比例关系,可以通过衡量经营者投资变化情况来间接衡量质量的变化。在双边市场,由于"付费边"广告收入往往与"免费边"产品或服务质量成正比例关系,可以通过考察"付费边"广告收入的多寡来间接量化"免费边"产品或服务质量的变化情况。最后,当质量下降的程度非常显著,通过定性分析足以界定相关市场时,则不需要进行复杂的定量分析。总之,随着质量量化技术的逐渐成熟,"SSNDQ 测试可能会成为竞争政策中越来越被接受甚至是必要的技术"。②

(四) 基于成本上涨的假定垄断者测试方法的运用

日本公正交易委员会在《数据与竞争政策研究报告》中提出基于成本上涨的假定垄断者测试(Small but Significant and Non‑transitory Increase in Cost,以下简称 SSNIC)可以作为基于价格上涨的假定垄断者测试的替代方案,③ 该方法使用用户"小而显著的非暂时性成本上涨"来测试商品和服务的替代性。相对于质量下降测试,成本更加具体确定,更容易量化。因此,基于成本上涨的假定垄断者测试不失为一种可行的定量分析方法。纽曼法官也认为:"关注信息成本的 SSNIC 测试是界定相关市场的合适方法。"④

---

① [美] 莫里斯·E. 斯图克、艾伦·P. 格鲁内斯:《大数据与竞争政策》,兰磊译,法律出版社 2019 年版,第 305–307 页。

② Ivaldi, M and S. Lörincz, Implementation Relevant Market Tests in Antitrust Policy: Application to Computer Servers, 7 Review of Law and Economics, 31–73 (2011).

③ Japan Fair Trade Commission Competition Policy Research Center, Report of Study Group on Data and Competition Policy, https://www.jftc.go.jp/en/pressreleases/yearly‑2017/June/170606_files/170606‑4.pdf, 2021‑1‑10.

④ John M. Newman, Antitrust in Zero‑Price Markets: Applications, 94 Washington University Law Review, 69 (2016).

如前所述，在大数据市场，用户须支付注意力成本和信息成本。在信息大爆炸以及崇尚"流量为王"的大数据领域，注意力是一种稀缺资源，经营者通过获得更多用户的注意力获取更高的广告收益。注意力有强度和持续时间两个维度，强度是衡量一段时间内注意力的质量，持续时间是指注意力的数量，后者比前者更容易测量。注意力强度决定了大数据经营者和广告商的收益，持续时间由用户付出，故用户支付的注意力成本主要是时间成本。大数据经营者通过降低用户的时间成本，可以提高其竞争力。在信息成本上，用户付出的数据信息几乎是全方位的，包括隐私数据和非隐私数据、用户主动提交的数据和被动收集的数据等。

注意力成本和信息成本有两个特点。首先，因披上一层"免费"的外衣，注意力成本和信息成本容易被用户忽视，也不像价格那样可以被直接观察和感知。正如美国联邦贸易委员会前官员谢尔兰斯基认为的，"一个平台对用户数据的使用和保护通常很难让用户观察或理解"。[1] 其次，时间成本具有相对性和主观性的特点，消费者偏好的存在使得每个用户对隐私价值的评估存在差异。对信息成本，可以运用交易理论进行间接量化，即用户为换取经营者提供的大数据产品或服务愿意付出的成本。另外，经济学对时间价值进行了较为深入的分析，借鉴经济学中的时间价值分析模型，可以估算出用户的时间成本。在基准成本和成本上涨幅度的选取上，基准成本的确定可以通过市场调查选择大多数用户使用大数据产品或服务应当付出的成本；在上涨幅度上，因注意力成本和信息成本的隐蔽性，建议采取25%~30%的上涨幅度，以便让用户能够察觉到成本的显著变化。

二、大数据经营者滥用市场支配地位的认定

现行反垄断法主要采取行为主义的控制模式，经营者在相关市场不仅要具有市场支配地位，还因滥用市场支配地位实施了排除、限制市场竞争的行为，才可能被认定为违法。大数据经营者滥用市场支配地位行为的认定，同样也需要经过上述两个环节。

---

[1] Howard A. Shelanski, Information, Innovation, and Competition Policy for the Internet, The University of Pennsylvania Law Review, 1690 (2013).

(一) 大数据经营者具有市场支配地位的认定

在经营者具有市场支配地位的认定上,反垄断法规定了市场份额推定和综合性认定两个标准。鉴于大数据市场竞争的特殊性,在运用上述两个标准时,要选取与大数据市场竞争相匹配的因素。

1. 市场份额推定标准依然具有较强的适用性

"受芝加哥学派价格理论的影响,价格竞争评估方法在反垄断法中扮演的角色愈来愈重要,价格中心主义分析范式已成为反垄断法的基本分析范式。"① 在价格中心主义分析范式的指引下,市场份额推定标准成为认定具有市场支配地位的重要标准。市场份额推定标准得以广泛适用,一是因为市场份额与市场支配地位存在正相关关系,即市场份额越高,经营者越有可能具有市场支配地位;二是相对于其他标准,市场份额推定标准简单明了、数据易于获得。然而,大数据市场是"零价格"市场,经营者从与用户直接交易中获得的销售额往往为零。因而一些学者得出结论,市场份额对衡量互联网经营者市场竞争力的判断作用已经退化。②

笔者认为,对市场份额推定标准在市场支配地位认定中的作用,需要深入分析。首先,界定市场份额的指标除了销售金额外,还包括销售数量或其他指标。在"零价格"市场,销售数量比销售金额更能真实的反映经营者的市场地位。在"德国脸书案"中,德国联邦卡特尔局指出,用户在社交网络上花费的时间是衡量社交网络成功的关键因素,因而采用每日活跃用户数量而非注册用户数量或每月活动用户数量来计算市场份额。③ 其次,市场份额在大数据经营者市场支配地位的认定上扮演着复杂的角色。这是因为,一方面在创新频率高、竞争激烈以及进入退出频繁的大数据市场,市场份额具有较强的不确定性和动态性,而高市场份额的暂时性与市场支配地位的稳定性不符,难以真实反映经营者的市场地位。另一方面,基于数据一定程度的排他性、数据质量和价值的差异性、高昂的数据收集

---

① 殷继国:《大数据市场反垄断规制的理论逻辑与基本路径》,《政治与法律》2019 年第 10 期。
② 刘贵祥:《滥用市场支配地位理论的司法考量》,《中国法学》2016 年第 5 期;胡丽:《互联网企业市场支配地位认定的理论反思与制度重构》,《现代法学》2013 年第 2 期。
③ Bundeskartellamt, Case Summary of B6 – 22/16, https://www.bundeskartellamt.de/SharedDocs/Entscheidung/EN/Fallberichte/Missbrauchsaufsicht/2019/B6 – 22 – 16. html, 2021 – 1 – 10.

成本以及大数据市场的锁定效应、网络效应等特性，大数据市场存在较高的进入壁垒，经营者的市场份额通常能保持较强的稳定性，较高的市场份额能够反映经营者的市场地位。

鉴于此，在大数据市场运用市场份额推定标准时须满足经营者的市场份额具有较强的稳定性和主要竞争者市场份额相对较小两个条件。市场份额的稳定性表明经营者即使面对激烈的市场竞争，对市场依然具有较强控制力。在实践中，应纵向比较过去及预测未来较长一段时间内经营者市场份额的变化情况，若市场份额较稳定或呈增强趋势，说明经营者在相关市场可能具有支配地位。此外，若主要竞争者的市场份额相对较小，且在较长一段时间内其市场份额没有明显增加，说明主要竞争者缺乏竞争力。因此，在大数据经营者市场支配地位的认定中，与其说是市场份额标准作用的弱化，不如说是价格中心主义分析范式（销售额指标）的日渐式微，该标准中的销售数量指标依然具有较强的适用性。

2. 综合性认定标准中的考虑因素

《中华人民共和国反垄断法》（以下简称《反垄断法》）第十八条规定了市场支配地位认定的综合性认定标准，但相关认定因素不能如实反映大数据市场的竞争状况，为此需要进行修订和完善。具体而言，在认定大数据经营者市场支配地位时，除了市场份额因素外，还需要综合考虑以下因素。

第一，大数据的竞争属性。从数据的应然属性看，大数据无处不在、类型多样、成本低廉、易于获得，经营者似乎难以阻止其他经营者获得所需要的数据。但是，从数据的实然属性看，数据具有一定程度的排他性，经营者可能利用数据的排他性，运用合法或非法的手段在大数据市场获得或维持支配地位；大数据质量和价值存在差异性，质量较差和价值较低的数据难以代替质量较好和价值较高的数据，而高质量和高价值数据往往掌握在主导经营者手中，因而可能助长主导经营者的市场力量；高昂的数据收集成本可能阻止部分经营者尤其是新进入者获得所需要的数据，有助于主导经营者维持市场支配地位。因此，有必要从大数据的竞争属性出发，分析大数据经营者是否具有市场支配地位。

第二，经营者对大数据的控制能力。经营者对大数据的控制能力与数据可携带程度、其他经营者获取数据的难易程度和对数据的依赖程度密切相关。首先,数据可携带程度的高低关系到新进入者和潜在进入者能否获得所需要的数据,可携带程度低意味着主导经营者对数据的控制能力较强。数据的可携带程度取决于数据格式的兼容性、数据软件的互操作性、数据携带的效率和成本以及法律规定。其次,获取数据的难易程度除了数据收集成本和数据的可携带性外,主导经营者还可能通过签订排他性协议阻碍数据的正常流通和共享。最后,由于关键数据的稀缺性导致关键数据往往掌握在主导经营者手中,加之主导经营者可能通过合法或非法手段将数据占为己有,导致其他经营者高度依赖主导经营者的数据,增强了主导经营者对大数据尤其是关键数据的控制能力。

第三,大数据市场的竞争效应。大数据市场的用户理应具有多归属性,但由于用户使用成本、技术兼容性等限制,用户通常使用其中一家经营者作为主要的服务提供商。经营者为了维持竞争优势,也会通过实施会员制、积分制等差异化策略或排他性策略将用户锁定在平台上。基于上述因素产生的锁定效应不仅抵消了用户多归属产生的分散效应,还强化了主导经营者的市场地位。此外,数据驱动的网络效应进一步扩大主导经营者的用户规模和提升其货币化水平,有助于建立、维持或强化主导经营者的市场地位。"基于数据驱动的网络效应越大,竞争对手取代它的难度就越高"。[1] 因此,在认定大数据经营者市场支配地位时,应分析锁定效应和网络效应等因素在主导经营者获得和维持市场支配地位中的作用。

第四,经营者在关联市场的市场力量。近年来,经营者利用其在关联市场的市场力量传导至邻近市场进而排除邻近市场竞争的行为已成为执法机构关注的重点。在大数据市场,经营者收集的原始数据往往具有多用途性,经营者在关联市场的市场力量可传导至邻近市场。在"欧盟谷歌搜索(比较购物市场)案"中,欧盟委员会认定,谷歌公司利用其在通用搜索市场的支配地位传导至比较购物市场,进而排除限制比较购物服务市场的竞争。[2] 西班牙加泰罗尼亚地区竞争主管机构认为:"数据对经营者来说是一个基本变量,在某种程度上,它是经营者将其在某一特定市场的支配地

---

[1] [英]阿里尔·扎拉奇、[美]莫里斯·E. 斯图克:《算法的陷阱:超级平台、算法垄断与场景欺骗》,余潇译,中信出版集团2018年版,第226页。

[2] European Commission Decision of Case AT. 39740Google Search (Shopping), https://ec.europa.eu/competi-tion/antitrust/cases/dec_docs/39740/39740_14996_3.pdf, 2021-1-10.

位传导到另一市场的关键要素。"① 因此，在认定经营者市场支配地位时，需要考虑经营者在关联市场的市场力量以及是否会发生传导效应。

（二）大数据经营者滥用市场支配地位行为的类型化

反垄断法规定的滥用市场支配地位行为，包括排他性滥用和剥削性滥用两种类型。大数据经营者在数据收集、存储、处理和交易各个环节都可能滥用市场支配地位，实施排除限制竞争的行为。具体而言：

第一，价格垄断行为。大数据市场"零价格"竞争特性是针对个人用户而言的，与大数据经营者进行交易的除了个人用户外，还包括广告商、数据经纪商、合作商等非个人用户，经营者与非个人用户的交易属于"正价格"交易，大数据经营者可能对非个人用户实施垄断高价或垄断低价行为。

第二，没有正当理由排除或限制竞争对手获取数据的行为。拥有市场支配地位的经营者可能会通过独家交易、拒绝访问、歧视性访问等形式排除或限制其他经营者尤其是竞争对手获取所需要的数据。如果竞争对手只能从数据经营者手中获取数据或从其他来源获取数据的成本过高，那么经营者的数据专享行为就产生了竞争损害，应认定为违法。

第三，没有正当理由强制数据共享的行为。经营者对自身控制的数据应享有独立的财产性权利，有权决定是否共享。但是，如果具有市场支配地位的经营者利用市场力量强迫其他数据经营者共享数据，那么就限制了其他经营者利用数据进行公平自由竞争的权利。

第四，没有正当理由实施数据捆绑销售和交叉使用行为。大数据交易涉及数据供应商、需求商、交易平台以及代理商等主体，大数据经营者在交易中可能会实施将不同数据资源捆绑销售以及数据收集、处理和存储等服务的捆绑安排。此外，经营者可能利用在相关市场获得的数据优势，在邻近市场交叉使用数据资源，进而在关联市场排除限制市场竞争。

第五，降低服务质量或提高用户成本的行为。具有市场支配地位的经营者为获得超额垄断利润，可能通过降低服务质量或提高用户成本的方式

---

① Autoritat Catalana de la Competència, The Data-driven Economy: Challenges for Competition, http://acco.gencat.cat/web/.content/80_acco/documents/arxius/actuacions/Eco-Dades-i-Competencia-ACCO-angles.pdf, 2021-1-10.

实施剥削性滥用行为。具体滥用方式包括未征得用户同意便获取更多的隐私数据、向用户投放更多的精准广告、降低对产品或服务问题的响应速度等。

第六，没有正当理由阻碍数据的可携带性行为。对于具有市场支配地位的经营者而言，为防止多归属产生的分散效应，往往会通过不兼容的数据格式和文件类型、提高数据软件的互操作难度和数据可携带成本等方式加强对数据的控制，以维持经营者的市场支配地位。

（三）大数据经营者滥用市场支配地位的损害后果

大数据经营者滥用市场支配地位是否造成竞争损害，主要考察经营者的滥用行为是否排除限制市场竞争，是否损害用户利益和社会公共利益，前者属于排他性损害，后者属于剥削性损害。首先，按照传统的"消费者福利"理论，用户不需要支付货币价格就能享受数据产品和服务，表面上确实有利于提高消费者福利。但是，随着全球进入互联网和大数据时代，"反垄断法的目标已从狭义的'消费者福利'这一静态且可预测的领域，转向了综合考虑收入/财富分配、隐私和复杂的平等问题"。[1] 大数据经营者滥用市场支配地位的行为，可能会给用户带来使用成本（信息成本和注意力成本）上涨、降低用户平台多归属性[2]、产品或服务质量（如隐私等）下降、阻碍用户数据的可携带以及因隐私保护水平下降带来的其他损害。如何将个人隐私保护水平变化纳入行为效果的分析理路中愈发受到关注。欧盟审查微软收购领英案时，也将隐私分析纳入竞争评估中。[3] 个人隐私保护水平的下降可表现为：经营者对隐私数据的过度收集、强迫其他经营者共享隐私数据、未获授权的前提下对隐私数据进行分析并用于市场竞争等等。其次，大数据经营者利用其市场支配地位实施价格垄断（如高价出售广告位、低价购买大数据）、以免费或低价的方式强制合作伙伴或第三方进行数据共享或者数据捆绑销售等行为，给交易对象造成不必要的损

---

[1] The BRICS Competition Law and Policy Centre, Digital Era Competition: A BRICS View, http://brickscompetition.org/upload/iblock/9a5/brics%20book%20full.pdf, 2021-1-10.

[2] 杨东、臧俊恒：《数据生产要素的竞争规制困境与突破》，《国家检察官学院学报》2020年第6期。

[3] 孟雁北等：《大数据竞争》，法律出版社2020年版，第389页。

失。这一损害事实的判断需要以同类交易产品的市场价格、市场交易惯例为基准。最后，具有市场支配地位的经营者还可能针对竞争对手（包括潜在竞争者）实施限制或排除竞争对手获取数据的行为，进而提高大数据相关市场的进入壁垒，剥夺竞争对手公平参与市场竞争和进行技术创新的机会。

一般情形下，数据经营者的竞争行为可能兼具竞争正效应及竞争负效应，因此需要进行经济分析来最终确定是哪种竞争效果占据上风。如欲公正判断经营者的商事行为对市场竞争产生了何种效果，则要在秉持合理原则的基础上进行精准的经济分析[1]。在竞争正负效应进行比较后，若是竞争损害表征明显，则可以判断该经营行为不具有实施的正当性；若是仍具有竞争促进效应，则可以认定行为具有正当性。

（四）大数据经营者的抗辩事由

根据《反垄断法》的规定，若经营者提出"正当理由"的抗辩并被接受，可排除其行为的违法性。经营者提出"正当理由"的抗辩不能超出公共利益的基本框架，体现了利益平衡的基本原则。虽然《暂行规定》已经对正当事由做出列举，但并未涵盖正当理由的所有类型，因此有必要对正当理由的一般定义进行明确，以便在此基础上进一步细化大数据领域滥用市场支配地位的正当理由的可能情形。结合《反垄断法》的立法精神，经营者免于滥用市场支配地位行为规制的正当事由可以归纳为：因提升整体效率、实现实质公平或满足正常生产经营所必须实施的行为。

其一，大数据经营者实施的经营行为是提升效率之必须。提升效率无非通过两种途径，一是降低生产成本，二是获得更多的收益。降低生产成本依靠产品技术的更新，是在保持产品质量的前提下进行的成本压缩。而获得更多的收益是需要超高的用户流量来推动的。用户流量的吸引的必要条件是产品质量、性能、体验感的提升。创新作为效率抗辩的具体情形之一，在数字经济产业行业中常被经营者所主张。但此种正当理由的认可受到时间的限制，只是对创新技术出现初期进行支持，具有阶段性。当大数据经营者经过一段时期市场投放，凭借此种创新取得超额垄断利润时，就

---

[1] 肖江平：《滥用市场支配地位行为认定中的"正当理由"》，《法商研究》2009年第5期。

不应再享受此种豁免。

其二，在实质公平观的指引下，经济法更强调对消费者、被限制自由竞争的经营者进行真实具体的价值关怀。① 通常情况下，若是企业的经营行为能够持续、稳定地增加消费者的福利，那么该经营行为就具备正当性。当经营者实施滥用市场支配地位行为为自身带来超额垄断利益时，有时基于经营模式的自身特点、利益共生的动机，也会给消费者和社会带来一定的福利。在进行交易时，企业和消费者都想尽可能多地谋得自身利益，是有可能实现共赢与共生的。当市场需求与企业生产成本为恒值时，社会整体的福利是不会发生改变的。② 有区别的只是经营者和消费者之间的获益分配，而这恰恰是由经营者主导的。经营者与消费者利益的平衡是经济法公平价值的应然内涵，作为相对弱势方的消费者应享受更多的权利，在商事交易中应获得更多的保护。若大数据经营者为交易相对人带来更多的收益，能够使绝大多数消费者体会到更高的满意度、便捷度、安全度，则不应受反垄断法的规制。

其三，"满足生产经营之必须"指的是特定情形中，经营者行为在缺乏充分效率基础明显的公平色彩的条件下，为了满足正当经营需要而必须实施。③ 数字经济产业是高度依赖技术的产业，产品需要在完整的产品设计或是系统之中才能发挥应然功能。稳定优质的产品性能是消费者购买的基础。这就要求大数据经营者需要以市场需求为导向，聚焦于数据安全、数据处理等方面的性能提升。

在正当理由一般内涵的涵摄之下，结合大数据市场竞争的特点，可以将大数据经营者行为的正当理由做出如下类型化列举：

第一，数据经营者实施强制数据共享和数据捆绑销售等行为，若是为了统一数据格式、增强数据软件的互操作性、提高数据行业的技术水平、增强数据的流通和数据透明度、提升数据规模经济效应等目的，有助于提升大数据市场的整体效率，经营者的上述抗辩理由应被接受。

---

① 《经济法学》编写组：《经济法学（第二版）》，高等教育出版社2018年版，第59页。
② 侯珊珊：《滥用市场支配地位"正当理由"的参考因素研究》，《兰州财经大学学报》2017年第3期。
③ 杨文明：《滥用市场支配地位规制中的正当理由规则研究》，《河南财经政法大学学报》2015年第5期。

第二，当数据经营者实施限制或排除竞争对手获取数据、数据交叉使用以及阻碍数据的可携带性等行为，其目的是为了提高用户隐私保护水平、保护数据安全、维护自身数据财产权益、提高数据产品或服务质量，且同时符合提高消费者福利水平、不会严重排除或限制数据市场竞争两个条件，那么此类行为应被认定为具有正当性。

第三，作为抗辩理由的"经营必要"，是经营者基于自身正当经营的需要提出的抗辩理由，"产生正当经营需要的原因在于经营者面临恶意竞争、严重的生存危机或者独特的经营模式使然"。[①] 在"经营必要"抗辩中，经营者需要证明其行为的正当性和必要性。正当性强调经营者的行为要有法律依据，或者符合商业惯例和公共利益的要求，抑或是在特殊情况下采取的特别措施；必要性强调经营者的行为应符合比例原则的要求，不能超出合理的限度，不能损害社会公共利益。在大数据市场，经营者的下列行为可被认定为基于"经营必要"的抗辩：①基于保护用户隐私和数据安全的需要实施排除限制竞争对手获取数据的行为；②基于保护国家秘密、商业秘密和社会公共利益的需要排除竞争对手获取特定数据的行为；③基于商业惯例和交易习惯进行数据交叉使用的行为；④基于抗震救灾、重大传染病预防、重大技术攻关和创新等公共利益的需要要求数据共享的行为；⑤因清偿债务、转产、歇业以及销售过期数据等特殊情况下需要降价销售的行为。

三、大数据经营者滥用市场支配地位行为的规制路径

大数据本身无所谓好坏，但大数据本身会给经营者带来竞争优势，是经营者获得和维持市场支配地位的重要来源。基于利益的驱动，经营者可能会滥用从大数据市场获得的市场支配地位，从而排除限制大数据市场竞争，因而有必要根据大数据市场的特点对经营者的滥用行为进行规制。

（一）遵循回应型法律规制路径

大数据的竞争法属性以及大数据市场竞争的特性决定了大数据市场不

---

① 杨文明：《滥用市场支配地位规制中的正当理由规则研究》，《河南财经政法大学学报》2015年第5期。

第九章　大数据经营者滥用市场支配地位的法律规制

同于传统市场，对大数据经营者滥用市场支配地位行为的规制，不能沿袭传统反垄断执法的思路，应该在深入理解大数据市场竞争特性的基础上，回应被规制市场的需求，遵循回应型法律规制路径。回应型法律规制又称为响应型法律规制，是与传统压制法律型规制相对应的概念，回应型规制的核心内容是"规制者必须对被规制方的行为予以回应，以决定多大程度上的干预是必须的"。① 回应型规制路径要求大数据领域的反垄断规制至少要回应3种需求：

第一，回应市场主体对大数据的正当需求，尊重大数据相关主体的权利。大数据的运用有助于经营者提高产品和服务质量，快速实现技术和产品的更新换代。纵观全世界，运用大数据最娴熟的经营者，往往是创新最成功的经营者。但是，经营者在行使相关数据权利时不能侵害用户对数据所享有的权利，毕竟用户才是原始数据的权利主体。为此，经营者在收集用户数据时应遵循"知情＋同意"原则，第三方经营者收集平台用户数据应遵循"用户授权＋平台授权＋用户授权"的三重授权原则，否则就可能构成滥用市场支配地位的行为。因此，在制定大数据市场的反垄断法规则时，应当尊重大数据相关主体的权利，并以此作为判断经营者是否滥用数据市场支配地位的重要标准。若经营者实施的大数据行为侵害了用户的合法权益，则可能构成剥削性滥用行为；若侵害了其他经营者正当利用数据的权利，则可能构成排他性滥用行为。

第二，回应市场主体对数据驱动型创新的需求，在数据专享与数据共享之间保持适度平衡。随着大数据产业的发展，数据驱动型创新正成为驱动国家经济发展的新引擎。大数据是经营者进行创新的重要资源，提高大数据的流通效率能够提升创新效益，因而数据驱动型创新的核心要素是大数据的流通和共享，而大数据的流通和共享不能损害数据主体的权利，即要在数据共享与数据专享之间保持适度平衡，确保主导经营者、新进入者和潜在进入者等所有市场主体都享有利用大数据进行创新的机会。《反垄断法》理应回应市场主体对数据创新的需求。虽然《〈反垄断法〉修订草案（公开征求意见稿）》第一条新增"鼓励创新"这一立法目的，但分则条文在鼓励创新上体现的并不明显。为此，在滥用市场支配地位的认定

---

① I. Ayres, J. Braithwaite. Responsive Regulation: Transcending the Deregulation Debate. Oxford University Press, 1992, p. 4.

上，需要着重考察经营者对大数据尤其是关键数据的控制能力以及主导经营者有无正当理由拒绝数据流通和共享的行为；在正当理由的考量上，要考察经营者是否为了保护用户隐私权等权利和维护公共利益的需要而拒绝数据流通和共享。

第三，回应市场主体对公平竞争秩序的需求，确保适度规制。在大数据市场，具有市场支配地位的经营者实施限制数据流通或强制数据共享等行为，导致大数据集中在少数互联网平台上，大数据市场"赢者通吃"的效应必然会限制其他经营者参与市场公平竞争的机会。虽说反垄断法是一柄高悬的"达摩克利斯之剑"，但只有适度规制才能确保反垄断法发挥出最大的威慑效应。因而反垄断执法机构需要强化大数据领域滥用市场支配地位行为的执法，回应市场主体尤其是中小数据经营者对公平竞争秩序的需求。为此，反垄断执法机构需要强化大数据市场规制能力的建设，强化对大数据垄断以及滥用大数据市场支配地位行为的研究；同时，需要创新定量分析工具，提升定量分析的能力，提高大数据市场反垄断执法的专业化水平。

（二）充分考虑大数据在赋予经营者市场势力中的作用

反垄断法是与经济学联系最密切的法律，经济学中的竞争理论、价格理论和产业组织理论等理论深刻影响着反垄断法的发展。产业组织理论中的哈佛学派提出了"市场结构—市场行为—市场绩效"分析范式即"结构主义"分析范式。该分析范式认为，市场结构决定了市场行为，市场行为决定了市场绩效。[①] 在影响市场结构的诸要素中，市场集中度是衡量经营者市场势力的关键要素，市场集中度又取决于相关市场经营者的数量及其市场份额。芝加哥学派则对"结构主义"分析范式提出了批评，认为市场绩效和市场行为决定市场结构。[②] 换言之，即使市场集中度高，只要市场竞争充分，反垄断法也没有必要干预。

尽管哈佛学派与芝加哥学派在分析范式上存在争议，但两个学派均认

[①] 李海舰、魏恒：《新型产业组织分析范式构建研究——从SCP到DIM》，《中国工业经济》2007年第7期。

[②] 王忠宏：《哈佛学派、芝加哥学派竞争理论比较及其对我国反垄断的启示》，《经济评论》2003年第1期。

可市场势力的作用。在哈佛学派看来，市场势力是经营者获得垄断地位的重要原因；芝加哥学派则认为市场势力不表现为市场集中度而在于对市场的控制。① 因此，市场势力理论成为反垄断法的基础理论，无论是市场份额推定标准还是综合性认定标准，实质上都围绕经营者的市场势力而展开。在"正价格"市场，市场势力主要表现为对产品和服务价格的影响和控制力；在"零价格"市场，市场势力表现为因网络效应和锁定效应产生的市场进入壁垒。在大数据市场，主导经营者的市场势力与大数据的特点以及大数据市场竞争特性密切相关。因此，需要充分考虑大数据在赋予经营者市场势力中的作用。

经合组织曾指出："大数据经济学有利于市场集中度和市场主导地位，数据驱动型市场会导致'赢者通吃'的结果。"② 实践中，大数据会从3个方面赋予经营者以市场势力：

（1）尽管用户数据无处不在，但经营者对用户数据进行收集、整理分析产生的新数据才具有更高的价值，经营者花费高昂成本获得的新数据不会乐于跟其他经营者共享，因而具有排他性；不同来源和类型的数据质量和价值具有差异性，高质量数据和关键数据往往掌握在主导经营者手中；大数据用途具有广泛性，经营者在某一相关市场获得的大数据可被用于相邻市场的竞争，进而帮助经营者在两个市场维持支配地位，并产生相互强化的效应。因此，大数据一定程度的排他性、质量和价值差异性以及功能通用性会赋予主导经营者以市场势力。

（2）大数据市场的网络效应和锁定效应有助于主导经营者维持和强化市场势力，新进入者和潜在进入者则难以瓦解主导经营者的市场势力。网络效应和锁定效应之所以引发反垄断问题，是因为拥有强大网络的实体可能借此扩张主导地位，进而削弱竞争。③

（3）大数据市场"零价格"竞争特点和"双边市场"属性让经营者更容易获得和维持市场势力。大数据市场"零价格"竞争的特点让经营者

---

① 刘玉海、梁丹：《新实证产业组织视角下市场势力测度方法的研究进展》，《产业经济评论》2016年第6期。
② OECD, Data-driven Innovation for Growth and Well-being: Interim Synthesis Report, http://www.oecd.org/sti/inno/data-driven-innovation-interim-synthesis.pdf, 2021-1-10.
③ [美]肯尼思·班伯格奥利·洛尔：《平台市场势力》，朱悦译，载焦宝乾主编：《浙大法律评论》2018年卷，浙江大学出版社2018年版，第77~78页。

能够打着"免费"旗号迅速占领用户市场,且让人们误认为经营者没有市场势力。"如果企业不具备左右价格的能力,那就说明其根本不具备市场力量……在零价格的市场上,要么这个市场的界定是不完整的,要么不存在一个市场支配地位者,或者这本身就表明相关市场是一个竞争激烈的市场。"① 此外,"双边"市场存在的"用户反馈循环"和"货币化反馈循环"② 让主导经营者更容易维持市场势力。鉴于大数据在赋予经营者市场势力中的作用,在界定大数据相关市场时,需要着重考虑大数据的排他性、质量和价值的差异性以及功能的通用性等因素;在认定市场支配地位时,需要着重考察大数据市场的网络效应、锁定效应和强化效应等因素以及"零价格"竞争的特性。

《〈反垄断法〉修订草案(公开征求意见稿)》第二十一条新增互联网领域经营者市场势力判断需要考量的因素,其中包含"掌握和处理相关数据的能力"。该要素是大数据时代衡量互联网企业竞争力的重要指标。基于算法和算力,海量数据流可以将帮助大数据经营者做出最佳决策,改善市场结果。③ 拥有竞争相关数据者可以更精准地为用户提供差异化产品及服务,从而对用户能够产生更深程度的锁定效应。海量数据的运用对于消费者而言是一把双刃剑,大数据经营者运用得当则会提升消费者的消费体验感,运用不当则会造成消费者福利的减损。具有相当市场势力的大型企业有动机、有能力优先考虑付费广告商的业务需求,而忽略能够提升消费者福利的最优设计,且不必担心因数据匮乏导致质量提升无望的小型企业与之竞争。掌握竞争相关数据的能力考察,可以从两方面着手。一是考量用户数据收集的规模及内容。一般认为,高质量的数据具备可靠性与可用性两方面特质。④ 数据可靠性很大程度上依赖于用户填写信息的真实性及数字经济产品对关联信息的对比、筛查能力。对于经营者来说,其获取的数据与所营业务愈相关,可用性愈强,比如可从用户的浏览内容及浏览时长、性别、出生日期等信息推断出消费者感兴趣的广告内容。二是考量数

---

① 王晓晔主编:《反垄断法的相关市场界定及其技术方法》,法律出版社2019年版,第498页。
② OECD, Big Data: Bringing Competition Policy to the Digital Era – Background note by the Secretariat (November 2016), https://one.oecd.org/document/DAF/COMP (2016) 14/en/pdf, 2021-1-10.
③ Doris Karina Oropeza Mendoza. Antitrust in the New Economy Case Google Inc. Against Economic Competition on Web [J]. Mexican Law Review. 2016, Vol. 8 (No. 2).
④ 殷继国:《大数据市场反垄断规制的理论逻辑与基本路径》,《政治与法律》2019年第10期。

据的排他性以及可替代性。如果竞争相关数据是可获取并且具有可替代性的,那么可以说该数字经济平台对市场同类竞争者或潜在市场竞争者的掣肘是薄弱的。比如一个消费者同时在两个电子商务类线上平台进行购物,其注册信息、浏览商品的种类、消费选择的偏好在同时间段内是基本无差别的,这就意味着功能同型的数字经济平台都能获取到该消费者相似的消费数据。只有数据是难以获取或者是不可替代的,大数据经营者才有可能在相关市场内形成高市场进入壁垒以及提供更精准、独到的服务。独家数据的形成一方面与大数据经营者的技术水平相关,另一方面与其提供的产品和服务有关。如果提供的产品或服务的某项功能或性能是相关市场上同类产品无法提供的,那么很容易聚集形成独家数据。获取数据只是大数据经营者建立商业帝国的基础,如何运用数据将其转化为竞争优势才是企业竞争博弈取胜的关键。实现这一目的则需要通过数据分析处理技术从数据聚合中获取有价值的信息。对于同一数据集合,不同的数据处理技术能够析出不同的信息内容,而不同路径收集的数据也有可能整合分析传递出同类信息信号。[①] 而这有赖于大数据经营者所掌握的算法技术,经营者利用算法技术能够赋予数据价值[②],算法路径选择的差异以及算法渗透率的高低主导了数据产生价值的程度。对运用数据能力的考察不单单只关注算法这一核心技术,也需要评估数据迁移的能力,即大数据经营者是否利用杠杆效应将自己在某市场中获取到的数据资源迁移并运用到另一产品市场。比如说主打即时通讯服务的平台型企业开发出新版块功能或是开发出另一新软件产品,其是否有可能将原通讯服务产品的数据转移并用于新产品或新功能的市场推广,迁移的数据是否有效增进了新产品市场的用户黏性、市场竞争力,是迁移能力考察的重要路径。

(三) 建立健全以质量和成本为主要工具的分析范式

一直以来,价格是商品交易的核心参数之一,市场竞争主要表现为"正价格"竞争,经营者对市场价格的控制力被视为市场势力的关键表现

[①] 詹馥静:《大数据领域滥用市场支配地位的反垄断规制——基于路径检视的逻辑展开》,《上海财经大学学报(哲学社会科学版)》2020 年第 4 期。

[②] 张骏、张立森:《网络平台市场支配地位的认定》,《华侨大学学报(哲学社会科学版)》2020 年第 5 期。

形式。基于此,古典经济学的价格分析工具成为反垄断执法的核心工具,相关市场的界定、市场支配地位的认定、价格垄断行为的认定等环节都以价格分析工具为基础,价格中心主义分析范式成为反垄断法的基本分析范式。然而,大数据市场"零价格"竞争的特点使得依赖价格中心主义分析范式建立起来的基于价格上涨的假定垄断者测试、(用销售金额计算的)市场份额标准以及竞争损害的评估和计算必须做出相应的调整,因而需要建立健全以质量和成本为主要工具的分析范式作为大数据市场反垄断规制的基本分析范式。

以质量、成本为主要工具的分析范式可运用于大数据市场反垄断规制的各个环节。首先,在相关市场界定上,进行替代性分析时需要着重考虑数据质量、隐私保护水平、服务质量等质量要素以及用户数据的可携带成本、信息成本和注意力成本等成本要素;在假定垄断者测试上,要建立健全基于质量下降的假定垄断者测试和基于成本上涨的假定垄断者测试,创新质量和成本的量化和评估方法,选择合适的基准质量和基准成本、质量下降和成本上涨的幅度,重视质量和成本数据的收集、整理和分析。其次,在市场支配地位的认定上,要着重考虑销售数量或用户数量而非销售金额在市场份额中的重要作用;在综合性认定标准中,大数据的质量差异、数据收集和数据可携带成本等因素可能会影响经营者对大数据的控制能力和大数据市场的竞争效应,进而影响到经营者市场支配地位的认定。最后,在滥用行为的判断上,经营者降低隐私保护水平、降低服务质量以及提高用户的使用成本等方式都有可能损害消费者福利和社会公共利益。同样,经营者提高服务质量和隐私保护水平、降低用户使用成本等理由可能构成反垄断法中的"正当理由"。

尽管部分国家的反垄断执法机构已经认识到质量竞争在市场竞争中的重要作用,以质量为主要工具的分析范式已开始用于执法实践,但分析范式远未成熟,同时还存在质量评估和量化的难题。以成本为主要工具的分析范式更是一种全新的分析范式,目前鲜有学者开展研究。因此,构建适合"零价格"市场竞争特点并以质量和成本为主要工具的分析范式,建立健全相对完善的质量和成本量化体系,将是今后反垄断法研究的一项重要任务。

(四) 完善大数据领域滥用市场支配地位行为的反垄断法规则

当前,我国互联网行业竞争趋于白热化,互联网行业滥用市场支配地位的行为日渐增多,滥用大数据市场支配地位的行为即将成为反垄断法规制的焦点。美国学者斯图克和格鲁内斯认为,数据垄断者利用自己在大数据领域的相对优势,运用"即时预报雷达"迅速识别并压制潜在的竞争威胁,因而某些数据垄断比 20 世纪 90 年代的微软更危险。① 然而,我国于 2007 年通过的《反垄断法》,是根据传统行业垄断行为的特点制定的,基本上没有涉及互联网行业垄断、大数据垄断的内容。《暂行规定》第十一条首次对互联网等新经济业态经营者市场支配地位的认定做出了规定,但存在规范效力层次低、内容较简单等问题。针对性的法律规则的缺失导致我国互联网行业和滥用大数据市场支配地位的反垄断执法和司法陷入困境。实践中逐渐成为"回应型法"的反垄断法,不仅要以规范回应垄断规制的制度需求,更要使文本规范符合经济规律和市场演化之道。② 因此,我国需要及时完善反垄断法规则,以有效规制滥用大数据市场支配地位的行为。具体而言:

首先,笔者建议在修订《反垄断法》时,对数字经济领域滥用市场支配地位的行为做出全面规定。《〈反垄断法〉修订草案(公开征求意见稿)》第二十一条规定"网络效应、锁定效应、掌握和处理相关数据的能力"作为认定数字经济领域市场支配地位的考虑因素。但是,在行为类型的规定上没有回应数字经济领域垄断行为的最新发展,没有正当理由强制数据共享、降低服务质量或提高用户成本的行为以及没有正当理由阻碍数据的可携带性行为等数字经济领域较为特殊的滥用行为无法纳入现行《反垄断法》第十七条规定的行为类型之中,建议在修订《反垄断法》时新增滥用数据市场支配地位的行为类型。

其次,建议在《暂行规定》中细化数字经济领域滥用市场支配地位的相关内容。具体而言,需要完善市场支配地位的概念界定、市场支配地位

---

① [美] 莫里斯·E. 斯图克、艾伦·P. 格鲁内斯:《大数据与竞争政策》,兰磊译,法律出版社 2019 年版,第 327~329 页。
② 金善明:《〈反垄断法〉文本的优化及其路径选择——以〈反垄断法〉修订为背景》,《法商研究》2019 年第 2 期。

的认定因素、滥用市场支配地位行为的认定以及正当理由的辨别等内容。例如,在市场支配地位概念界定中,需要新增"资源获取、服务质量、使用成本"等作为其他交易条件的考量因素;在搭售行为的认定中,可以新增"数据资源与数据服务的捆绑安排"的具体类型;在正当理由的列举中可以新增"为实现社会公共利益所必须"的内容,将增强数据流通效率、提升规模经济效应作为经营者实施搭售的豁免理由。

最后,囿于《反垄断法》文本规范的原则性和抽象性特征,建议适时出台《数字经济领域反垄断指南》,构建基于质量下降的假定垄断者测试、基于成本上涨的假定垄断者测试等相关市场界定的方法体系,细化大数据市场支配地位的认定、滥用行为的判定以及正当理由的辨别等法律规则,并明确规定竞争损害的类型及计算方法等。

四、结语与展望

人类已经迈进了人工智能时代,大数据、算法和算力是人工智能时代的三大要素,大数据市场的规范化发展有助于促进人工智能产业的健康发展。数据驱动型经济是我国经济体系的重要组成部分,大数据产业也是国家重点扶持的新兴产业,为此,国家先后出台了《促进大数据发展行动纲要》和《大数据产业发展规划(2016—2020年)》两个文件。然而,"越是国家产业政策鼓励发展的产业和领域,就越需要引入竞争机制"。[①] 同时,中央也出台文件聚焦大数据领域的法律制度研究。2021年1月10日,中共中央印发《法治中国建设规划(2020—2025年)》强调,要"加强信息技术领域立法,及时跟进研究数字经济、大数据、云计算等相关法律制度"[②]。因此,国家在扶持大数据产业发展的同时,也需要关注大数据市场的竞争状况,对大数据经营者滥用市场支配地位的行为要依法规制。首先,已成为"回应型法"的反垄断法,要遵循回应型规制路径,回应市场主体对大数据、数据驱动型创新以及公平竞争秩序的需求,实现数据共享与数据专享的适度平衡。其次,充分考虑大数据在赋予经营者市场势力中

---

① 吴汉洪:《竞争政策与产业政策的协调》,《工商行政管理》2011年第18期。
② 中国政府网"中共中央印发《法治中国建设规划(2020—2025年)》",http://www.gov.cn/zhengce/2021-01/10/content_5578659.htm,2021-1-10。

的重要作用。再次,针对价格中心主义分析范式的不适应性,建立健全以质量和成本为主要工具的分析范式。最后,根据大数据的属性以及大数据市场竞争的特性,通过修订《反垄断法》及其配套规定、出台《数字经济领域反垄断指南》等措施,完善滥用大数据市场支配地位的反垄断法规则。《关于平台经济领域的反垄断指南(征求意见稿)》虽然对部分大数据市场垄断问题提供了认定思路及规制路径,但并不能完全回应大数据时代的垄断风险及反垄断需求。大数据市场中的数据安全、数据共享、消费者隐私保护问题也亟待在市场竞争维度予以考虑。总之,对我国而言,大数据经营者滥用市场支配地位的法律规制是一个全新的课题,其中大数据市场的竞争特性、基于质量下降或成本上涨的假定垄断者测试、大数据市场支配地位的认定以及滥用行为的识别等重大问题,仍需要理论界和实务界的持续研究。

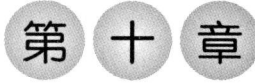

互联网领域经营者集中的反垄断审查研究

互联网领域经营者集中区别于传统行业的典型特征,决定了既往反垄断审查环节中相关市场界定、竞争效果评估以及经营者集中救济阶段均需有所回应与改进。在相关市场界定阶段,宜将定性分析取代定量分析回归至逻辑起点,基于"多边市场"和"网络效应"展开需求或供给替代分析,审慎适用"特定个案"原则;在限制竞争效果评估阶段,围绕转移成本和数据壁垒构成的数据市场势力,兼顾预防性的"搅局者"并购进行反竞争效应分析;在经营者集中救济阶段,应以行为性救济为主,基于个案分析原则合理开放必要的数据设施,以应对数据封锁引发的竞争强度不足。

第一节 互联网领域经营者集中反垄断审查的现状

一、互联网领域经营者集中反垄断审查的从严趋势

随着新一轮科技革命和产业变革的到来,由"互联网+"链接起的新

---

① 本章由刘大洪、尚正茂合作撰写。

业态、新模式代际更新，成为我国构建"双循环"发展格局下经济增长的新动力①。互联网产业链条上的一系列运行成本逐渐降低，大大推动了数据要素的加速集聚和高效利用，由网络效应附生的规模效益标志着传统经济迈向数字经济的跨越式转型②。而与此同时，互联网领域内生价值驱使的垄断冲动形塑了市场资源高度聚合的"趋中心化"态势③，互联网领域头部企业的并购活动已经超脱于面向市场份额的争夺，更多时候展现出占据市场本身以致成为市场本体的扩张倾向。

为防止"大型公司诅咒"在互联网领域的应验④，世界各主要反垄断法域均通过发布法规提案、技术指南以及主动调查等方式强化互联网领域经营者集中的反垄断监管⑤。以欧盟委员会竞争专员 Vestager 为代表的欧盟执法机构对于互联网行业可能的反竞争行为持强硬态度，主张"谁拥有数据"以及"公平竞争"这两个问题，必须在反垄断审查过程中被同时解决⑥。与 Vestager 致力推行的理念一致，欧盟委员会于 2020 年 12 月 15 日发布《数字服务法》（Digital Service Act）和《数字市场法》（Digital Market Act）提案，"通过统一的规则、事前监管、快速的执行和威慑性制裁，保障欧洲互联网竞争环境健康有序发展⑦。"美国对互联网科技四巨头"GAFA"（Google、Apple、Facebook、Amazon）发起了史上最大规模的反垄断调查，其中包括联邦贸易委员会（FTC）对 Facebook 的"拆分"起

---

① 张守文：《"双循环"与竞争法治的"内外兼修"》，《中国价格监管与反垄断》2020 年第 11 期。

② OECD, "Data–Driven Innovation for Growth and Well–Being: Interim Synthesis Report" October 2014, p. 7. http://www.oecd.org/sti/inno/data–driven–innovation–interim–synthesis.pdf, 2021–1–10.

③ 李安：《人工智能时代数据竞争行为的法律边界》，《科技与法律》2019 年第 1 期。

④ Tim Wu, The Curse of Bigness: Antitrust in the New Gilded Age, Columbia Global Reports, November 49 (2018).

⑤ 《中华人民共和国反垄断法》（以下简称《反垄断法》）中采用的"经营者集中"概念沿袭了欧盟关于经营者集中（concentration of undertakings）的词义表达，词性用法等同于美国及其他反托拉斯法域中的"并购"（mergers and acquisitions）。以下为行文方便，"经营者集中""并购""合并"等词体结合语境混同使用。

⑥ Alexandra Mitretodis, Interaction Between Privacy And Competition Law In A Digital Economy Part–2, 16 March 2020. https://www.mondaq.com/canada/antitrust–eu–competition–/904150/interaction–between–privacy–and–competition–law–in–a–digital–economy–part–2, 2021–1–10.

⑦ European Commission. Europe fit for the Digital Age: Digital Platforms. https://ec.europa.eu/commission/presscorner/detail/en/ip_20_2347, 2021–1–10.

诉，Facebook 被追诉的核心在于"非法"收购 Instagram 和 WhatsApp，以及收购行为背后对在线社交市场的不合理垄断①。近年来我国竞争执法机构也逐渐重视互联网领域频繁出现的经营者集中现象，在立法修订层面，《〈反垄断法〉修订草案（公开征求意见稿）》修订草案第三十一条将"审查经营者集中"的表述改为"对经营者集中进行审查和调查。"体现了竞争执法机构对于经营者集中的基本态度由消极"审查"趋向于积极"调查"的转变；在规范指引层面，国家市场监督管理总局于 2020 年 10 月 23 日公布了《经营者集中审查暂行规定》（以下简称《暂行规定》），并于"双十一"前夕发布了《关于平台经济领域的反垄断指南（征求意见稿）》（以下简称《指南草案》），明确规定了一系列互联网平台领域的新特征与新要素，为竞争执法机构在互联网领域的经营者集中审查提供了分析思路与线索指引。

二、互联网领域经营者集中反垄断审查的现实困境

虽然《暂行规定》和《指南草案》的发布从形式和内容上均彰显了我国政府重视互联网领域反垄断监管的决心，但现实的掣肘之处在于，竞争执法机构在具体环节的应然思路和实然操作方面仍无法寻求契合互联网领域经营者集中的审查标准和分析工具，法院在审查经营者集中案时倾向于要求原告提供更多精确的证据来说明合并后的产品价格和服务质量何以损害竞争②，而兼具前瞻性和预测性的经营者集中事前审查逻辑显然无力应对精准性的标准要求。由是，法律应有的确定性与审查对象的可能性之间似乎形成了一道隐形的屏障，阻滞了互联网领域的有效竞争和反垄法规的功能实现。故此，鉴于当前互联网领域经营者集中反垄断审查图景的周延性不足，有必要依据《暂行规定》和《指南草案》为执法机构明示的程序

---

① 严格来说，Facebook 在 2014 年收购 WhatsApp 是经过 FTC 批准的合法收购，FTC 在批准该并购时仅要求 Facebook 维持现有隐私政策，对反垄断方面的隐忧则未予置评。FTC, FTC Sues Facebook for Illegal Monopolization, December 9, 2020. https://www.ftc.gov/news-events/press-releases/2020/12/ftc-sues-facebook-illegal-monopolization, 2021-1-10.

② 在"人人诉百度"案中，法院以"唐山人人公司未能以充分的证据向本院证明其所主张的市场份额是源于科学、客观的经济分析而得出的结论"为由拒绝了原告关于百度具有市场支配地位的主张。参见北京市高级人民法院（2010）高民终字第 489 号民事判决书。

性设计和定性分析要素，基于互联网领域经营者集中的特征剖析，重点回答相关市场的界定应当依循何种思路、如何有效评估可能的限制竞争效果、以及竞争执法机构选择救济方式与救济途径的调配与适用问题。

第二节　互联网领域经营者集中的特征

当前学界对于互联网领域竞争特性的认识尚未达成一致，已有的共识无外乎（交叉）网络效应、（双）多边市场、（跨界）动态竞争、注意力竞争、数据竞争等共性特征。受益于上述特征的互联网领域更易于形成寡头垄断的平台化市场结构，处于优势地位的互联网企业能够更为便利地实施诸如利用强势议价权削弱"有价"市场边广告商的盈利能力，抑或凭借锁定效应降低"零价"市场边消费者的产品质量和服务体验，从而产生实质性的反竞争效果。由是，互联网领域的经营者集中行为也呈现出异于传统市场的特殊形态，最典型的特征在于虚拟的数据集取代实体的自然禀赋成为企业合并的驱动因素，多元兼顾的非价格要素逐渐与价格主导型审查逻辑并行成为互联网企业合并的审查标准，兼具敌对与和谐的竞争关系取代"零和博弈"成为大型互联网合并的"非典型特征"。

一、互联网领域经营者集中以数据为重要驱动因素

正如麦肯锡预言，"在大数据世界中，不能充分挖掘数据潜力的竞争者将被时代抛弃[①]。"驱动大型互联网平台寻求合并的多种因素中，数据未必是唯一动力，资本投入、专利技术、管理才能、知识结构等因素都可能是促成合并的驱动力，但基于数据收集、存储、利用进而变现形成的"货币化反馈循环"以及消费者注意力必然是互联网企业，尤其是社交软件、搜索引擎、网购平台等用户中心型企业寻求合并的源动力。概言之，互联

---

① McKinsey Global Institute. Big Data：The Next Frontier for Innovation, Competition, and Productivity, June 2011, p. 6. https：//www.mckinsey.com/business - functions/mckinsey - digital/our - insights/big - data - the - next - frontier - for - innovation, 2021 - 1 - 10.

网企业并购所追求的数据内蕴着双重属性：生产要素投入与竞争优势维持。

（一）作为生产要素投入的数据："货币化反馈循环"的起点

数据作为互联网领域的基础性生产要素①，既是互联网经营者参与市场竞争的必备条件，也是互联网领域趋于形成寡头垄断结构的内在动因。大多数互联网企业是以"货币化反馈循环"为主要盈利模式②，其商业逻辑在于，互联网企业用户数的增加会产生大量的注意力信息（如用户在网页的停留时间、点击率等）和留痕数据，企业收集用户个人数据之后，通过机器学习与智能算法描绘出"用户画像"③，进而与第三方签订数据许可协议、提供有针对性的广告服务或其他付费产品和服务来获取货币利益，盈利后的互联网企业继续投资于免费用户边市场服务质量的提升，形成交叉网络效应吸引更多用户和广告商。这种利用广告（盈利）端市场的利益所得来补贴用户（免费）端市场的服务是互联网领域的常规商业模式，在该模式下，作为生产要素投入的数据成为互联网企业盈利的起点，驱使互联网企业倾向于通过短平快的经营者集中策略占领相对竞争对手的"数据高地"。在 Facebook/WhatsApp④和 Microsoft/LinkedIn⑤并购案中，收购、整合、利用、挖掘数据构成了两起并购的核心动议。数据的大规模聚集不仅有利于合并主体扩展基础数据规模进而改善产品质量，而且能够借由智能算法预测互联网领域的竞争动向，提早介入相关或跨界市场进行竞争（垄断）优势的培养和维持⑥。因此，区别于传统经营者集中仅关注被合并方

---

① 《中共中央关于坚持和完善中国特色社会主义制度 推进国家治理体系和治理能力现代化若干重大问题的决定》（2019年10月31日中国共产党第十九届中央委员会第四次全体会议通过）中提出"健全劳动、资本、土地、知识、技术、管理、数据等生产要素由市场评价贡献、按贡献决定报酬的机制"，首次将数据作为生产要素参与分配和流通。

② Ben Holles de Peyer. EU Merger Control and Big Data. Journal of Competition Law & Economics, 767-790（2018）.

③ 构建用户画像是指为了评估某个人或某个消费群体的行为偏好而对个人数据进行的自动化处理，参见欧盟：《一般数据保护条例》（GDRP），Article 4. 2016年5月4日. https://eur-lex.europa.eu/legal-content/EN/TXT/? uri=CELEX: 02016R0679-20160504, 2021-1-10。

④ Case M. 7217 – Facebook/Whatsapp, 3 October 2014.

⑤ Case M. 8124 – Microsoft/LinkedIn, 6 December 2016.

⑥ 陈兵：《大数据的竞争法属性及规制意义》，《法学》2018年第8期。

固定资产与流动资产的实体性整合，互联网领域经营者集中更多关注被合并方数据的潜在价值能否通过复次利用和交互融合产生规模效应。

（二）作为竞争优势维持的数据：消费者注意力锁定

日本公平交易委员会负责人认为，与互联网领域中的新进入企业或潜在竞争者相比，在知识产权和市场效率庇护下的独家数据集和机器学习技术可能会创造出具备"无以比拟的竞争优势"的（自然）垄断企业[①]。由此不难理解 Facebook 2014 年以创并购规模纪录的 190 亿美元收购通讯服务运营商 WhatsApp 的动因所在[②]。通过对初始互联网企业的收购，Facebook 基于数据的整合与挖掘能够直接获得大规模消费者的注意力，在"免费+增值"的模式下急速扩张其潜在的消费者注意力份额和实际的市场控制力。互联网企业间的注意力竞争主要集中在两个方面，一是争夺用户有限的在线时长，二是向广告商、平台商户等提供消费者注意力，尽管这些企业的基础业务以及分支领域不尽相同，但其共有特征之一便是围绕用户的注意力展开竞争并以此赢得广告商[③]。

《指南草案》在第四条"相关市场界定"板块中，明确了"在平台经济中，经营者之间的竞争通常围绕核心业务开展，以获得用户广泛和持久的注意力。"具体而言，注意力竞争外观形态是对用户时间维度上有限资源的争夺，本质上是互联网企业对于用户黏性的追求，其最终目的仍然是收集用户行为数据并形塑"用户画像"，以便企业提升产品质量和服务体验，进而实现更广泛的货币化，由此形成了既有企业注意力锁定与潜在企业注意力突围间的用户争夺。因此，互联网领域经营者集中行为的反垄断审查，旨在侦测并干预互联网企业在搜索引擎、社交媒体以及购物平台等领域的注意力寡头化，保护互联网领域市场中新入企业对消费者原始数据的捕捉、获取、处理以及试错能力，公平自由地参与到消费者注意力竞争中。

---

① Robin Harding, Japan Considers Tough Anti－Monopoly Rules on Data, FINANCIAL TIMES, July 15，2017. https：//www. intellasia. net/japan－considers－tough－anti－monopoly－rules－on－data－609038，2021－1－10.

② Seth Fiegerman,'Facebook to Buy WhatsApp for ＄16 Billion', Mashable, 19, February 2014. http：//mashable. com/2014/02/19/facebook－whatsapp/，2021－1－10.

③ Evans D S. Why the Dynamics of Competition for Online Platforms Leads to Sleepless Nights But Not Sleepy Monopolies. https：//sci－hub. se/10. 2139/ssrn. 3009438，2020－11－21.

二、互联网领域经营者集中的竞争损害难以确证

受芝加哥学派"经济效率一元论"的影响①,竞争执法机构对于传统行业的经营者集中进行审查时以价格主导型的审查逻辑贯穿始终②。而在互联网领域中,我国《指南草案》根据平台经济的特点和常见的问题,在经营者集中审查中的相关市场界定和审查要素设计上均规定了非价格维度的考量因素,为执法机构提供了审查思路和提示,然而受限于互联网领域多边市场的复杂性以及执法机构编制的局限性,确证互联网领域经营者集中可能的竞争损害仍需多角度衡量和多领域论证。

第一,就消费者层面而言,经营者集中带来的效率提升能够降低产品价格,改善服务质量,但也可能降低非价格维度的竞争,例如消费者隐私泄露、选择减少、市场创新低迷等难以客观衡量的竞争损害风险③。

第二,从反垄断执法机构角度而言,涉及经营者集中控制案件的普遍特征是审查进度慢、战线长、耗时久。一方面是由于机构编制人员不足,另一方面在于能够触发经营者集中控制的案件均为行业领头企业,庞大的体量必然为执法机构带来较高的评估难度。而在互联网领域动态竞争和科技变革日新月异背景下,更加凸显了反垄断实务在经营者集中案件上确证竞争损害的能力性和时效性的不足。

第三,从参与集中的经营者角度来看。《反垄断法》第二十八条对经营者集中控制制度设置了但书规定,即"经营者能够证明该集中对竞争产生的有利影响明显大于不利影响,或者符合社会公共利益的,国务院反垄断执法机构可以作出对经营者集中不予禁止的决定。"这意味着参与集中的经营者能够以动态效率和创新效益提出抗辩,结合互联网领域的交叉网络效应和跨界竞争机能,经营者只需证明创新带来的动态效率满足集中的特有性、可证实性,且为消费者所分享,即可能得到支持④。而由于未来

---

① 刘志成、武常岐:《论中国反垄断的目标模式》,《制度经济学研究》2013 年第 4 期。
② Michal S. Gal and Daniel L. Rubinfeld, The hidden costs of free goods: Implications for antitrust enforcement. NYU Law & Economics Working Papers, Research Paper, 14-44 (2015).
③ 韩伟:《迈向智能时代的反垄断法演化》,法律出版社 2019 年版,第 194 页。
④ Werner P, Clerckx S, de la Barre H., "Commission Expansionism in EU Merger Control - Fact and Fiction". Journal of European Competition Law & Practice, Vol. 9: 140 (2018).

的创新损害以及产品多样性难以预估,执法机构通常以经营者的"承诺"作为批准经营者集中的附加条件。

三、兼具竞争与合作的"非典型"经营者集中

在传统行业信息不对称的情境下,经营者参与竞争的动力不仅来自于对销售利润和市场份额的追求,还源于同行或相关领域经营者"零和博弈"的竞争压力。而在以数据和资本密集型为主要特征的互联网领域中,企业间信息壁垒的透明化以及市场结构趋于集中的寡头化驱使互联网企业在竞争中寻求合作,以一种违背短期市场定义的方式模糊长期商业模式,借由复杂的股权合作和共同的反竞争效应形成"非典型"经营者集中[1]。

2015年初至今,我国互联网领域众多细分市场纷纷由"群雄逐鹿"的市场格局走向"合并同类项"的寡头结构。从并购案例来看,交通出行领域中,滴滴公司于2015年2月收购快的打车后,2016年8月又宣布收购优步中国;网络团购领域中,美团网与大众点评网合并;在线旅游领域中,携程宣布与去哪儿网合并[2],导致国内在线旅游市场从两强对峙、多边发展格局加快向相互持股、一头独大转变。从横向经营者持股情况来看,三大巨头"BAT"均在互联网领域不同的细分市场持有一定市场份额,比如阿里影业是华数影视、华谊兄弟和光线传媒的股东之一[3];腾讯不仅是万达电商和京东商城的股东,同时也是摩拜单车和OFO共享单车的投资人[4];百度是去哪儿网和携程的第一大股东[5]。互联网企业间的频繁收购以及竞争者间横向持股似已成为行业潜规则。短期来看,企业间合并或互相持股避免了同质化竞争导致的内部损耗,有利于在增强资本市场的多元性和流动性[6]。而长远观之,横向经营者间的联盟式"合作"事实上聚

---

[1] Ezrachi Ariel. Virtual Competition: The Promise and Perils of the Algorithm – Driven Economy. Harvard University Press, 34 (2016).
[2] 网经社:"分析:当前互联网企业合并的主要特点及影响". http://www.100ec.cn/detail——6387837.html,2021-1-10。
[3] 薛松、张毓:《阿里影视24亿入股光线传媒》,《上海证券报》2015年3月5日。
[4] 莫岱青:《腾讯、京东合作背后》,《法人》2014年第8期。
[5] 刘康杰、于霄、王丹:《"双微时代"的危机传播趋势和影响因素研究——以2016年百度、携程事件为例》,《社会科学》2016年第8期。
[6] 富新梅:《横向持股的反垄断规制思考》,《新疆财经大学学报》2020年第1期。

拢了相关市场集中度，抬高了市场进入壁垒，是从抢夺市场的份额之争演变为占领市场的领域之困。尤其是滴滴先后与快的、优步中国的经营者集中，以订单量为统计依据，合并后的滴滴以超过 90% 的市场份额，毫无疑问地处于网约车市场绝对的支配地位，由此引致了竞争法学界关于互联网领域经营者集中申报标准和审查路径的广泛讨论①，即在强调事前规制且预测色彩浓厚的经营者集中控制制度中，将适格主体间的合并纳入审查程序后，核心议题就在于如何准确界定相关市场、集中的反竞争效果评估以及经营者集中的效率抗辩与救济，进而明晰互联网领域"效率至上"口号下"非典型"集中的垄断本质与竞争损害。

第三节　互联网领域经营者集中的相关市场界定

在市场监管总局下发的《指南草案》第四条中，明确了"开展平台经济领域经营者集中反垄断审查，通常需要界定相关市场。"在此基础上分列了界定"相关商品市场"和"相关地域市场"的指引性规范，并提出了兜底性的"个案分析原则"。从应然的规则指引角度而言，《指南草案》以罗列的形式呈现了相关市场界定所需的定性评估因素，为执法机构在评估互联网企业在相关市场中的市场份额以及控制力提供了前置性的认定思路，同时"个案分析原则"也适时回应了在互联网领域多边市场和动态竞争特征下界定相关市场的现实困境。从实然的执法实践层面来看，仍需明确相关市场界定的三个面向：将相关市场界定的起点回归至定性分析的合理性，选择适应互联网领域需求及供给替代性分析工具的必要性，"特定个案"原则适用于经营者集中相关市场界定的审慎性。

---

① 郭传凯：《互联网平台企业合并反垄断规制研究——以"滴滴""优步中国"合并案为例证》，《经济法论丛》2018 年第 1 期；蒋岩波：《滴滴收购优步中国经营者集中案例的反垄断法分析》，《经济法研究》2017 年第 2 期。

一、定性分析的合理性

传统行业的产品和服务在外观形态与功能特性方面的异质化特征较为清晰,以定量分析为主导思路的替代性分析范式相对有效。而互联网企业提供的产品或服务没有清晰的界限,各种产品和服务之间的功能往往交叉或重叠[1],此时沿用定量分析反而会导致分析结果的笼统与不确定。因此,有必要基于《指南草案》将定性分析回归至互联网领域相关市场界定的主视野中,同时利用经济测度工具辅以必要的偏差修正。

(一) 定性分析的理性回归

《指南草案》在界定"相关商品市场"中大量提及了互联网领域竞争业态的定性因素,诸如平台功能、多边市场、跨界竞争等,对这些定性因素的考察主要基于两方面考量:其一,反垄断法中的经营者集中控制制度除了在集中申报标准的数额设定方面追求量化分析,对于经营者集中的竞争影响审查重点则置于集中后相关市场结构的分布局势,由此推定该集中是否强化或形成了市场支配地位,以及是否可能产生排除、限制市场竞争效果,这种前瞻性和预估性的审查过程决定了定性因素的重要地位;其二,由于互联网领域自身跨界动态竞争以及交叉网络效应特征,导致依赖价格变化进行定量分析的假定垄断者测试方法(SSNIP)与临界损失分析方法(CLA)在相关产品市场界定中出现失灵[2],在 2019 年德国 Facebook 案中,联邦卡特尔局并未直接采用 SSNIP 进行垄断者测试,而是基于传统的功能替代定性分析,认为"Snapchat、YouTube、Twitter、LinkedIn 以及 Xing 等专业交际网络只拥有部分的社交网络功能,"进而将该案相关市场界定为日常社交网络市场[3]。加拿大竞争局发布的《滥用支配地位执法指南》中,在相关市场界定环节也并未首推 SSNIP、CLA 等具体的定量分析

---

[1] 黄勇、蒋潇君:《互联网产业中"相关市场"之界定》,《法学》2014 年第 6 期。
[2] 张晨颖:《平台相关市场界定方法再造》,《首都师范大学学报(社会科学版)》2017 年第 2 期。
[3] Bundeskartellamt prohibits Facebook from combining user data from different sources. 2019. 07. 02. https://www.bundeskartellamt.de/SharedDocs/Meldung/EN/Pressemitteilungen/2019/07_02_2019_Facebook.html?nn=3591568,2021 – 1 – 10。

工具，而是由执法机构根据个案的商业现实来灵活应对①。我国"3Q"案的终审法院就相关市场界定对比了定性分析与定量分析的适用判断，指出如果定性分析足以直观明确地界定相关市场，则无须进行繁复的定量分析②。

在具体定性分析方法的选用上，可以参考最高人民法院在"奇虎诉腾讯滥用市场支配地位案"案中提出的"假定小幅但显著且非暂时性的质量下降（SSNDQ）"③，即保持价格不变而尝试小幅度降低质量水平，以观察用户在"即时通讯服务及软件"市场是否有可替代的选择，以此界定被告腾讯公司在免费用户端的市场控制力。SSNDQ 测试方法将用户体验纳入替代性分析，不仅有利于在经营者集中相关市场界定中兼顾终端消费者在非价格维度的利益保护，同时能够反向证明经营者潜在的锁定效应以及用户的转移成本。虽然 SSNDQ 测试法关于质量的主观评判标准决定了其只能适用于个案分析，但通过行业调研以及经济分析报告来收集用户和竞争对手的意见，咨询质量评估专家以及观察经营者投资变化等方式来间接衡量质量变化④，应是 SSNDQ 测试法未来的完善方向。

（二）利用经济测度工具修正定性分析的主观偏差

互联网领域极易形成"赢者恒赢"局面的根本原因是该市场中竞争不足，虽然竞争执法机构以定性分析为起点能够意识到头部企业在多边市场中排除、限制竞争效果的可能性，但往往由于分析阶段的可量化困难而将反垄断调查流于表面。为了有效弥合定性分析的主观偏差，经济学家 Waehrer 提出了一个质量下降压力（Downward quality pressure）的分析框架来评估在线服务的竞争效果⑤。其与 SSNDQ 和 SSNIC 的区别在于，该框架不

---

① 唐要家、唐春晖：《数字平台反垄断相关市场界定》，《财经问题研究》2021 年第 1 期。
② 最高人民法院指导案例 78 号：北京奇虎科技有限公司诉腾讯科技（深圳）有限公司、深圳市腾讯计算机系统有限公司滥用市场支配地位纠纷案。http：//www.court.gov.cn/fabu - xiangqing - 37612. html，2021 - 1 - 10。
③ Bing Chen, Hansim Kim, Identification on DMP Under Internet Economy Focusing on 3Q Case, 33 Jouranl of Korean Competition Law 314, 314 - 352（2016）.
④ 殷继国：《大数据经营者滥用市场支配地位的法律规制》，《法商研究》2020 年第 4 期。
⑤ Keith Waehrer. Online Service and the Analysis of Competitive Merger Effects in Privacy Protections and Other Quality Dimensions. Working Paper, 2016. http：//waehrer.net/Merger%20effects%20privacy%20protections.pdf, 2021 - 1 - 10。

仅适用于分析合并产生的反竞争价格效应计算，同时可应用于定价受限的市场，诸如消费者隐私、服务体验以及数据安全等。Waehrer 认为互联网领域中定性分析的困难往往出现在通过广告收入提供在线服务的非交易型双边市场中，由于该市场中的产品服务通常为用户所免费使用，用户虽然付出了注意力和个人信息成本，但在有效测算层面上针对用户的价格讨论意义不明显。因此，核心问题是企业在围绕用户的质量标准和服务体验展开竞争时，如何将质量受损和体验下降所产生的"零价"影响与可能给广告商带来的"有价"收益相权衡。如果经营者集中在付费广告市场中产生了显著的市场势力，并且在实际上限制和排除了付费广告市场中的竞争，竞争执法机构利用现有的反竞争效应的价格上涨压力计算方法即可处理[①]。另一种情况是付费广告市场边保持着有效竞争，免费用户市场边的质量竞争状况难以保证，即广告市场边的有效竞争不一定惠及免费用户市场边的质量竞争。该分析框架建立在用户的质量预期和企业提供服务成本的一系列假设－博弈－论证中，为竞争执法机构识别互联网领域经营者集中是否限制和排除相关市场竞争提供了较为清晰的分析思路。

二、替代性分析方法选择的必要性

《指南草案》在"相关产品市场界定"中提供了一系列定性分析要素，就要素内部的价值位阶和适用范式而言，"多边市场"和"网络效应"应分别是前提性和基础性的参考要素，相对其他分析要素，将二者分别置于需求替代分析和供给替代分析场域中做基础性假设分析更具参考意义。

（一）基于"多边市场"的需求替代分析

就竞争机能而言，互联网企业受益于技术上的"互联互通"属性以及系统内的交叉网络效应特征，促成了其多边市场形态的有效实现，而多边市场的内部激励也加速了互联网企业市场势力跨领域的外部蔓延。因此，在《指南草案》列出的诸多参考要素中，"多边市场"应归为需求替代分

---

① Farrell J, Shapiro C. Upward Pricing Pressure and Critical Loss Analysis: Response. Antitrust Chronicle, Competition Policy International, https://ideas.repec.org/a/cpi/atchrn/1.1.2011i=5810.html, 2021-1-10.

析中前提性参考要素。学界对于多边市场的关注起始于 2009 年的"人人诉百度案"①,该案的争议焦点集中于双边市场界定环节。北京市第一中级人民法院从网络用户出发,基于功能替代性考虑,认为搜索引擎为用户提供检索信息时瞬时性和丰富性的特点是其他应用无法取代的,故搜索引擎服务本身构成一个独立的相关市场。法院从服务提供者的角度分析则得出了相悖的结论,认为搜索引擎附带的广告营销模式能够帮助厂商获得现实或者潜在的商业利益,认定其不能归为免费服务。由同一个商业现象形成的不同结论,是对于互联网平台的多边市场解读不够周延的结果。进言之,在对包含多主体、强互动、跨边界的双边或多边市场进行替代性分析时,可依据交易形态分为交易型和非交易型双边市场②,在交易型双边市场中,两边或多边主体以平台为媒介能够直接发生交易行为,信用卡消费模式是交易型双边市场的典型应用场景。而非交易型市场中的双边或多边主体之间并不产生直接的交易关系③,"人人诉百度案"中的搜索引擎市场即为典型的非交易型双边市场,用户以注意力和信息成本作为"对价"免费使用搜索服务,百度通过收集、存储并分析用户注意力和个人信息等数据成本,形成"用户画像"后出售给广告商以获取显性收益,此时在线用户和广告商分别位于百度的上游和下游位置,相关市场的界定可以依据交易或争议的发生区间来予以确认,避免了"人人诉百度案"中多边市场界定的周延性不足④。虽然以交易形态的定性分析范式可能存在界定过于宽泛之嫌⑤,但作为多边市场界定的大前提进行预设性分析,不失为纾解互联网领域市场界定困难的可行选择。

(二)基于"网络效应"的供给替代分析

网络效应是指产品或服务的价值最大化依赖于用户基数的扩张,往往

---

① 李剑:《双边市场下的反垄断法相关市场界定——"百度案"中的法与经济学》,《法商研究》2010 年第 5 期。
② Filistrucchi L, Geradin D, Damme E V, et al. Market Definition in Two – Sided Markets: Theory and Practice. Working Papers, https://www.disei.unifi.it/upload/sub/pubblicazioni/repec/pdf/wp05_2013.pdf, 2021 – 1 – 10.
③ 孙晋、钟嫦瑛:《互联网平台型产业相关产品市场界定新解》,《现代法学》2015 年第 6 期。
④ 侯利阳、李剑:《免费模式下的互联网产业相关市场界定》,《现代法学》2014 年第 6 期。
⑤ 王健、安政:《数字经济下 SSNIP 测试法的革新》,《经济法论丛》2018 年第 2 期。

与规模经济一同出现。网络效应同时也是互联网领域的基础性特征,《指南草案》将其定位在"供给替代对经营者行为产生的竞争约束类似于需求替代时"应考虑的供给替代分析因素之一。从经济学角度出发,考虑供给替代分析的前提是经营者面对市场波动时能够在短期内或合理期间内生产相关产品并投入市场[1],由于供给替代性分析本质上是对竞争约束条件的或然性分析,因而在执法实践中普遍作为需求替代分析的辅助性工具出现。而在互联网领域"多边市场"裹挟下的"网络效应"扩张了供给替代分析的适用场域,原因在于互联网产品或服务的供应商并非消极适应市场需求者的期望,而是依市场竞争形势的动态变化积极采取行动,比如基于消费者心理需求创造受欢迎的差异化产品,实现创新性的供给替代[2]。此时基于"网络效应"的供给替代分析主要考察潜在的竞争约束,即产品或服务供应商能否在较短时间内克服终端消费者的转移成本、锁定效应以及技术障碍等市场壁垒。

从替代性分析效果层面来看,基于"网络效应"的供给替代性分析类似于"市场进入"的评估,均是以定性评估的分析范式考察潜在的市场进入状况与条件,二者区别在于作为经营者集中反垄断审查的环节之一,"市场进入"融入了保护潜在竞争者的价值判断,而"网络效应"下的供给替代分析在对企业短期转型成本的考量基础上,可以作为竞争主观机构对长期市场进入障碍的预设性判断依据,进而为评估可能的排除、限制竞争效果提供客观依据。在分析方法的选择上,可以考虑假定用户成本上涨的垄断者测试(SSNIC)[3],互联网领域中的用户既处于产业链的上游(产生注意力和个人数据),又处于盈利链的终端(接受产品和服务),对用户注意力和个人信息成本的假定上涨能够较为直观地识别用户转换成本的高低和产品锁定效应的强弱,进而为供给替代分析提供依据。

---

[1] 仲春:《互联网行业反垄断执法中相关市场界定》,《法律科学(西北政法大学学报)》2012年第4期。
[2] 宁立志:《双边市场条件下相关市场界定的困境与出路》,《政法论丛》2016年第6期。
[3] Newman J M. Antitrust in Zero-Price Markets: Applications. Washington University Law Review, Vol. 96, 68 (2015).

三、"特定个案"原则适用于经营者集中相关市场界定的审慎性

在现行反垄断法的审查原理和技术原则下,相关市场界定是经营者限制竞争行为涵射于反垄断法可归责性的前置性要件,而《指南草案》关于"特定个案"原则的设置弱化了相关市场界定的程序性意义[①]。然而理论上合并后主体的市场份额以及市场势力是随着相关市场范围的变化而浮动的,因此很难在逻辑上理顺未经界定相关市场就认定排除、限制相关市场竞争的推定过程[②]。对此,竞争执法机构应以审慎理念为主导,基于不同类型反垄断案件的案情特点与执法目的,谨慎评估"特定个案"的适用前提和适用后果,防止对相关市场界定的"个案弱化"变为"惯性弱化"。

(一)"特定个案"原则更适用于滥用市场支配地位行为而非经营者集中

客观而言,互联网领域独特的多边市场、动态竞争以及交叉网络效应等特征增加了竞争执法机构准确界定相关市场的难度,如果对竞争的损害能够以直接证据加以证明,那么确实没有必要舍本趋末地追求明确的相关市场界定。从学理上看,这种以更直观的评估标准考察竞争行为正当性的思路本质上是"行为主义"的延伸,是基于损害理论反推限制竞争行为的以终为始的违法认定思路。而相关市场界定作为"结构主义"的衍生物[③],不仅强调科学客观的框架构建,同时关注的是未来反竞争的可能性。详言之,在互联网领域反垄断审查工具尚未创造性革新的前提下,竞争执法机构在审查互联网企业可能的反竞争行为时将持续面临难以精确界定相关市场的困境,此时严格适用"行为主义"的竞争损害理论可能在反垄断实践层面带来两种局促向度:损害证据不足时,无法界定相关市场;损害证据充足时,无需界定相关市场。这种遵循"主体行为与实害后果"的损害分

---

① 《指南草案》第四条中在规定了"在特定个案中,如果直接事实证据充足,只有依赖市场支配地位才能实施的行为持续了相当长时间且损害效果明显,准确界定相关市场条件不足或非常困难,可以不界定相关市场,直接认定平台经济领域经营者实施了垄断行为。"

② 王威驷:"告别自我设限的尝试:谈《平台经济领域反垄断指南(征求意见稿)》",载网络法实务圈微信公众号,https://mp.weixin.qq.com/s/V1koDiadqiNRdIpfC5M8kQ. 2021-1-10。

③ 李虹、张昕竹:《相关市场的认定与发展对中国反垄断执法的借鉴》,《经济理论与经济管理》2009年第5期。

析也是滥用市场支配地位案件与经营者集中的思路分野。

虽然《指南草案》中"特定个案"原则并未明确指定适用于何种反垄断法关切的规制对象，但从行为确定性与证据指向性角度来看，其适用面向应是滥用市场支配地位行为而非经营者集中。一方面，对于反垄断法意义上滥用市场支配地位的搭售、强制交易、拒绝交易等真实行为，竞争执法机构能够以损害理论嵌入实体分析过程，也即在符合"特定个案"设计的前提下无需界定相关市场即可认定违法。而另一方面，经营者集中案件中竞争约束条件和激励条件的不确定性和预测性导致其难以契合"特定个案"的要件设置，至少在互联网领域经营者集中常见的零价格市场端，诸如用户隐私保护，用户选择以及创新激励等方面，事实证据和损害效果都难以明确，在此情形下恰恰需要更新分析工具以强化相关市场界定的准确性和可信度，而非简单以相关市场界定困难为由跨越该环节直接进入竞争效果评估。因此，相对于滥用市场支配地位行为，竞争执法机构对于经营者集中能否适用"特定个案"更需全面审慎评估，除非未来有适当方法来替代，否则不应轻易略过相关市场的界定。即便是对符合"特定个案"的滥用市场支配地位行为，竞争主管机构在评估过程中也应当秉持审慎理念防止"特定个案"的泛化应用。

（二）"特定个案"原则的动因是相关市场界定工具不足而非理论失效

在互联网领域市场平台化和竞争跨界化愈演愈烈的趋势下，"相关市场界定是工具（技术）而非目的"似已达成学术界和实务界的共识[①]。"特定个案"原则正是基于这一共同的价值判断应运而生，然而互联网场域中多边市场形塑的交叉网络效应引发了对于相关市场界定理论层面的质疑，其理由在于多边市场中的多元价格结构不均衡使得反竞争市场界定理论难以应对。对此应从两方面予以回应：其一，发轫于传统市场的反竞争市场界定理论（SSNIP、CLA等）在应对互联网新兴市场时确实出现了阶

---

① 实务参考 2014 年"3Q 大战"的终审判决，最高人民法院认为相关市场界定在滥用案件中仅是竞争分析的工具，其本身并非目的；论文参见丁茂中：《反垄断法实施中的'相关市场'界定国际比较》，《法学杂志》2012 年第 8 期；王健、吴宗泽：《反垄断迈入新纪元——评美国众议院司法委员会〈数字化市场竞争调查报告〉》，《竞争政策研究》，2020 年第 4 期；Werden, Gregory J. Four Suggestions on Market Delineation. The Antitrust Bulletin, 1992, 37（1）: 107 – 121.

段性的不适应,但相关市场界定作为竞争执法机构工具性的竞争分析手段,其作用机理在于辅助竞争执法机构对垄断现象由浅到深的认知过程,而相关市场界定理论本身也在司法实务过程中不断发展创新以应对数字市场变化①。其二,互联网领域的聚集效应促使互联网巨头企业由"市场要素"向"要素市场"转化②,但不论是何种经济表现形态,相关市场界定理论都应当作为竞争执法机构分析反垄断案件的逻辑起点③,以防止反垄断司法实践中的空泛化和模糊化。在互联网领域经营者集中的反垄断审查中,对于参与集中当事方市场势力的判断需要通过初步的需求或供给替代分析来评估竞争约束条件,进而以此梳理涉案主体现有或潜在的竞争对手以及多边市场进入状况,在做出最终相对客观全面的价值判断之前,作为分析工具的市场界定方法可能存在偏差,但市场界定作为前置性考察思路的程序性价值应予重视,以此限缩竞争执法机构跨越相关市场界定直接进行自由裁量的主观随意性。

在互联网领域的竞争方式愈发多变,竞争边界越发模糊的情形下,相关市场界定很难避免从一个前置性的、价值中立、纯粹的技术性问题,变为结论性的、事关是非的复杂法律问题④,相关市场界定理论在这种技术不定性向法律确定性的转化中并非一成不变,而是在实践与理论中不断调整以适应互联网场域的新形态。因此,"特定个案"原则可能造成的弱化相关市场界定效果并不意味着市场界定理论的失效,而应当理解为因工具性不足造成暂时的程序适度妥协。

---

① 陈林、张家才:《数字时代中的相关市场理论:从反竞争市场到双边市场》,《财经研究》2020 年第 3 期。
② 陈兵:《因应超级平台对反垄断法规制的挑战》,《法学》2020 第 2 期。
③ 蒋岩波:《互联网产业中相关市场界定的司法困境与出路——基于双边市场条件》,《法学家》2012 年第 6 期。
④ 郑鹏程:《反垄断相关市场界定的结果导向及其法律规制》,《政治与法律》2016 年第 4 期。

第四节 互联网领域经营者集中限制
竞争效果分析

我国《反垄断法》第二十七条规定了经营者集中审查中应当考虑的因素[①]，在此基础上，市场监管总局发布的《暂行规定》第二十六条到第三十条以及《指南草案》第二十条实现了对这些审查因素的细化解释。基于反垄断法更关注经营者集中限制竞争行为的可能性而不是现实性的事前规制特点，以及前述互联网领域经营者集中的数据聚集、注意力锁定、限制竞争效果难以确证等特征，下文重点围绕数据市场势力对互联网领域经营者集中限制竞争效果予以分析。

一、互联网领域经营者集中的数据市场势力

与传统行业中企业的市场份额与市场势力的普遍正相关对比，互联网领域多边市场诱发的交叉网络效应以及动态竞争导致市场份额与市场势力间缺乏直接相关性。具体而言，以销售金额和生产数量为依据的显性市场份额已无法真实反映互联网场域的竞争特点，转向对数据市场势力的关注则有益于全景评估互联网领域经营者集中的竞争效果。

（一）评估数据市场势力的必要性

在竞争执法机构评估某项经营者集中是否会构成垄断或形成垄断趋势时，核心考察因素并非合并方是否提高了价格或者实际排除了竞争，而是

[①] 《反垄断法》第二十七条规定了审查经营者集中，应当考虑下列因素：（一）参与集中的经营者在相关市场的市场份额及其对市场的控制力；（二）相关市场的市场集中度；（三）经营者集中对市场进入、技术进步的影响；（四）经营者集中对消费者和其他有关经营者的影响；（五）经营者集中对国民经济发展的影响；（六）国务院反垄断执法机构认为应当考虑的影响市场竞争的其他因素。

衡量合并方是否存在具备这样做的市场势力①。前文已述，互联网领域的相关市场界定必须围绕"多边市场"和"（交叉）网络效应"这对基本特征展开，二者"螺旋上涨式"的互动推动着互联网领域一系列市场竞争活动的展开。基于此，在包含消费者的双边或多边市场中，对于集中主体市场势力的考察若仅关注经营者集中价格边的市场份额及市场集中度，忽略免费端市场的潜在影响力，则难以展现互联网领域经营者集中限制竞争效果的全貌。就市场势力的评估方式而言，价格边市场重点关注交易费率、交易数额、广告市场占有率等客观可获取的指标，由此形成市场份额与市场集中度能够直观推定市场势力，然而市场份额和市场集中度等具象性指标难以涵盖互联网企业的真实市场势力。在我国"3Q"案中，最高人民法院指出不能仅凭市场份额认定互联网等竞争激烈、经常发生技术迭代的高科技领域企业的市场支配地位，而需综合考虑市场进入、对竞争的影响等综合因素。鉴于互联网领域经营者集中的重要驱动力是用户注意力和个人数据，这些综合因素中理应包括用户转移成本和数据市场势力，以及由此构建的市场进入壁垒。

（二）用户转移壁垒：从"多宿性"到"单宿性"

欧盟委员会在批准 Facebook/WhatsApp 并购案时依赖的因素之一②是通讯应用的用户具备"多宿性"（Multi-homing）特征，即互联网场域下的终端用户可以在不同的免费应用与在线服务间自由转换，并不存在显著的转移成本。其主要考量在于该并购并未给用户带来成本或技术上的转换障碍，用户随时可以根据偏好进行转移，"不信任 Facebook 隐私政策的用户可以自由删除该应用并选择自己更青睐的通讯应用"。欧委会基于有形成本角度做出用户"多宿性"的判断并无不妥，却忽视了用户主动选择与被动依赖的区别。德国联邦卡特尔局局长安德烈亚斯·蒙特（Andreas Mundt）在 Facebook 案中认为："鉴于 Facebook 具有卓越的市场实力，在 Facebook 商业模式的运作中，（其他）公司必须考虑到 Facebook 用户实际

---

① 在美国 Tobacco 案中，法院认为企业实际行使取得的市场势力并非认定垄断的必要条件，事实上存在这样的市场势力就足够了。American Tobacco Co. v. United States, 328 US 781, 811, 66 S Ct 1125, 1139-1140（1946）.

② Case M. 7217 – Facebook/Whatsapp, 3 October 2014.

上无法切换到其他社交网络，用户要么接受 Facebook 对其数据的全面采集，要么不能使用该社交网络。在这种困难的情况下，用户的选择不能称为自愿同意①。"诸如 Facebook、QQ 等拥有庞大用户基础的社交网络平台，实际上已经被平台内的用户赋予了超出联络工具价值外的社会关系价值，在网络效应的规模价值增益下，个体的脱离往往意味着被群体孤立。类似 Google、百度、亚马逊等检索引擎和购物平台，虽然并不以用户社会关系网络来"锁定"用户，但算法技术的革新以及用户基础数据的累积使得优势平台推送的检索结果和购物推荐更为精准合理，用户极易对平台形成"惯性依赖"。综上情形，即便用户意识到产品或服务的质量下降或选择减少，往往由于转换成本高昂以及而被"锁定"，用户应然的"多宿性"演变为实然的"单宿性"。

互联网领域中用户"单宿性"的动因复杂多样。具体而言，第一，从技术层面来看，互联网领域市场进入的技术门槛并不高，真正构筑起市场进入障碍的是已经被头部企业"锁定"的用户基数，而转移成本的累加不仅导致用户的可选择余地趋于狭窄，也削弱了潜在竞争对手进入市场的激励。第二，如前文所述，互联网领域经营者集中的特征是横向持股并且向纵深市场的细分领域扩张，这意味着用户现有的产品替代性选择可能都源于互联网巨头持股的分支产品或服务，这种聚合性、整体性和生态性的平台化垄断趋势使得互联网场域中的用户转移壁垒愈发难以破解。第三，在地域空间的阻隔下，传统市场中在不同地区生产的同质化产品仍有利可图，在互联网领域中开发同质化应用则需要颠覆性创新或技术性突破才能取得生存空间，而用户转移壁垒的存在阻却了市场新进入者更新产品或服务所需用户数据的获取途径。综上，互联网领域中的用户看似掌握主导的多项选择权利，往往已经被锁定在单一平台以及由该平台搭建的生态化产品及服务体系，潜在进入者受制于数据的用户转移壁垒而难以有效参与竞争。

（三）数据规模壁垒：数据的理论可得性与实际可用性

由用户转移壁垒引发的直接后果是优势企业数据规模的无限聚集。客

---

① Bundeskartellamt prohibits Facebook from combining user data from different sources. 2019.07.02. https://www.bundeskartellamt.de/SharedDocs/Meldung/EN/Pressemitteilungen/2019/07_02_2019_Facebook.html?nn=3591568，2021-1-10。

观而言，数据要素特征中的非排他性决定了竞争者获取数据的渠道和途径并不受限，合乎规范地拥有大量数据本身并不会触发反垄断风险①。作为生产要素的数据只有在信息聚合与算法重整下形成数据规模壁垒，市场内的其他竞争者难以获取最低竞争所需的有效数据时才会引起反竞争担忧，而数据市场势力恰恰构成了评估集中后互联网企业市场势力的核心力量所在。

欧盟委员会在 Facebook／WhatsApp② 和 Microsoft/LinkedIn③ 并购案中均否认了用户数据的汇集与整合会产生不利影响的担忧，理由是排他性竞争之外的竞争对手仍可获取大量其他用户和市场数据。而在 Nielsen Holdings N. V./Arbitron 并购案中，联邦贸易委员会（FTC）则认为数据获取构成了相关市场进入的重大障碍，尤其是涉及本案的两家公司为媒体公司和广告商提供跨平台的受众监测服务，潜在的数据市场不仅驱动着该并购，并且构成并购方的竞争约束条件之一，经评估后 FTC 颁布了一项附条件批准令，"要求 Nielsen 将资产剥离给 Arbitron 的跨平台受众监测业务，包括个人层面的人口信息和相关技术的受众数据以及知识产权许可④。"上述并购案都关注到了数据可能产生的市场势力，但审查结果的差异说明执法机构关于数据的理论可得性与实际可用性存在分歧。

当前互联网领域的商业链条中已经存在大量第三方数据中间商，能够提供上游市场所需的基础数据资料，但独立的数据集交易市场只能解决数据"四 V"特征中的结构化数据的体量（Volume）⑤，而互联网领域的动态竞争决定了数据的时效性（Velocity）和非结构数据的多样（Variety）才能定义数据的价值（Value），互联网企业正是在收集、储存并分析在线用户实时产生的社交图片、地理位置、网络日志等非结构化数据基础上，结合智能算法"做中学"（Learning by doing）才能进行产品和服务自我更新和

---

① Daniel Sokol & Roisin Comefford, Antitrust and Regulating Big Data, George Mason Law Review, Vol. 23: 5 (2016).

② Case M. 7217 – *Facebook/Whatsapp*, 3 October 2014.

③ Case M. 8124 – *Microsoft/LinkedIn*, 6 December 2016.

④ FTC. Statement of the Federal Trade Commission – In the Matter of Nielsen Holdings N. V. and Arbitron Inc. September 20, 2013. https：//www. ftc. gov/public – statements/2013/09/statement – federal – trade – commission – matter – nielsen – holdings – nv – arbitron – inc，2020 – 12 – 27.

⑤ IBM Big Data Hub, The Four V′s of Big Data, https：//www. ibmbigdatahub. com/infographic/four – vs – big – data.

实时升级。事实上，边缘竞争对手即使拥有与优势企业技术性能持平的智能算法，在缺乏庞大用户基数产生的实时多样数据以及用户转移壁垒客观存在的情况下，往往在市场预测和用户跟踪方面存在一定的滞后与脱节，难以对在位企业形成有效的竞争约束。因此，如果新入企业无法通过其他渠道方便地获取开展竞争所需的有价值数据源，那么足够的数据规模就成为该市场中新进入者和潜在竞争者必须面对的市场进入障碍，此时反垄断执法机构应注意区分数据在理论可得性与实际可用性上的形态差异，以有效识辨数据驱动型经营者集中后数据市场势力的竞争状况。

二、基于数据市场势力的限制竞争效果分析

（一）数据市场势力的限制竞争效果分析

反竞争效应是指集中后的市场主体能够忽略市场竞争约束条件，单方面进行提高价格、降低质量、消减创新等行为。前文已述，作为生产要素投入的数据同时也是货币化反馈循环的起点，由信息聚合和用户锁定形塑的数据市场势力，在互联网领域交易型市场和非交易型市场均能够产生反竞争效应。

1. 非交易型市场

根据反垄断法域的普遍共识，经营者集中或其他限制竞争行为除了可能导致价格卡特尔，也会引发产品或服务的质量下降[1]。非交易型市场的典型特征即用户以注意力和个人信息为对价"免费"使用产品或服务[2]，相对于货币化反馈循环的跨界传导与多边共融趋势，非交易型市场的普遍表现形态是非货币化反馈循环，即用户既是上游数据生产资料的供给者，也是下游产品和服务的终端消费者。在这种闭环系统中，用户与企业的关注点都在于提高产品质量、完善服务体验以及保障安全性能等非价格要素；在闭环系统之外，用户的替代性选择和市场的创新激励也是非交易型

---

[1] OECD, Policy Roundtables: The Role of Quality in Competition Analysis, 28 October 2013, p. 83, http://www.oecd.org/competition/Quality-incompetition-analysis-2013.pdf, 2021-1-10.

[2] 承上：《互联网领域免费行为的反垄断规制——以消费者注意力成本和个人信息成本为视角》，《现代经济探讨》2016年第6期。

市场的应有之意。然而竞争执法机构在非交易型市场边的评估中，相较于难以测评的产品质量与用户体验，往往更加重视数据市场势力可能带来的创新与效率提升。比如欧委会批准 Facebook 收购 WhatsApp 的理由之一在于，合并后的 WhatsApp 通信应用服务能够完全零价格供用户使用，价格便利能够吸引更多用户从而更好改善产品质量和用户体验，这意味着该并购能够带来消费者效率的提升。然而欧委会并未意识到通讯网络用户受制于锁定效应，事实上难以转移到其他供应商的产品或服务。

2. 交易型市场

数据市场势力在交易型市场中主要表征为广告以及信息推送等盈利业务的规模，在位企业通常利用消费者注意力以及交叉网络效应维持与数据相关的竞争优势。一方面，执法机构的关注重点往往在于数据是否能够被替代以及获取途径是否被阻塞，在 Telefónica UK 和 Vodafone UK/Everything 并购案中[①]，欧委会认为合并主体的现实或潜在竞争对手能够自行收集用户个人数据并组建独立数据集，这些数据也可从其他大型网络供应商处获取，因此该并购不会产生反垄断法意义上的限制竞争效果。事实上，即便在盈利端的广告市场中，欧委会也有必要根据不同广告业务的需求进行数据类型的替代性分析，以此全面判断数据市场势力在交易型市场可能引发的限制竞争效果。

经营者集中后数据市场势力的扩张也会对相邻市场的竞争状况产生反竞争影响。比如 Google 对 Fitbit 的拟议收购虽然已经获得欧委会批准[②]，但在澳大利亚却遭到了 ACCC 对该并购的持续调查，ACCC 主席罗德·西姆斯（Rod Sims）表示："Google 收购 Fitbit 可能会导致 Fitbit 以外的竞争对手被挤出可穿戴设备市场，因为他们都依赖于 Google 的 Android 系统和其他 Google 服务，以使自己的设备高效工作。"即便 Google 承诺将以开放姿态对待竞争对手的对健康数据的获取，不将健康敏感数据用于广告营销、付费服务等，仍然无法解决 ACCC 对于穿戴设备市场中小企业扩张限制以及用户选择限制的竞争担忧，其关切焦点在于 Google 对潜在市场的条件限制相比承诺更加难以预计，用户潜在的更优选择也将在转移壁垒下被边缘

---

① Case COMP/M. 6314.
② European Commission. Mergers: Commission clears acquisition of Fitbit by Google, subject to conditions. https://ec.europa.eu/commission/presscorner/detail/en/ip_20_2484, 2021-1-10.

化。这种担忧不无道理,Google 基于强大的用户基础数据规模,能够轻松和任一跨界或相邻市场的用户取得关联,即便是收购与搜索引擎毫无关联的实体企业,在物联网迅速普及的时态下,Google 也存在培养纵向一体化的能力与动机,进而产生排除、限制相关或相邻市场的竞争效果。

(二) 预防性的"搅局者"并购

能够对在位企业的数据市场势力构成竞争威胁的是兼具新型组织架构与商业模式的"搅局者"。"搅局者"即搅局企业,是指一个在市场上以对消费者有利的方式扮演破坏性创新角色的企业[1],"如果参与某项并购的企业中包括一家在商业模式、成本架构等形式上和其他企业不同的企业,该集中可能导致的竞争影响应当引起重视[2]"。在互联网领域多边市场形态和动态竞争特性背景下,头部企业倾向于通过对最具竞争威胁潜质的"搅局者"进行预防性收购来实现竞争优势的维持。一方面,"搅局者"一般为初始企业,并购成本相对低且不易触发反垄断并购申报门槛,能够在一定程度上缓解其创新研发的资金压力;另一方面,针对性地收购"搅局者"会直接削弱市场竞争的现实约束或潜在压力。尤其是在动态竞争与创新科技急速更新的互联网领域,"搅局者"的出现能够一定程度上地改变或颠覆现有的市场格局。而一旦这些创新型"搅局者"被收购,其与头部企业进行竞争与抗衡的能力与动力也将极大降低,由此也可能导致互联网领域形成习惯性收购而非破坏性创新的激励丧失。

在 Facebook/WhatsApp 并购案中,WhatsApp 以其严格的隐私保护政策以及无广告模式而受消费者推崇,本应是重视隐私保护和数据安全用户的选择之一,甚至可以作为通讯应用市场的"搅局者"撼动 Facebook 的支配地位[3]。欧委会基于 Facebook 承诺并购后将继续提供免费服务,且将继续保持 WhatsApp 严格的隐私政策批准了该并购,但从德国 Facebook 案来看,

---

[1] US Department of Justice (DOJ) and Federal Trade Commission (FTC), Horizontal Merger Guidelines, 19 August 2010, S6.1. https://www.ftc.gov/sites/default/files/attachments/merger-review/100819hmg.pdf, 2021-1-10.

[2] [德] 乌尔里希·施瓦尔贝、丹尼尔·齐默尔:《卡特尔法与经济学》,顾一泉、刘旭译,法律出版社 2014 年版,第 497 页。

[3] [美] 莫里斯·E. 斯图克·艾伦·P·格鲁内斯:《大数据与竞争政策》,兰磊译,法律出版社 2019 年版,第 254 页。

该承诺的实际作用并未显现，消费者隐私利益以及创新活力等均未得到维护。随着互联网领域高度集中的垄断态势逐渐引起各反垄断法域的重视，竞争执法机构对于头部企业预防性收购的认知也由鼓励规模经济转为培养竞争约束，比如美国司法部（DOJ）针对 Visa 公司和 Plaid 公司的拟议合并提出的反垄断诉讼，指控"Visa 是在线借贷市场的垄断者，Plaid 是一家新型金融科技公司，正在开发的支付平台业务可能对 Visa 的垄断地位形成挑战。并购将使 Visa 消除 Plaid 在核心业务上的创新突破可能引致的竞争威胁，进而增强或维持其垄断地位①。"经过美国司法部组织的经济学家和律师团队的反复游说，最终 Visa 和 Plaid 决定终止合并协议，放弃该交易。

虽然"搅局者"潜在的竞争效果和未来的创新势能难以真实定义，但不应阻碍对互联网领域现有"赢者通吃"趋势进行部分干预的有益尝试。我国竞争执法机构也逐渐重视对于初始企业的收购，比如《指南草案》中规定的"对于初始企业、新型平台的经营者集中，即使未达申报标准但可能具有限制竞争效果，执法机构有权依法主动调查"。又如美国司法部认为 Visa 和 Plaid "终止交易的决定维护了竞争"，"搅局者"的存在可能带来破坏性创新并打破现存的市场结构，扩展新的产品与需求功能为消费者提供免费产品与服务。在评估经营者集中的反竞争时，需要特别关注对于"搅局者"的收购，如果集中后企业存在降低产品质量或延缓创新研发的可能，则应归为预防性收购并评估其所产生的限制竞争效果，以防止结构性的反竞争风险演变为行为性的反竞争损害。

第五节　互联网领域经营者集中的救济适用

一、方案选择：行为性救济的优势体现

根据《暂行规定》第三十一条的程序设置，执法机构在告知拟议集中

---

① DOJ. Visa and Plaid Abandon Merger After Antitrust Division's Suit to Block. January 12, 2021. https://www.justice.gov/opa/pr/visa-and-plaid-abandon-merger-after-antitrust-division-s-suit-block, 2020-12-10.

的经营者可能的反竞争影响后,经营者在合理期限内需要提交书面"抗辩"意见。若该书面"抗辩"的相关事实和理由无法证实该集中对竞争的有利影响大于不利影响,竞争执法机构可以要求经营者提供附加限制性条件承诺方案,基于该方案做出禁止或附条件批准的决定。附加限制性条件承诺也即反垄断语境中的救济,是指在反竞争行为发生之前,竞争执法机构在做出批准交易决定时,采取的一种消除竞争问题的特殊制度安排[①]。经营者集中的救济方案一般分为结构性救济和行为性救济,前者通过对集中主体有形财产、知识产权等无形资产或者相关权益的结构性剥离来创造新的竞争者[②],后者则通过对集中主体的商业行为施加一系列作为或不作为义务来实现。欧盟和美国早期的反垄断实践受哈佛学派"结构主义"影响,对企业并购的干预更倾向于"一劳永逸"的结构性救济,出于避免对企业私人商业运营和意思自治介入过多的考虑而很少适用行为性救济[③]。随着互联网企业的数据资源、专利技术、知识产权等无形资产的比重上升,行为救济以其灵活性、开放性以及适应性而为大多数反垄断法域所接受,成为与结构性救济平行的替代方案。

关于在特定个案中应如何选择具体救济方案,首先需确定应遵循的基本原则。《暂行规定》指出,"关于承诺方案的规范要求,竞争执法机构对参与集中经营者提供的承诺方案的评估重点在于有效性、可行性和及时性。"该规定应当作为执法机构选择救济方案的原则性指引:一是待选救济方式能否有效处理经营者集中带来的限制竞争效果、弥合竞争损害;二是考量该救济方式是否真实可行,不会带来过高的时间和执行成本;三要强调救济方案需能够快速及时地生效,避免时效滞后成本。在前文关于互联网领域数据市场势力和预防性收购的竞争效果分析中,相较于强调业务剥离以及资产或股权转让的结构性救济[④],行为性救济的适用位阶应处于优先地位,理由在于:

第一,行为性救济的适应性避免了对创新效率的损耗。救济制度作为

[①] 袁日新:《经营者集中救济法律制度研究》,法律出版社2017年版,第3页。

[②] Owen B M. Antitrust and Vertical Integration in "New Economy" Industries with Application to Broadband Access. Review of Industrial Organization, 363–386 (2011).

[③] Kwoka J E. Does Merger Control Work? A Retrospective on U. S. Enforcement Actions and Merger Outcomes. Social Science Electronic Publishing, 619–650 (2012).

[④] 吴振国、刘新宇:《企业并购反垄断审查制度之理论与实践》,法律出版社2012年版,第432页。

经营者集中反垄断审查的缓冲机制，本质上是一个经营者自我矫正与执法者外部介入的利益调和过程。结构性救济对集中主体资产直接剥离或拆分的方式虽然高效，但仅在可预见范围内的短期效率方面有所增益，并不利于互联网竞争生态中长期效率提升。尤其在互联网领域多元化商业模式中，经营者集中所形成的重叠资产或业务难以有效分割，执法者的强制剥离就可能导致集中的规模不经济，背离了救济制度的初衷。故此，在诸如规模效益、创新激励以及消费者利益维护等方面，行为性救济的适应性为经营者和执法者留有更大的想象空间。

第二，行为性救济的灵活性符合互联网领域的动态竞争。一方面，由于互联网竞争行为和竞争效果较之传统行业更为复杂多变，竞争执法机构对于互联网新型商业模式的理解与市场亲历者必然存在一定信息不对称，加之涉嫌限制竞争的经营者集中行为往往具备利弊共存的特点，结构性救济"过于刚硬"的弊端显露无疑[①]。另一方面，由于竞争损害与效率增长间的量化困难导致二者不可能达至绝对的损益均衡，执法机构或法院难以避免在取舍之间纳入定性分析的价值判断因素，具备灵活性和可逆性的行为救济能够根据市场形势变更适时调整救济方案，以有效应对诸如预防性收购"搅局者"可能引发的创新空间限缩和竞争效能消减。

第三，行为性救济的开放性能够应对用户转移壁垒带来的限制竞争效果。互联网领域中用户的转移成本是边缘竞争者和潜在竞争者必须面对的进入壁垒，用户从"多宿性"变为"单宿性"的很大原因在于产品或应用间的兼容性不足，在同为免费使用的各类产品间无法真正实现无成本切换，故此，基于行为性救济的开源数据接入端口或基础设施开放成为可行选项。

第四，行为性救济符合我国的竞争执法惯例。自《反垄断法》实施以来，国家市场监管总局（以及此前的商务部）先后公示了48起获得附加限制性条件批准经营者集中案件，其中结构性救济21起，行为性救济27起，在大部分行为性救济方案的官方公告中，数据密集型和技术密集型集中的特点尤为突出[②]。与此同时，《指南草案》也将行为救济的对象界定为

[①] 孙晋：《谦抑理念下互联网服务行业经营者集中救济调适》，《中国法学》2018年第6期。
[②] 数据来源于刘延喜、陈建宏：《中国反垄断之经营者集中公开案例研究报告（2008－2020）》，载微信公众号"知产力"，https://mp.weixin.qq.com/s/i9uSJudl49A2ugzPYgqL0g，2020－12－29。

"网络、平台以及关键技术等知识密集型领域",竞争执法机构在已有的行为性救济执法经验基础上,配合相关指引规范,能够更合理地解决数据市场势力引发的潜在限制竞争等问题。

二、个案分析:开放型行为救济的适用

互联网领域的经营者集中除了可能形成数据市场进入门槛的提升,也可能形成数据封锁,突破数据封锁的途径是开放型行为救济的合理适用。当前司法实务中行为性救济主要针对的是网络通道、平台营运等基础关键的开放共享,关于数据能否被列为基础设施或关键技术并适用于开放型救济,可以参考OECD的判断:"数据作为互联网商业模式基本组成部分,(基于数据的)技术发展和深度学习算法可以延展出相当多的商业模式,这已不同于先前那些潜在竞争者进入市场的时候……新公司越来越难以提出具有足够破坏性的创新,以便对当前占主导地位的竞争对手施加竞争压力"[1]。因此,就限制竞争效果的不利程度而言,较之专利技术封锁,数据封锁的竞争关切主要在于缺乏数据供给导致的竞争活力不足。

具体而言,对数据封锁引发的救济适用应区分两种形态。一方面,从终端消费者和广告商角度而言,与纵向非协同效应导致的数据要素封锁不同,转移成本壁垒引致的数据市场势力,也变相"被动"助长了优势企业的数据封锁能力,原因在于数据规模的增长优化了产品性能与广告投放准确率,优势企业实际上是"被动"地在网络效应和跨界竞争中保持着数据封锁。另一方面,从竞争者角度而言,前述一系列数据驱动型经营者集中的共同特征之一在于,优势企业通过股权转让或现金交付的合并节省了数据势力培养的周期,直接获取大量数据节省研发投入和运营成本,在算法的模拟演绎与深度挖掘下,已有的数据库与新入数据集的交叉关联和复次利用能够形成全新价值,进而吸引更多用户和商户,由此形成边际效益递增的规模曲线。企业寻求规模效应扩张本身并不引发反垄断关切,但以数据为核心动议的集中在增强优势企业数据市场势力的同时,也"主动"设立了数据封锁屏障。整体而言,"被动"的数据封锁主要由互联网领域本

---

[1] OECD, Big Data: Bringing Competition Policy to The Digital Era, https://one.oecd.org/document/DAF/COMP(2016)14/en/pdf, 2021-1-10.

身的属性特征决定,不管是行为性救济还是结构性救济都无从干预;而在"主动"的数据封锁中,执法机构则可以考虑借鉴标准必要专利的经营者集中案件中利用开放型救济措施来消除竞争隐忧的实务经验。比如在我国 Google 收购摩托罗拉案中,前反垄断主管机构商务部要求 Google 在免费开源的条件下继续许可安卓平台,以非歧视原则对待下游原始设备制造商。商务部以 FRAND 原则(公平、合理、非歧视)对 Google 标准专利权可能的竞争影响施加开放型救济①,为我国今后对于数据封锁适用行为救济提供了思路指引。

而就用户锁定和数据封锁的开放性救济实务经验而言,美国和欧盟竞争执法机构的开放型救济方案更具针对性。在 Ticketmaster/Make 并购案中,美国司法部(DOJ)认为用户一旦被锁定在 Ticketmaster 的购票平台,将产生在不同产品或应用间转换的成本,从而抬高市场进入壁垒,因而有必要强制 Ticketmaster 以"合理可行"的条件向竞争对手开放票务数据通道,保障用户数据能够在不同购票产品或服务间无障碍移植,确保寻求转换的用户转移成本降至最低,消除潜在进入者参与票务服务市场竞争的用户数据壁垒②。在微软收购领英的并购案中,微软向欧委会提交的初始承诺中并未提及数据封锁可能引发竞争问题,经过市场调查,欧委会意识到微软现有的用户数据规模在与领英合并后,可能产生其他职业社交网络服务供应商无法复制或复制成本极高的数据优势。为了消除欧委会关于用户数据封锁的竞争担忧,微软向欧委会提交了最终版承诺,为确保 Office 应用程序编程接口开放这一承诺的有效实施,微软将向第三方职业社交网络服务供应商免费开源 Microsoft Graph③。这意味着当用户同意其他社交网络应用获得他们的信息时,微软不能阻碍竞争对手对用户个人数据的收集与挖掘。与此同时,竞争对手也能够利用现有用户数据实现潜在用户关联,

---

① "商务部公告 2012 年第 25 号"《关于附加限制性条件批准谷歌收购摩托罗拉移动经营者集中反垄断审查决定的公告》,2021 – 1 – 10。

② Press Release, U. S. Dep't of Justice, Justice Department Requires Ticketmaster Entertainment Inc. to Make Significant Changes to Its Merger with Live Nation Inc. http://www.justice.gov/atr/public/press_releases/2010/254540.pdf, 2020 – 12 – 25。

③ Microsoft Graph 是统一的标准化软件开发接入口,在获得用户授权后,开发者能够获取用户存储在微软云计算平台中的结构化数据(个人信息、电邮信息、日立信息等),进而开发新的软件与应用。详见韩伟:《迈向智能时代的反垄断法演化》,法律出版社 2019 年版,第 180 页。

基于扩大后的用户基数更新产品并升级服务，在职业社交网络服务市场对微软和领英形成竞争约束。

经济学家 Rubinfeld 认为"市场一旦被特定的技术标准锁定，要消除该行为引发的反竞争效应将非常困难[①]"。在以数据为原料投入，创新为催化动力的互联网领域中，数据封锁和创新压制造成的反竞争效应同样不容忽视。竞争执法机构在审查以数据要素为驱动的经营者集中时，如果能够明显预见到数据封锁和预防性收购"搅局者"的限制竞争可能性，应要求集中后的经营者以合理原则开放共享必要的用户数据，至于开放的数据范围、数据类型以及数据时效，则应基于具体个案进行特殊分析，同时配合FRAND 原则的公平、非歧视原则，以及反报复条款、终止排他协议等其他行为性救济措施与开放型救济协同适用，确保开放型救济在数据封锁和创新压制问题上的有效实现。

三、结语

正如"垄断"本身是一个经济学意义上的中性概念，描述的是市场结构的实然运行状态，仅在损害竞争的行为或效果产生时才会引发应然的"反垄断"关切[②]。同理，经营者集中本身是市场机制发挥资源配置作用，实现营商环境优胜劣汰的天然选择，只有在该集中可能对"特定市场"产生排除限制竞争的负面效果时，才是《反垄断法》规制的对象[③]。而《反垄断法》作为市场经济的"大法"，概括有余、细化不足的统领性特征将贯穿始终。故此，国家市场监管总局近期发布的《暂行规定》和《指南草案》在实践操作层面对《反垄断法》进行了补充性规范供给，适时回应了互联网领域趋于无限扩张的"非理性繁荣"。随着我国政府"强化反垄断"

[①] Rubinfeld D L. Antitrust Enforcement in Dynamic Network Industries. The Antitrust Bulletin 43：869，1998.

[②] Teece J G S J. Dynamic Competition in Antitrust Law. Journal of Competition Law & Economics，581－631（2009）.

[③] 刘长云、郑鹏程：《论相关市场界定在反垄断法中的地位和作用》，《财经理论与实践》2016 年第 6 期。

信号的释放①，执法机构对经营者集中反垄断审查的各环节也应予适时调整，具体而言，在集中动因趋于数据、集中效果难以确证以及集中形态复杂多变的特征下，对互联网领域经营者集中的相关市场界定应调整至定性分析为起点，以"多边市场"和"网络效应"作为需求或供给替代性分析的前提和基础，审慎适用"特定个案"原则。在界定相关市场的基础上应重点关注集中可能产生的数据市场势力，围绕数据市场势力对拟议集中进行反竞争效应分析，同时需警惕预防性收购"搅局者"对用户选择和创新动能造成的损害效应。针对这些可能的限制竞争行为，执法机构在救济方案的选择应以行为性救济为主，结构性救济更多时候以威慑性的辅助手段存在。同时基于个案分析原则开放必要的数据规模，以合理原则确定开放的数据范围、类别以及开放时长，降低边缘竞争者和潜在进入者获取数据的难度，提升相关市场的竞争强度，从而有效破除数据驱动型经营者集中形塑的数据势力屏障。

---

① 2020年中央经济工作会议提出"强化反垄断和防止资本无序扩张"作为2021年8项重点任务之一。

第四篇
典型互联网服务的法律规制

第十一章

网约顺风车服务的经济法规制①

伴随着社会经济的深入发展,各类新型经济模式和交易手段不断创新,为经济法的相关制度设计带来了挑战。近几年来,"网约顺风车"便是一道困扰经济法学界的难题。作为一个新兴的商业模式,网约顺风车在经历短短三四年的快速发展后,却于2018年接连爆发多起司机侵害乘客的恶性刑事案件,其安全性受到公众质疑。针对这一社会问题,必须在精准辨析网约顺风车服务的法律性质与经济效应的基础上,设计出合理的经济法规制体系,既能有效控制其产生的出行风险问题,又能促进其社会公益性功能的有效发挥。

第一节 网约顺风车的发展脉络与法律性质辨析

经济法所倡导的国家干预是一种适度干预,即"国家在经济自主和国家统制的边界条件或者临界点上所做的一种介入状态。"② 针对各类新兴的经济现象,明晰其背后的法律性质、交易形式以及演化历程,是保证经济法能审慎开展适度干预的信息基础。否则,在不了解规制对象的前提下草率开展规制,将有可能导致国家干预"无的放矢",从而偏离了经济法正当干预应有的理性脉络。因此,辨析网约顺风车的法律性质、发展历程,

---

① 本章由刘大洪撰写,本章内容参见如下研究成果:刘大洪:《网约顺风车服务的经济法规制》,载《法商研究》2020年第1期。收录至本书时内容进行了修改和完善。

② 李昌麒主编:《经济法学(第三版)》,法律出版社2018年版,第55页。

尤其是将其与极容易混淆的网约出租车进行准确区分,是经济法理性规制的智识起点。

一、网约顺风车的实质:私人小客车合乘服务的网约化

网约顺风车源于民间自发组织且实践多年的"合乘"(Ridesharing)现象,它也被形象地称为"拼车"或"顺风车"。城市居民之间通过互助的形式合乘出行,能实现降低出行成本的目的,还能间接有利于一系列社会公益问题的解决,如减缓城市交通拥挤、减少尾气排放、降低城市交通基础设施建设的压力,等等。[①] 合乘现象在国外已有 70 余年的实践历程,而国内则是进入 21 世纪后,伴随着城市化的高速发展而日渐产生的,国内相关政策法规主要称呼其为"私人小客车合乘"。

在欧、美、日等发达国家和地区,由于城市化步伐较早,合乘行为也较早地在这些地区产生和发展。这些国家和地区合乘现象的发展历程主要经历了三个阶段:

第一个阶段是依托于民间互助性组织的合乘活动,主要存在于 20 世纪 40 至 80 年代。亦即,通过在民间成立"汽车俱乐部""合乘俱乐部"的形式,将社区中具有合乘需求的居民联合起来,便利其相互之间缔结合乘的契约关系。在北美,这一现象甚至最早可以追溯至"二战"期间,[②] 战后,伴随着欧、美、日的经济发展与城市扩容,此类现象逐渐增多。

第二个阶段是依托于电召式合乘服务行业组织的合乘活动,它产生于 20 世纪 90 年代。最早,合乘服务行业通过移动通讯设备促成合乘契约的达成,乘客以电话确认的形式完成合乘缔约。进入 21 世纪,伴随着互联网技术的发展,合乘服务行业可以通过互联网平台对合乘信息进行集中汇总与发布,[③] 乘客和司机可以在线上完成有关合乘时间、线路、对价等关键条款的商定和缔结,然后线下履约,并最终支付对价。在这方面,美国

[①] Fellows, N.; Pitfield, D. An economic and operational evaluation of urban carsharing. Transp. Res. Part D Transp. Environ. 2000, pp. 1 – 10.

[②] Shaheen, S. A.; Cohen, A. P.; Chung, M. S. North American carsharing: A ten – year retrospective. Transp. Res. Rec. 2009, pp. 35 – 44.

[③] Yanwei Li, Araz Taeihagh, Martin de Jong. The Governance of Riske in Ridesharing: A Revelatory Case form Singapore. Energies 2018, 11, 1277.

2004年开始的"动态合乘"网约服务平台堪称最早的现代化意义上的网约顺风车服务。①

第三个阶段是依托于大数据和智能手机技术的现代化网约合乘服务。2010年以来，伴随着智能手机技术的成熟，合乘网约服务已经可以完全依托于手机移动端进行合乘信息的查询与合同的缔结，并最终通过移动支付完成付款，乘客和司机仅在线下履行合乘义务即可。由于大数据和人工智能技术的进步，网约合乘平台可以将特定城市的合乘需求与供给进行有效地汇总，实现动态管理，乘客和司机借助手机移动端可以十分便捷地完成缔约过程。美国以Uber为代表的"交通网络公司"即是提供这类服务的代表。②

纵览欧、美、日等发达国家和地区的上述合乘发展过程，基本上呈现出如下规律：首先是在油价上涨、出行困难等方面的压力下，民间自发选择合乘作为一种私家车出行的替代方案；随即则因为合乘出行带来的社会公益效果，而被众多发达国家从制度设计的角度予以激励。因此，网约顺风车并非是一个纯粹的新生事物，它本质上是国外已发展半个世纪有余的合乘现象的当代形态，是互联网和智能手机技术所带来的合乘网约化的结果。

二、中国网约顺风车的发展脉络

与西方国家相比，中国的城市化步伐开启较晚，合乘现象是在进入21世纪后，伴随着城市交通出行压力的提高才日渐演化和发展起来。中国的合乘现象也经历了从民间互助式合乘到电召式合乘，再到现代化网约合乘的三个阶段，只不过，中国仅用10年左右的时间就走完了西方国家半个多

---

① Agatz, N.；Erera, A.；Savelsbergh, M.；Wang, X. Optimization for dynamic ridesharing：A review. Eur. J. Oper. Res. 2012, pp. 295 – 303.

② "交通网络公司"（Transportation Network Companies，简称TNC）是指"通过在线应用或平台将使用私家车的个人司机和乘客连接起来，以提供有偿的提前预约交通服务"的企业，它是美国在以Uber为代表的网约车发展背景下，创制出的一类独立的公司类型。2014年6月，美国科罗拉多州首先对交通网络公司进行了立法，并迅速得到了其他多个州的效仿，进一步的分析，可参见周丽霞：《规范国内打车软件市场的思考——基于美国对Uber商业模式监管实践经验借鉴》，《价格理论与实践》2015年第7期。

世纪的合乘发展进程。

早在 2009 年,湖北省武汉市就出现了由常青花园新区的社区管委会工作人员组织的"邻里合乘"行为,它是我国由民间力量推动合乘出行的早期代表性案例。[1] 到了 2011 年,则出现了网约化的合乘平台"AA 拼车网",在该平台中,合乘发布者发出合乘要约,合乘搜寻者通过输入出发地、目的地的形式查找匹配的合乘公告,最后搜索者逐条浏览,寻找合适的合乘伙伴。[2] 在这之后,国内主流的网约顺风车平台在技术基础上并无根本性变化,但由于逐渐以智能手机为接入服务的主要手段,其便捷性大大提高,网约顺风车开始成为大中城市颇受年轻人青睐的一种出行方式。最具代表性的滴滴出行从 2015 年开始提供网约顺风车服务,它兼运营网约出租车与顺风车业务,在国内网约车行业中居于一定的市场优势地位。

国内网约顺风车的急速发展也促使与之相关的地方立法产生。在政策法规层面,我国最早关于合乘行为的指导意见是 2013 年北京出台的京交法发〔2013〕290 号《关于北京市小客车合乘出行的意见》,在 2016 年底,该文件被北京市新出台的京交文〔2016〕217 号《关于印发〈北京市私人小客车合乘出行指导意见〉的通知》替代。除此之外,在上海、广州、深圳等地,亦于近两年制定了与规制私人小客车合乘相关的规范性文件。2016 年出台的交通部《网络预约出租汽车经营服务管理暂行办法》亦对私人小客车合乘进行了原则性规定。

进入 2018 年以后,以"滴滴顺风车"为代表的网约顺风车服务接连发生数起恶性刑事案件,这使网约顺风车在公众舆论层面遭受重创。2018 年 5 月 6 日凌晨发生了祥鹏航空公司女职员李某搭乘滴滴顺风车被杀害案,案发后,滴滴顺风车业务下线整改,直至 5 月 19 日恢复运营;[3] 但好景不长,8 月 24 日下午,又再次发生了女孩赵某在搭乘顺风车时被司机强奸杀害的案件,迫于公众指摘的压力,自 8 月 27 日开始,滴滴在全国范围内无限期下线顺风车业务。[4] 截至 2019 年 11 月 20 日,在经历 400 余天的整改后,滴滴顺风车在哈尔滨、太原等 7 个城市恢复上线试运营,但依然因为

---

[1] 王超:《邻里合乘的社区拼车实践》,《城市交通》2011 年第 4 期。
[2] 陈思:《私家车合乘引导与规制研究》,硕士学位论文,中南大学,2013 年,第 22 页。
[3] 银昕:《六问顺风车》,《中国经济周刊》2018 年第 21 期。
[4] 汪昌莲:《滴滴"戴罪"下线,更需治理顺风车"原罪"》,《人民法治》2018 年第 17 期。

其存在安全方面的隐患而备受批评。①受这一系列事件影响，2019年以来，我国的网约顺风车暂时进入了一个发展低沉期。

三、网约顺风车与网约出租车的区别

网约出租车全称为"网络预约出租汽车"，由于以滴滴出行为代表的主流网约车平台多兼运营网约出租车与网约顺风车，社会公众常对二者产生混淆，但从法律性质上来看，二者存在明显差别，也适用极具差异性的规制框架。

交通部2016年11月1日起开始施行的《网络预约出租汽车经营服务管理暂行办法》（以下简称《暂行办法》）主要以网约出租车为规制对象，依据《暂行办法》第二条第二款，网约出租车是指以互联网技术为依托构建服务平台，整合供需信息，使用符合条件的车辆和驾驶员，提供非巡游的预约出租汽车服务的经营活动。与这类网约出租车服务经常相提并论的是传统的"巡游出租车"服务，在巡游出租车服务模式下，出租车司机沿街巡游以获取交易机会，消费者以沿街招摇的形式发出要约，政府部门则通过特许经营、政府定价和质量管制等形式进行规制。②而网约出租车实际上是以互联网平台的电召过程取代公路招摇过程进行缔约，通过网约平台提供服务的既有可能是传统的巡游出租车，又有可能是未获得传统出租车行业准入牌照的私家车。③《暂行办法》主要以这类网约出租车服务为规制对象，并未设计系统的网约顺风车规制体系。该办法仅于第三十八条做了如下补充性规定："私人小客车合乘，也称为拼车、顺风车，按城市人民政府有关规定执行。"亦即，在交通部暂未针对网约顺风车设计统一性规制框架的背景下，各地方政府有权针对网约顺风车制定单独的具体规定。

网约顺风车与网约出租车在法律性质上存在显著差异：网约顺风车不

---

① 张瑜：《滴滴顺风车：安全是底座》，《长沙晚报》2019年11月15日，第007版。
② 张朝霞，秦青松，张勇：《"互联网+"时代客运出租车管理改革方向探讨》，《价格理论与实践》2015年第7期。
③ 管金平：《网约出租车经营模式的市场规制法律问题研究》，博士学位论文，中南财经政法大学，2016年，第20-22页。

具营利性，它本质上是一种以便捷城市出行和降低出行成本为目的的互助行为，乘客与司机之间属于平等主体之间的民事法律关系；而网约出租车则与巡游出租车相同，是一种职业性的，以盈利为目的的市场经营行为，乘客与司机之间属于消费者与经营者之间的法律关系，按照现代经济法律制度的设计，应当基于消费者的弱势地位，对其予以特殊的权益保护，①换言之，网约出租车乘客与司机之间的权利义务结构并非完全对等，后者会被施加一系列特殊义务。②

网约顺风车与网约出租车这种法律性质上的差异，亦决定了其合同对价性质的不同：网约出租车的对价是一种直接的经营报酬，该对价既要覆盖司机在油耗、人力、车辆折旧等方面的成本，又要确保司机能有所盈利；网约顺风车的对价则不具有营利性要素，它本质上只是一种城市出行过程中的成本分摊机制。对提供网约顺风车服务的司机来说，一趟顺风车服务的路线本身即在其正常出行规划之中，该趟出行支付的成本也属于其正常生活出行的预定成本范围，他只不过为乘客提供了一个"搭便车"的机会而已，因此，只要乘客支付一个适度的价格，分摊其预定成本，司机即有动力提供顺风车服务，而不须覆盖司机的全部出行成本，更无须令其有所盈利，车主与搭乘者之间不存在营利性的运输合同关系。③在同样里程的出行服务中，网约顺风车乘客支付的对价必然显著低于网约出租车。

---

① 李昌麒主编：《经济法学（第三版）》，法律出版社 2018 年版，第 259 页。
② 这方面的一个典型体现是，在巡游出租车和网约出租车服务中，乘客均可一定程度对提供服务的司机进行自主选择，但司机却不能选择消费者。在巡游出租车服务中，乘客通过沿街招摇的方式自主选择出租车司机，司机一旦停泊在法律上即视为接受要约，此时若再行因为目的地不理想等原因拒载，则司机已然构成违规。而在以滴滴出行为代表的"专车""快车"等网约出租车服务中，乘客通过平台发出要约后，平台通过事先设定的算法锁定距离乘客最近的理想司机，接入平台的司机只能被动接单，然后行驶到乘客定位的位置接单，司机不享有主动通过平台拒绝接单的权利。但与之相对比，在滴滴出行提供的顺风车服务中，司机可通过平台自主选择是否接受拼车邀请，换言之，司机享有选择乘客的权利。因此，网约顺风车服务是司机与乘客双向选择和缔约的结果，而网约出租车和传统的巡游出租车仅提供乘客的单向选择。
③ 尤琳：《"有偿拼车"问题的法律分析》，《法学杂志》2008 年第 2 期。

第二节 网约顺风车服务规制的目标导向与理念塑造

一、网约顺风车经济法规制的目标导向：激励与控制的有效衡平

（一）激励还是控制：当代经济法的制度迷思

如何在市场正当发挥资源配置中决定性作用的前提下，使国家正当、适度的干预经济，弥补市场失灵，可以说是中国经济法学研究的核心命题。当代中国经济法学的主干性理论与制度设计，基本上都是围绕市场与政府可能存在的"两个失灵"，而设计出市场与政府的"双手并用"机制。[①] 针对现实中运行的各类市场经济法律关系，如果未发生市场失灵，或市场失灵的程度较轻，则应主要遵循市场机制，慎用国家干预；否则，若草率动用刚性的国家干预力量对经济进行强加干预，则会诱发"泛干预主义"，导致政府失灵；只有根据市场失灵的现实状况适用与之相匹配的国家干预，才能实现政府与市场关系良性运作。[②]

经济法的上述原理决定了经济法的逻辑框架与制度设计必然具有极强的本土性与回应性。[③] 当代社会的经济运作具有明显的区域性与阶段性差别，只有根据本土市场经济运作的具体状况，才能设计出符合实践需求的制度，此为经济法的本土性；而现代经济又是瞬息万变的，尤其是近年来，伴随着互联网信息技术与人工智能的发展，各类新的交易方法和经济模式层出不穷，经济法必须针对这些新现象、新问题、新状态适时做出调

[①] 张守文：《经济法原理》，北京大学出版社 2013 年版，第 10—13 页。
[②] 刘大洪、段宏磊：《谦抑性视野中经济法理论体系的重构》，《法商研究》2014 年第 6 期。
[③] 卢代富：《经济法研究应注重回应性和本土性》，《郑州大学学报（哲学社会科学版）》2008 年第 4 期。

整，以满足时效性需求，此为经济法的回应性。在落实经济法的本土性与回应性的过程中，经济法存在两类基本的规制工具，即激励与控制：激励性规制又称正向规制、积极性规制，它强调以国家干预的形式推动、扶持和促进某一经济法律关系的存续和发展；而控制性规制又称负向规制或约束性规制，强调以国家干预的形式约束、规范、限制乃至完全禁止某一经济法律关系。①

根据所处市场具体场合的不同，激励与控制两类规制工具的适用情形各不相同：其一，如果一类市场经济法律关系是市场机制能够有效调节的，不存在市场失灵，此时经济法的理智态度是"放任"，既不激励，也不控制；其二，如果一类市场经济法律关系的存续和运作符合社会需求，在促进经济发展、扩张人的权利与自由、增进社会公共利益等方面具有明显的积极性，且单靠市场机制的自我运转并无法真正有效促进其健康发展，此时，就应当主要采取激励性规制的策略；其三，如果一类市场经济法律关系具有一定的社会风险，如侵犯公民的人身财产权利、违背社会公共利益、影响经济稳定等，就应当主要采取控制性规制的策略，对其进行有效的限制，甚至在必要条件下需完全禁止；其四，由于当代社会的各类新兴经济模式极度复杂，其社会影响是多面化的，既具备明显的社会积极性，又潜在具有一定的社会风险，此时，必须对激励与控制两类规制工具进行精巧的"组合配套"，在促进其发挥社会功能的同时，又要有效控制负面影响。

实践表明，网约顺风车一方面具有节制出行成本和增进社会公众福祉的积极效果，另一方面又具有一定的社会风险。这种"双刃剑"效果要求：一个系统化、科学化的网约顺风车规制体系的构建，很大程度上取决于激励与控制两类规制措施能否实现有效衡平。事实上，这并非是在城市机动车出行问题上第一次考验经济法的制度设计，早在150年前的英国就发生过相类似的情境。彼时的机动车技术刚刚成熟，但因其速度较快而造成公众在出行安全性问题上的隐忧。1865—1896年间，英国《机动车道路法案》实施，基于安全性考虑，规制主体着重采取了控制性的规制策略。依照其规定，至少应有3人驾驶一辆机动车，其中必须有1人在车前50米

---

① 王首杰：《激励性规制：市场准入的策略？——对"专车"规制的一种理论回应》，《法学评论》2017年第3期。

摇动红旗步行，为机动车开道；机动车的速度不得超过每小时 6.4 公里，通过城镇和村庄时，则不得超过每小时 3.2 公里。从表面看，这些立法有利于解决因为机动车发明所造成的安全方面的"市场失灵"，但彼时正处于机动车技术突飞猛进的时期，安全性问题完全可以通过后续科技创新自主克服，但由于法案严格限制机动车的时速和行驶效率，意味着通过市场先行所进行的科技创新是无效益的，反而消除了通过市场机制解决问题的可能，从而严重影响了英国的机动车技术与市场的发展，使该法"在英国汽车发展史上留下了可悲的一页"。① 我国在网约顺风车问题上的经济法规制，应当以英国《机动车道路法案》为前车之鉴，有效衡平激励与控制两类规制工具。若操作失当，激励过度而控制不足，就无法有效规制城市出行风险，令诸如 2018 年的两起顺风车极端刑事案件再度频发；若控制过度而激励不足，就又会因噎废食，导致合乘行为本应发挥的社会功能偃旗息鼓。

（二）网约顺风车的效率放大功能及经济法的制度激励

在现代城市急剧扩张、人口增多、交通拥堵、尾气排放量大的社会背景下，推广私人小客车合乘活动具有一系列积极的社会效果。对于合乘者本人来说，参与合乘可显著降低出行成本，通过合乘的成本分摊机制，无论是司机还是乘客，都能实现一趟有效节制成本的出行；而对于社会公共利益来说，合乘可降低单位时间内城市的机动车数量，从而在缓解城市交通拥堵、减轻城市交通基础设施建设负担、减少尾气排放等方面具有明显的社会正外部性。合乘活动所具有的上述经济效应在全球多个地区均有严谨的实证研究所佐证，② 也正因为如此，在城市化水平较高的若干发达国家，会通过一定政策鼓励居民采取合乘的形式出行。在这方面最为典型的

---

① 信息社会 50 人论坛：《"互联网+"交通新业态下网络组约车的政策监管——兼评〈网络预约出租汽车经营服务管理暂行办法（征求意见稿）〉》，《电子政务》2015 年第 11 期。

② 对北美地区的代表性研究可参见：Chan, M. D., Shaheen, S. A. Ridesharing in North America: Past, present, and future. Transp. Rev. 2012, p. 32, 93－112。对新加坡地区的代表性研究可参见：Yanwei Li, Araz Taeihagh, Martin de Jong. The Governance of Riske in Ridesharing: A Revelatory Case form Singapore. Energies 2018, 11, p. 1277。对伊朗德黑兰地区的代表性研究可参见：Seyedehsan Seyedabrishami, Amirreza Mamdoohi, Ali Barzegar, Sajjad Hasanpour. Impact of Carpooling on Fuel Saving in Urban Transportation: Case Study of Tehran. 15th meeting of the EURO Working Group on Transportation. Social and Behavioral Sciences 54 (2012), p. 323－331。

制度实践便是美国、加拿大等国专门设置的 HOV 车道（High Occupancy Vehicle Lane，大容量车辆车道）。HOV 车道仅供公共汽车和达到一定人数要求的车辆使用，这一政策既能提高城市公共交通的利用效率，又能间接激励居民主动采取合乘形式出行，进一步舒缓交通拥堵压力。[①]

因此，私人小客车合乘具有既便捷合乘当事人、又增进社会公共福祉的经济效应。而如今流行的网约顺风车服务，则借助网约化起到了进一步的"效率放大"功能。亦即，网约化极大地节省了出行者达成合乘契约的交易成本，促使更多的顺风车服务得以缔约和履行。在非网约化的缔约环境中，合乘行为是一个高度依赖"熟人"的社会现象，多数情况下出行者只能依赖社区邻里、亲朋好友等渠道获取合乘机会，交易成本较高，又由于多数合乘意向在时间、地点、路线、出行意愿等方面存在不可调和的矛盾，会有极大比例的合乘机会由于无法达成合意而流产。但是，在网约化环境下，交易成本大为缩减，通过智能手机实时定位服务和依托于大数据技术提供的服务平台，出行者十分便捷地获取了与"陌生人"达成合乘契约的机会，合乘出行的频率大为提高。从这个角度来看，网约顺风车令合乘行为潜在的社会公益效果大为拓展，如果能够得到有效的引导和发展，其将在缓解城市交通拥堵、减少尾气排放、减轻交通基础设施建设压力方面发挥重要作用，因此，网约顺风车应当得到经济法有效的制度激励。

从服务属性上来看，网约顺风车平台本身又是当今流行的"共享经济"或曰"分享经济"的服务形式之一，该类经济模式"通过建立一个平台公司把那些具有暂时且分散的供需信息的人员连接起来，由此促成供需双方建立不需要转移所有权的共享机制"，[②] 被视为"互联网+"创新的典型体现。"推动分享经济发展，将有效提高社会资源利用效率，便利人民群众生活，对推进供给侧结构性改革，落实创新驱动发展战略，进一步促进大众创业，万众创新，培育经济发展新动能，具有重要意义。"[③] 近两年来，共享经济整体上得到了国家政策的大力鼓励，而与其他营利性的分享经济服务模式相比，网约顺风车本身又在社会公益层面具有更为重要的意

---

① Jaimyoung Kwona, Pravin Varaiya. Effectiveness of California's HOV System. Transportation Research Part C. 2007（34）. pp. 121 – 123.
② 唐清利：《"专车"类共享经济的规制路径》，《中国法学》2015 年第 4 期。
③ 发改高技〔2017〕1245 号《印发〈关于促进分享经济发展的指导性意见〉的通知》。

义，理应受到更高的重视和政策激励。

（三）网约顺风车的功能异化现象及经济法的制度控制

在肯定网约顺风车的效率放大功能之余，亦不能否认其潜在的风险问题，合乘行为的网约化存在一定的功能异化现象，这决定了经济法有必要对其进行有效的规制控制。

首先，网约化异化了合乘行为的缔约模式，在放大效率的同时也一并放大了社会风险。在非网约化环境下，合乘行为是一种高度依赖于"熟人"的缔约方式。对于一次出行，当事人除对便捷性有所偏好以外，还会对出行安全、舒适的体验等有所期盼，这些追求其实高度依赖于出行者对于合乘对象具体情况的知晓程度。在合乘对象多为"熟人"的情况下，出行者虽不容易达成合乘契约，但尚且能确保合乘对象是基本安全的，这就确保了多数顺风车服务是保险可靠的。但在网约化环境下，出行者有极大概率暴露在一个完全不熟悉的"陌生人"提供的合乘服务中，这除了会增加出行者在隐私保护层面的顾虑之外，更会由于对缔约对象具体情况处于高度信息不对称状态，从而为出行安全埋下较大风险。[1] 诸如抢劫、性侵、故意杀人等极端暴力行为，在依赖于"熟人"的非网约化合乘缔约环境中，发生的可能性将会有所降低。换言之，线下的、依赖于社区邻里的、低效的缔约环境，既是影响合乘发挥社会效果的掣肘，又是保障合乘安全性的最基本屏障。

其次，亦是更重要的，网约化也有可能异化合乘行为的法律性质，使其演变为变相运营的网约出租车业务，从而消解其潜在的社会功能。在网约化环境下，如果欠缺有效的制度控制，顺风车和出租车两类不同法律性质的服务之间的鸿沟有可能被打破，从而导致将后者的社会风险"传导"给前者。

从行为的外观上来看，合乘与出租车均体现为依托于机动车的出行服务活动，外在区别不大。但是，从法律属性上来看，正如上文所述，合乘实际上是非营利性的民间互助行为，出租车则是营利性的经营活动。一趟出行之所以能界定为非营利的合乘行为，而非出租承运行为，其基本要素

---

[1] 高磊：《网络时代数据隐私的搜查干预——从滴滴顺风车司机抢劫、强奸、杀人案切入》，《安徽大学学报（哲学社会科学版）》2019年第3期。

有三：其一为合乘对价的低廉性。每位乘客向司机支付的对价应为成本分摊费，不具逐利性；如果乘客合计支付的对价显著超过司机的出行成本，则应当界定为出租承运，而非合乘。其二为合乘线路的稳固性。合乘是乘客顺路搭乘司机在既定出行规划中驾驶的车辆，而非司机按照乘客要求的线路提供承运服务，现代城市生活中，多数司机会依据自身生活和工作习惯有较为稳固的出行线路，比如，每天早晨 8 点从居住地点 A 驾车到工作单位 B，每天下午 5 点又从 B 到 A 原路返回。如果乘客在这个较为稳固的出行线路中"搭便车"，即为合乘，否则，若司机无任何规律地每日徘徊在城市各个地点载客，则与出租承运无异。其三为合乘频次的有限性。由于是在既定出行线路中提供合乘机会，司机不可能像出租车一样在每个工作日频繁接单。如果司机的日常出行规律为"早出晚归"的类型，则在其出行线路中，每日搭载 1~2 次乘客，则为合乘，若超出这个生活习惯，每日高频地提供合乘服务，则也有从事出租承运的嫌疑。如果网约化的合乘行为一定程度上突破了上述有关对价低廉性、线路稳固性和频次有限性的要素，就有从事非法出租营运的嫌疑。

合乘本身是非营利活动，司机与乘客之间不是经营者与消费者的关系，但在网约化之后，提供网约顺风车服务的平台却具有显见的逐利冲动，它从事的是一种类似于居间合同的营利性中介服务，① 并按照每单顺风车服务对价的特定比例收取佣金。换言之，合乘对价的基数越高、合乘频率越高，网约平台收益越高；此时，合乘对价的低廉性、线路的稳固性、频次的有限性反而均成为影响平台收益的桎梏，平台企业更倾向于打破这些限制，从而造成混淆网约出租车与网约顺风车服务的道德风险。目前，国内市场上的平台企业多同时提供网约出租车与网约顺风车服务，如最具代表性的滴滴出行平台，在全国关停顺风车服务之前，对于"快车"

---

① 提供网约出租车、网约顺风车平台服务的企业是司机与乘客达成合意的媒介，这种服务属性最为接近《合同法》中有关居间合同的具体规定。但平台企业的若干服务属性又显然与传统居间合同的性质相异。传统居间服务的服务对象是特定化的，而平台企业通过共享经济的运作模式，面向不特定的服务对象；传统居间服务只能为缔约一方提供居间服务，禁止自己代理和双方代理，而平台企业是双方代理；传统居间服务对达成的交易是免责的，而平台企业则会与交易当事人适度分担具体交易责任；传统居间服务不直接干涉交易对价，而平台企业可以决定交易价格的计算方式。具体的分析可参见唐清利：《"专车"类共享经济的规制路径》，《中国法学》2015 年第 4 期。

和"顺风车"两类业务性质的设置仅进行了如下区分：其一，在平台的服务界面上对二者进行了区分，乘客可自行选择任一类服务，但多数乘客并不能辨明二者在法律性质上的差别；其二，相较"快车"，滴滴出行对"顺风车"服务设置了较低报价，以令其符合成本分摊而非承运盈利的性质。除此之外，滴滴出行对"顺风车"未设置合乘线路、合乘频次等方面的额外要求，从事出租承运的"快车"司机也会提供"顺风车"服务，这就有可能导致两类服务的风险"传导"，扩大网约顺风车的安全性问题。

网约顺风车的功能异化现象将打破其与网约出租车的鸿沟，进而消解其本应具备的社会功能，并放大乘客的出行风险。由此表明，经济法在通过制度激励促进合乘网约化发展的同时，必须设置一系列的控制措施，降低其社会风险。

二、网约顺风车经济法规制的理念塑造：谦抑规制与精准规制

在激励与控制相衡平的目标导向下，我国网约顺风车的经济法规制体系，应当在谦抑规制和精准规制两大理念的指导下予以塑造。谦抑规制和精准规制均为我国近年来经济法理论研究的重要突破和创新，两种理论的"组合拳"能实现对网约顺风车规制问题的十足指导，以二者为标准考察我国近年来网约顺风车的规制现状，能系统地检视其中存在的问题和缺陷。

（一）经济法的谦抑规制理念与网约顺风车的理性规制路径

经济法的谦抑性思想认为，基于对市场于资源配置中发挥决定性作用的尊重，国家对市场的干预应当以一种克制和谦逊的品格嵌入到市场失灵的边界当中。[1] 谦抑规制理念是经济法谦抑性思想的理论延伸，它强调规制框架的设计在治理市场失灵的同时，又不构成对市场机制的侵扰。近年来，已有若干著述对谦抑规制理念进行了阐释或应用，如探讨消费者保护

---

[1] 刘大洪、段宏磊：《谦抑性视野中经济法理论体系的重构》，《法商研究》2014年第6期。

法中的谦抑规制,① 分析反垄断执法中的谦抑理念问题,② 或讨论反不正当竞争法的谦抑性问题③等。在与网约顺风车相关的网约出租车规制问题上,亦有学者提出应适用谦抑规制的理念。④ 总体而言,谦抑规制理念的核心要旨有二:其一,谦抑规制倡导在遵循"市场优先原则"的前提下开展规制,⑤ 它认同但不滥用规制;谦抑规制并不意味着否定市场失灵的客观存在,不是对市场机制的盲从,更不是"不规制"。其二,谦抑规制强调规制强度和手段应当与市场失灵的程度相适应,应避免"泛干预主义",不应对轻微的市场失灵问题草率动用过于严苛的规制手段。亦即,谦抑规制既反对"不规制",又反对"规制过当"。

以经济法谦抑规制理念审视我国网约顺风车的规制路径,其恰恰经历了从"不规制"到"规制过当"两个极端的急速转向:在 2018 年滴滴顺风车平台连续两起强奸杀人案引爆舆论热点之前,我国各地对网约顺风车的规制主要采取了激励性态度,罕见真正意义上的规制;而在该事件之后,各地又迅速开展对各网约顺风车平台的"运动式执法",激励性态度转为控制性态度,导致网约顺风车服务瞬间降入"冰点"。

国内最早对网约顺风车进行规制的京交法发〔2013〕290 号《关于北京市小客车合乘出行的意见》采取了以鼓励和引导为主要导向的规制策略。在该文件出台后,直至交通部《暂行办法》实施前,我国的网约顺风车平台在全国各地的运营都面临着一个高度宽松的政策环境,多数城市并不存在针对网约顺风车的专门文件,几乎不存在真正意义上的规制。2016 年底,交通部《暂行办法》出台,它建立起了一个针对网约车平台较为严苛的体系化规制框架,其至在学界一度被质疑"规制过当",⑥ 但相关规定仅适用于网约出租车平台,针对网约顺风车平台仍呈现"网开一面"的态度,豁免了相关法律规制框架的要求。在《暂行办法》实施后的 2017 年、

---

① 刘大洪、段宏磊:《消费者自主选择权与餐饮行业格式条款的规制逻辑》,《财经理论与实践》2014 年第 5 期。
② 孙晋:《谦抑理念下互联网服务行业经营者集中救济调适》,《中国法学》2018 年第 6 期。
③ 张占江:《论反不正当竞争法的谦抑性》,《法学》2019 年第 3 期。
④ 管金平:《网约出租车经营模式的市场规制法律问题研究》,博士学位论文,中南财经政法大学,2016 年,第 42-48 页。
⑤ 刘大洪:《论经济法上的市场优先原则:内涵与适用》,《法商研究》2017 年第 2 期。
⑥ 彭岳:《分享经济规制现状及方法改进》,《中外法学》2018 年第 3 期。

2018 年，各地方的"网约车新政"纷纷出台，针对网约出租车的规制进一步严苛化，各大网约出租车平台由于企业合规成本的提高，逐渐显示出了发展颓势，一度被网约出租车克服的"打车难"现象再度回炉。① 但这一发展颓势并未传导至网约顺风车业务。根据《暂行办法》第三十八条的规定，"私人小客车合乘，也称为拼车、顺风车，按城市人民政府有关规定执行。"但事实上，除部分一二线城市以外，绝大多数城市并未制定针对网约顺风车的"人民政府有关规定"，这就使我国的网约顺风车仍得以在一个相对宽松的规制环境中继续运转。

直至 2018 年，接连曝出多起有关网约顺风车服务的负面新闻，滴滴平台的两起刑事案件尤甚。各地针对网约顺风车的规制态度迅速从"不规制"向"规制过当"转向：全国共有 14 个省级行政单位约谈滴滴，在此高压下，滴滴平台对顺风车业务采取了无限期下线的应急处理，② 直至 2019 年底才在石家庄等 7 市恢复上线试运营。除滴滴出行外，其他平台如滴答出行、高德地图等，尽管未出现社会负面新闻，也未被约谈，但纷纷在同一时间相继主动下线顺风车服务。③

实际上，在 2018 年内，有关网约顺风车的法律法规并无本质变化，除个别大城市制定了规范性文件外，针对网约顺风车的规制依然处于缺位状态。但各地针对网约顺风车的执法态度却大变：从原来的豁免《暂行办法》相关规定，转变为主动对网约顺风车进行严格控制，其规制标准直接参照网约出租车的相关规定进行。这实际上是面对网约顺风车突发舆情问题的一种过度反应。从统计学上来看，恶性个案的发生实际上具有一定的偶然性和不确定性，它并不必然意味着网约顺风车整体社会风险的提高，仅以偶然发生的恶性个案为由来强化对某一行业的限制，并不科学。④ 从

---

① 有关这方面的深入报道可参见刘远举：《终于，我们还是回到了打车难的时代》，http://tech.ifeng.com/a/20170122/44535139_0.shtml，2021-1-10。

② 《全国 14 地约谈滴滴，顺风车业务被认可前无限期下线》，http://www.sohu.com/a/250688658_126836，2021-1-10。

③ 张申：《继滴滴恶性事件后，其他平台也相继暂停顺风车业务》，http://news.sina.com.cn/c/2018-08-28/doc-ihikcahe9452826.shtml，2021-1-10。

④ 事实上，根据最高人民法院于 2018 年 9 月 1 日公布的研究报告，若对比网约车与传统出租车的刑事案件案发率，前者为每万人 0.048，后者为每万人 0.627，后者是前者的约 13 倍。参见最高人民法院：《司法大数据专题报告之网络约车与传统出租车服务过程中犯罪情况》，http://www.court.gov.cn/fabu-xiangqing-120431.html，2021-1-10。

经济效应上来看,网约顺风车还具有网约出租车所不具备的社会积极功能。针对网约顺风车的规制策略,不是依照"泛干预主义"逻辑,草率地将严苛的网约出租车规制框架直接套用到顺风车业务中,而是通过经济法律制度的审慎设计,厘定网约出租车与网约顺风车服务的边界,防止顺风车的功能异化,实现风险可控。

(二) 经济法的精准规制理念及网约顺风车的健全规制范式

经济法的精准规制理念认为,规制的设计和开展应当克服市场信息的匮乏,实现对市场失灵问题的"精确打击",而不至于"葫芦僧判断葫芦案"。伴随着人工智能、互联网、大数据等技术手段的高度发展,如今的市场规制法通常要甄别、处理和应对海量的信息和数据,必须对规制范式进行精准调适,以适应高度复杂且变化着的市场机制。[①] 由于各类新兴的经济运行模式具有复杂性,对社会生活的实际影响也具有多样性和不确定性。面对此类经济现象,政府规制机构通常无法熟稔其背后的运作逻辑,处于严重的信息弱势,导致规制范式有失精准。此时,经济法规制主体的开放化、规制责任的多样化就是一个解决规制信息不对称,促进规制精准化的有效主张。具体到网约顺风车领域来看,应当形成一个中央统一规制与地方适度自治相结合,政府规制与平台自律相结合的"双层规制结构",有效衡平网约顺风车的激励与控制之策。[②] 具体来说,中央首先应当针对网约顺风车问题制定全国统一的规制框架;各地方人民政府可在该框架授权范围内制定本区域的具体实施办法;各网约顺风车平台也可在不违背统一性框架的前提下,制定本平台的网约顺风车服务自律性规定。亦即,规制主体从中央向地方适度下放,规制责任从政府向企业平台适度下放,调动双层次主体的力量,共同促进市场失灵问题的有效解决。

双层规制结构天然地有利于克服共享经济规制的信息不对称问题,实

[①] 王永强、管金平:《精准规制:大数据时代市场规制法的新发展——兼论〈中华人民共和国食品安全法(修订草案)〉的完善》,《法商研究》2014年第6期。

[②] 近年来,已有学者通过适用精准规制的理念,在网约出租车问题上提出了要构建"双层化"的规制结构,参见管金平:《网约出租车经营模式的市场规制法律问题研究》,中南财经政法大学法学院2016年经济法学博士学位论文,第105-110页;另有学者虽未援引精准规制理念,但提出过类似的主张,将其称为"合作监管+自律监管"的"混合规制路径",参见唐清利:《"专车"类共享经济的规制路径》,《中国法学》2015年第4期。

现规制精准化。一方面，多数共享经济模式都具有与网约顺风车相类似的问题，亦即造成了效益与风险的同步放大。这种风险在不同地域具有一定异质性，同一共享经济模式可能因为所处地区经济发展阶段、社会治理水平、文化风俗传统的不同而在社会风险上呈现出巨大差别。风险水平的异质性决定了经济法的制度设计不能完全以"一刀切"的标准去设计，而必须存在中央向地方一定程度的权力下放。另一方面，共享经济作为新兴现象，其运作的内部机理，产生的法律关系和对社会造成的长远影响均具有一定的不确定性，经济法在面对类似问题时，存在高度的信息不对称性，这种信息不对称容易使规制的精准性发生偏离，令规制难以发挥预期功能。与政府规制的信息不对称相比，实际运营共享经济平台的互联网企业其实居于强烈的信息优势，更加熟稔规制工具应当如何"有的放矢"；对平台企业来说，基于长远发展的考虑，它也具备强烈的动机对平台进行审慎管理，降低其社会风险。换言之，政府与平台企业完全可以实现"合作治理"，进而解决单方政府规制时可能存在的信息弱势。[1]

以精准规制理念审视我国目前网约顺风车的规制即可发现，其规制范式极不健全，恰恰走向了双层规制结构的反面：首先，在中央与地方的关系上，目前的规制结构仅依赖于地方自治，无中央统一立法。交通部《暂行办法》并不适用于网约顺风车问题，地方专门立法也主要局限于北京、上海、广州、深圳、杭州等一线城市中，绝大多数中小城市并无相关立法。其次，在政府与企业的关系上，目前的规制结构也主要依赖于地方政府的单方面规制，未充分调动平台企业的自律力量。恰相反，平台企业的逐利性进一步恶化了网约顺风车的社会风险。实践中，为确保获得稳固持续的佣金收入，除非所在城市有单独的规制要求，否则，以滴滴出行为代表的主流网约平台均不会限制合乘线路与频次。此时的所谓"网约顺风车"服务，与纯粹的网约出租车相比，仅在低廉的对价上有所殊异，其他方面已与营利性服务并无本质差别。滴滴出行为了保障网约顺风车能高频率接单，更是通过扩大其"社交功能"的形式鼓励司机接单，在滴滴顺风车相关平面广告中，甚至反复渲染网约顺风车具有"一见钟情""美丽邂逅"的功能，这些不当宣传对司机施加的心理暗示，被公众普遍认为与

---

[1] Jody Freeman. Collaborative Governance in the Administrative State, 45 UCLA L. REV. 1, p. 21–33（1997）.

2018年滴滴顺风车接连发生的两起性侵杀人案具有一定相关性。①

第三节 我国网约顺风车经济法规制的具体制度设计

我国网约顺风车的经济法规制体系，应当以激励和控制的有效衡平为目标导向，以谦抑规制和精准规制为指导理念，进行审慎的系统重构，从而既促进城市合乘出行社会功能的有效发挥，又能消弭其可能产生的社会风险。在立法层面，目前的当务之急是要打破网约顺风车全国统一性规定空缺的现状，由交通部制订专门规制网约顺风车的"网络预约私人小客车合乘服务管理暂行办法"，形成一个统一性规制框架。在确保统一规制框架对其社会风险有效威慑的前提下，再行调动来自地方规制机构或平台企业自律的积极性。对全国统一性规定的呼吁并非倡导对网约顺风车规制的"一刀切"，而仅仅是设定一个符合合法性要求的规制"区间"，具体标准则交由地方自治和平台自律。②

在未来全国统一性规定的相关制度设计中，要实现网约出租车与网约顺风车规制边界的厘定，将网约顺风车服务中合乘对价的低廉性、合乘线路的稳固性与合乘频次的有限性进行严格的限制与明确，防止网约顺风车在实践中异化为网约出租车服务，实现风险防控的目的。从2016年底开始，国内逐渐有城市开始出台专门规制网约顺风车的规范性文件，这些文件一定程度上对合乘对价、线路、频次进行了约束，从而对网约顺风车的功能异化现象实现了一定的控制，这些地方立法经验能有效反哺未来制定的全国统一性规定。结合这些地方立法的有效经验，未来针对网约顺风车经济法规制的全国统一性规定，应主要建立如下三种规制体制：

---

① 段宏磊：《滴滴顺风车的狂欢与折戟》，https://weibo.com/ttarticle/p/show? id = 2309404279801199388100#_0，2021 - 1 - 10。

② 比如，对于合乘的对价，全国统一性规定并不制定统一的政府定价标准，而仅仅是设置一个对价上限，地方规制机构可在不超出该上限的前提下，制定符合本地经济发展现状和物价水平的价格区间，平台企业也可在不违背全国统一规定和本地具体规定的前提下，制定本平台的定价机制。

一、合乘信息平台与网约出租车信息平台的隔离性规定

如上文所述，如今以滴滴为代表的主流网约顺风车平台，多同时从事网约出租车平台服务。虽然两类服务的法律性质存在巨大差别，但由于平台获利的方式是相同的——均是按照一定比例从每单服务中抽取佣金，这就极容易导致平台企业产生混同两类服务的道德风险。在目前有关网约顺风车进行规制的地方指导意见中，已有部分城市设置了两类服务的隔离性规定。比如，深圳市即要求合乘软件或相应服务应当"独立设置"；[1] 而北京市的规定则更为细致，它明确要求合乘软件功能应当与巡游车、网约车软件功能分别设置，后台数据分开。[2]

笔者认为，全国统一性规定应当在借鉴北京市规定的基础上，制定更为细致的合乘信息服务平台与网约出租车信息平台隔离性规定，这至少应当包括三个基本要求：第一，各地交通管理部门应当对合乘信息服务平台施加独立的备案要求，平台企业不得因已履行网约出租车登记备案为由擅自在未经备案时提供网约顺风车服务。第二，不管是在软件操作界面还是后台数据上，合乘信息服务平台均应当独立设置，与其他网约车服务功能彼此分开，用户可简易识别出各自差别，且在用户第一次接入合乘信息服务平台时，系统应弹出界面对合乘的法律性质、经营规则进行披露，确保用户的知情权与自主选择权。第三，同时提供两类服务的平台企业应为两类服务各自设计符合其法律性质的格式协议文本，并在用户第一次接入服务前向其披露，用户必须在主动选择接受格式协议文本的前提下，方可使用合乘信息服务平台。

另一方面，全国统一性规定还应当明确，凡相关平台企业、车辆、驾驶员违背了法律设定的合乘规制标准，[3] 即应当将其归类为网约出租车经营手段，直接按照交通部《网络预约出租汽车经营服务管理暂行办法》予以规范。这方面，杭州市已经做出了卓有价值的尝试，如果违背了对杭州

---

[1] 深圳市《关于规范私人小客车合乘的若干规定》第六条第（二）项。
[2] 《北京市私人小客车合乘出行指导意见》第七条第（二）项。
[3] 这一规制标准包含合乘服务最高限价、合乘信息披露及其总量控制等相关规定，详细内容在后文的第（二）、第（三）部分会有具体论述。

市私人小客车合乘标准的规定,"凡根据乘客意愿提供车辆和驾驶员,或收费标准、服务频次超过上限的,均属于网约车经营,相关平台企业、车辆、驾驶员应当取得网约车相应的经营许可或从业资格。"① 在未来全国统一性规定的制定中,应当对这种规制方式予以采纳。

二、合乘服务最高限价

为满足合乘对价低廉性的要求,网约顺风车服务应当规定严格的合乘成本分摊机制,从而确保参与合乘的法律主体不存在逐利性动机。在目前的地方指导性意见中,多对合乘进行了"免费互助"与"分摊费用"两类合乘的区分,前者自然不存在对价,而后者则要满足一定的限制性要求。北京市、上海市均未明确规定成本分摊的费用计算方法,仅原则性规定合乘费用要"合理分摊"。② 广州市的规定稍细致,其规定类似于做出了最高限价,要求"分摊的出行成本仅限于车辆燃料(用电)成本及通行费等直接费用,分摊费用不得超过上述直接费用,分摊费用只能按合乘里程计费。"③ 但是,这些地方规定均未直接明确成本分摊机制的具体算法,实践中,具体的成本分摊方法主要依靠平台企业提供的计算标准确定,该标准是否能保证合乘参与者不存在逐利性动机,具有一定的不确定性。

与其他地方相比,杭州市、深圳市的规定较为具体。杭州市对分摊费用的合乘要求"按照只计程不计时原则,驾驶员和信息服务平台收取的每公里费用总额,不得超过巡游出租汽车每公里里程运价的50%"。④ 而深圳市则提供了一个更加明确的算法与上限标准。它要求"单次里程分摊费用不得超过红色出租小汽车里程续租价的50%(不含起步价、燃油附加费、候时费、长途返空费、夜间附加费)",⑤ 即将同城巡游出租车同里程续租价的一半作为成本分摊的上限标准,超过该标准则具有营利性要素,会被

---

① 《杭州市网络预约出租汽车和私人小客车合乘管理实施细则(试行)》第(二十三)节。
② 《北京市私人小客车合乘出行指导意见》第四条;上海市《关于规范本市私人小客车合乘出行的实施意见》第二条第(二)项。
③ 《广州市交通委员会 广州市发展和改革委员会 广州市公安局关于查处道路客运非法营运行为涉及私人小客车合乘认定问题的意见》第五条。
④ 《杭州市网络预约出租汽车和私人小客车合乘管理实施细则(试行)》第(二十三)节第2项。
⑤ 深圳市《关于规范私人小客车合乘的若干规定》第五条第(一)项。

判定为违法。但该规定亦存在一定瑕疵：实践中，参与合乘的法律主体并不见得必然仅有一位乘客，而有可能存在多位乘客共搭一辆顺风车的情况。按照平均分摊的原则，当合乘的人数增多时，每位乘客分担的成本上限也会相应下降，而不应当恒定为同城巡游出租车同里程续租价50%的标准。

因此，综合各地方规定的经验与教训，笔者认为，对于合乘服务成本分摊机制的规定，应当立足于如下三个方面：其一，对于免费互助型合乘，自然不存在对价要求，但平台企业应对此类合乘在软件功能中做显著提示，防止司机发生误操作。其二，对于分摊费用的合乘，可考虑在深圳市经验的基础上，按照如下计算方式设置每人分摊费用的最高限价：同城巡游出租车同里程续租价/（合乘乘客人数+1）。换言之，一位乘客不得高于续租价1/2每人，两位不得高于1/3每人，以此类推；各地方具体规定以及平台企业的具体算法，均可做出低于该上限要求的具体规定。其三，平台企业可按照一定标准对分摊费用的合乘收取服务费，但应将该标准明确披露于参与合乘的乘客与司机；另外，为防止产生道德风险，对于免费互助型合乘，平台企业不得收取服务费。

三、合乘信息披露及其总量控制

为了保证网约顺风车的合乘性质而非营利性的网约出租车服务，应当对平台企业提供的合乘服务进行严格的信息披露要求和总量控制。

首先，应当禁止平台企业提供实时约车服务。亦即不允许通过乘客实时发布出行线路信息、驾驶员实时接单的方式促成合乘的缔结，而是必须要求驾驶员预先发布合乘信息，乘客再行根据该信息挑选符合合乘要求的时间、地点与线路。北京市、深圳市、杭州市均做了这方面的原则性规定，即要求合乘出行提供者须提前发布出行计划。[①] 而上海市在这方面的规定更为细致，极具示范性，该地要求提供合乘服务的软件平台应当"提供合乘出行驾驶员客户端预先发布的合乘出行信息，应包括驾驶员身份、

[①] 《北京市私人小客车合乘出行指导意见》第六条；深圳市《关于规范私人小客车合乘的若干规定》第五条第（一）项；《杭州市网络预约出租汽车和私人小客车合乘管理实施细则（试行）》第（二十三）节第1项。

车辆型号及号牌、起讫点具体地址、出发时间和合乘线路等相关信息,并提供合乘者客户端查询","不得设置驾驶员客户端在未签订合乘协议、达成合乘出行意向前,预先查询合乘者出行需求信息的功能"。① 上海市的这一规范理应被吸收进未来的全国统一性规定中。并且,为了防止合乘参与者利用较短间隔的预发布信息,变相从事营利性的出租承运活动,全国统一性规定应当为预发布的出行信息设置最低时间间隔。比如,可以规定合乘驾驶员预发布的出行信息不能低于12小时的间隔,各地方和平台企业可在这个限制范围内,自主制定具体规范。

其次,合乘服务应当以每天为单位进行总量控制,即应限制每天每位驾驶员提供合乘服务的最高频次。目前,北京、上海均规定为每车每日不超过2次;② 深圳为3次;③ 杭州为4次;④ 广州市的规定较为特殊,它对分摊费用的合乘与免费互助的合乘进行了区分,前者为每车每日不超过2次,后者则无次数限制。⑤ 为了防止网约顺风车异化为网约出租车服务,未来的全国统一性规定理应为合乘服务设置每日最高频次限制,各地方或平台企业可在该范围内进行规则自治。笔者认为,基于发挥合乘公共利益的考虑,这一最高频次限制不应过于严苛:对于免费互助的合乘,它具有最高程度的公益性,也禁止平台企业从此类合乘中收取服务费,所以笔者建议应当学习广州市的经验,对其不施加频次限制;而对于分摊费用的合乘,其异化为网约出租车的风险更大,则有必要施加总量控制。结合城市生活特征和工作习惯来看,在城市居住的市民有较大比例是"上班族"工作人员,每个工作日多往返家中和工作单位1次或2次,也即城市主流居民每日通勤出行次数多为2次或4次;因此,从最大程度鼓励合乘的角度来看,对于分摊费用的合乘,每车每日上限设定为4次最为符合现实状况。

---

① 上海市《关于规范本市私人小客车合乘出行的实施意见》第三条第(三)项。
② 《北京市私人小客车合乘出行指导意见》第六条;上海市《关于规范本市私人小客车合乘出行的实施意见》第二条第(三)项。
③ 深圳市《关于规范私人小客车合乘的若干规定》第五条第(三)项。
④ 《杭州市网络预约出租汽车和私人小客车合乘管理实施细则(试行)》第(二十三)节第3项。
⑤ 《广州市交通委员会 广州市发展和改革委员会 广州市公安局关于查处道路客运非法营运行为涉及私人小客车合乘认定问题的意见》第三条第(三)项。

四、总结与展望

面对新的社会事务、交易模式或经济现象，经济法如何设置审慎、客观、科学的规制体系，是一个复杂的课题。近几年经济法律制度运行的实践告诉我们，由于信息不对称的存在和既有经验的不足，经济法规制体系的设计极容易陷入踌躇。要么因为规制迟迟不作为而导致社会风险，要么因为草率的规制应对而引发政府失灵。在网约顺风车问题上，上述现象得到了集中式的体现。本章在研判网约顺风车法律性质和经济效果的基础上，针对实践中存在的现状与问题，以激励与控制的有效衡平为目标导向，以谦抑规制与精准规制为指导理念，设计出一个具有充分现实回应性的经济法规制体系。希望这一规制体系的应用可以整饬网约顺风车服务的乱象，令我国合乘服务的发展回归到促进公众福祉的正当路途当中。

第十二章

人工智能搜索服务的法律规制[①]

人工智能技术已日渐渗透到我们社会经济的方方面面,并显著改变了我们的工作、消费与生活习惯。在各类人工智能技术中,搜索引擎服务属于技术应用较为成熟的一类。通过人工智能技术的普及应用,搜索引擎服务得以便捷地分析、搜索和处理各类独特的数据结构,进而实现快速、精准和有意义的查询搜索。[②] 但是,人工智能搜索服务的快速演化也带来了诸多经济、社会乃至伦理方面的风险问题,这些风险为我们现有的法律政策带来了挑战。因此,在享受人工智能搜索服务所带来的便利和福利的同时,如何有效地设计法律规制手段对人工智能搜索服务日渐表现出的风险进行有效回应,理应受到关注和重视。

第一节 人工智能搜索服务的演化及其风险

一、人工智能搜索服务的演化图景

搜索引擎服务最早可追溯至1994年互联网搜索引擎服务Lycos的诞

[①] 本章由段宏磊、邱隽思合作撰写。
[②] Rena T. Gasimova, Rahim N. Abbasli. Advancement of the search process for digital heritage by utilizing artificial intelligence algorithms. 2020, Vol. 158.

生,它是伴随互联网的发展而产生的和发展的一类互联网信息服务。① 进入 21 世纪以来,借助大数据所推动的"深度学习"技术的发展,人工智能得以深度嵌入到搜索引擎服务当中,如今,人工智能早已是社会上主流搜索引擎服务的技术"标配"。整体而言,人工智能搜索服务主要经历了"载体"和"技术"两个层次的演化图景。在这两个层次的演化过程中,智能手机的普及均是一个重要的转换节点。

(一) 载体的演化:从 PC 端到移动端

早期的人工智能搜索服务主要依托于 PC 端而存在,在中国,作为较早入场者的百度搜索引擎服务的江湖地位即是从那一时期所奠定。在这一时期,除了部分即时通讯软件(如 QQ)和知名度极高的门户网站(如搜狐、新浪)以外,用户主要依赖于通过搜索引擎接入绝大多数 PC 端互联网信息,此时,人工智能搜索服务充任了互联网服务"入口"的功能。由此造成的影响是,在以 PC 端为互联网主要使用载体的时代,以百度、谷歌为代表的大型搜索引擎担任着"互联网必要设施"的功能。② 此类企业对信息的影响和控制能力极强,进而得以十分便利地通过竞价排名等形式攫取利润。

但是,伴随着智能手机的普及使用,移动端数据竞争的重要性逐渐超越了 PC 端,以百度、谷歌为代表的独立搜索引擎平台的重要性权重在下降。在移动端平台,互联网用户更习惯使用各类 App 平台直接接入服务,搜索引擎作为各类服务"入口"的重要性权重下降,以微信、淘宝为代表的各类巨型平台应用却不断崛起,并日渐成为当代互联网竞争的核心主体。此时,以独立平台存在的人工智能搜索服务不再具有影响和控制其他互联网服务的超强功能;搜索引擎越来越以内置于各类平台 App 的形式存在,这些内置的垂直搜索服务既可以检索 App 内的相关信息,亦可检索外部信息。比如,腾讯微信即内置了"搜一搜"功能,在该功能中键入检索关键词后,除了会显示微信公众号、朋友圈等内部相关信息外,还会像一般搜索引擎服务一样,显示微信以外的其他互联网信息,甚至还可以通过

---

① 姬睿:《搜索引擎技术及研究》,《科技视界》2015 年第 3 期。
② 段宏磊、沈斌:《互联网经济领域反垄断中的"必要设施理论"研究》,《中国应用法学》2020 年第 4 期。

微信自带的小程序搜索功能，直接在微信内部检索出新浪微博、哔哩哔哩等其他 App 的搜索引擎结果。这一强大的垂直搜索功能其实完全不逊色于独立的搜索引擎平台。2020 年夏，腾讯曝出将以约 21 亿美元的现金全资收购搜狗，后者除坐拥 4.2 亿输入法用户外，最主要的业务便是智能搜索，属于国内仅次于百度的第二大搜索引擎。① 收购完成后，搜狗将从美股退市，成为腾讯全资控股的子公司。腾讯此举收购活动的用意即在于将搜狗的搜索技术与其旗下以微信为代表的巨型平台进行整合，通过强化内置搜索功能的形式，进一步稳固和提高市场支配地位。

从 PC 端网页到移动端平台，人工智能搜索服务经历了使用载体的变迁，在这一过程中，作为独立互联网服务存在的搜索引擎的重要性下降，而各类移动 App 平台中内置的垂直搜索服务的影响力提高。

（二）技术的演化：从信息检索到信息挖掘

在搜索引擎服务发展的早期，人工智能对搜索服务的影响依然是有局限性的，其功能无非是帮助用户更便捷、准确地通过关键词、高级语法等检索方式匹配到相关度极高的互联网信息。亦即，早期的人工智能仅有助于帮助搜索服务实现更低成本的信息检索功能，人工智能本身只是一个工具，它仅改变了人们获得信息的路径，但不会显著影响信息的结果。但在经历技术迭代后，如今的人工智能搜索服务已实现了技术的阶跃，从浅层的"信息检索"向深度的"信息挖掘"演化，人工智能开始同时深刻影响信息获取的"路径"与"结果"。这主要体现在如下两个方面：

其一，检索数据类型的泛化。伴随着智能手机的普及使用，以及机器视觉、各类复杂识别系统（如人脸识别、指纹识别、虹膜识别等）的发展，当代的搜索引擎已经开始脱离"键入关键词—获取搜索结果"的简单数据检索逻辑，而是几乎可以支持各种数据类型的检索。目前，不仅视频、音频、图像可以被检索，而且人类面部特征、指纹、特定动作等也可以被检索到。可以想见，在未来几乎一切数据类型都可能成为搜索引擎的

---

① 李婷、郑媛、顾问喆：《搜狗改姓"鹅"，腾讯打了什么算盘？》，凤凰网科技（新浪微博），https://card.weibo.com/article/m/show/id/2309404532020607844418?_wb_client_=1, 2021-1-10。

检索对象。①

其二，更重要的是搜索结果的异质化。在搜索引擎服务的早期，搜索结果是纯粹客观性的，仅根据数据相关性对搜索结果进行一定排序，以满足用户的信息检索需求。但在人工智能技术影响下，搜索服务平台得以更加方便地通过操纵信息排序满足其盈利需求，诸如竞价排名之类的商业行为将更加便捷有效；而内置了"算法推送"功能的搜索引擎服务也会令检索结果脱离关键词的客观限制，进而使搜索结果更符合个性化需求。② 此时，被优先呈列的搜索结果除了包含客观性信息以外，还可能包含至少如下三类异质化信息：一是优先性信息，即与搜索服务平台具有直接相关性的信息会被优先呈列，平台可借此实现推广其关联互联网业务的目的；二是推广性信息，即搜索服务平台通过竞价排名予以优先推广的信息搜索结果，它被用来满足搜索服务平台的逐利需求；三是偏好性信息，即平台通过对用户使用习惯、个人癖好的了解，通过算法优先推送的信息。实践中，客观性信息、优先性信息、推广性信息、偏好性信息四类异质化的检索结果通常难以被简易甄别和区分，而是以相互交织、混同的形式共同位于优先呈列的位置，用户通常难以简易识别。

二、人工智能搜索服务演化的风险与隐忧

在短短十余年间，人工智能搜索服务即完成了从 PC 端到移动端的载体之演化，以及从信息检索到信息挖掘的技术之演化，其技术阶跃的速度

---

① 龙佳：《论搜索引擎的特点与发展态势》，《电脑知识与技术》2019 年第 1 期。
② 算法推送又称精准推送，是指在各类互联网新媒体平台服务中，平台根据对大数据的信息化处理，将更符合用户需求的新闻、商品等信息置于优先位置。各类互联网平台中使用的算法推送技术可以十分便利地向用户推送个性化、定制化信息，如今已经成为一种成熟的互联网商业模式。进一步的分析，可参见黄震华，张佳雯，田春岐，孙圣力，向阳：《基于排序学习的推荐算法研究综述》，《软件学报》2016 年第 3 期。一般来说，诸如今日头条、新浪微博、腾讯微信等互联网平台的算法推送通常是被动性的，用户无须主动检索信息，相关信息便以各类刷新的方式被动出现在用户的操作主页上。但是，如果用户使用的搜索引擎服务中内置了算法推送功能，搜索结果将会根据用户的使用习惯和个人癖好进行一定程度的"重排"，从而使检索结果的客观性降低，而更符合用户个性化需求的检索结果会被优先呈列出来。比如，若在搜索引擎中键入"黄鹤楼"关键词，若用户是文学爱好者，可能会被优先呈列相关诗词内容；若用户是旅游爱好者，则可能会被优先呈列湖北武汉的旅游景点；若用户是嗜好烟酒之人，则会被优先呈列相关白酒、香烟品牌。

和产生的经济社会效益有目共睹。但是，过快的演化速度也产生了潜在风险的隐忧。近年来，大数据、人工智能、互联网经济等社会发展的"弄潮儿"均不同程度地展现出了所谓"双重放大"的效果：一方面，这类新交易模式、新社会现象通常会显著放大经济效率，从而焕发出高度的活力和生命力；但另一方面，它们又同时放大了社会风险，而现有的法律制度和政策体系又通常会对这些新风险欠缺有效应对。效率和风险同步放大的现象不同程度地表现在了互联网金融、网约车、电子商务等新兴领域，[①] 人工智能搜索服务亦不例外。概而言之，人工智能搜索服务快速演化的风险及隐忧主要体现在如下三个方面：

（一）经济风险：互联网平台企业滥用信息优势

互联网经济的反垄断法规制问题近年来已成为一个学术热点。"在十几亿人口的叠加优势下，我国在短短十余年间即涌现出以 BAT（百度、阿里巴巴、腾讯）为代表的几大根深蒂固、枝繁叶茂的互联网平台企业。利用接入平台的庞大人口和数据技术，这些平台企业可以轻易地阻滞竞争对手，并将自身优势传导至其他相关领域"。[②] 之所以呈现出这一特征，是因为在以平台企业为主要参与者的数据竞争环境下，互联网用户的锁定效应极为明显，用户会基于使用习惯太稳固、数据基数过大、服务标准不兼容等原因而极易对某一平台服务产生依赖性，用户与平台之间的粘性极强。[③] 简言之，数据驱动型市场上的竞争环境将更容易导致"赢者通吃"的结果。[④]

在上述局面下，占据较大信息基数、具备充分用户基础的互联网平台企业表现出"互联网必要设施"的特征：一方面，对竞争对手而言，如果平台企业不向其开放相应设施，即有可能直接影响后者在相关市场上开展

[①] 有关新经济现象"双重放大"效果在网约顺风车领域的一个典型分析，可参见刘大洪：《网约顺风车服务的经济法规制》，《法商研究》2020年第1期。

[②] 段宏磊、沈斌：《互联网经济领域反垄断中的"必要设施理论"研究》，《中国应用法学》2020年第4期。

[③] 殷继国：《大数据市场反垄断规制的理论逻辑与基本路径》，《政治与法律》2019年第10期。

[④] OECD. Data-driven Innovation for Growth and Well-being: Interim Synthesis Report (Oct. 2014), http：//www.oecd.org/st/inno/data-driven-innovation-interim-synthesis.pdf, 2021-1-10.

有效竞争。在 2020 年新冠疫情期间，微信即通过封禁字节跳动旗下在线办公软件"飞书"的形式，间接为腾讯旗下的在线办公软件竞品"企业微信"提供竞争优势，这就十分便利地将腾讯在一般社交网站上的竞争优势传导至在线办公市场。① 另一方面，对互联网用户而言，平台企业也可以轻易通过信息优势攫取利润，侵犯其合法权益，近年来屡受批判的大数据"杀熟"现象即是其典型体现。②

互联网平台企业对信息优势的滥用既可能会损及市场公平竞争，更会对用户的信息安全、隐私保护、消费者权益等产生显见的威胁，而人工智能搜索服务的快速演化则显然进一步加剧了这一危险。如果说平台企业在运营维护过程中所积淀下来的数据基数是其得以滥用信息优势的"基本盘"，那么人工智能搜索服务则是帮助其优势地位病毒式扩张的"加速器"。上文已述，移动端时代的搜索服务是垂直依附于平台自身的，诸如百度之类独立设置的搜索引擎已不再具有明显优势地位，各类平台内置的搜索功能会进一步强化用户对平台企业信息的依赖性；而人工智能技术的强化又会进一步增强平台信息挖掘的能力，令用户更倾向于将各类隐私数据"供养"给平台，转换成本愈发堆高。以目前普及度最高的腾讯微信为例，它除了是个社交网络平台以外，还保存着数以亿计用户的通讯录、身份信息、生活隐私、健康码、金融账户、数据使用习惯、信息检索痕迹等，更有可能保留了海量用户的日常生活信息和办公材料。用户可以通过内置的搜索服务检索全部相关内容，并可检索平台外的相关信息和数据。在这种使用惯性下，如果用户突然由于客观原因无法再使用微信，有可能会对其生活造成毁灭性的灾难，2020 年 8 月发生的深圳男子因微信账号被封禁而自杀事件即是典例。③

---

① 段宏磊：《从微信限制飞书事件中看互联网必要设施理论适应"门槛"》，《财经》杂志网：https://news.caijingmobile.com/article/detail/413816source_id=40&share_from=system&from=timeline&isappinstalled=0，2021-1-10。

② 余德生、李星：《消费者与商家大数据"杀熟"的动态演化博弈研究》，《价格理论与实践》2019 年第 11 期。

③ 在本事件中，自杀男子长期通过微信保存和联系其生意客户，并长期通过微信收付账款、处理货物收发和保存各项账务数据，在因聊天涉及色情内容被封禁后，男子日常生活遭受较严重影响，但多次通过微信客服咨询和申请解封均未果，最终致其跳楼自杀。参见第一财经资讯：《男子因微信被封号跳楼身亡，腾讯回应》，新浪科技：https://tech.sina.com.cn/roll/2020-08-27/doc-iivhuipp1074776.shtml，2021-1-10。

（二）社会风险："信息茧房"效应与群体极化

"信息茧房"是美国学者凯斯·桑斯坦用来形容互联网信息环境时所首创的词汇。桑斯坦认为，互联网用户在庞大的网络信息中，像"个人日报"一样依照个人喜好选择自己所感兴趣的信息，并对其他内容无视、排斥，长期以来会形成所谓"回音壁效应"，用户个人所接收的信息不断受到正反馈激励，最终形成闭环。① 简言之，传播体系会由于个人化导致信息封闭的结果，而后造成视野偏狭和思想封闭，以至于产生群体极化。②

依照桑斯坦的观点，互联网是催成信息茧房效应的天然温床。但在人工智能搜索服务快速演化以前，产生这一效应的紧迫性并不剧烈。早期的PC端搜索引擎主要通过网页操作完成，相较其他社交网站，网页搜索引擎反而提供了一个相对宽松的信息空间，且由于彼时算法对信息检索结果的影响程度不高，用户在使用搜索服务时，受非客观信息影响的概率并不大。但在当代移动端环境下，演化后的搜索引擎依附于独立平台存在，平台相较网页是一个更容易形成"回音壁"的封闭空间，再加上算法的升级，信息检索结果存在更多的非客观性因素。此时，互联网平台、搜索引擎和算法推送三者相互叠加在一起，使用户很容易埋没在优先性信息、推广性信息和偏好性信息的各种交织下，丧失了对信息客观性的敏感性和辨识能力，陷入算法酿造的"茧房"之中。概而言之，搜索引擎中人工智能算法的增强对信息茧房效应有显著的强化效果。③

"群体极化"是信息茧房效应最强烈、也是目前已可被明确感知到的负面因素。桑斯坦认为，在发达的社交网络组织下，拥有共同的身份和观念基础的人会紧密联系在一起、彼此团结，并通过同质的信息不断强化集体认同感，进而使价值观变得极端，最终形成群体极化。平台各种致人成瘾的使用方法、带有倾向性的搜索结果和各类算法推送则显然加剧了极化的过程。"（算法）可以一而再再而三地给人们推送虚假、阴谋论的信息。今天可以让人相信地球是平的，明天就可以让人相信喝消毒液可以杀死新

---

① ［美］凯斯·R. 桑斯坦：《信息乌托邦——众人如何生产知识》，毕竟悦译，法律出版社2008年版，第8页。
② 王芳：《算法推荐加剧了信息茧房风险？》，《中国报业》2020年第15期。
③ 厉业强：《算法推送机制下"信息茧房"效应的思考与对策》，《新闻论坛》2020年第4期。

冠病毒",各种极化的群体彼此抱持完全不同的价值观,依托于各自的"茧房"彼此对抗,成为"新时期的部落主义"。① 近年来,群体极化的倾向已在诸多谣言和阴谋论的信奉者、② 互联网"粉圈"文化③等问题上得以明确感知。

(三)伦理风险:技术异化与人的异化

如果说经济风险和社会风险都只是表象,那么人工智能搜索服务引发的伦理问题则堪称最深层次的隐忧。如上文所述,PC端时代的搜索引擎仅提供了一种信息检索工具,在这种搜索服务中,人依然是信息检索的主体,是技术的操控方,人工智能和搜索结果都是受到人操纵的工具或客体,但在完成演化后的移动端搜索引擎则显著改变了上述结构。由于算法的增强,人控制搜索结果的能力在降低,人反而作为客体被动地体验世界和自身,人工智能搜索服务生动地阐释了马克思、弗洛伊德等人所说的"异化"观点,"物凌驾于人之上"。④

过往,依靠"键入关键词—获得搜索结果"简易逻辑的搜索服务仅为人类提供了一个获取便捷信息的技术手段,搜索结果除包含部分推广性信息以外,主要是内容驱动型的,能基本反映客观信息需求;但如今,人工智能却在反客为主地操纵人的思维与行动,在通过深度算法驱动的搜索结果中,获取客观性信息可能已经成为微不足道的价值目标。以百度为例,如今百度搜索结果已成为百度为"百家号""百度贴吧"等自家品牌"导流"的工具,绝大多数关键词的首页搜索结果有一半以上指向百度自家产品。"百度已经不打算好好做一个搜索引擎了,它只想做一个营销号平台,把希望来搜索内容的人全都变为自家的流量,然后变现。"⑤

类似的情形在社交网络平台内部的垂直搜索服务中表现得更加严重。

---

① 雷慢:《对抗硅谷,为了"楚门的世界"里的27亿人》,新金融洛书微信公众平台:https://mp.weixin.qq.com/s/KhRe-NOeUDWyV3J4RbgyLA,2021-1-10。
② 与之相关的一个分析,可参见[美]凯斯·R.桑斯坦:《阴谋论和其他危险的想法》,陈丽芳译,中信出版社2015年版,第1-32页。
③ 与之相关的一个分析,可参见徐安:《"回音室效应"视角下的中国社交平台"饭圈"文化》,《新媒体研究》2020年第3期。
④ 同上注,雷慢文。
⑤ 新闻实验室:《搜索引擎百度已死》,和讯网:https://m.hexun.com/tech/2019-01-23/195966530.html,2021-1-10。

以微信"搜一搜"功能为例，当用户键入任一关键词进行搜索时，被优先推送的是与腾讯系互联网产品相关的搜狗百科、微信视频号、微信公众号、腾讯视频等内容，这些搜索结果占据过半检索空间，其首要目的不是帮助用户获取客观信息，而是通过这种优先推送的方式进一步养成用户对腾讯系"产品束"的依赖性。除此之外则会显示用户最常使用的小程序搜索结果，比如，笔者平时属于新浪微博的忠实用户，"搜一搜"即会主动为笔者推送新浪微博中的关键词检索信息，这一做法与算法推送的逻辑相似，其目的也不是获取客观性信息，这是平台根据用户自身的使用习惯和偏好精准投放的结果，显然会强化信息茧房效应。除了上述两类信息之外，在"搜一搜"检索结果的最后段才会显示网页和其他平台的搜索结果，此部分内容或许属于最接近客观性信息的部分，但在绝大多数情况下，用户的手机界面甚至不会滑到这一部分即已结束了搜索过程，而若想打开其他平台的搜索结果，也必须通过微信界面来浏览使用。此时，即便最有效的信息是其他平台提供的，用户也会只强化对微信的使用粘性，而不会"外流"到其他平台。在整个搜索过程中，人类并不真正控制和使用信息，只有操控信息的"错觉"，人类蜕变为主要靠直觉、惯性，通过被动的数据推送浏览和使用信息的客体。"人类对自然界的改造、对人类精神世界的拓展以及对人类能力提升的无限可能性正在被 AI 技术消解和取代，面临着主体被异化的危机。"①

第二节 人工智能搜索服务法律规制的重构

一、搜索中立：人工智能搜索服务法律规制的价值指引

"搜索中立"（Search Neutrality）一词是伴随着人工智能搜索服务的快速演化而逐渐产生的观念主张，它致力于解决人工智能过度干扰搜索路径

---

① 阎坤如：《人工智能技术异化及其本质探源》，《上海师范大学学报（哲学社会科学版）》2020 年第 3 期。

和结果所产生的"搜索偏见"（Search Bias）问题。① 搜索中立观念认为，搜索引擎所反馈的搜索结果应是内容相关性所驱动的，而非基于谋取商业利益或其他非中立目的驱动的结果。② 近年来，搜索中立及其延伸开的若干政策法律主张常被寄望于解决人工智能搜索服务所产生的上述一系列风险。但是，面对飞速演化的人工智能技术，搜索中立自身也面临观念变革问题。

（一）经典版本：搜索中立1.0版

在目前国内外对搜索中立的探讨中，它主要以搜索服务平台提供商为"假想敌"，而算法本身则被假定为中性的。搜索中立的主张者倾向于认为，导致搜索结果不中立的原因主要是搜索服务平台提供商的逐利冲动及其垄断地位，而对搜索中立的倡导则有望从这种被平台扭曲的信息中恢复平衡。③ 换言之，搜索中立的基本假定是：作为平台的搜索服务提供商为了获取经济利润，人为在搜索结果中添加了各类推广性信息，这些信息阻碍了搜索结果的中立性；而伴随着搜索服务垄断地位的夯实和强化，其他经营者又对搜索结果的竞价排名服务产生了较强的依赖性，这种依赖性又会进一步使推广性信息增多，进而强化搜索偏见。这一逻辑对于处理PC端时代的搜索偏见问题确实具有十足价值，它有利于消解搜索服务提供商因占据垄断地位而滥用信息优势的情形，谷歌公司即因此在社会舆论和一些欧洲国家发起的反垄断诉讼中遭受类似批判。④ 而在2020年10月20日，美国司法部又再度联合11个州检察官正式对谷歌提起反垄断诉讼，其指控依据之一便是谷歌"利用垄断利润使用其搜索引擎在移动设备、网络浏览和其他搜索入口获取优先性权利，形成一个持续性的、自我强化的垄断循环。"⑤

经典的搜索中立观念本质上坚守的是一种消极的中立观，它坚信：其

---

① 罗昕：《搜索中立？——基于"3Q大战"事件的实证考察》，载武汉大学媒体发展研究中心主编《中国媒体发展研究报告（2011年·媒体卷）》，武汉大学出版社2011年版。

② 仲春：《搜索引擎排序权的滥用与规制研究》，《竞争政策研究》2016年第1期。

③ 邵晨：《搜索中立与搜索引擎平台的博弈》，《法律适用》2020年第4期。

④ ［美］杰弗里·A. 曼恩：《作为关键设施的搜索引擎及其问题——一个经济学与法学的评估》，载时建中、张艳华主编：《互联网产业的反垄断法与经济学》，法律出版社2018年版。

⑤ Department of Justice, Office of Public Affairs. Justice Department Sues Monopolist Google For Violating Antitrust Laws, Department Files Complaint Against Google to Restore Competition in Search and Search Advertising Markets. https：//www.justice.gov/opa/pr/justice - department - sues - monopolist - google - violating - antitrust - laws, 2021 - 1 - 10.

一，在不受搜索服务提供商经济利润和垄断力量干扰的前提下，用户可以通过人工智能算法支撑下的搜索服务自主地获取客观、中立的信息；其二，法律政策虽然应当干预搜索引擎的人工智能算法，但这种干预主要是为了防备搜索服务提供商逐利性冲动的影响，而非其他；其三，算法本身是中性的，因此，通过排除竞价排名等推广性信息的干扰，搜索结果可以自动贴近搜索中立的目标，而无须再过多地指摘人工智能算法本身。据此，经典的搜索中立观念与其说是一个新媒体理论，不如说更像是一个反垄断理论，它主要以防范搜索服务提供商的垄断力量为目标。[①]

（二）革新版本：搜索中立 2.0 版

在早期数据竞争环境中，经典版本的搜索中立观念是基本适切的，但是，经历过演化后的人工智能搜索服务却把问题复杂化了。在移动端数据竞争时代，各个社交网络内置的垂直搜索服务淡化了独立搜索引擎的重要性，商家对单一搜索引擎提供的竞价排名服务的依赖性已然降低，而转为向各类社交网络平台寻求内容多样、精准投放的推广性信息。换言之，搜索服务提供商在移动端时代的垄断力量降低了。如果搜索偏见主要是由搜索服务提供商攫取垄断利润的动机造成的，那么，移动端时代的搜索中立理应更能获得保证；但事实恰恰相反，在各个平台构筑的信息壁垒影响下，信息茧房效应的表现更加明显了。这一现象似乎说明：搜索服务中的算法本身比搜索服务提供商的垄断力量更有必要受到规制。在强大的人工智能算法支配下，影响信息中立性的除了有推广性信息，还包含根据用户使用习惯与个人爱好所精准投放的偏好性信息。但在传统的搜索中立观念下，后者被假定不会影响信息的客观性与中立性，毕竟它是人工智能技术迎合用户偏好所产生的结果。对绝大多数用户来说，他们很乐于接受这种处于"舒适区"的信息。

概而言之，传统的搜索中立观念低估了人工智能算法对人主观能动性的长期影响，它将搜索结果的不中立简单地归因为搜索服务提供商的逐利性冲动。然而，人工智能算法通过迎合用户偏好所精准投放的信息，很难

[①] 在互联网反垄断议题中常见对搜索中立问题的探讨，有关这方面的典型论述，可参见：[美]杰弗里·A. 曼恩：《作为关键设施的搜索引擎及其问题——一个经济学与法学的评估》，载时建中，张艳华主编：《互联网产业的反垄断法与经济学》，法律出版社 2018 年版。

解释为服务提供商片面追求垄断性利润的结果,恰相反,它最初可能仅仅是为了降低用户的使用成本,其所产生的社会风险乃至伦理风险并非是服务提供商所能预料的。在数据竞争市场上,"一个产品成型后,它的走势就不再是他能决定的,每一次更新和功能改进,都是因为用户喜欢、希望得到的结果,"就在这种自动的演化规律下,"上瘾,几乎成了所有社交类App追求的东西。"① 此时,干扰搜索中立的罪魁祸首并非搜索服务的提供商,而是不受控制、自主进化的算法本身,后者在反复持续的机器自主学习过程中,逐渐异化了人在信息检索过程中的主动性,人变成了被动地接受海量信息"投喂"的客体。

综上所述,在人工智能技术已然深度嵌入到搜索引擎的当下,恪守消极中立观的"搜索中立1.0版"已然无法完全应对搜索服务的风险问题,而必须演化为更加积极和系统化的中立观,进而重构为"搜索中立2.0版"。这一新型的搜索中立观念既倡导防范搜索服务提供商因为追求垄断利润所产生的信息扭曲问题,更主张警惕算法本身对人产生的控制作用。因此,必须通过建立法律规制框架的形式,对人工智能搜索服务中的算法进行有效地调适、修正和改进,才能真正意义上确保信息的中立性、客观性。

二、人工智能搜索服务法律规制的框架性设计

(一)法律规制框架的整体设计

如上文所述,当下的人工智能搜索服务可能为用户提供四类异质性的搜索结果:客观性信息、优先性信息、推广性信息和偏好性信息。当用户缠绕在后三类信息塑造的海量内容中时,便无法有效甄别客观性信息,进而产生经济、社会乃至伦理方面的风险。因此,在"搜索中立2.0版"所倡导的积极中立观指导下,人工智能搜索服务的法律规制目标应当确立为:通过法律的制定、实施和监督,协助用户在平台企业提供的搜索服务中精准识别和控制上述四类信息,从而确保其在充分享受信息便利服务的

---

① 雷慢:《对抗硅谷,为了"楚门的世界"里的27亿人》,新金融洛书微信公众平台:https://mp.weixin.qq.com/s/KhRe-NOeUDWyV3J4RbgyLA,2021-1-10。

前提下，又不危害搜索结果应有的客观性和中立性。

依此逻辑，笔者建议应对人工智能搜索服务同时实施如下规制工具：一是要实现平台垂直搜索与跨平台搜索功能的分离，使用户能有效识别和控制优先性信息；二是要实现竞价排名的强制性信息披露，使用户能有效识别和控制推广性信息；三是要实现精准推送功能可以通过人为操作关闭，使用户能有效识别和控制偏好性信息。这一法律规制框架的基本逻辑如图12-1所示。

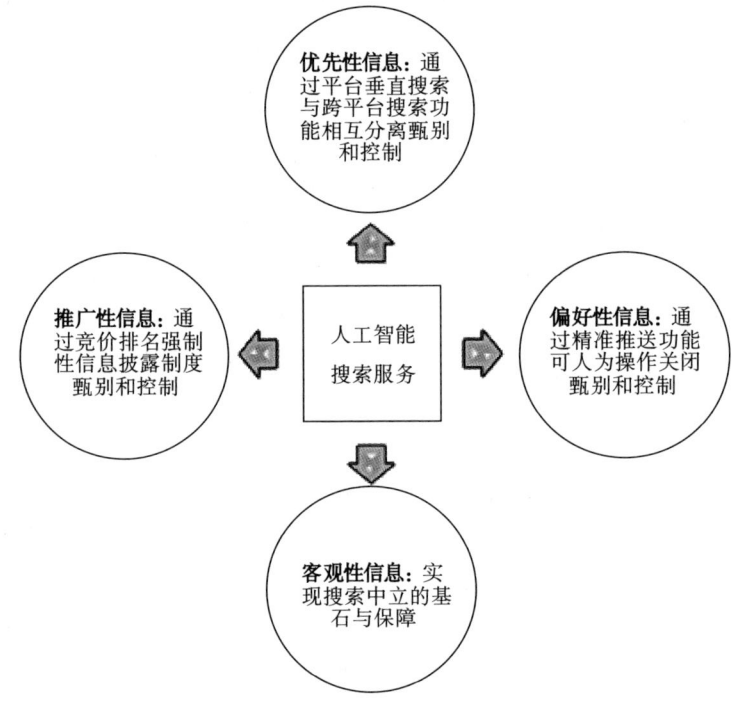

图 12-1　人工智能搜索服务法律规制的基本思路

（二）平台垂直搜索与跨平台搜索功能的相互分离

在移动端数据竞争时代，各大平台均内置了垂直搜索功能，这些搜索服务会优先推广与平台企业相关的信息检索结果，从而进一步夯实用户对其旗下互联网产品的使用惯性和依赖性。从用户使用习惯的角度来看，优先推送平台内部搜索结果的做法有利于提高信息检索效率，并无必要完全禁止，但是，现在越来越多的平台会在垂直搜索中增加外部网页或其他平台的关联搜索功能,亦即,平台内置的搜索功能具有越来越强的公共性。此时,对优先性信息的过度倾斜会淡化用户对内部信息的敏感性,产生"平台即世界"的错觉,从而强化信息茧房效应。因此,对于凡是提供搜索服务的平台 APP,法律有必要对其操作界面和搜索结果进行适度限制。这主要包含如下两方面内容:

首先,任一平台可自主选择是否提供跨平台搜索功能。如果平台仅提供面向平台内部信息的垂直搜索功能,而拒绝通过平台内置的搜索引擎检索任何平台外信息(淘宝、京东、12306 等电子商务平台的搜索引擎即属此类),则表明平台的信息封闭性较强,用户不会在搜索过程中混淆平台内外信息,法律应当保护平台的这种自主选择,没必要强行要求其开放跨平台搜索。

其次,一旦平台同时提供了内部垂直搜索和跨平台搜索功能,则法律应当要求两类搜索功能必须分离设置,平台应确保用户可以通过外观简易的区分两类搜索功能。两类搜索结果不应存在交叉性内容:内部垂直搜索仅提供平台内部信息的检索结果;而跨平台搜索功能则是完全开放的,与独立搜索引擎无异。在平台提供的跨平台搜索功能中,不得对其自身平台内信息进行任何"暗度陈仓"的优先推送活动。这便能保证用户可以简单地识别出其搜索结果是否包含被平台推送的优先性信息,确保搜索结果的客观性、中立性。

(三) 竞价排名强制性信息披露制度

不论是平台内部的垂直搜索,亦或是跨平台的搜索服务功能,其搜索结果均有可能包含一定的推广性信息,这些推广性信息本质上是以竞价排名的形式实施的互联网广告活动,它是平台在逐利性冲动的影响下,主动干扰搜索信息自然排名的结果。[①] 作为人工智能搜索服务一种成熟化的商业模式,通过竞价排名盈利的做法本身无可厚非,并无必要将其一概归类为平台滥用垄断力量的违法行为。[②] 但是,有些平台会刻意淡化推广性信息的可识别性,令用户将其与一般客观性信息相混淆,曾招致社会舆论严

---

① 徐敬宏、吴敏:《论搜索引擎竞价排名的广告属性及其法律规制》,《学习与实践》2015 年第 8 期。

② 李剑:《百度"竞价排名"非滥用市场支配地位行为》,《法学》2009 年第 3 期。

重批评的百度"魏则西事件"即属被此类信息误导的结果,① 由此产生的风险有必要进行规制。

在我国现行立法中,对于用户无法识别的竞价排名广告规制问题,已经有一定程度的制度设计。《中华人民共和国消费者权益保护法》第八条规定:"消费者享有知悉其购买、使用的商品或者接受的服务的真实情况的权利。"《中华人民共和国反不正当竞争法》第八条第一款规定:"经营者不得对其商品的性能、功能、质量、销售状况、用户评价、曾获荣誉等作虚假或者引人误解的商业宣传,欺骗、误导消费者。"《中华人民共和国广告法》(以下简称《广告法》)第十四条规定:"广告应当具有可识别性,能够使消费者辨明其为广告……通过大众传播媒介发布的广告应当显著标明'广告',与其他非广告信息相区别,不得使消费者产生误解。"综合上述立法可知,如果人工智能搜索服务中的推广性信息未向用户进行准确的信息披露,实际上是以"伪造"搜索结果的形式遮掩了其应有的广告属性。法律虽无必要一概禁止平台的竞价排名行为,但法律有必要要求任何推广性信息都进行强制性信息披露,方便用户辨别,并得以将其与正常排序的客观性信息区别开来。在此条件下,可以对推广性信息直接适用《广告法》的相关规定,对其广告信息的准确性、全面性进行全面规制。事实上,在"魏则西事件"后,百度近年来已在刻意弥补和纠正其不正当的竞价排名行为:先是在其推广性信息右上角用隐晦的小字标注"推广"字样,后来则索性按照《广告法》第十四条的要求,直接在推广性信息右侧标注明显的"广告"字样。但与之相比,各大平台 APP 中内置的搜索服务则尚未进行与百度相类似的改进,未来应尽快采取措施,保护用户作为消费者的知情权。

(四)精准推送功能可人为操作关闭

与优先性信息、推广性信息的规制相比,对偏好性信息规制的疑难之处最大。绝大多数用户可能会排斥被搜索结果中的优先性信息和推广性信息"骚扰",但对偏好性信息则可能持开放态度,毕竟它是人工智能算法迎合个人使用习惯的结果。起码从表面看来,偏好性信息的精准投放迎合

---

① 李建良、李冬伟、张春婷、沈鹏熠:《互联网企业负面事件信任修复策略的市场反应研究——基于百度"魏则西"与"竞价排名"事件的案例分析》,《管理评论》2019 年第 9 期。

了用户的内在嗜好，它能确保用户更迅速地检索到符合自身需求的结果，提高了搜索效率。然而，长远来看，偏好性信息异化人的危险最大，它具有将用户困在信息"舒适区"的"温水煮青蛙"风险。

在大数据时代，每个人面对海量信息时的甄别能力、自律能力和控制能力均具有明显差别。如果人工智能搜索服务的精准推送功能是符合一部分用户需求的结果，那么强制要求平台关闭相应功能则有"因噎废食"之嫌；而另一方面，对偏好性信息影响搜索中立的担忧也是真实和必要的。此时，法律无须"一刀切"式的对精准推送功能完全准许或完全禁止，而是要确保相应功能依然是能受到用户主动控制的。相关法律可以规定，平台自身有权利在搜索结果中嵌套精准推送的结果，但该部分内容是否被呈现出来，则应交由用户做出自主选择。如果用户担心精准推送功能的信息茧房效应和异化风险，可以通过人为操作的形式关闭相应功能，确保搜索结果更符合客观性信息的要求。平台甚至可以考虑授予用户自主调节精准推送"幅度"的权利，亦即，用户可以调节偏好性信息在搜索结果中的影响阈值，从而将处于"舒适区"的信息控制在可以量化的范围内，确保搜索结果更贴合人性化需求。

三、结语与展望

人应当成为控制技术的主体，人工智能技术的高速发展首次使人的主体性和能动性受到前所未有的挑战，在被动接受信息"投喂"的互联网空间中，人类首次处于与电影《楚门的世界》高度相仿的空间中——在这里，人虽有自主控制意识的错觉，但实际上却困在算法构建的牢笼中。此时，如何精准设计人工智能搜索服务的法律规制框架，应对其在经济、社会和伦理领域可能产生的风险，使人类再次回归控制技术的主体而非客体，理应受到重视。本章针对此问题进行了浅尝辄止的探讨，希望能够唤起社会大众对人工智能技术的应有警惕，并助推相关法律政策的变革。

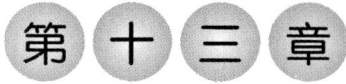

互联网游戏平台服务的法律规制[①]

在数字经济的时代背景下,我国互联网市场规模迅速扩大。基于信息技术的互联网游戏平台逐渐成为我国文娱产业中不可或缺的组成部分。与蓬勃发展的其他互联网行业相比,互联网游戏平台在提供网络游戏分发、直播等服务时还存在一系列的法律问题。其中,如何对互联网游戏平台服务进行有效规制,成为当前互联网经济所面临的重大课题。本章主要探讨电子竞技和互联网游戏直播平台法律规制的相关问题,旨在更好地规范互联网游戏平台的行为,促进电子游戏产业的发展,实现互联网经济的良性运转。

第一节 互联网游戏平台服务规制的主要问题与思路

作为提供游戏服务的互联网平台,互联网游戏平台兼具娱乐性和商业性等多种特征。因此,其在提供网络服务时所涉及的现实问题也呈现出一定的复杂性与挑战性。在本章中,通过选取并研究互联网游戏平台领域中较为前沿的两个视角,即电子竞技市场和互联网游戏直播平台的法律规制问题,以期在微观层面更好地涵射互联网游戏平台服务所面临的法律问题,在宏观层面也能实现个性和共性的统一,探寻契合互联网游戏平台服

---

① 本章第一节、第三节由彭舒月撰写,第二节由段宏磊撰写。

务的法律规制路径。

一、电子竞技的发展困境与规制思路

电子竞技，亦称电竞，是近年来在中国发展迅速的一项新兴体育竞技形式，同时又是一项显露出重大经济效益的文化产业。受新冠疫情的影响，网络用户的娱乐需求被放大，中国游戏市场发展势头强劲。据中国音像与数字出版协会游戏出版工作委员会和中国游戏产业研究院发布的《2020年1—6月中国游戏产业报告》显示，2020年1月至6月，中国网络游戏的用户规模高达近6.6亿人；中国游戏市场的实际销售收入达到1394.93亿元（人民币），同比增长22.34%，这也意味着中国的游戏产业迎来了新的发展时期。随着网络游戏规模的扩大，电竞用户的规模也迅速壮大，据《2020年中国电竞行业研究报告》，2019年中国电竞用户规模达4.7亿人，市场规模达千亿，作为一门新型体育竞赛项目，电子竞技携带的产业机遇和经济效益不容小觑。[1]

与此同时，电子竞技的发展现状也呈现出了"冰火两重天"的尴尬局面：一方面，电子竞技作为我国国家体育局批准的正式体育项目，从发展新兴体育运动和文化产业的角度来看，电子竞技显然应当受到政策扶持；但另一方面，电子竞技与网络游戏有着不可否认的天然联系性，与一般体育运动相比，它更容易诱发"成瘾性消费"，容易对心智发育不成熟、自控力弱的未成年人造成负面影响。[2] 电子竞技发展的"双刃剑"效应呼吁我们必须建立起健全的规制结构，一方面要对其发展新兴体育运动、促进经济发展和丰富公民文娱生活的正面效果予以促进，另一方面要有效抑制其沉迷效果，减少社会负面因素的发生。在电子竞技领域，互联网游戏服务平台在不断布局电竞行业的同时，应当使电竞树立正面的形象及影响力。在游戏行业中，由于产品及其服务的虚拟性，在用户的细分上更加应该重视对未成年人的保护，积极履行其相应的社会责任。

在此基础上，本章的第二节从《中华人民共和国体育法》（以下简称

---

[1] 人民网：《2020年第一季度中国游戏产业报告》全文，http://jinbao.people.com.cn/n1/2020/0420/c432298-31680302.html，2021-1-10。

[2] 于忠宁：《爆红网游俘获小学生，谁"背锅"》，《工人日报》2017年6月9日。

《体育法》的视野出发，探讨了电子竞技的相关法律问题，意图设计出一个限制与激励相平衡的健全规制机制，促进我国电子竞技产业的健康、良性发展。未来应当构建一个能有效平衡"限制"与"激励"两大举措的平衡式法律规制体系：在限制性措施方面，应当通过"运营平台－监护人"双层监管结构的形式，构建一个致力于未成年人保护的防沉迷体系；在激励性措施方面，应当构建白名单制度，将优质电子竞技项目纳入名录，施加相应的产业促进体系，并根据其发展状况适时对名录内容进行调整。

二、互联网游戏直播平台规制的主要问题与思路

就游戏直播平台而言，其所存在的法律困境主要体现为以下几点：

（1）法律位阶低。目前我国针对互联网游戏直播的专门规定只有国家互联网信息办公室发布的部门规章，除此之外并无更加高阶的立法对直播平台进行专门的规制。

（2）直播侵权行为普遍发生。由于法律规定的空白，导致我国学术界和实务界还尚未对互联网游戏直播的法律性质的认定形成一个统一的意见。因此，在游戏直播过程中所涉及的知识产权保护成为了一个亟待解决的问题。

（3）互联网游戏直播平台之间存在不正当竞争。从运营模式来说，游戏直播平台属于互联网企业，在互联网市场经济中，也会与其他直播平台之间存在互相争夺用户、吸引流量等竞争问题。对互联网企业而言，流量就意味着收入、利润。因此，一些直播平台为获取更多的用户流量，通常会对平台内的相关数据进行虚假宣传，例如，呈现虚假的庞大观众数量、礼物打赏等。这一系列行为都严重破坏了互联网经济市场的竞争秩序。

（4）互联网游戏直播平台责任的肆意扩张。根据我国现行有效的法律，对互联网游戏平台的责任规制大多数都是以限制其责任为主，平台的责任在现实与规则的推动下呈现出了扩大的趋势。但是这种随意的责任扩张在互联网经济迅速发展的今天无疑增加了平台的负担，不利于该产业的发展。

在现阶段的互联网游戏产业链中，游戏直播成为了最具有市场发展潜力的产业之一。但是，互联网的高速发展与法律滞后性所产生的冲突导致

了互联网游戏直播平台规制出现艰难的局面,并且根据我国现有的立法也难以对互联网游戏直播平台进行明确的认定。互联网游戏直播平台作为网络游戏直播服务的提供者,在提供直播服务时其主要的服务对象是平台用户(游戏直播主播、直播观众等),具有一定的特殊性、复杂性。从运营模式来说,一个成熟知名的互联网游戏直播平台每天所获的流量、点击量以及礼物打赏的数字惊人。对于平台而言,流量意味着利益,所以平台在利益的诱导下所存在的侵权行为也是不容忽视的。

在以上众多互联网游戏直播平台所存在的法律问题中,讨论得最多的是平台在知识产权领域的侵权行为。通说认为,互联网游戏直播平台在提供游戏直播服务时,一方面存在着一些侵权行为需要对其进行限制;另一方面,其在组织游戏直播活动时也享有著作权法上的相应权利,也理应受到法律的保护。因此,本章的第三节就此类问题具体分析了互联网游戏直播画面以及平台的性质,从而明确平台著作权法上的相关权利;在规制路径上,提出了完善著作权法的相关规定的建议;同时在监管模式上,主张在充分发挥平台自律机制的基础上建立协同式的监管机制。

第二节 《体育法》视野下电子竞技的法律规制

电子竞技市场作为电子游戏产业链中的重要组成部分,其法律性质具有两面性:一方面它对未成年人具有诱发"成瘾性消费"的效果,有必要进行限制;另一方面,在《体育法》的视野下,电子竞技又是一项应当受到鼓励的新兴竞技体育运动。我国对电子竞技的定位经历了从电子游戏向体育项目的转变,这使其法律规制逻辑从限制向激励演进,在促进电子竞技产业发展的同时,也出现了无法有效抑制成瘾性消费的缺陷。电子竞技借助信息技术和电子游戏开展,具有极高的竞技性、交互性和娱乐性,在青少年中具有广泛的群众基础,已经成为最具前景的运动形式。2017年,电子竞技在国内的发展有关键性突破:4月,国家体育总局在其网站上通告了体育信息中心《关于举办 2017 CHINA TOP 国家杯电子竞技大赛的通知》。① 7月下旬，高职（专科）志愿填报将面临首次电子竞技运动与管理专业国内招生，该专业主要面向电子竞技产业的市场类和管理类岗位，致力于弥补国内本产业26万个岗位空缺。② 在未来，电子竞技已经确认将正式登陆2022年杭州亚运会，曾被视为"打游戏"的不务正业之举，如今也将登堂入室，运动员可以与其他传统体育项目一样为国争光。③ 但是，在电子竞技火热的发展背后，相关负面新闻也层出不穷，公共媒体对其质疑的声音也一直不绝于耳。从2016年开始，陆续有未成年人由于沉迷《英雄联盟》《王者荣耀》等电子竞技游戏而发生的负面新闻见诸报端，如17岁少年狂打40小时网游诱发脑梗，险些丧命；小学生偷偷打赏游戏主播，花掉自己环卫工母亲4万元积蓄，等等。近两年来发展风头正盛的网游《王者荣耀》尤其受到公众媒体的关注和批评，人民网、新华社、人民日报近期纷纷刊文，对《王者荣耀》引发的社会负面因素进行批判，痛斥"没有责任血液的游戏注定走不远"。④

毫无疑问，电子竞技的发展现状遭遇了"冰火两重天"的尴尬：一方面，从发展新兴体育运动和文化产业的角度来看，电子竞技显然应当受到政策扶持；但另一方面，电子竞技与网络游戏有着不可否认的天然联系性，与一般体育运动相比，它更容易诱发"成瘾性消费"，容易对心智发育不成熟、自控力弱的未成年人造成负面影响。⑤ 电子竞技发展的"双刃剑"效应呼吁我们必须建立起健全的规制结构，一方面要对其发展新兴体育运动、促进经济发展和丰富公民文娱生活的正面效果予以促进，另一方面又能有效抑制其沉迷效果，减少社会负面因素的发生。

我国的《体育法》制定于1995年，彼时尚未产生现象级的电子竞技问题，因此，在该部立法中，并不存在对电子竞技进行专门调整的相关法律规范。时过境迁，面对电子竞技这一具有时代特色的新问题，要在全新

---

① 国家体育总局体育信息中心．关于举办2017 CHINA TOP国家杯电子竞技大赛的通知 http://www.sport.gov.cn/n316/n336/c796946/content.html，2021-1-10。
② 王峰：《首批高校电子竞技专业将招生岗位"大缺口"急需人才填补》，《21世纪经济报道》2017年6月。
③ 钱童心：《电竞市场登堂入室，4亿玩家引爆资本》，《第一财经日报》2017年5月。
④ 佚名：《继人民网三批之后，新华社刊文再批"王者荣耀"》http://inews.ifeng.com/51387620/news.shtml?ch=qd_wbfx_dl1&back，2021-1-10。
⑤ 于忠宁：《爆红网友游获小学生，谁"背锅"》，《工人日报》2017年6月。

的社会语境下，对电子竞技的法律性质进行一次深入的再探讨。既要肯定电子竞技作为一项新兴体育活动的法律性质，同时又要正视其特殊性，将其与传统体育运动区分开来。《体育法》所确立的社会体育、学校体育、竞技体育三种类型互补的基本体育法律制度格局并不完全适用于电子竞技，而是需要有所扬弃——适合电子竞技法律性质的部分应予以贯彻；不适合的部分则应当有所变通，乃至需要改革。

一、电子竞技的法律性质分析

众所周知，电子竞技运动是随着信息技术发展而产生的一项新兴体育项目，集娱乐、休闲、益智、竞技、高技术、产业性质于一身。但是，由于电子竞技比赛中使用到的软件，在之前都被冠以"电子游戏"之名，而且截至目前，全世界都还没有形成电子游戏相关的完整基础教育链，于是就产生了将电子竞技等同于电子游戏的这种误解。随着我国互联网游戏产业的兴起，同样使用 PC 电脑为设备、利用到部分网络技术的电子竞技运动，则又再一次被误认为等同于电子游戏。虽然互联网游戏在中国虽然创造了新的高效益商业模式，但电子游戏产生社会负面影响的新闻也屡屡发生，这间接地造成了社会大众对电子竞技运动产生一些不正确的看法。

（一）电子竞技的概念厘定

关于电子竞技，近年来，随着电子竞技产业的兴起与快速发展，业界和学界都对"电子竞技是什么"进行了一定的探索和研究，但是就目前而言还没有一个全面、确切的定义。国家体育总局认为电子竞技是一种体育运动项目将指的是"以现代电子技术和电子等高科技软硬件设备作为运动器械，在信息技术营造的虚拟环境中，采用统一的竞赛规则，在规定时间内的人与人间的对抗性运动。"[①] 为了使人们能够进一步认识与理解电子竞技，内涵和外延还需进一步厘清。首先，通过以上定义可以将电子竞技的基本属性归纳为，电子竞技是在信息技术营造的虚拟环境中，有组织进行的人与人之间的智力和体力对抗。其明显区别于其他电子游戏的特征为，

---

① 人民网：《国家体育总局：电子竞技与网游的三大差别》，http：//culture.people.com.cn/n/2015/0610/c172318-27132804.html，2021-1-10。

电子竞技具有明确统一的比赛规则，具有严格的时间和回合限制。由此可见，电子竞技既不同于传统的竞技体育运动项目，也不同于单纯的娱乐性游戏。

（二）"电子游戏说"与"体育项目说"的观念冲突回顾

电子竞技的定位曾经历了从"电子游戏说"到"体育项目说"的观念修正。在国内电子竞技运动推广的早期，阻碍其发展的一个意识形态方面的原因即是将电子竞技运动员视为"打游戏的"，从而淡化甚至贬低其社会价值。从产生渊源上来看，电子竞技也确实产生于电子游戏，属于竞技化、标准化、规则化的电子游戏，① 它本质上是在种类繁多的电子游戏中符合如下特征的体育运动：人与人之间通过电子手段和设备，在虚拟环境中依照一定规则，所进行的具有一定观赏性的竞赛。② 从这个角度来看，电子竞技是电子游戏的子概念，它实际上是电子游戏中符合体育性质的一类游戏机制的总称。伴随着电子竞技在国内的推广和发展，"电子游戏说"的偏颇逐渐受到批判，学界开始更加注重其作为一项新兴体育项目的基本性质，电子竞技的社会功能得以正名。③ 电子竞技完全符合传统体育运动中的基本外在特征，按照阿伦·古特曼在《从仪式到记录：现代体育的本质》所设计的体育概念模型，电子竞技应当属于组织性、竞争性体育运动。④ 且在信息技术的辅助下，电子竞技运动全程实现了电子信息备份，比赛过程紧张刺激，相较传统体育运动更能确保竞技性、公平性和观赏性。⑤

将电子竞技视为一类体育项目，并不仅仅意味着其发展定位的变化，更昭示着在法律制度层面电子竞技规制结构的重大改变。法律意义上的规制通常以治理市场失灵为己任，⑥ 本质上是政府针对微观经济层面上的部

---

① 吕树庭：《关于电子游戏、电子竞技、现代体育的断想》，《广州体育学院学报》2020年第1期。
② 黄鑫：《体育法治视域中的电子竞技》，《南京体育学院学报》2015年第6期。
③ 石晋阳、张义兵：《论电子竞技的教育价值——兼为被"妖魔化"的电子游戏正名》，《学科教育》2004年第2期。
④ 董新风：《电子竞技的体育性分析》，《体育文化导刊》2013年第9期。
⑤ 耿美风：《电子竞技归属论》，《体育文化导刊》2013年第12期。
⑥ [美]丹尼尔·F·史普博：《管制与市场》，余晖、何帆、钱佳骏、周维富译，格致出版社，上海三联书店，上海人民出版社2008年版，第10-11页。

分市场失灵而制定的公共政策和行政法律制度,是直接干预市场配置机制或间接改变企业和消费者供需决策的规则体系。① 现实中,根据市场失灵具体表现的不同,不同社会领域的规制逻辑存在显著差别:对于酒店、舞厅、博彩、网吧这类娱乐性产业,虽不能否认其在促进经济发展、丰富文娱生活等方面的积极作用,但由于其经营活动存在一定的社会负面因素,如引发败德行为、诱导成瘾性消费等,通常会在法律规制的设计中,对其经营活动进行严格的限制,如征收较高比例的消费税、查处"黄赌毒"等不法经营行为,等等。对于科学、教育、卫生、体育、艺术、环保等公共服务类产业,它们通常具有强烈的社会公益属性,但可能在经济效益上不甚明显,市场经营者很难基于纯粹的逐利动机产生从事此类服务的动力,而社会大众却又显然具有强烈的公共服务需求。此时,法律规制的设计通常以激励为主,即采取出台法律的形式,通过一系列的扶持和优待政策促进相关产业的发展,满足公民的此类公共服务需求。此类立法被称为"促进型立法",典型代表有《中华人民共和国农业技术推广法》《中华人民共和国民办教育促进法》等。②《体育法》亦属此类,在该立法中,大部分法律制度设计的目的并不致力于对体育进行规范或限制,而是旨在对社会体育、学校体育、竞技体育等各类体育活动的开展予以保障和推进。

电子竞技从电子游戏到体育项目的法律性质的转变,意味着其法律规制逻辑的根本变化:从针对娱乐产业的以限制为主的规制体制向针对体育产业的以激励为主的规制体制转变。中国的电子竞技产业在这一转变过程中实现了质的飞跃,但与此同时,也由于"体育项目说"法律性质界定的粗糙而不可避免的带来了社会风险。如果说将电子竞技草率地纳入到电子游戏的范畴,进而否定其社会价值,是一种偏颇;那么简单地将其纳入到体育运动概念体系当中,进而误以为可以统一适用《体育法》的整体法律规范,不正视其与传统体育活动的区别,也是一个明显的误区。电子竞技兼具有电子游戏和体育项目的双重性质,这决定了其法律规制体系的设计必须足够审慎和周全,单纯的限制或激励都不利于电子竞技产业的健康发展。

---

① 余晖主编:《管制与自律》,浙江大学出版社 2008 年版,第 43 页。
② 李艳芳:《"促进型立法"研究》,《法学评论》2005 年第 3 期。

(三) 作为游戏的电子竞技：区分"两种游戏"

电子竞技源于电子游戏，尤其与电子游戏中的网络游戏具有近亲关系。"电子竞技是从网络游戏中脱颖而出的阳光游戏，它是按体育精神、体育规则在网络的虚拟世界里进行的一项体育运动。"① 可以将电子游戏分为电子竞技型游戏和普通电子游戏两类，二者的关系为：

其一，只有电子竞技型游戏方能纳入到体育运动范畴，除此之外的普通电子游戏则仅仅是一种娱乐活动，换言之，对于非属电子竞技的普通电子游戏，其规制结构的设计更应当更强调限制与规范措施，而不能像对待体育运动一样进行扶持。在这方面，我国体现得最为明显的便是原新闻出版总署公布的《关于在游戏出版物中登载〈健康游戏公告〉的通知》，它是引导消费者尤其是未成年人树立健康游戏观念的重要制度设计。② 在电子竞技的发展过程中，如果对两类游戏区分不当，很容易造成制度设计的偏颇：早期电子竞技发展的桎梏即是因为没有认识到电子竞技相较普通电子游戏的特殊性，对其整体施加了限制性的规制；而近年来又颇有矫枉过正之势，将各类电子游戏不加以区分地纳入到电子竞技的范畴进行扶持，导致其社会风险的扩大。

其二，即使是电子竞技型游戏，也不可避免地携带着普通电子游戏的社会负面因素，最典型的便是其容易诱发的成瘾性消费现象。从这个角度来看，电子竞技并不纯粹是体育运动，它在像传统体育运动一样有益身心的同时，并未免除电子游戏作为娱乐活动可能存在的负面因素。事实上，如今的主流电子竞技项目如《魔兽争霸3》《英雄联盟》等，更强调竞技过程的对抗性和可观赏性，但其诱发成瘾性消费的机制比一般电子游戏还要强。这一特征决定了，即便是对于电子竞技型游戏，我们也不能完全将其不加甄别的纳入《体育法》的调整范畴，必须对其负面影响有所制度回应。

---

① 王骏：《我国电子竞技运动发展探讨》，《体育文化导刊》2011年第6期。
② 该通知要求在所有电子游戏出版物和互联网游戏出版物中，必须于画面显著位置登载《健康游戏忠告》，否则将一律停止出版、运营和销售。《健康游戏忠告》的全文为："抵制不良游戏，拒绝盗版游戏。注意自我保护，谨防受骗上当。适度游戏益脑，沉迷游戏伤身。合理安排时间，享受健康生活。"

其三，电子竞技型游戏和普通电子游戏之间没有泾渭分明的界限，而是相互转化的。一方面，很多成熟的电子竞技都是普通电子游戏演化的结果，即在长期发展过程中形成了颇具公平性和公信力的基本规则和游戏机制，方符合体育运动的公平性、竞技性要求；另一方面，电子竞技项目本身也在经历着更新换代，旧的电子竞技项目一经淘汰，便有可能还原为普通电子游戏。①

（四）作为体育的电子竞技：区分"三种体育"

《体育法》规定了三类典型的体育形式，它们构成了中国体育事业的核心体系，即社会体育、学校体育和竞技体育。《体育法》从第二章到第四章对三类体育形式的法律制度进行分别设计，以促进其各自的发展。这三类体育形式的功能定位存在明显区别：社会体育注重全体社会成员的整体参与，以提高全民身心素质、丰富文化生活为主要目的；学校体育以在校学生为参与主体，是教育活动的重要组成部分，旨在促进学生的身心健康；竞技体育则具有高度的组织性和制度化特色，以专业运动员为参与主体。但在现实中，这种以功能定位的不同对体育活动进行的划分并未受到青睐，大部分人更倾向于按照具体体育项目的不同进行区分，如游泳、射箭、田径等等，其典型体现便是国家体育总局所编制的体育竞赛项目，合计 78 个，电子竞技即被作为第 78 个体育项目增补在内。② 这些体育项目的大部分能跨越社会体育、学校体育和竞技体育中的两个或三个维度，如足球便可以同时构成这三类体育形式，而相对小众的高尔夫则构成社会体育和竞技体育，难以成为学校体育的活动内容。

而对电子竞技来说，它应当界定为一类纯竞技体育运动，这也与"电子竞技"这一词语的外在表达相符合。作为一种新兴体育形式，电子竞技

---

① 以知名的《魔兽争霸 3》为例：早期的《魔兽争霸 3》其实只是一个普通电脑游戏，但在经历了数轮游戏机制的不断调整和变化后，形成了游戏中三类"种族"相互制衡、彼此平等对抗的机制，才构成了作为电子竞技的规则基础，这便是普通电子游戏向电子竞技转化的典型。同样地，近些年来，伴随着电子竞技的发展，易上手、赛时短、团体赛的电子竞技项目更多地受到青睐，《魔兽争霸 3》的原有游戏机制已开始逐渐退出电子竞技平台，在《魔兽争霸 3》游戏基础上逐渐形成的新型模式《DOTA》和《英雄联盟》逐渐取而代之，这又是电子竞技型游戏向普通电子游戏转化的体现。

② 2003 年，电子竞技被国家体育总局列为第 99 个正式体育竞赛项，之后在 2008 年又因为体育竞赛项编制的变化被改批为第 78 个。

难融于《体育法》中的社会体育和学校体育体系，这便意味着在《体育法》所设计的一系列促进体育发展的措施中，与社会体育和学校体育有关的法律制度是不适用于电子竞技的。这是因为：其一，电子竞技与这两类体育形式的功能定位不符。《体育法》规定，社会体育活动旨在推行全民健身计划、增进身心健康；学校体育活动旨在促进学生德、智、体全面发展。① 而对电子竞技来说，除了组织化的电子竞技赛事具有强烈的体育属性之外，其在日常生活中的体育色彩被严重淡化，仅仅是一项与普通电子游戏无异的娱乐活动，难以实现上述功能定位。其二，电子竞技也没有适用这两类法律制度的必要。《体育法》所规定的社会体育和学校体育法律制度，主要是通过明确政府责任的形式，促进这两类体育活动的实践开展，如要求各级政府、企事业单位、工会等积极组织社会体育活动；学校要配备合格的体育教师、体育场地、设施和器材等。② 这些制度设计是建立在体育活动供给不充分的前提下，而对电子竞技来说，其在青少年中具有高度的群众基础，根本无需借助这些激励性制度，市场本身即能实现充分的制度供给。当务之急反而是如何抑制未成年人在学习和生活过程中过分沉浸于电子竞技。

二、电子竞技规制逻辑的演变与反思

（一）从限制到激励：中国电子竞技规制的演变历程

中国电子竞技产业的发展历程可以分为三个阶段：从1998年《星际争霸》正式发售到2003年国家体育总局将电子竞技列为正式体育竞赛项属于"萌芽起步阶段"；从2004年到2009年国内首个电子竞技联赛筹办属于"成长探索阶段"；从2010年至今则属于"新兴爆发阶段"，电子竞技开始突飞猛进的发展。③ 在这整个过程中，针对电子竞技的法律规制理念经历了从限制到激励的演变历程。

---

① 《体育法》第十条，第十一条，第十七条。
② 《体育法》第十二至十四条，第二十至二十二条。
③ 阳骏滢、黄海燕、张林：《中国电子竞技产业的现状、问题与发展对策》，《首都体育学院学报》2014年第3期。

在萌芽起步阶段和成长探索阶段，电子竞技作为一项新兴体育运动的性质未得到公认，电子竞技与一般电子游戏的区别未被有效甄别，社会观念视电子游戏为"洪水猛兽"，其对未成年人造成的负面影响在公共舆论中被过分放大，法律规制措施主要倾向于对电子竞技进行限制。在这一阶段，最为著名的规制措施有2000年国务院办公厅第44号令和国家广电总局2004年禁令。前者是指《国务院办公厅转发文化部等部门关于开展电子游戏经营场所专项治理意见的通知》（已失效），该通知明确要求"自本意见发布之日起，各地要立即停止审批新的电子游戏经营场所，也不得审批现有的电子游戏经营场所增添或更新任何类型的电子游戏设备。"自此开始，任何专门电子游戏设备的生产和经营活动都遭到禁止，直至2015年7月《文化部关于允许内外资企业从事游戏游艺设备生产和销售的通知》（已撤销）才正式终结中国电子游戏设备"15年禁令"的寒冬，令国内主机游戏市场的发展错过了黄金时期。① 后者则是指2004年发布的《国家广电总局关于禁止播出电视网络游戏类节目的通知》，明确要求"各级广播电视播出机构一律不得开设电脑网络游戏类栏目，不得播出电脑网络游戏节目。"受此影响，中央电视台于2003年开始播出的《电子竞技世界》停播。

从2010年开始，电子竞技在我国进入高速发展阶段，"体育项目说"开始逐渐受到重视。重要的全国赛事逐渐开展，国家体育总局也开始有意识的采取一系列扶持和推动措施，电子竞技的法律规制开始以激励为主。② 但是，这种转变却有矫枉过正之势，飞速发展的电子竞技的负面影响逐渐显露端倪。伴随着移动电子设备的发展，未成年人游玩电子游戏的手段更加便利，监护人意图对其沉迷于游戏的行为进行控制的目的愈加难以实现，相关负面新闻见诸报端，由此出现了前文提到的电子竞技发展的"冰火两重天"现象：一方面，各种顶级赛事层出不穷，官方的激励措施不遗余力；另一方面，家庭和社会对未成年人的成瘾性消费现象忧心忡忡，法律制度难以实现有效规制。

---

① 关健：《15年禁令全面解禁 国内主机游戏或已错过黄金期》，《第一财经日报》2015年7月。

② 高源、赵容娴、杜梅：《我国电子竞技产业发展研究》，《哈尔滨体育学院学报》2015年第6期。

(二) 从激励到平衡：中国电子竞技规制的未来改进目标

导致目前电子竞技的发展"冰火两重天"现象的根源在于，不论是"电子游戏说"还是"体育项目说"，都无法完整的概括电子竞技的全部法律性质。一方面，电子竞技携带着电子游戏的若干固有基因，对未成年人不可避免地具有诱发成瘾性消费的效果，这是传统体育运动所不具备的，有必要在法律规制的设计中进行必要限制；另一方面，电子竞技符合竞技体育的全部特征，但又明显不融于学校体育和社会体育体系，对其仅适用竞技体育的法律规范即可，《体育法》所设计的若干激励措施需要进行扬弃，学校体育和社会体育的相关法律制度不应当适用。

因此，一个理想的电子竞技规制体系需要有效平衡"限制"与"激励"两大举措，一方面对其社会风险进行有效控制，另一方面又能促进其健康发展。未来中国电子竞技法律制度的改进目标就是要建立起限制和激励两大举措相平衡的法律规制体系。所谓限制，即是要清醒地认识到电子竞技对社会公众尤其是未成年人带来的诱导成瘾机制，通过对电子竞技开发商、电子竞技运营平台和未成年监护人等法律主体施加一系列义务的形式，防控诱导成瘾机制的不良影响，塑造理性的游戏价值观；所谓激励，即是要正视电子竞技的竞技体育本质，不遗余力地推动相关体育赛事的开展，建立健全电子竞技产业政策法规。

三、中国电子竞技法律规制框架的基本设计

(一) 限制性规制：构建双层监管结构下的防沉迷系统

随着游戏玩家范围的不断扩大，游戏用户呈现低龄化趋势，未成年人由于其分辨能力及抵抗能力较弱，属于重点保护对象。网络游戏平台应做好相关保护机制，切实保护玩家利益，防沉迷系统、家长监护系统的建立，是保护未成年人的重要基础，也是其企业履行社会责任的体现。电子竞技的限制性规制措施主要针对其作为网络游戏可能引发的成瘾性消费问题，应当通过"运营平台－监护人"双层监管结构的形式，构建一个致力于未成年人保护的防沉迷系统。而且，这一限制性规制措施并不仅面对电

子竞技型游戏，而是应当针对所有具有沉迷效果的网络游戏。

未成年人心智发展不成熟，面临网络游戏展现出的巨大吸引力，经常难以有效克制其行为，过分沉迷于游戏当中，耽误其正常学业和生活。现实中，未成年人还有可能借助便利的电子支付系统，短期内将父母账户的大量钱财投入到网络游戏当中，诸如此类的案例屡屡见诸报端。从立法的角度来说，虽然我国现行法律在预防未成年人沉迷网络方面对网络游戏的防沉迷系统以及相关的用户实名认证系统做了相关的规定，但是在现实的生活中，我们不难发现一部分未成年人的实名认证可以通过像付费购买成年人身份证号这样的方式实现，使其在游戏的过程中不受限制，因此需要构建一种双层监管结构下的防沉迷体系来解决这一系列现实问题。

如今的多数网络游戏都是在运营商提供的游戏平台中展开服务，未成年人通过使用智能手机、电脑等家中便利的电子设备接入游戏平台，在这一过程中，最能便利对未成年人此类行为进修控制和纠正的法律主体有两个：网络游戏平台的运营商和未成年人的监护人。最为有效的限制性规制措施应当有效调动两大主体，构建起一个双层监管结构：一方面，政府对网络游戏运营商施以构建防沉迷系统的行为责任，运营商有义务在其提供的游戏平台中施加一系列的规则机制，如控制每日游戏时间，设置电子支付数额上限，在注册游戏用户时对真实身份信息进行审核等等；如果运营商未按照要求构建起防沉迷体系，将遭受行政处罚，严重的还有可能取缔其经营资格。另一方面，运营商构建的防沉迷系统应存在一定的自由裁量范围，监护人有权利根据未成年人的实际年龄、心智发育程度、自控力程度等具体情况自主决定对其行为的控制力度。比如，运营商构建的防沉迷系统将每日游戏时间控制在最高不超过 2 小时，监护人则可在这一裁量范围内，自由调节将游戏时间限制在 1 小时、半小时等。这种双层监管结构的本质是：政府通过监管运营商来构建防沉迷体系；而监护人通过防沉迷体系来保护未成年人。其基本原理如图 13-1 所示。

事实上，早在 2007 年，国家新闻出版总署就发布了《关于保护未成年人身心健康实施网络游戏防沉迷系统的通知》，其中提出了一个"网络游戏防沉迷系统开发标准"，这当中的一个核心制度设计是，根据累积游戏在线时间的不同，令游戏收益逐步下降，从而间接抑制未成年人的游戏在线时间。如果累积在线时间不超过 3 小时，游戏收益为正常；超过 3 小

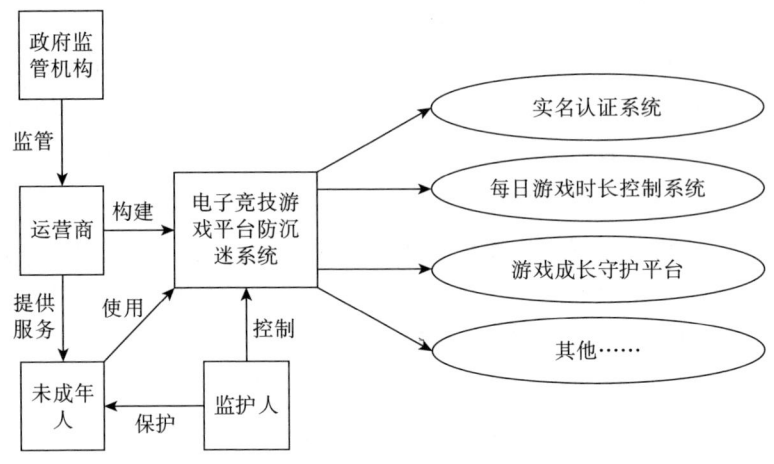

图 13-1 双层监管结构下的防沉迷系统

时但在 5 小时以内的，游戏收益降为正常值的 50%；5 小时以上的，无游戏收益。但该标准并未得到普遍性遵守，现实中普遍有未成年玩家通过切换游戏账号的形式规避该制度。① 且该标准有其明显的局限性：仅通过抑制游戏收益的形式来限制沉迷于游戏的时间，其有效性值得怀疑；且该机制更适用于强调游戏收益累积的非电子竞技型网络游戏，而对于电子竞技游戏来说，它更强调对抗性和技术性，游戏收益与在线时间的关联性不强，受到该种标准限制的余地更小。

另一方面，近些年来，伴随着一系列电子竞技游戏的火爆，很多著名的网络游戏平台运营商也在主动探索建立类似的防沉迷系统。尤其是近两年火热的电子竞技《王者荣耀》，由于接连发生了未成年人因过分沉迷该游戏而产生的负面新闻，进而招致了社会负面评价，其运营商腾讯最近一年来在《王者荣耀》防沉迷系统的构建上可谓不遗余力。② 其一为每日游戏登录时长控制系统，12 周岁以下未成年人每日限玩游戏不超过 1 小时，12 周岁以上未成年人则不超过 2 小时，超出时间将强制下线，晚上 9 时以后禁止 12 周岁以下未成年人登录游戏平台。其二为实名认证系统的强化，防止未成年人通过切换游戏账号、伪造成年人身份信息的形式规避防沉迷

---

① 王月：《玩王者荣耀被小学生坑哭？史上最严的防沉迷系统来了》，《电脑报》2017 年 4 月。
② 王健、伍肖、涂国文、维奇、韩丹东：《预防孩子沉迷手游谁是"第一责任人"》，《法制日报》2017 年 7 月 5 月。

系统。其三，更为重要的是腾讯已开始尝试建立"游戏成长守护平台"，未成年人的监护人可以通过该平台同步掌控孩子的游戏登录和消费信息；设置个性化的游戏时间规划；乃至生成孩子的游戏行为报告和咨询专家干预意见。[①] 俨然已形成一个双层监管结构的初步框架，这当中有很多优秀的经验值得做出推广。

（二）激励性规制：构建白名单制度下的电子竞技产业促进体系

电子竞技的激励性规制措施主要针对其作为一项新兴体育运动所具有的社会意义，应当通过构建一系列产业促进法律制度的形式，坚定地推动电子竞技赛事的开展及其整体产业的发展。但是，基于电子竞技型游戏与普通电子游戏并不存在不可逾越的鸿沟，二者极易混淆，且还有可能相互转化，针对电子竞技的激励性规制措施在现实中很有可能会被"搭便车"，进而导致并不具有体育性质、但沉迷效果强烈的劣性电子游戏反而得到不适宜的优待和扶持，恶化其负面影响。为了预防这一问题，电子竞技产业促进体系的构建须建立在"白名单制度"的基础之上。

电子竞技领域的白名单制度是指体育主管部门通过对各种类型电子游戏的甄别，将符合体育项目竞技性、公平性和观赏性要求，并得到社会普遍接受、在大型赛事中拥有稳定位置的电子竞技项目纳入到一个名录当中，并根据现实电子竞技的发展状况适时对名录内容进行调整。按照这一要求，根据电子竞技发展的现状，诸如《魔兽争霸》《英雄联盟》《反恐精英》《星际争霸》等已经极度成熟和完善的电子竞技类型均可纳入到名录当中。凡属于白名单所列范围的，即被认可为电子竞技型体育，能够得到国家一系列产业促进法律制度的支持；而不在白名单所列范围的，将仍然主要按照电子游戏的标准进行限制性规制，不会受到产业扶持。白名单制度下的电子竞技产业促进体系主要具有如下三方面的内涵与功能：

其一，白名单制度有利于电子竞技规制疑难问题的有效处理——解决了电子竞技型游戏和一般电子游戏难以区分的困难。并且白名单并非一成不变，而是根据电子竞技的发展状况进行适时调整，这也起到引导电子竞技产业健康发展的作用：一方面，未被纳入白名单的电子游戏将积极改进

[①] 关于腾讯"游戏成长守护平台"更为全面的内容可阅读 https://jiazhang.qq.com/jz/home.html，2021-1-10。

其游戏机制，以争取进入名单，从而获得产业扶持；另一方面，已进入白名单的电子竞技也将有动力时刻保持其游戏机制的公平性、竞技性和大众接受度，防止被新版本的白名单所淘汰。

其二，在白名单范围内的电子竞技将得到产业扶持的公平性对待，从而解决了产业促进法律制度"冷热不均"的问题。电子竞技产业的发展具有强烈的不均等性特征，不同电子竞技项目受到的关注各不相同，这便有可能造成产业促进法律制度的不均等现象。以 2017 年国家杯电子竞技大赛为例，该赛事由国家体育总局体育信息中心主办，具有强烈的产业扶持色彩，但其比赛项目仅包含《DOTA2》《炉石传说》《CS：GO》《WAR3》和《皇室战争》五个，存在明显的不均等色彩：一方面，一些公众接受度不次于乃至高于上述比赛项目的电子竞技项目如《星际争霸》《英雄联盟》等未纳入其中；另一方面，上述五个比赛项目均面向以手机或电脑接入游戏的电子竞技平台，缺乏主机端如 PS4、Xbox 平台的电子竞技项目。① 白名单制度的构建将有利于弥补上述问题，即在名录范围内的电子竞技均可得到产业促进措施的均等化优待，享受在赛事举办、产业发展等方面更加符合公平竞争要求的政策。

其三，在白名单范围内的电子竞技运动，其产业促进法律制度的构建有其独特的范围和内涵，并不包含学校体育和社会体育的相关激励措施。针对电子竞技白名单所设置的激励性措施，主要局限于《体育法》第四章所规定的竞技体育法律制度范围之内，而不包含其他体育形式。结合第四章的规定，电子竞技促进法律制度应当包含电子竞技后备人才培养制度，运动员选拔和教育制度，电子竞技赛事分级分类管理制度，运动员、裁判员和教练员技术等级制度，等等。② 结合电子竞技运动的特殊性，未来还应当积极借鉴韩国等电子竞技产业发达国家的经验，健全运动员选拔体系，强化政府资金支持，提高自主电子竞技研发力度，等等。③

---

① 以手机、电脑等接入游戏平台的电子竞技属于"电脑游戏"，除该类游戏之外，还包含以 PS4、Xbox 等交互式游戏主机接入游戏平台、以电视屏幕为显示器的电子竞技类型，它们属于"主机游戏"。中国的主机电子竞技类型之所以受到忽视，与前文所述 2000 年国务院第 44 号令造成电子游戏设备 15 年"寒冬"有关，它使主机游戏在中国的发展远不如电脑游戏。

② 《体育法》第二十五至三十一条。

③ 闫彦：《韩国电子竞技运动发展成功经验对中国的启示》，《体育文化导刊》2013 年第 2 期。

四、结语

电子竞技是一个新生事物,其在发展过程中必然同时面临溢美与非议,这是它身上所携带着的电子游戏和竞技体育两种属性发生"化学反应"的结果。在法律制度层面,对一项新生事物的态度必须足够公允,即要充分认识到其两面性,在通过制度设计促进其良性发展的同时,又能有效抑制其负面影响,防范社会风险。本节所设计的将激励与限制相平衡的法律规制体系,即是在这一观念指导下的一些浅见。希望本研究能够有利于启发顶层制度决策者,促进我国电子竞技的长效、稳步和健康发展。

第三节 《中华人民共和国著作权法》视野下互联网游戏直播平台的法律规制

在互联网游戏产业链中,游戏直播已然成为最具有市场发展潜力的产业之一,互联网游戏直播大致可以分为电子竞技赛事直播和游戏主播直接进行的个人网络游戏直播两种。从《中华人民共和国著作权法》(以下简称《著作权法》)的角度出发,对于互联网游戏直播平台在提供这两种游戏直播服务时所存在的主要法律问题,首先需要对互联网游戏直播画面和直播平台的概念与内涵予以廓清,在此基础上进行法律性质分析,进而探寻出能够因应互联网游戏直播平台现实问题的规制路径。

一、互联网游戏直播平台之界定

随着互联网技术的发展,网络游戏从原来的"游戏+视频"模式扩展出了"游戏+直播"的模式,弥补了视频传播滞后性的缺点。互联网游戏直播平台属于互联网直播平台中的一种类型,指的是以电脑端或者手机端为载体,主要由运营商、从业者和用户等三部分所构成,为网络游戏提供游戏赛事节目直播、转播等传播途径的平台。① 具体而言，互联网游戏直播平台主要由主体、客体和对象这三部分构成。其中所谓的直播主体主要是指互联网游戏直播中主播或游戏玩家，直播客体指的是游戏直播中所构成的动态画面，具体包括互联网游戏中的内设场景、设定的游戏人物等相关的动画形象、游戏中的背景音乐与游戏特效等内容，直播对象则是指游戏直播中的观众，这类观众需要在游戏直播平台上注册方可获得实时观看平台内所呈现的游戏直播画面，并在平台上订阅自己感兴趣的直播赛事频道等。通常情况下，互联网游戏直播中最典型的运行模式为平台的建构者在专业的游戏赛事中获取经验，再以游戏主播的方式进行直播。② 互联网游戏直播平台是伴随着电子竞技的发展而产生的，作为给电子竞技运动提供直播内容的新兴媒体形态，近年来出现的较火的平台有斗鱼直播、虎牙直播、战旗直播等。

二、互联网游戏直播的法律性质

如前文所述，互联网游戏直播的方式大致可以分为大型电子竞技专业赛事直播和个人网络游戏直播这两种。从这两种不同的游戏直播类型中不难发现，互联网游戏直播所涉及的侵权行为可以概括为两方面内容，即平台内主播或游戏玩家的个人侵权和游戏直播平台的直接侵权，并且这两种侵权方式都涉及私自转播的问题。本章重点关注游戏直播平台在大型电子竞技赛事中的网络直播侵权行为，此类转播侵权行为的认定、互联网游戏直播平台的法律定位以及应当承担的责任问题在实务界和学术界存在着较大争议，甚至在司法实务中已经产生了同类案件不同判决的局面。

以耀宇诉斗鱼直播案和网络游戏《奇迹 MU》独家运营商壮游公司诉网页游戏《奇迹神话》开发商星硕公司及维动公司案为例。前案的审理法院认为，该案中的游戏直播视频不属于著作权法中所规定的作品，因此不受该法的保护。其原因在于该直播视频只是对于比赛过程的实时记录，画面具有偶然性和不确定性，不具有独创性和可复制性。③ 而后案的审理法

---

① 胡文峰：《我国网络直播平台法律监管研究》，《云南财经大学》2018 年第 3 期。
② 苑林：《社会临场感视角下网络游戏直播平台探究》，《新媒体》2016 年第 24 期。
③ 上海市杨浦区法院（2015）浦民三（知）初字第 191 号民事判决书。

院则认为，该案中的游戏直播画面是由游戏玩家的不停操作将储存在互联网游戏数据库中的游戏人物、游戏特效、游戏场景以及游戏背景音乐等多种要素组合而成，从而构成了一幅幅接连不断的动态画面，而这种动态画面具有和电影作品表现形式相似。因此，这种作品应当认定为以类似摄制电影的方法创作的作品，应当受我国著作权法的保护。[①] 这种审判实务中所产生的分歧，究其主要原因还是在互联网游戏直播的相关的立法不完善和规制不足的前提下，法院于对涉案的互联网游戏直播画面以及对游戏直播平台的法律性质的不同认定。因此，站在《著作权法》的视野下，确定互联网游戏直播的法律性质是认定其侵权行为的关键，亦是做到良好规制互联网游戏直播平台服务中不可或缺的环节。

（一）互联网游戏直播画面的法律性质

互联网游戏直播画面指的是，将游戏玩家在操作某种游戏软件时连续生成的画面以直播的形式呈现出来，并在此基础上增加主播的游戏解说、游戏场景介绍、弹幕或社交文字等所构成的一种画面。关于互联网游戏直播画面的法律定性分歧主要在于该画面是否属于著作权法所规定的"作品"。其中，从现阶段已有的学术研究和司法实务裁判观点来看，认为游戏直播画面不属于作品的观点可以概括为玩家在玩游戏的过程中，因为状态的不一致导致了其每次自动生成的游戏画面是不一致的。换言之，互联网游戏直播过程中所形成的画面是随机的，具有不可复制性和不确定性。并且在此种前提下，赋予与互联网游戏直播画面以著作权法上的权利不具有充分的现实意义。[②] 此外，还有学者认为，网络游戏的玩家在操作游戏时形成的画面难以满足我国著作权法上作品的要求，即较高程度的创造性。如果认定此画面构成作品，那么相应的游戏玩家就会对此享有控制权，就意味着其他游戏玩家将不得未经允许对该游戏进行相同的操作，这显然是荒谬的。因此，在这种情况下将互联网游戏直播画面认定为著作权法上的作品显然是没有意义的。而有些学者则认为，在互联网游戏直播中所形成的连续性画面属于著作权法中所规定的作品，因为直播中的游戏画面或者电子竞技比赛画面都来源于网络游戏开发者的游戏素材库，是对素

[①] 上海市浦东新区人民法院（2015）浦民三（知）初字第 529 号民事判决书。
[②] 刘银良：《网络游戏直播的法律关系解析》，《知识产权》2020 年第 3 期。

材库里的游戏元素进行整合的结果,如果笼统地认定直播中的游戏所呈现的画面不属于我国著作权法意义上的作品,就相当于否认了其他众多集合作品属于著作权法中的作品,这是不符合逻辑的。①

笔者比较赞同前者这类观点,根据《中华人民共和国著作权法实施条例》(以下简称《著作权法实施条例》第二条的规定:"著作权法所称作品,是指文学、艺术和科学领域内具有独创性并能以某种有形形式复制的智力成果。"从该条文的字面意思可以看出,要判定互联网游戏直播画面是否属于著作权法所保护的"作品",只需要同时满足两个条件,即"独创性"和"可复制性"。正如前文所分析的那样,通常,在互联网游戏直播过程中存在两种形式的直播,一种是由游戏玩家直接在互联网游戏平台内进行游戏,游戏直播平台将游戏玩家的游戏过程直接进行播放。另一种一般是在大型的电子竞技赛事中,由游戏主播负责将赛事的实时画面进行解说并且加上相应的弹幕和文字进行交流所呈现的画面被直播平台通过互联网等媒介展示出来。在游戏直播的过程中,直播画面所包括的各种文字、背景音乐、特效、动画等都来源于游戏运营商的素材库。这些特征从表面上看符合作品的属性,但实质上,互联网游戏直播画面会根据游戏玩家操作以及主播解说的不同而产生差异,并且游戏玩家都是在既定的游戏产品中来进行操作,不具有较高的创造性表达,最多只能算得上对游戏产品的表演行为。② 如果将玩家在游戏操作中所形成的画面认定为新的作品,那么将使得互联网游戏直播行业的发展受到严重的阻碍,甚至无法运作。因此,笔者认为互联网游戏直播画面因为其不具有较高水平的独创性,不符合我国著作权法上对作品所规定的创造性标准,不应当认定为著作权法意义上的作品。

如果互联网游戏直播画面不能认定为著作权法上的作品,就不应当受到著作权法的保护了吗?答案是否定的。笔者认为,游戏直播画面的性质与我国《著作权法实施条例》中关于录像制品的解释是相吻合的③,因此

---

① 崔国斌:《认真对待游戏著作权》,《知识产权》2016年第2期。
② 吴真文、杜牧真:《网络游戏直播平台相关行为的合法性分析》,《电子知识产权》2019年第3期。
③ 《著作权法》实施条例第五条规定,所谓的录像制品是指"电影作品和以类似摄制电影的方法创作的作品以外的任何有伴音或者无伴音的连续相关形象、图像的录制品。

享有受《著作权法》第五十三条所规定的邻接权。①

（二）互联网游戏直播平台的法律性质

针对互联网游戏直播平台这类由互联网发展所产生的新型主体，其法律性质的界定也属于其将如何受到法律规制的重要考量之一。直播平台作为游戏直播的行为组织者，在我国现行的法律中并未对此有具体的规定，在理论界和司法实务中亦未对此形成统一的认识。从互联网游戏直播平台的运营流程来说，通常情况下，直播平台要组织一些大型的电子竞技赛事直播时，往往需要在尊重游戏开发商著作权的前提下，再对该款电子竞技产品进行赛事的组织，然后才对其进行后续的传播等。在此种情况下，正如前文所论述的，如果将互联网游戏直播画面定性为录像制品的话，那么直播平台作为游戏直播的组织者，其对互联网游戏直播画面进行传播，应将其界定为著作权法中的"表演者"较为合适。

根据我国《著作权法实施条例》第五条第六项之规定："表演者，是指演员、演出单位或者其他表演文学、艺术作品的人。"有学者认为，"该条文对表演者的定义可以理解为，表演者的构成需满足三个要件：第一，表演者为自然人或演出单位；第二，表演的对象应限定为文学、艺术领域的作品。第三，具备著作权法意义上的表演行为。"从这三个要件出发，首先，互联网游戏直播平台作为游戏直播的组织者，无论是在哪种类型的游戏直播中，都属于组织者，符合演出单位的身份。其次，游戏玩家或主播在整个游戏直播的过程中的所呈现的画面都是建立在游戏开发商的游戏作品的基础上，表演对象均属于作品。最后游戏直播平台因为其在整个活动中都是处于策划、组织、提供观看渠道的角色，因此，无论是直接播放游戏玩家玩游戏的过程还是签订主播进行游戏赛事的解说都应当属于表演单位的表演行为。

站在我国著作权法的视野下，互联网游戏直播平台的表演也应当受到法律的规制。通说认为，互联网直播市场中所存在的直播的行为应当受到

---

① 《著作权法》第五十三条第一款第三项规定："未经表演者许可，复制、发行录有其表演的录音录像制品，或者通过信息网络向公众传播其表演的，本法另有规定的除外；"第四项"未经录音录像制作者许可，复制、发行、通过信息网络向公众传播其制作的录音录像制品的，本法另有规定的除外。"

相关著作权人的控制，换言之，直播领域的版权问题是可以通过著作权法进行规制的。对于互联网游戏直播平台来说，如果平台要对互联网游戏进行直播的话，首先应当取得相关著作权人的同意方可进行，否则就会被认定为侵权，从而承担相应的侵权责任。与此同时，通过对互联网游戏直播画面以及游戏直播平台法律性质的认定，可以得出这样一个结论，即互联网游戏直播平台作为表演者应当受到著作权法的保护，同时游戏直播画面被认定为录像制品也同样应当受到著作权法中相关邻接权的保护。

三、互联网游戏直播平台法律规制的基本路径

如前文所述，互联网游戏作为互联网经济产业的重要支撑，其中直播平台作为该产业中的主体，一方面存在着一些侵权行为，另一方面其在组织游戏直播活动时也享有著作权法上的相应权利，理应受到法律的保护。如何正确地处理好监管者与被监管者之间的关系，使得互联网游戏直播行业能够在健康的营商环境中得以发展，成为了摆在我们面前亟待解决的问题。笔者认为，应当充分发挥平台的自我管理机制，实现互联网游戏直播平台的自律和法律规制的良性互动，从而构建体系化的平台监管模式。

（一）建立、健全互联网游戏直播平台的自我管理机制

互联网游戏直播平台应当打造一个生态健康的网络平台，不断地完善平台规则，不断地加强自身的管理能力和风控能力，从而使得互联网游戏直播市场能够得到良好的发展。从行业自律的角度来说，平台本身需要健全其管理机制来对互联网游戏直播的相关行为进行约束。实际上，近年来各大互联网直播平台也相继为净化直播环境作出了相关举措，通过组成直播自律联盟，对平台的准入资格进行审查等方面的规定，以加强对彼此之间进行监督。

1. 建立游戏直播平台的准入资格审查制度

在互联网游戏直播中，游戏主播是平台内的重要主体之一，和平台的合作方式有三种：第一种是主播和平台直接签约；第二种是平台和经纪公司合作，由经济公司协调主播来进行直播；第三种则是普通人直接使用直播软件进行直播。其中任何一种合作方式都会涉及平台对主播的管理。因

此，在主播的资格审查方面，平台应当加强审查力度，要求主播的注册采取实名制，并且对主播的相关资质进行审查核实，比如要求主播提供相应的身份证明等。一些游戏主播还会通过创建不同的账号在不同的直播平台进行直播，此种情况下，各直播平台还可以建立跨平台的档案审查制度，如在某个平台内出现过违反规定的操作，将会在该平台留下违规记录，并且其他直播平台也可以查询到该条违规记录，此种做法可以更好地实现直播平台对主播的监督管理。

2. 加强互联网游戏直播平台的问责机制

互联网游戏直播平台作为互联网经济市场中的企业，其目标主要以盈利为主。这也就决定了其对平台内相关主体的监管有时会因为利益的诱导而变得相对松弛，例如在游戏主播因为进行了违规行为而被封号的情况下，平台可能因为该主播所带来的流量而在一段时期后将其解禁。这种企业徇私行为也是由互联网游戏直播平台的企业性质所决定的。因此，只有加强游戏直播平台的问责机制，方可实现对平台自我管理体制的完善。

3. 完善互联网游戏直播平台的内容监管

针对互联网直播平台的内容监管，我国国家互联网信息办公室发布了《互联网直播营销信息内容服务管理规定（征求意见稿）》（以下简称《征求意见稿》）。在《征求意见稿》中针对直播平台的内容服务管理，规定了直播营销平台应当建立直播运营者账号的信用评价体系并对此进行分级管理；建立风险识别模型，对一些具有违规风险的直播行为进行提示；建立健全未成年人保护机制，例如将平台主播的年龄限定在年满十六周岁以上，未满十六周岁的未成年人应当获得其监护人的同意方可获得主播资格；直播平台应当建立黑名单制度，如果主播存在严重违反平台管理规定的行为或违反法律规定的行为将会被纳入黑名单之中。① 游戏直播平台作为直播营销平台中的一种，也理应对《征求意见稿》的规定作出响应。进一步规范游戏主播的行为，从而使游戏直播平台能够更好地实现其行业自律机制。

---

① 国家互联网信息办公室关于《互联网直播营销信息内容服务管理规定（征求意见稿）》中的相关规定。

（二）完善互联网游戏直播平台的法律规制机制

从宏观层面来说，完善互联网游戏直播平台的规制机制应当坚持利益均衡原则，公平公正的法律秩序是市场经济的活力之源，社会经济的稳定离不开市场主体的利益均衡，并且在任何形式的市场交换活动中，利益关系都是最基本的关系。① 立法是对人们的权利和利益予以考量和分配的行动和过程。法律的目标在于使市场主体各方利益在一定秩序中达到均衡，进而实现资源的合理配置。互联网游戏直播作为市场经济中的一种新型商业模式也同样适用这一规律。从现阶段的相关文献和司法案例可以看出，关于互联网游戏直播的主要争议都聚焦于对互联网游戏著作权人的保护，对游戏直播平台的规制往往是采取限制的措施，平台利益保护问题是处于被忽视的状态。游戏直播平台作为互联网市场的主体，根据利益均衡原则，其所享有的权利也不应被剥夺，因此利益均衡原则是对游戏直播平台进行规制时应当遵循的原则。

从微观层面来说，互联网游戏直播平台的规制问题主要侧重于著作权侵权领域，并且在司法实务中针对互联网游戏直播的相关侵权行为的认定通常会出现与不正当竞争的竞和，而这一问题产生的主要原因还是在于我国没有形成一套完善的法律规范体系。有不少学者都认为针对网络直播平台的问题应当出台一部专门的法律来对此予以规制，但是法律始终具有滞后性，始终赶不上互联网的发展，② 因此实时制定出与互联网发展相适应的专门性法律也是存在极大的困难的。笔者认为，解决这一问题，可以从我国现有著作权法出发，通过对著作权法的修改得以实现。在现有的著作权法规定的基础上增加互联网游戏直播的相关条款，将互联网游戏直播画面、游戏直播平台等法律性质的认定以及相关的侵权行为通过法律条文的形式予以规范，以更好地实现对互联网游戏产业的保护和对游戏直播平台侵权行为的规制。

---

① 张志伟：《论网络游戏直播的法律属性及其利益平衡》，《甘肃政法学院学报》2019 年第 2 期。
② 李爱年、秦赞谨：《网络游戏直播监管困境的法律出路》，《中南大学学报（社会科学版）》2019 年第 5 期。

(三) 构建协同式的互联网游戏直播监管模式

在社会共同治理的模式下，当今社会提倡公私合作，这样一种方式也可以运用在互联网游戏直播的监管之中，使监管者走出技术有限、信息缺失等短板所造成的网络交易市场监管困境。《国务院办公厅关于促进平台经济规范健康发展的指导意见》中指出，应当建立健全协同监管机制，加强监管平台与网络服务平台的联合交流。针对平台经济的发展，需要以包容审慎监管为原则，创新监管理念和方式。平台经济是以互联网技术带动的商业模式，对这些新的业态，一定要持包容审慎的态度。针对平台的责任也需要科学合理的界定，不得将本该由政府承担的监管责任转嫁给平台。

因此，在互联网游戏直播领域，可以利用政策、号召、宣传等方式使网络服务平台提高自己的社会责任意识，让其自觉地参与平台的监管，采取柔性的监管机制对其进行规范指导，让其自愿参与到网络经济的治理当中。

四、结语

作为互联网游戏产业发展中新出现的问题，互联网游戏直播平台的规制在我国现阶段立法不完善的背景下，可以从我国现行有效的著作权法出发，通过对互联网游戏直播画面以及游戏直播平台的法律性质进行分析，将游戏直播画面认定为著作权法上的"制品"以及将直播平台认定为著作权法上的"表演者"，以更好地实现其在著作权法上的规制以及相关邻接权的保护。在监管层面，实现行业的自律与他律的良性互动，从而促进其良性发展。

后 记

互联网经济的快速发展不仅深刻影响着新经济模式下中国经济社会的生产组织结构，也改变了人民群众的生活、工作的行为和方式。特别是在新冠肺炎疫情发生以后，以互联网经济为基础和核心的平台经济和无接触经济蓬勃发展，为全球疫情防控、物资供给和复工复产给予了重要支持。从某种程度上说，互联网，让生活更美好。这是一个最好的时代，同时也是一个充满风险与挑战的时代。线上购物、网约顺风车服务、人工智能搜索服务、互联网游戏平台服务等新业务在快速发展的同时也面临着一系列法律问题，传统规制模式、现有的经济法律制度已经无法有效应对互联网经济所带来的新问题、新挑战，亟需优化完善与补缺。在"新法学"领域（借鉴国家层面的"新文科"的说法，"新法学"特指正在兴起的法学交叉学科和解决新经济、新业态、新科技形成的新法律问题的法学），全国各地的研究都处于起步阶段。而互联网经济市场规制法律问题作为"新法学"领域的典型问题，更是有待深入研究。

互联网经济的持续健康发展需要良性、公平的竞争环境与交易秩序，而这有赖于良好的竞争法律制度予以保障。对互联网经济法治展开深入系统的研究，不仅是对我国社会主义市场经济法治建设的积极回应，更是为我国参与全球数字经济竞争提供重要的法治理论与实践方法的支撑。2021年1月18日召开的全国市场监管工作会议强调，2021年要"加强反垄断和反不正当竞争"。加强互联网经济领域的反垄断与反不正当竞争法律制度研究已成为当下经济法治建设的重要议题。"文章合为时而著。"在此时代背景下，本书着眼于互联网竞争法治的一系列前沿问题，充分考虑到大数据、算法、人工智能等互联网经济新因子对我国竞争法律制度体系带来的挑战，从"虚"的主义的确定再到"实"的问题的解决都有所涉猎，打造出兼具理论价值与实践意义的体系化规制方案。

在本书的写作过程中，我们见证了《反不正当竞争法》的修订、《电子商务法》以及一系列竞争法领域法规规章的出台，如今又适逢《反垄断法》即将修订，作者们几经易稿，把握国际国内最新的立法动态及学界研究动态，力图呈现出具有前沿性、理论性、创新性的成果。本书既是本人主持的中共湖北省委政法委重大课题"互联网经济的市场规制法律制度创新研究"（课题编号：HBFXH16-101）、湖北经济学院旗舰项目"营商环境与资源环境法治保障"（项目编号：PYQJ201905）的研究成果之一，又是对课题前期研究成果的纵深与拓展。在此，感谢本书各位作者、审校人及联络人的辛勤付出。本书能够出版与读者见面，离不开中国财政经济出版社的大力支持，对此深表谢意。

最后，谢谢所有在我们成长过程中给予关爱的人们！如果本书因为我们对于已有成果的重新集结而有所成就，那就是对大家最珍贵的答谢！

2021 年 6 月